Briefe an die Türkei

Ein Glas Tee

nehme ich noch gern

Briefe an die Türkei

Ein Glas Tee

nehme ich noch gern

Katharine Branning

VERLAG

Erschienen im Main-Donau Verlag

Übersetzt von
Wilhelm Willeke

Lektorat
Abdullah Kulaç

Korrespondenz:
Gerbermühlstr. 32 60594 Frankfurt am Main
Tel: +49 69 95932138
Fax: +49 6995932139
www.main-donau-verlag.de

ISBN:
978-3-944206-07-3 (Paperback)
978-3-944206-06-6 (Hardcover)

Druck: İmak Ofset
İstanbul - Türkei

Inhalt

KAPITEL 4
TÜRKISCHE LEBENSART

KAPITEL 5
HORIZONTE

Auf einem schmalen, langen Pfad

Auf einem schmalen, langen Pfad
ziehe ich meines Weges, vom Morgengrauen bis in die Nacht.
Ohne zu wissen, wie es um mich steht,
ziehe ich meines Weges, vom Morgengrauen bis in die Nacht.

Mit dem Augenblick meiner Geburt
begann meine Wanderschaft.
Auf meiner Reise durch dieses Haus mit den zwei Türen
ziehe ich meines Weges, vom Morgengrauen bis in die Nacht.

Selbst im Schlaf noch schreite ich voran,
immer auf der Suche nach einem Grund zu bleiben.
Die Abreisenden stets im Blick,
ziehe ich meines Weges, vom Morgengrauen bis in die Nacht.

49 Jahre schon auf diesen Pfaden,
durch Ebenen, Wüsten und Gebirge.
In die Ferne hat es mich verschlagen, und
ich ziehe meines Weges, vom Morgengrauen bis in die Nacht.

Wann immer man tiefer darüber nachdenkt,
scheint das Ziel sehr weit.
Doch gerade einmal eine Minute lang ist die Strecke,
und ich ziehe meines Weges, vom Morgengrauen bis in die
Nacht.

All dies stürzt Veysel in Verwirrung,
lässt ihnen mal weinen und mal lachen.
Auf dem Weg zum Ziel
ziehe ich meines Weges, vom Morgengrauen bis in die Nacht.

Aşık Veysel (1894–1973)

Vorwort

Schon immer habe ich für zwei Epochen in der Geschichte ganz besonders geschwärmt. Zum einen für das Zeitalter der Aufklärung in Europa, vor allem deshalb, weil es so viele glänzende Literatinnen hervorgebracht hat. Zum anderen für das Osmanische Reich des 16. Jahrhunderts und sein Streben nach Eleganz und Anmut in den Künsten. Als ich dann auf die *Embassy Letters of Lady Montagu* (*Lady Montagu's Briefe aus der Botschaft*) stieß, war es nur folgerichtig, dass sie mich auf der Stelle sehr berührten.

Lady Mary Montagu (1689-1762) war eine außergewöhnliche Frau, eine von vielen beeindruckenden Frauen, deren heller Stern am Himmel der europäischen Aufklärung des 18. Jahrhunderts aufging. Ihre Bekanntheit verdankte sie ihren zum Widerspruch reizenden Briefen, die von einer außergewöhnlichen Intelligenz und Belesenheit künden. In diesen zahlreichen Briefen, die sie ihrer Familie und Freunden aus dem Ausland schrieb, kommentierte sie ihr Alltagsleben scharfsinnig und mit großem Feingefühl. Einen Namen machte sie sich darüber hinaus aber auch durch ihre unglückliche Ehe, ihre Unerschrockenheit vor den Pocken, ihr schwieriges Verhältnis zu ihren Kindern, ihre zahlreichen Reisen, ihr Bekenntnis zum Feminismus, ihre politischen Aktivitäten, ihr selbst auferlegtes ‚Exil' von England und ihren zügellosen Lebensstil in späteren Jahren. All dies ist in Hunderten von Briefen, die uns erhalten geblieben sind, dokumentiert.

Lady Montagu wurde 1689 als Mary Pierrepont in Nottinghamshire, England geboren; genauer gesagt in einem der 224 Zimmer von Thoresby Hall, dem Herrenhaus ihres Vaters aus dem 17. Jahrhundert. Als Tochter des Herzogs von Kingston war sie ein privilegiertes Kind und erhielt eine erstklassige Ausbildung. Dass sie über eine außerordentliche angeborene Intelligenz verfügte, stellte sich schon früh heraus. Es heißt, sie habe schon vor ihrem achten Geburtstag Latein gelernt. Als Teenager begegnete sie Sir Wortley Montagu, einem angesehenen Rechtsgelehrten und Politiker. Die beiden verliebten sich ineinander und umwarben sich sieben Jahre lang. Sir Wortley hielt beim Herzog von Kingston um die Hand seiner Tochter an, der aber lehnte ab, weil er den Bewerber für nicht vermögend genug befand. Stattdessen suchte er ihr selbst einen Verlobten aus, der seinen Vorstellungen eher entsprach. Dieser war zwar reich, doch dummerweise missfiel Mary sein ungehobeltes Benehmen. In einer ersten Demonstration ihres erstaunlichen Unabhängigkeitsdrangs, der sie für den Rest ihres Lebens auszeichnen sollte, widersetzte sie sich ihrem Vater und arrangierte, dass Sir Wortley Montagu sie auf dem Weg zur geplanten Hochzeit entführte. Die beiden brannten zusammen durch und heirateten im Jahr 1712.

Nach diesem glamourösen Start verlief ihre Ehe dann jedoch eher enttäuschend. Ihre anspruchsvollen Erwartungen erfüllten sich nicht. Mary empfand das Eheleben als schwierig, und ihre Briefe gestatten so manchen Einblick in ihre wachsende Ernüchterung. Als Ventil für diesen Kummer dienten ihr ihre literarischen Aktivitäten, das Verfassen von Essays und Kritiken. Als das Paar nach London zog, avancierte Mary zum Liebling der Londoner High Society, die die ihr eigene Kombination aus auffallender Schönheit, Esprit und literarischer Arbeit zu schätzen wusste. Trotz anhaltender Eheprobleme war sie zu dieser Zeit relativ glücklich. Bereits ein Jahr nach der Hochzeit war ihr Sohn Edward zur Welt gekommen.

Nach einem Jahr in London zog es die Familie Montagu im Jahr 1716 in die Türkei, wohin Sir Wortley Montagu als Botschafter berufen wurde. Sein Auftrag lautete, einen Friedensvertrag zwischen den Osmanen und den Österreichern auszuhandeln und die britischen Handels- und Marineinteressen in der Levante zu schützen. Lady Mary war damals 27 Jahre alt. Ihr zweites Kind, Mary, wurde im Januar 1718 in der Türkei geboren. Während ihres 13-monatigen Aufenthalts in der Türkei schrieb sie 25 Briefe an Freunde und die Familie nach Hause. Diese Briefe, posthum veröffentlicht, sind heute als die *Embassy Letters* bekannt. Und an diesem Punkt beginnen sich ihre und meine Geschichte zu überschneiden…

* * *

Mein Dank geht an Muhsin Ilyas Subaşı für seine fortwährende Unterstützung und dafür, dass er mich immer wieder zum Schreiben und Forschen ermutigt hat. Zutiefst verbunden fühle ich mich meinem Mann, Stephen Eibe Gottlieb. Seine unendliche Großzügigkeit und sein Verständnis für alles, was ich tue, machen ihn zu dem Menschen auf Erden, den ich am meisten liebe. Und natürlich möchte ich mich ganz besonders auch bei den Menschen in der Türkei bedanken. Ungeachtet all dessen, was ich hier über sprechende Steine sage, waren sie der eigentliche Grund dafür, dass ich mich in dieses bemerkenswerte Land verliebt habe.

Kapitel 1

Zwei Botschafterinnen, zwei Brücken

BRIEF 1

Tausend Gläser Tee

Meine lieben Freunde, meine liebe Familie,
ein Freund von mir, der Dichter und Historiker
Muhsin Ilyas Subaşı aus Kayseri, sagte einmal
zu mir: „Du erinnerst mich in vielerlei Hinsicht an Lady
Montagu, und ich glaube, wenn du all die Dinge aufschreiben
würdest, die du hier während der letzten 30 Jahre erlebt hast,
dann wäre das nicht nur für die Menschen in der Türkei, sondern auch für den Rest der Welt von großem Interesse. Alle
wären neugierig darauf zu erfahren, wie die Türkei von einer
Ausländerin, die schon so oft hierhergekommen ist, wahrgenommen wird."

Anfangs hielt ich diesen Gedanken für abwegig, denn
ich konnte mir nicht vorstellen, dass meine Erfahrungen in der
Türkei irgendjemanden interessieren könnten. Aber nachdem ich eine Weile darüber nachgedacht hatte, kam ich zu
dem Schluss, dass er da durchaus Recht haben könnte und
dass ich gut daran täte, einige meiner Reiseerlebnisse aufzuschreiben. Das würde mir auch die Möglichkeit bieten zu
erklären, warum ich das Land all die Jahre hindurch immer
wieder bereist habe.

Und so beschloss ich, einen imaginären Briefwechsel mit der berühmten Lady Mary höchstpersönlich aufzunehmen. In Briefen an sie würde ich ihr meine Eindrücke und meine subjektiven Betrachtungen schildern, und ich würde ihr beschreiben, was sich in dem Land, das ihr so ans Herz gewachsen war, alles verändert hat. Die folgenden Briefe sind an sie adressiert, gleichzeitig aber auch an Euch, meine Familie und meine Freunde, an alle anderen, die sich dafür interessieren mögen, und an das türkische Volk.

Weil ich keinen Leitfaden für ausländische Reisende in die Türkei zu schreiben gedenke, werden diese Briefe kaum Ähnlichkeit haben mit den meisten Aufsätzen, die in den vergangenen 400 Jahren und insbesondere in den letzten 20 Jahren von Besuchern des Landes verfasst worden sind.

Diese Briefe werden kein Reisetagebuch sein, weil Reisende in der Regel Streifzüge an unbekannte Orte unternehmen, während mir im Grunde genommen die ganze Türkei ein Stück weit vertraut ist. Es läge mir außerdem fern, meine Leserinnen und Leser mit belanglosen Absurditäten und nervtötenden Frustrationen des Reisens zu langweilen: mit Durchfallerkrankungen, verpassten Flugzeugen und Bussen, abhanden gekommenem Geld oder einer verlorenen Kamera. Atemberaubende Entdeckergeschichten wie bei Richard Burton, Alexandra David-Neel und Fred Burnaby wird man bei mir ebenfalls vergeblich suchen.

Die Beschreibung malerischer Gegenden möchte ich den vielen Reiseführer überlassen, die fortwährend auf den Markt kommen, oder auch an entsprechende Internet-Blogs. Meine Briefe sind kein Handbuch für das Land Türkei; sie enthalten keine historischen Fakten und Gegebenheiten, wie sie jeder seriöse Travel Guide aufführt. Meine Leser erfahren nichts über das Lebenswerk Atatürks. Sie müssen auf verruchte Geschichten aus den Harems verzichten, werden nicht mit den Sitten der türkischen Bäder bekannt gemacht und lernen auch nicht, was die Hethiter in Çatalhöyük vollbracht haben. Diese Briefe sind nicht als soziologische Studie der türkischen Lebensgewohnheiten zu verstehen. Die Türkei verändert sich in so rasantem Tempo, dass es unmöglich wäre, diese Entwicklung kurz und knapp zusammenzufassen. Ebenso wenig sind meine Briefe als politische Analyse gedacht. Natürlich möchte ich vor Problemen nicht die Augen verschließen und sie erst recht nicht beschönigen. Aber ich als Ausländerin möchte gar nicht erst so tun, als würde ich dieses schwer durchschaubare Feld der türkischen Gesellschaft jemals verstehen können. Ich sehe mich nicht dazu in der Lage, die Gegensätze und Widersprüche der Türkei zu entmystifizieren. Diese Aufgabe vertraue ich gern den Soziologen und Politologen an.

Darüber hinaus sei betont, dass es sich bei diesen Briefen keineswegs um meine Memoiren oder eine Autobiographie handelt: Mein Leben ist wahrlich nicht interessant und meine Reisegeschichten nicht abenteuerlich genug, als dass ich meine Leserinnen und Leser damit langweilen wollte.

Vor allem aber möchte ich klarstellen, dass es auf keinen Fall meine Intention ist, die Türken ins Lächerliche zu ziehen. Seit jeher ruhen die Blicke von Beobachtern aus dem Westen auf ihnen, und nicht immer mit freundlichen Absichten. Berühmte Schriftsteller wie Lamartine, Nerval, Gide, Loti, Gautier, Twain, Stark, Burnby und andere haben über die Sitten der Türken geschrieben. Mein Hauptkritikpunkt an diesen Reiseschriftstellern und besonders an den berühmten Reisenden des 19. Jahrhunderts, die die ‚exotische Levante' durchquerten und dabei hochtrabende Heldengeschichten von gemeisterten Problemen erzählten, besteht darin, dass sie ihren Gastgebern gegenüber hochmütig, hartherzig, ja geradezu verächtlich auftraten. Daher möchte ich hier weder langatmige und ermüdende Geschichten zum Besten geben, die den Leser auf Umwegen dazu anleiten, die ach so seltsamen Sitten des Landes zu verspotten, noch möchte ich durch despektierliche oder überspitzte Aussagen den Stolz der Türken beleidigen. Mir geht es einzig und allein darum zu berichten, was ich erlebt habe und was meine Erlebnisse für mich bedeuten.

In diesen Briefen werde ich meine ganz persönlichen Alltagserfahrungen schildern, auf die ich mir zum Teil auch im Nachhinein keinen Reim machen konnte. Meine Jahre des Reisens, meine Berufskarriere und die stets damit verbundenen interkulturellen Kontakte haben mich viele Dinge gelehrt. Die wichtigste Erkenntnis aber war, dass man sehr feinfühlig sein muss, wenn man fremde Länder bereist oder sich über diese Länder und ihre Menschen äußert. Ich habe gelernt, dass die Weltsicht des Menschen zwangsläufig von Ansichten getrübt ist, die man als Erbe der eigenen Herkunft und Erziehung mit sich trägt. Wenn man mit einer Situation konfrontiert ist, die man nicht durchschaut, sollte man deshalb erst einmal tief Luft holen, einen Schritt zurücktreten und die westlich-hegemoniale Brille absetzen. Erst dann und nur dann kann man anfangen zu analysieren, wie andere es halten, wie man selbst es hält und was richtig ist. Wer den Wert anderer Länder und Gesellschaften zu erkennen und zu schätzen weiß, wird gewiss überreich dafür belohnt. Und nirgendwo sonst auf der Welt sind Land und Leute so herzlich und so aufgeschlossen wie in der Türkei.

Die Türkei und ihre Menschen sind mir seit vielen Jahren vertraut. Ich habe dieses Land und seine Kultur genauso liebgewonnen wie mein eigenes oder wie Frankreich, meine andere Wahlheimat. Ich weiß, dass Ihr nur schwer nachvollziehen könnt, warum ich mich so stark zu diesem *Midnight Express*-Land und seinen ‚furchterregenden Türken‘ hingezogen fühle. Aber ich möchte, dass Ihr der Türkei eine faire Chance gebt, und schreibe diese Briefe, um auf meine simple Art zu einer besseren Verständigung zwischen der Türkei und dem Rest der Welt beizutragen. Wenn Ihr mich also fragt, warum ich Jahr für Jahr in die Türkei reise und an die immer gleichen staubigen Orte zurückkehre, anstatt wie Phileas Fogg loszustürzen und jeden Winkel der Erde zu erkunden, dann hoffe ich, dass ich Euch hier einige Antworten liefern kann.

Doch wie gesagt, richten sich diese Briefe nicht nur an Euch, meine Familie und meine Freunde, und an alle anderweitig interessierten Leserinnen und Leser, sondern auch an die Menschen in der Türkei. In diesem Sinne hoffe ich, dass sie als ebenso umfassende wie schlichte Danksagung an die Türkei und ihre Bevölkerung aufgefasst werden, als ein bescheidener Ausdruck meines Respekts und meiner Liebe zu einem Land und seinen Bürgern. Diese Briefe sind meine Art, mich für Tausende von Gläsern Tee zu bedanken, die mir in den vergangenen 30 Jahren gereicht wurden. Das ist sehr viel Tee, in der Tat. Und trotzdem nehme ich gern noch ein Glas!

In Liebe,
Eure Katharine

BRIEF 2

Ein gelassener und sehr einfühlsamer Stil

Sehr geehrte Lady Mary,
ich hoffe, Sie finden mich nicht allzu aufdringlich und sehen es mir nach, dass ich Ihnen einfach so einen Brief schreibe. Aber der Wunsch, Ihnen zum Ausdruck zu bringen, wie sehr ich Ihre Schriften bewundere, hat mir Mut gemacht, Sie direkt anzusprechen. Seitdem ich die Briefe gelesen habe, die Sie während Ihres Aufenthalts in der Türkei von 1716 bis 1718 nach Hause schickten, fühle ich mich Ihnen sehr verbunden. Das sollten Sie unbedingt wissen.

Bitte erlauben Sie mir, mich vorzustellen. Mein Name ist Katharine Branning. Ich bin Amerikanerin und Bibliothekarin von Beruf. Ich habe viele Dinge mit Ihnen gemeinsam: Wir beide haben in jungen Jahren unsere Heimat verlassen, um in einem fremden Land zu leben, und wir beide trafen die Entscheidung, viele Jahre im Ausland zu verbringen. Auch ich bin verheiratet. Wir beide glauben an die Kraft von Bildung und Erziehung. Vor allem aber verbindet uns die Türkei, denn in den vergangenen 30 Jahren habe ich das Land ebenfalls oft bereist.

Genau wie Sie bin auch ich eine Briefeschreiberin. Es bereitet mir große Freude, sie aufzusetzen: Ich liebe es zu sehen, wie sich der Briefbogen mit Buchstaben und Linien füllt wie die Badewanne mit heißem Wasser, und ich liebe es, den leichten Druck der Füllerspitze zu spüren, wenn sie über das Papier gleitet. Ich wähle mein Instrumentarium sorgfältig aus: hochwertiges, feines Papier oder farbigen Karton, einen eleganten Stift von edlem Fabrikat, der sich perfekt in die Hand schmiegt, und erlesene Briefmarken mit schillernden Referenzen an die Geschichte oder an Dinge, die mir wichtig sind. Das Schreiben eines Briefes erregt mich, ich verspüre dabei die gleiche Hingabe wie bei der Zubereitung eines köstlichen Mahls für meine Lieben. Ich stelle mir die Menschen vor, die diesen Brief auf seiner Reise zum Empfänger berühren werden, den Ausdruck auf dem Gesicht meiner Freundin, wenn sie ihn im Briefkasten erblickt, ihre Neugier, wenn sie über dem Poststempel rätselt, ihre Ungeduld, wenn sie den Brieföffner zur Hand nimmt und den Umschlag aufschlitzt, und dann - hoffentlich - ihre Freude, wenn sie liest, was ich ihr zu berichten habe. Vor allem aber genieße ich die Vertrautheit, die das Briefeschreiben zwischen zwei Menschen stiftet; die Möglichkeit, sich so weit zu offenbaren oder zurückzunehmen, wie man will, um ein Gefühl zum Ausdruck zu bringen. Es gefällt mir, geheime Gedanken hinter Worten zu verstecken oder sie durch Worte zu enthüllen. Nichts kann mir diese Vertrautheit, die die Distanz eines Briefes gestattet, ersetzen. Und ohne Zweifel kannten auch Sie diese Distanz, Lady Mary - die Distanz zwischen Konstantinopel und England, zwischen dem ungewissen, neuen und Ihrem alten, zurückgelassenen Leben. Obendrein schenkt das Schreiben eines Briefes Freiheitsgefühle; es erlaubt ein hohes Maß an Direktheit und wirkt belebend. Wenn es mir gelingt, einen temperamentvollen Brief zu verfassen, dann vertreibe ich damit auch die Schwermut, die mich oft plagt. In dem Jahr, das Sie in der Türkei verbrachten, haben Sie 25 Briefe nach Hause geschrieben. Eine ganze Menge, wenn man bedenkt, dass Sie damals doch damit beschäftigt waren, einen neuen Haushalt einzurichten, ein vierjähriges Kind bei Laune zu halten und sich auf die Geburt Ihres zweiten Kindes vorzubereiten. Mit diesen Briefen haben Sie es geschafft, die Fantasie unzähliger Leser und Künstler zu beflügeln, und ganz gewiss auch meine, als Reisende wie auch als Autorin. Ganz nebenbei haben Sie sich den Ruf erworben, zu den besten englischsprachigen Briefeschreibern zu zählen: Ungefähr 900 davon sind uns in Druckform erhalten geblieben. Die Briefe aus der Türkei wurden erst nach Ihrem Tod veröffentlicht, aber sie werden heute noch gern gelesen. Sie stellen eine wahre Fundgrube für Reiseschriftsteller dar und liefern den postmodernen, orientalistischen und feministischen akademischen Papiermühlen reichlich Nahrung.

Ein türkischer Freund, selbst Schriftsteller, behauptet, ich würde ihn an Sie erinnern - ein Vergleich, der mir ziemlich schmeichelt. Allerdings glaube ich nicht, dass er mich für ähnlich klug oder begabt hält wie Sie. Vielmehr meint er damit anscheinend, dass ich mich, ganz wie Sie, sehr darum bemühe, meine Umgebung mit offenen und unvoreingenommenen Augen zu betrachten. Denn das ist es, was Ihre Briefe meiner Meinung nach so unverwechselbar macht: nicht all die durchaus aufschlussreichen Einblicke in die Geschichte und das Alltagsleben Ihrer Zeit, sondern die Leichtigkeit und Gelassenheit, mit der Sie sich als Fremde in einer anderen Kultur bewegt haben. Ich bewundere, wie offen und ehrlich und nie negativ oder kritisch Sie über Ereignisse und Gegebenheiten berichtet haben. Sie waren eine verständnisvolle Besucherin und haben sich stets so verhalten, wie es jemand tun sollte, der bei Fremden zu Gast ist. Sie haben sich nie im Ton vergriffen oder aus einer moralisch höheren Warte von oben auf die Türken herabgeschaut. Sie haben sich die Freiheit genommen, Ihre eigenen sozialen Verhältnisse in Frage zu stellen, nicht die der Türken, und Sie haben nie vorschnell über sie geurteilt. Sie haben verstanden, wie wichtig interkultureller Austausch ist, was vor allem in den Gesprächen mit Ihrem Tutor Ahmed (oder Ahmet, wie er heute heißen würde) deutlich wird. Sie haben die Gegensätze zwischen Westeuropa und der Türkei aufgespürt, ebenso wie die Widersprüche innerhalb Europas und innerhalb der Türkei.

Es macht mir Spaß, mich in die Persönlichkeit der Frau hineinzuversetzen, die ich hinter Ihren Worten wahrzunehmen glaube. Sie waren stets begierig, so viel wie möglich über das Alltagsleben zu erfahren, von der Religion über so praktische Dinge wie Öfen bis hin zum Essen. Sie sind in Ihre neue Welt hinab getaucht und haben sich durch nichts davon abbringen lassen, sie zu erforschen. Ich spüre, dass Sie eine lebhafte und temperamentvolle Frau sind, und Ihr Witz und Charme strahlt nirgends heller als in den optimistischen Schlusspassagen Ihrer Briefe. Überdies entnehme ich Ihren Briefen, dass Sie gleichermaßen willensstark und warmherzig sein können, je nachdem, wie es die Situation erfordert.

Und was für spannende Briefe Sie da aus der Türkei nach Hause geschickt haben, Lady Mary! Ich bin immer wieder überrascht, dass sich so viele Reisende in der Türkei auch heute noch, Jahrhunderte später, mit den gleichen Fragen, Missverständnissen und Frustrationen herumschlagen müssen. Anscheinend haben wir alle mit den gleichen Widrigkeiten zu kämpfen: Sie, Lady Mary, genau wie die tollpatschigen Militärabenteurer des 19. Jahrhunderts und die modernen Reisenden des ausgehenden 20. Jahrhunderts. Manche Dinge ändern sich nie, manche Konflikte werden nie gelöst, so viele Fragen bleiben unbeantwortet. Wenn ich auf meine Erfahrungen schaue und sehe, wie sehr sie in den Ihren widerhallen, fühle ich mich Ihnen sehr verbunden. Auch Sie waren fest entschlossen, aus jeder Situation das Beste zu machen, das Leben zu genießen und allen persönlichen Begegnungen etwas Gutes abzugewinnen. Ich versuche mir vorzustellen, wie Sie bei typischen Zwischenfällen im Alltag reagiert haben, wie Sie mit all den Missverständnissen und dem ganzen Durcheinander umgegangen sind und doch einen so klaren, unvoreingenommenen Kopf bewahrt haben. Mit Leichtigkeit und Anmut haben Sie die Dinge angenommen, wie sie sind, sich nie lustig darüber gemacht oder sich beschwert. Das habe ich Ihnen immer hoch angerechnet. Bei meiner Arbeit und auf meinen Reisen habe ich versucht, genauso aufgeschlossen zu sein, aber weil ich Insiderin und Außenstehende zugleich bin, fällt es mir schwer, wirklich klar zu sehen. Die Insiderin in mir möchte dazugehören und tendiert folglich dazu, Probleme zu beschönigen, während die Außenstehende in mir voller potenzieller Vorurteile und Imperialismen steckt. Und so bediene ich mich auf Reisen der gleichen Strategie, die ich auch in meinem Beruf als Bibliothekarin anwende: Ich sammle Informationen, ich ordne sie, und ich verbreite sie. Ich versuche nicht, sie zu interpretieren, ich bereite sie nicht auf, ich verbreite sie lediglich. Zumindest bemühe ich mich darum. Wie Sie selbst in einem Brief aus Regensburg sagten: „Mir aber scheint das Klügste, neutral zu bleiben."[1] Oder in einem anderen aus Wien: „Galanterie und gute Lebensart sind unter verschiedenen Himmelsrichtungen ebenso verschieden wie Moralität und Religion. Wer von beiden die richtigsten Begriffe hat, wird uns erst am Gerichtstage kundwerden."

Bestimmt werden Sie bei vielen meiner Kommentare mit dem Kopf nicken und lächeln, weil Sie vor 290 Jahren schon ganz ähnlich gedacht haben. Ein Hoch auf die immerwährende, ewige Suche nach Einsicht, auf das Vergleichen und das kritische Hinterfragen! Die Kulturen der Welt haben so vieles, was sie miteinander teilen und voneinander übernehmen können. Und am Ende werden wir vielleicht lernen, wie wir den unaufhaltsamen Werdegang der Menschheit hin zu einer von Verständnis, Respekt und Frieden geprägten Gesellschaft besser mitgestalten können. Das Schreiben eines Briefes kann schon mal ein Anfang sein, meinen Sie nicht auch?

Werden Sie mir gestatten, Ihnen weiterhin zu schreiben? Es würde mich sehr freuen, wenn ich meine Eindrücke von dem Land, das uns beiden so sehr am Herzen liegt, mit Ihnen teilen dürfte. Bestimmt werden Sie gern erfahren, was sich in der Türkei des ausgehenden 20. Jahrhunderts verändert hat. Sie werden erleichtert sein zu hören, dass von den Werten und Orten, die Sie einst bewundert haben, viele bis heute erhalten geblieben sind. Aber genauso froh werden Sie sein, wenn ich Ihnen versichere, dass das Land und seine Menschen sich weiterentwickelt haben und gereift sind. Vermutlich sind es nicht zuletzt Menschen wie Sie, die die-

---

1 Die durch Anführungsstriche oder Einrückungen gekennzeichneten Textstellen in diesem Buch, die Lady Mary Montagu zuzuordnen sind, sind dem Buch *Briefe aus dem Orient* entnommen, das 1962 im Steingrüben Verlag Stuttgart erschienen ist.

se Entwicklung gefördert haben; denn Sie haben den Türken gezeigt, dass auch der Westen und seine Bürgerinnen und Bürger durchaus großzügig und freundlich sein können.

Ihre sehr ergebene
Katharine Branning

BRIEF 3

Ein Fleckchen Erde namens Sivas

Liebe Lady Mary,

ach, meine Lady Mary, es gibt da ein vertracktes Thema, mit dem Sie sich in Ihren Briefen nie auseinandersetzen mussten. Ihr Tätigkeitsfeld war vornehmlich die Schilderung Ihrer Eindrücke von dem Land, das Sie da besuchten; und ich kann Ihnen versichern, dass Sie sich darum sehr verdient gemacht haben. Doch wurde von Ihnen nie verlangt zu rechtfertigen, warum Sie eigentlich dort waren - was nicht immer ganz einfach ist, das können Sie mir glauben. Sie wurden in die Türkei ‚versetzt‘; das heißt, Sie folgten Ihrem Mann dorthin und hatten daher praktisch keine andere Wahl. Vermutlich hätten Sie auch daheim in England, am Herd Ihres traumhaften Hauses auf dem Lande bleiben können, aber für jemanden, der so wissbegierig ist wie Sie, war das wohl keine ernsthafte Option. Für mich dagegen lagen die Dinge anders: Ich fand zur Türkei, indem ich einer fixen Idee nachging. Oft ist es mir geradezu peinlich, die mir immer und immer wieder gestellte Frage: „Was hat dich in die Türkei geführt?" wahrheitsgetreu zu beantworten. Zuweilen ist es einfacher, nicht mit der Sprache herauszurücken und stattdessen zu sagen, dass ich türkische Freunde habe, oder, noch genauer, dass ich mit einem Türken zusammen bin (was die Antwort zu sein scheint, die jeder gern hören möchte), dass ich seltene Sprachen studiere, Teppichsammlerin bin oder geschäftlich in der Türkei zu tun habe. Aber nein, die Wahrheit ist, dass ich meine erste Reise in die Türkei unternahm, um mir ein Gebäude anzuschauen. Ja, ein Gebäude. Aber nicht irgendein Gebäude: ein Bauwerk aus dem 13. Jahrhundert, älter als alles, von dem ein Amerikaner sich vorstellen kann, dass es im eigenen Land existiert oder anzuschauen ist. Nichtamerikaner malen sich kaum aus, welche Faszination die Geschichte auf viele Menschen in unserem noch jungen Land ausübt. Als mein Blick zum ersten Mal auf dieses Bauwerk fiel, an die Wand projiziert von einem körnigen Dia, in einem Einführungskurs in die islamische Kunstgeschichte, legte es in meinem Kopf eine Saat an, die dann immer weiter austrieb, bis sie schließlich den ganzen Garten meiner Fantasie überwucherte.

Ich war damals 19 Jahre alt, ein Mädchen aus Ohio im Mittleren Westen, das ihr Zuhause verlassen hatte, um in Frankreich zu studieren. Der Tag jener Begegnung war ein Wintertag in Paris, und wie um diese Jahreszeit dort üblich, war es ein grauer und regnerischer Tag, klirrend kalt und feucht. Gerade einmal ein paar Monate in der Stadt, saß ich da, in einem riesigen abgedunkelten Hörsaal der Universität, der die Form eines Amphitheaters hatte, und fühlte mich ganz verloren. Verloren deshalb, weil ich noch keine Freunde kennengelernt hatte, frustriert, weil mein Französisch noch nicht gut genug war, um wirklich alles verstehen zu können, und mutlos, weil ich den *Cours magistral*, den französischen Frontalunterricht, so unfreundlich fand. Die großen Vorlesungssäle erschienen mir unpersönlich, verglichen mit den kleinen, auf Mitarbeit ausgerichteten Unterrichtsräumen, die ich aus dem amerikanischen Bildungssystem gewohnt war. Ich vermisste das Tauziehen zwischen Schülern und Lehrer, das Getümmel und die Sitten eines amerikanischen Klassenzimmers. Mir kamen sogar schon erste Zweifel, ob ich überhaupt das richtige Studium gewählt hatte. Denn alles, womit ich bis dahin zu tun bekommen hatte, erschien mir völlig losgelöst von jeglicher Realität zwischen Kunst und Leben, geschweige denn, dass es meine Interessen getroffen hätte. Über Monate hinweg hatte ich in meinen Kunstgeschichtekursen nun schon die berühmten französischen archäologischen Ausgrabungen im alten Mesopotamien studiert, und in den Vorlesungen wurden stundenlang unendlich viele Bilder von Amuletten und klobigen Statuen aus unübersichtlichen, nebeneinander existierenden und sehr toten Kulturen gezeigt. All das erschien mir ausgesprochen monoton, sinnlos und langweilig.

Doch an diesem grauen Wintertag, mitten in einem Vortrag der Einführungsveranstaltung in die islamische Kunstgeschichte, tauchte der Deus ex machina auf: Ohne jede Vorwarnung war da plötzlich ein Bild an der Tafel, das mich aus meinem pessimistischen Trübsinn aufschrecken ließ. Es handelte sich um ein Dia von einem Bauwerk, das aus goldenen Steinen zu bestehen schien. Wie von Zauberhand strahlte an diesem düsteren Nachmittag plötzlich die Sonne, die Leinwand verströmte gelbes Licht und erleuchtete den dunklen Raum. Mit einem Mal glaubte ich, an einem späten Frühlingstag im Freien zu stehen, unter einem Himmel so blau wie die Fliesen, die die Wände des Bauwerks schmückten. Eingemeißelt in diese goldenen Steine waren tanzende Tiere, Sterne, Pflanzen und Bäume, Schriftzeichen und Vögel, allesamt umrahmt von Arabeskenborten. Sie waren genauso schön und wunderbar ausdrucksstark wie die Skulpturen der romanischen Abteien in Frankreich, die ich so bewunderte. Der Professor sagte: „...Et maintenant nous voyons ici le Gök Medrese de Sivas..." Medrese, Gök und Sivas - diese Worte hatte ich noch nie gehört (und noch viel weniger hatte ich die geringste Ahnung, welchen Ort sie bezeichneten), aber schon als ich sie behelfsmäßig in mein schlaues Buch übertrug, wusste ich, dass dies für mich die ersten Vokabeln einer neuen Sprache sein würden.

Was genau an diesem Bauwerk meine Fantasie so fesselte, werde ich Ihnen zu einem späteren Zeitpunkt verraten; aber weil auch Sie in Ihren Briefen zahlreiche Bauwerke beschreiben, die Sie da und dort gesehen haben, bin ich mir sicher, dass Sie mich ein Stück weit verstehen werden. An dieser Stelle sei lediglich erwähnt, dass es ungefähr so war, als schaue man zum ersten Mal in die Augen des Mannes, den man einst heiraten wird: Man weiß einfach, das ist es. Ja, Steine können Wärme und Leben transportieren, Architektur kann die verborgensten Gefühle greifbar machen: Ja, ich war mir meiner Sache sicher.

Nach der Veranstaltung lief ich in die Bibliothek, um nach einem Buch zu suchen, das mir diese Worte buchstabieren und ihre Bedeutung erklären konnte. Und tatsächlich fand ich eines mit einer Karte, auf der dieser Ort namens Sivas verzeichnet war: eine Stadt genau in der Mitte des Landes Türkei. Der Punkt auf der Karte wurde zu einem Kompass für mich, ähnlich dem X auf einer Schatzkarte, das die Stelle markiert, wo der verborgene Goldschatz vergraben ist. Dieses Land, das imstande war, ein solches Bauwerk hervorzubringen, würde ich selbst aufsuchen müssen.

Das Bild des Bauwerks begann mich zu verfolgen. Wie eine Virginia-Kletterpflanze überwucherte es meinen geistigen Garten und schmuggelte sich zu allen Tages- und Nachtzeiten in meine Gedanken. Schnell wurde mir klar, dass kein Weg daran vorbeiführte, diesen Garten entweder zu jäten oder zu düngen. Also beschloss ich, in die Türkei zu reisen, zu jenem Ort namens Sivas, und das Bauwerk zu finden. Denn sehen Sie, es bestand ja gar kein Zweifel daran, dass ich es finden würde! Schließlich hatte ich es ja hier nicht mit einem vergrabenen Schatz zu tun. Es stand dort einfach in der Gegend herum, für jeden deutlich sichtbar! Ich verspürte den Wunsch, davor zu stehen und diese warmen Steine zu berühren. Ich war überzeugt davon, dass sie zu mir sprechen würden. Ich war mir sicher, dass sie die Kraft besäßen, meine dunklen Tage in sonnige zu verwandeln.

Wenn ich heute an diesen Beweggrund, der mich in die Türkei führte, zurückdenke, erscheint er mir ein wenig albern: wie der Stoff, aus dem Träume von Jugendlichen eben beschaffen sind. Und doch, meine Lieblingsgeschichte in der Bibel ist die der dramatischen Bekehrung des Paulus auf der Straße nach Damaskus. Insofern würde ich nie leugnen, dass es sonderbare Wendungen dieser Art gibt, Merkwürdigkeiten, die das Leben für immer verändern können. Und als ich dann endlich in der Türkei vor dem Bauwerk stand, wusste ich, dass ich hier auf den Straßen von Sivas meinen Goldschatz gefunden hatte. Und dieser Schatz war sogar noch wertvoller war als das Bauwerk an sich. Ich hatte mich nicht vergeblich bemüht und war mit einem perfekten Beispiel für die Übersetzung künstlerischer Ansprüche ins Alltagsleben belohnt worden. Diese Architektur und diese Steine sprachen tatsächlich zu mir.

An diesem Tag schwor ich mir, dass ich mich mit diesem Fleckchen Erde namens Türkei anfreunden würde. Ich wollte mehr Bauwerke wie dieses finden. Ich wollte herausfinden, unter welchen Umständen und von welchen Menschen sie einst errichtet wurden. Bei meinen alljährlichen längeren Aufenthalten im Land, bedingt durch Reisen, Forschung und Recherche, lernte ich die Türkei im Laufe der folgenden 30 Jahre immer besser kennen und stieß noch auf viele, viele weitere solcher Steine. Und all die Zeit habe ich nicht einmal daran gezweifelt, dass ich diesem großartigen Land und seinen Menschen, deren Herzen ebenso warm sind wie jene Steine, auf immer verbunden bleiben würde.

Hochachtungsvoll,
Katharine Branning

BRIEF 4

Der Brückenbau

Sehr geehrte Lady Mary,

in Ihrem Brief an Abbé Conti, in dem sie die letzte Etappe Ihrer langen Reise über Land durch Europa nach Konstantinopel beschreiben, erwähnen Sie auch, in Silivri und Büyükçekmece genächtigt zu haben. Diese beiden Städte sind für ihre großartigen osmanischen Brücken bekannt, von denen Sie genauso beeindruckt waren, wie es viele Reisende heute noch sind:

> *Der übrige Teil unserer Reise ging über schöne, bunte Wiesen an der Küste des Marmarameeres, der alten Propontis. In der folgenden Nacht blieben wir zu Selivrea, vor alters eine herrliche Stadt, jetzt ein guter Seehafen mit einer Brücke von zweiunddreißig Bögen. [...] Wir schliefen diese Nacht in der Stadt Büyük Cekmece oder Große Brücke und die folgende in Kücük Cekmece oder Kleine Brücke in einer sehr angenehmen Wohnung, einem ehemaligen Derwischkloster das vorne einen großen Hof hatte, mit marmornen Kreuzgängen umgeben und in der Mitte einen guten Brunnen. Die Aussicht von hier und den umliegenden Gärten ist die Angenehmste, die ich gesehen habe, und bezeugt, dass Mönche von allen Religionen ihre Einsiedeleien zu wählen wissen.*

Sowohl den Bau der Büyükçekmece-Brücke mit ihren markanten Spitzbögen über das Marmarameer als auch den Bau der Silivri-Brücke hatte Sultan Süleyman der Prächtige kurz vor seinem Tod im Jahr 1566 seinem Hofarchitekten Sinan in Auftrag gegeben. Als die Truppen von Sultan Ahmet III., die Sie in Adrianopel (Edirne) ja mit eigenen Augen gesehen haben, zu den Schlachtfeldern Österreichs aufbrachen, um ausgerechnet in dem Krieg zu kämpfen, den Ihr Mann durch die Aushandelung eines Friedensabkommens verhindern sollte, haben sie diese Brücken mit Sicherheit überquert. Und der langlebige Traum der Türken, ihren Interessen in Europa Geltung zu verschaffen, ist seit den glorreichen Tagen, als diese beiden Bogenbrücken erbaut wurden, nicht verblasst.

Ich interessiere mich deshalb so sehr für Ihre Eindrücke von diesen Brücken, weil türkische Brücken auch in meinem Leben eine besondere Rolle gespielt haben. Just zu der Zeit, als ich in dem Amphitheater-förmigen Hörsaal der Universität mit den sprechenden Steinen Bekanntschaft machte, geschah nämlich noch etwas, was wohl kaum reiner Zufall sein konnte und mich der Türkei noch ein gutes Stück näher brachte.

Als junge Studentin, die gerade nach Paris gezogen war, brauchte ich einen Job, um mir meinen Lebensunterhalt zu finanzieren, und ich hatte das Glück, Anstellung in einer Firma zu finden, die Übersetzungen für die besten französischen Tiefbauunternehmen anfertigte. Ich arbeitete mit Ingenieurteams zusammen, die am laufenden Band höchst anspruchsvolle Dokumente wie Industrie-Codes, Ausschreibungen, Baunormen, Gebote, Konstruktionsunterlagen und dergleichen vom Französischen ins Englische übertrugen.

Das war sehr schablonenhaft und trocken, aber mir gefielen die Präzision, die Exaktheit und die Klarheit der Arbeit. Diese Erfahrung hat meine spätere Entscheidung, Bibliothekarin zu werden, vermutlich in vielerlei Hinsicht beeinflusst. Als ich in der Firma begann, war ich noch ziemlich unbedarft: Frankreich und die französische Sprache waren mir ebenso neu wie die Erwachsenenwelt der Arbeit, und Angst vor der Aufgabe hatte ich auch ein bisschen. Das erste Übersetzungsprojekt, dem ich zugeteilt wurde, war somit ein wichtiger Schritt für mich, meine Fähigkeiten unter Beweis zu stellen. Als man mir mitteilte, dass ich an Angebotsunterlagen für den Bau einer Brücke arbeiten würde, verspürte ich augenblicklich ein Gefühl der Identifikation - mit dem Projekt, aber auch mit meinem eigenen Bedürfnis, Brücken nach Frankreich und in mein Erwachsenenleben hinein zu bauen.

Es handelte sich nicht um eine x-beliebige Brücke, sondern um eine Brücke über eine der berühmtesten Wasserstraßen der Welt: den Bosporus im türkischen Istanbul; nicht um die erste, epochale Brücke, die schon 1973 erbaut worden war, sondern um eine zweite weiter nördlich. Obwohl ich mich in Geografie durchaus ein wenig auskannte, holte ich in dieser Nacht meinen Atlas heraus, um mir anzuschauen, wo genau die Brücke geplant war. Natürlich war mir dabei sehr wohl bewusst, dass sie ausgerechnet in dem Land der sprechenden Steine errichtet werden sollte, das mir vor kurzem erst in der Vorlesung begegnet war.

In den nächsten Monaten galt meine ganze Konzentration diesen Angebotsunterlagen, mit denen sich eines der führenden französischen Bauunternehmen um das große internationale Bauvorhaben bewerben wollte. Es verschlug mir schier den Atem, um wie viel Millionen von Dollar es in dem Projekt ging. Die Abmessungen der Konstruktion, die anfallende Menge an Metall, die Traglasten und die ausgefeilten Berechnungen - all das ließ mich taumeln. Zwar stamme ich aus einem großen Land, das es gewohnt ist, Bauwerke in großem Maßstab zu errichten, doch mit einem Projekt von so überwältigenden Dimensionen hatte ich selbst bis dahin nie zu tun gehabt.

Wenn ich nach Stunden des kräftezehrenden Übersetzens von Beanspruchungsfaktoren und Traglastgleichungen nachts nach Hause kam, zog ich meine Bücher hervor, studierte Bilder der Bosporus-Meerenge und versuchte, mir einige Fragen zu beantworten, die an mir nagten, seitdem ich in das Projekt involviert war: Welche Auswirkungen würde ‚meine' Brücke haben? Wie würde sie das Leben der Menschen auf der einen wie auf der anderen Seite verändern? Trampelte ich hier vielleicht in ähnlicher Weise auf den Menschen herum, wie die gewaltigen Brückenpfeiler die Judas-Bäume am Ufer des Bosporus einstampfen würden? Würde man der Geschichte und der natürlichen Umgebung vor Ort Respekt erweisen? Was wollten die Führer des Landes mit diesem Projekt zum Ausdruck bringen? Ich sah mir alte und neuere Fotos sowie die berühmten Radierungen von Melling aus dem späten 18. Jahrhundert an und versuchte, mich in die Geschichte und den Kontext der Umgebung einzufühlen. Die Diskrepanz zwischen den alten Lithographien mit ihren Darstellungen ruhiger Gewässer und dümpelnder Holzfischerboote einerseits und der modernen Welt mit ihren dahin rauschenden, vollbesetzen PKWs und rumpelnden, vollbeladenen LKWs andererseits hätte kaum größer sein können. Doch je mehr ich über die Türkei, ihre Geschichte und ihre Träume erfuhr, desto besser verstand ich, dass diese Brücke mehr war als ein Durchlass für Autos und Menschen: Sie würde eine Schnittstelle von Ideen und Werten sein. Sie symbolisierte den Fortschritt dieses Landes, sie würde die goldene Ähre einer transkontinentalen Straße sein, die Asien mit Europa verband. Und so begann ich, den Ehrgeiz und die immense Tragweite dieses Projekts mit dem Land zu verknüpfen, in dem die Brücke gebaut werden sollte. Plötzlich spürte ich, Teil von etwas sehr Bedeutsamem zu sein, der Geburt eines mächtigen Landes beizuwohnen. Meine unmaßgebliche Mitarbeit würde Einfluss auf das Leben der Menschen haben, die diese Brücke tagtäglich überqueren würden, auf das Land, in dem ihre Pylonen verankert sein würden, und auf die Welt der Ideen, die sie aus dem Osten kommend gen Westen und in die Gegenrichtung passieren würden. Wissbegierig las ich alles über die Geschichte dieses Volkes und vor allem über den Mann, dessen Namen die Brücke tragen sollte: Sultan Mehmet ‚Fatih‘, den Eroberer von Byzanz im Jahre 1453. Ich realisierte, dass diese Brücke dazu bestimmt war, die Vision von Größe und Ausdehnung, die er einst entworfen hatte, am Leben zu halten. Aber auch andere bedeutende Persönlichkeiten, die ihm nachfolgten, wie etwa Süleyman der Prächtige und Atatürk ebenso wie Politiker der Republik Türkei von heute, hegten dieselbe Sehnsucht, die hiermit gestillt wurde. Ich verstand, dass man das türkische Volk auch heute noch, nach 260 Jahren, mit Fatihs Geist identifiziert. Als Tochter der Pioniere des Mittleren Westens konnte ich diese Ambitionen nachvollziehen und bewunderte sie. Ich wollte mehr über diese ehrgeizigen Baumeister erfahren und begann davon zu träumen, mit ihnen zusammen über die Brücke zu schreiten.

Wie Sie sehen, Lady Mary, habe ich die Geschichte der Fatih-Brücke auf einer sehr persönlichen Ebene miterlebt. Ich verspürte eine starke Bindung zu diesem Land, dessen Drang, sich zu modernisieren, dem meines eigenen Landes in nichts nachsteht. Ich fieberte mit seinen Bewohnern mit. Eines Tages würden sie über ‚meine' Brücke gehen, daher fühlte ich mich ihnen sehr verbunden und malte mir aus, was sie wohl empfinden würden, wenn sie den Blick vom östlichen zum westlichen Horizont schweifen ließen oder das Band aus wässriger blauer Seide zu ihren Füßen betrachteten.

Während meiner Arbeit an den Dokumenten zerbrach ich mir nicht nur über das Bauvorhaben den Kopf, sondern dachte verstärkt auch über mein eigenes Leben nach. Dieses Projekt geriet zum Prüfstein für all die Fragen, die mit meiner Entwicklung von einem jugendlichen Nehmer hin zu einem produktiven erwachsenen Geber einhergingen. Wollte ich ein Brückenbauer sein, der Kulturen miteinander verbindet? Wollte ich Menschen dabei helfen, von einem Ort zum anderen zu gelangen? Wollte ich wie mein Vater, der Bauarbeiter war, Dinge mit den eigenen Händen herstellen? Wollte ich eine Übersetzerin für die Kreativität anderer Leute werden oder lieber selbst als Künstlerin arbeiten? Ich nehme an, dass auch Sie, Lady Mary, sich Fragen dieser Art stellten, als Sie Ihre Schriftstellerkarriere begannen. Was bewegte Sie einst dazu, zum Füllfederhalter zu greifen? Was gab Ihnen den Mut und den Anstoß, sich ungeachtet des engen sozialen Umfelds, in dem Sie lebten, immer stärker auf Ihre literarische Arbeit zu konzentrieren? Nun, was auch immer Ihr Impulsgeber war, meiner war allem Anschein nach eine türkische Brücke.

Leider erhielt die betreffende französische Firma dann nicht den Zuschlag für den Bau der Fatih-Brücke. Stattdessen bauten wir, sie und ich, andere Brücken sowie Krankenhäuser in Afrika und Universitäten in Saudi-Arabien. Doch kein Übersetzungsdokument begeisterte, erfüllte oder berührte mich jemals wieder so wie das für die Brücke über den Bosporus. Als die Angebotsunterlagen komplett waren und abgeschickt wurden, wusste ich, dass ich hier mehr vollbracht hatte, als eine Übersetzung zu erstellen. Ich hatte die Messlatte gefunden, die ich ab jetzt an mein Leben anlegen würde. Ja, ich wollte Dinge erbauen und spüren, mit welcher Kraft und mit welchen Gefühlen mich das erfüllte. Ja, ich wollte den Menschen helfen, über eine Brücke der Verständigung von einem Ufer zum anderen zu gehen. Vor allem aber wusste ich nun, dass die Türkei, in welcher Weise auch immer, zu einem wichtigen Teil meines Lebens werden würde.

Seither ist vieles über diese Fatih-Brücke geschrieben worden, auch darüber, dass sie unübersehbar ein Symbol für das vielgestaltige Ringen ist, das sich seit Jahrhunderten im Herzen eines jeden Türken vollzieht: zwischen Ost und West, alt und neu, säkular und muslimisch, Europa und Asien, dem osmanischen Erbe und der Vision Atatürks, Bauern und Gelehrten, Armut und Reichtum, Stadt und Land. Diese Symbolik beschäftigt die Türken noch heute, und die Brücke stellt ihnen nach wie vor immer wieder die quälende Frage: „Auf welcher Seite stehst du?". Die Doppelstahlseile, die diese Brücke tragen, sind kraftvoll und nachgiebig zugleich, was sich auch von den verschiedenen geografischen, linguistischen, politischen, wirtschaftlichen und religiösen Problemen behaupten ließe, mit denen die Republik Türkei gegenwärtig konfrontiert ist. Letzten Endes jedoch sind

Brücken Symbole der Macht: Wer Zugang zu einer Brücke hat, besitzt die strategische Hoheit. Insofern hat sich Istanbul mit dieser Brücke als entscheidendes Antriebsritzel der europäisch-asiatischen Verbindungskette positioniert.

Jetzt, Lady Mary, wissen Sie, warum ich Sie nach Ihren Eindrücken von diesen Brücken in Silivri und Büyükçekmece gefragt habe. Genau wie ich und genau wie die Türkei zu jenen Zeiten, als die beiden osmanischen Brücken und die Fatih-Brücke erbaut wurden, standen auch Sie damals vor einem ganz neuen Lebensabschnitt. Sie wussten nicht, was Sie auf der anderen Seite der Brücke mit den 32 Bögen erwartete oder wohin die Straße auf der anderen Seite führte. Aber allein die Tatsache, dass dort eine Brücke gebaut worden war, gab Ihnen die Gewissheit, dass es sich lohnen würde, auf die andere Seite hinüber zu gehen. Und das ist es, was das Überqueren einer Brücke so spannend macht.

Mit besten Grüßen,
K. A. Branning

BRIEF 5

Brückenüberquerungen

Sehr geehrte Lady Mary,
so machte ich mich also im Sommer 1978 auf den Weg in das Land der sprechenden Steine und der Brücken.

Meine Eindrücke von diesem ersten Besuch sind in meinem Reisetagebuch nicht besonders ausführlich geschildert. Ich glaube, ich war damals so überwältigt, dass es mir schwerfiel, all das niederzuschreiben. Allerdings erinnere ich mich noch genau daran, wie aufgeregt ich war, als ich vom Flugzeug aus bei der Landung in Istanbul (wie Ihr Konstantinopel inzwischen heißt) meine erste Moschee mit Bleistift-förmigem Minarett erblickte. Was war Ihr erster Eindruck von dieser Perle von einer Stadt, Lady Mary? Sie beschreiben Ihre erste Begegnung mit Konstantinopel, 259 Jahre vor mir, mit folgenden Worten:

> Am nächsten Abend langten wir in Konstantinopel an. Ich kann aber noch wenig davon sagen, weil ich die ganze Zeit mit dem Empfang von Besuchern zugebracht habe. [...] Unser Palast ist in Pera, das ebenso wenig eine Vorstadt von Konstantinopel ist wie Westminster von London. Fast alle Gesandten wohnen nahe beieinander. Von einem Teil unseres Palastes sehen wir den Hafen, die Stadt Konstanti-

nopel, den Serail und in der Entfernung die Berge Asiens;
im Ganzen genommen vielleicht die schönste Aussicht der
Welt. Irgendein französischer Schriftsteller sagt, Konstanti-
nopel sei zweimal so groß wie Paris. [...]

Einer meiner prägendsten ersten Eindrücke war natürlich die Bosporus-Brücke, die ‚erste‘, die damals noch allein
da stand, weil ‚meine‘ Fatih-Brücke noch nicht erbaut war.
Ihr Anblick war fantastisch! Mit ihrem spektakulären Stand-
ort und ihrer Spannweite ähnelte sie der Golden Gate
Bridge oder der Brooklyn Bridge in meiner Heimat.

Erst später durfte ich am eigenen Leibe miterleben, wie
stolz die Türken selbst auf diese Brücke sind. Bei einem
meiner nächsten Besuche in der Türkei wohnte ich auf der
asiatischen Seite in Suadiye, bei der Familie einer Frau, die
mir zu einer Freundin geworden ist. Eines Tages verkünde-
ten sie, sie hätten eine große Überraschung für mich. Damals verstand ich noch recht wenig Türkisch, sodass ich unsicher war, was sie mit mir vorhatten. Trotzdem ließ ich mich
darauf ein. Alle zusammen - Onkel und Tanten, einige junge Cousinen, meine Freundin und ich - zwängten wir uns in
einen alten Chevy, und los ging die Fahrt. Es war ein ver-
schneiter und eisig kalter Wintertag, aber glücklicherweise
verströmen acht in ein Auto gepferchte Personen einiges an
Wärme. Die Türkei durchlebte in jenem Winter 1980, da
der Ausnahmezustand herrschte, eine Zeit der Not und ge-
waltiger Probleme, daher war mir klar: Wenn für diesen
Ausflug extra Benzin gekauft wurde, musste etwas ganz Besonderes geplant sein. Nachdem wir losgefahren waren,
klärten sie mich auf: „Wir werden dich über die Bosporus-
Brücke fahren! Wir möchten, dass du wie ein Vogel über
die Meerenge schwebst, dass du die Fährboote von oben

siehst und spürst, wie es sich anfühlt, von einem Kontinent zum anderen überzusetzen!" Sie waren sehr, sehr stolz darauf, ihrem Gast diese Erfahrung zu bieten, und ich war ziemlich sprachlos; denn sie wussten nicht einmal von meiner persönlichen Beziehung zum Bosporus und zu Brücken. Meine liebe Lady Mary, Sie haben die Aussicht von Ihrem Haus als „die vielleicht schönste Aussicht der Welt" bezeichnet, aber Sie sollten erst einmal von dieser Brücke, aus einer Höhe von 32 Metern auf die asiatischen Hügel hinabschauen!

Und so überquerte ich meine erste Brücke in der Türkei.

In dieser Klapperkiste, eingezwängt mit einer Traube enthusiastischer Türken, steuerte ich auf einen bedeutenden symbolischen Schritt zu, der mein ganzes weiteres Leben beeinflussen sollte. Ich verspürte den Nervenkitzel, Teil von etwas zu sein, das größer war als ich selbst, von etwas, das an mir zerrte wie unsichtbare Fäden. Nachdem wir die Brücke überquert hatten, war nichts mehr wie zuvor. Beim Einsteigen ins Auto auf der einen Seite war ich noch Besucherin und Touristin gewesen, nun aber, als ich auf der anderen Seite ausstieg, war ich mehr als das.

Bei meinem ersten Aufenthalt in Frankreich war mir auf dem Weg nach Hause im spärlichen Abendlicht eines späten Oktobertags einmal etwas Ähnliches widerfahren. An diesem Herbsttag in Paris hatten mir die Farbnuancen der Dämmerung auf der Rue du Bac einen Augenblick beschert, den ich nie vergessen werde. Plötzlich sah ich alles so unglaublich klar und wusste, dies war genau der Ort, an den ich hingehörte. Ich verspürte ein Gefühl der Identifikation, ich fühlte mich akzeptiert, ich spürte, dass ich meinen

Platz dort finden würde, ich wusste, dass ich dort reifen könnte, dass ich nicht allein war auf meinem Weg und dass ich eingeladen war, am Leben der Stadt teilzunehmen und ihr auch etwas von mir selbst zu geben. Ich wusste, dass ich gewissermaßen ein Recht hatte, dort zu sein, ein Recht, dort mein Glück zu finden. Ich liebte Paris, und die Stadt erwiderte meine Liebe. Dieselbe Bestätigung spürte ich nun, während ich über die Bosporus-Brücke fuhr.

Genau wie ich selbst im Laufe der Jahre, hinterfragt sich auch die Türkei immer wieder, entwickelt sich weiter und wächst und gedeiht. Das Land ist wie eine Brücke für mich, ein sicherer Ort über ruhigen oder auch turbulenten Gewässern. Es wird nicht müde, mich daran zu erinnern, dass ich permanent rastlos zwischen zwei Ufern pendele: zwischen dem, was ich bin, und dem, was ich sein könnte oder zu dem ich mich gerade entwickle. Das Überqueren von Brücken lehrt mich, mir sowohl dort als auch zu Hause meinen eigenen Weg durch die Kultur zu bahnen und meinen eigenen Charakter vor dem Hintergrund anderer Charaktere zu prüfen. Die Türkei hat mein Leben berührt, und mein Leben hat die Türkei berührt. Noch immer reise ich dorthin und gehe über Brücken, um diese starke emotionale Beziehung, die mein Ufer mit jenem anderen verbindet, zu ergründen.

Bis zum heutigen Tag fasziniert es mich, Brücken zu überqueren. Und in der Türkei gibt es viele Brücken. Nicht nur die beiden in der Nähe von Adrianopel, über die auch Sie geschritten sind, Lady Mary, und die beiden Bosporus-Brücken, sondern Hunderte weitere, die über Tausende von Jahren von Römern, Byzantinern, Seldschuken und Osmanen erbaut worden sind - allesamt mit dem Ziel, die Arterien dieser Drehscheibe von Kommunikation, Kultur und Handel miteinander zu verknüpfen. Auf meinen Reisen lege ich besonderen Wert darauf, sie aufzusuchen und zu Fuß zu überqueren. Dabei sauge ich die Energie ihrer Steine ganz langsam und bedächtig mit den Füßen auf. Und ich denke an all die berühmten wie namenlosen, unscheinbaren wie auffälligen Menschen, deren Schritte meinen vorangingen. Esel, Bauern, Reisende, Krieger, Könige, Sultane und Derwische - sie alle haben diese Brücken schon vor mir überquert.

Ich habe bereits eine ganze Reihe von bemerkenswerten Brücken überquert: Die gebogene Egri Köprü am Stadtrand von Sivas, an deren Ufern sich Kangal-Hunde tummeln; die Ak-Brücke mitten in der Innenstadt des belebten Ankaras; die lange Kesikköprülü Han mit ihren 13 Bögen; die Artukid Malabadi-Brücke aus dem 12. Jahrhundert, die so groß ist wie ein Staudamm; die byzantinische Dicle-Brücke außerhalb der Stadtmauern von Diyarbakır aus dem 6. Jahrhundert, die man sogar vom Weltraum aus sehen kann; und meine absolute Favoritin: die zierliche Seldschukenbrücke über den Yeşilırmak-Fluss in Tokat. Letztere inspiriert mich durch ihre Schönheit, ihre Umgebung, ihre Einfachheit und durch die Botschaft, die sie vermittelt. Denn ihretwillen ließen drei um den Thron der Seldschuken konkurrierende Brüder ihre Fehden für eine Weile ruhen - so lange, bis dieses kleine Juwel, das die neue Nord-Süd-Handelsachse ihres Reichs abrundete, fertiggestellt war.

Nehmen also auch wir, Herrscher, Bürger und Nationen, uns eine Auszeit von unseren Streitigkeiten, und bauen wir Brücken, die wir gemeinsam, einen Schritt vor den anderen setzend, überqueren können.

Herzlichst, Ihre
Katharine Branning

KAPITEL 2

EIN LAND

BRIEF 6

Ein Zuhause fernab der Heimat

Liebe Lady Mary,

damals, als Sie Ihre Briefe schrieben, existierten die Vereinigten Staaten von Amerika noch gar nicht. Natürlich aber werden auch Sie von einer britischen Kolonie westlich des Atlantiks gehört haben, in die zahlreiche Bürger Ihres Landes auswanderten, um dort Unternehmen, Siedlungen und Farmen aufzubauen. Viele Ihrer Landsleute, so zum Beispiel gebildete Kaufleute und Geschäftsbesitzer aus den Städten, erfahrene Handwerker und Bauern, suchten in diesen Kolonien ein neues Leben. Nachfahren von Quäkern aus den North Midlands, nicht unweit von Ihrem Familiensitz Thoresby Hall, gründeten in Amerika eine Stadt, die in der Geschichte des Landes eine wichtige Rolle spielen sollte: Philadelphia, die Stadt der brüderlichen Liebe.

Niederländer, Schweden und Deutsche schlossen sich ihnen an, und nach 100 Jahren des Zusammenlebens hatten diese Siedler gelernt, einander ebenso zu tolerieren wie ihre unterschiedlichen Traditionen und Religionen. Sie erwarben sich ein gewisses Maß an Wohlstand und Souveränität, das sie sich nicht wieder entreißen lassen wollten. In einem Akt des Protests gegen die von Ihrem guten König George

III. (dem Sohn jenes Königs, der gerade herrschte, als Sie in die Türkei reisten) eingeforderte ‚Besteuerung ohne Mitspracherecht' verbündeten sich diese ‚Yankees' und erkämpften nach heftigen Gefechten die Unabhängigkeit der Vereinigten Staaten von Amerika.

Das alles erzähle ich Ihnen nicht, um mich damit zu brüsten, dass Ihr allgewaltiger König nicht dazu in der Lage war, diese Kolonie zu halten, sondern um Ihnen zu versichern, dass aus dieser Kolonie ein großartiges Land hervorging, ja sogar die erste Demokratie der Welt. Deren Grundprinzipien waren eine Frucht der Bemühungen vieler großartiger Menschen, unter ihnen auch eine Reihe von gebürtigen Engländern. Als ich in jenem Sommer 1978 erstmals in die Türkei reiste, passierte mir etwas sehr Merkwürdiges. Ich hatte das Gefühl, nicht in ein fremdes Land gekommen zu sein, sondern nach Hause, in mein Amerika, das Land der unterschiedlichen Traditionen, Völker und Religionen.

Da Sie dieses Amerika nicht kennen und wahrscheinlich kaum verstehen werden, was ich meine, möchte ich versuchen, es Ihnen zu erklären. Wie Sie sich vielleicht erinnern, lebte ich zur Zeit meines ersten Türkeibesuchs bereits seit mehreren Jahren in Frankreich. Auch Sie waren ja vertraut mit Frankreich und den Franzosen, denn Sie hatten auf dem Rückweg von Konstantinopel nach England einige Zeit in Lyon und Paris verbracht. Sie machen einige sehr amüsante und treffende Bemerkungen über die französische Gesellschaft und Kultur und stellen beispielsweise fest: „Überhaupt deucht mich, hat Paris darin den Vorteil vor London, dass seine Straßen schön gepflastert und zur Nacht regelmäßig beleuchtet, die Häuser aus Stein und die der meisten großen durch Gärten verschönert sind." Wenig Verständnis hatten Sie hingegen für die französischen Frauen, die sie als „verschroben und abgeschmackt in ihrem Putz, so ungeheuer unnatürlich mit ihrer Schminke" empfanden oder auch für die „ekelhafte Schmeichelei und den buntscheckigen Pinsel eines Le Brun". Ich bewundere dieses Land und seine Kultiviertheit von ganzem Herzen, aber ich muss zugeben, dass man es als Ausländerin dort zuweilen nicht leicht hat. Oft gibt man Ihnen das Gefühl, aufgrund Ihrer ausländischen Herkunft, Ihres Erbes, Ihrer Religion oder Ihrer mangelnden Sprachkenntnisse aus der Gesellschaft ausgeschlossen zu sein. Hinzu kommt, dass die Pariser Kultur unablässig nach Noblesse und Perfektion strebt. Selbst von mir als Ausländerin wurde erwartet, dass ich mich den gleichen strengen Regeln unterwerfe wie die Einheimischen, um diesem Vortrefflichkeitsanspruch gerecht zu werden; und das war manchmal nur schwer zu ertragen.

Verglichen damit ist die Türkei ein nachsichtiges und duldsames Land. Als ich zum ersten Mal dorthin kam, war es wie eine Befreiung, diesen engen Gesellschaftsstrukturen entkommen zu sein. Ich registrierte, dass die Leute hier nicht bei jedem Schritt von mir darauf lauerten, dass ich etwas falsch machte. Im Gegenteil, sie waren aufgeschlossen und freundlich, so wie die Menschen in Amerika, wo ich aufgewachsen bin. Es fällt mir schwer, die richtigen Worte zu finden, aber als ich dieses Land entdeckte und seine freundlichen Menschen dazu, wusste ich, dass man mich hier verstehen würde, dass wir die gleiche Sprache sprachen. Sie, Lady Mary, hatten damals das Gefühl, in eine völlig andere Kultur zu kommen. Ich dagegen empfand es eigenartigerweise eher so, als wäre ich nach Hause zurückgekehrt.

Und je besser ich die Türkei kennenlernte, desto sicherer war ich mir, dass es meinem eigenen Land, Amerika, auf gleich mehreren Ebenen ähnelte.

Zunächst einmal auf einer persönlichen Ebene. Ich komme aus einer Familie von Predigern und Lehrern und habe den staunenden Blick auf das Stadtleben und ganz sicher auch auf fremde Orte und andere Kulturen, der die Menschen des Mittleren Westens auszeichnet, nie ablegen können. Die ausgedehnten hellbraunen Ebenen, die ich in der Umgebung von Sivas sah, glichen den großen Mais- und Weizenfeldern in den Vereinigten Staaten. Das Rumpeln der Traktoren und der Geruch von Matsch und Gülle dort versetzten mich zurück auf die Farm meines Onkels in den Prärien von Kansas. Iznik mit seiner von Platanen gesäumten Hauptstraße ähnelte den kleinen Dörfern in Ohio, während Tokat mich an eine Cowboy-Stadt im Westen erinnerte. Das Leben in diesen Städten glich dem Leben der Kleinstädte im Mittleren Westen mit ihren Getreidegenossenschaften, ihren Traktoren und Cafés. Ersetzen Sie ruhig die Cafés durch Teegärten, aber die Gespräche, die stets um die Themen Ernte und Steuern kreisen, und das Gefühl von Zusammengehörigkeit sind die gleichen. In beiden Ländern würzen die Menschen ihre Konversation mit Zitaten aus der Heiligen Schrift, und beide, mein Mittlerer Westen ebenso wie meine Türkei, halten an den gleichen gemeinsamen Werten fest, die sie vehement verteidigen: Religion, Familie und Kinder, die gute Erde, Gemeinschaft, Teilen, Bescheidenheit, Glaube und Dienst an Gott, Verbundenheit mit der Natur, den Tieren und dem Alltag, Liebe und Ehe, Kampf ums Überleben ... und allem voran die Liebe zur Heimat.

Hatte ich auf diese erste Reise irgendwelche Vorurteile gegen die Türken mitgebracht? Ich glaube nicht, denn ich bin Amerikanerin und nicht Europäerin. Ich war unbelastet vom Stigma der ‚furchterregenden Türken‘, die an die Tore Wiens klopften. Was ich im Kopf hatte, waren Bilder von Türken, die Schulter an Schulter mit meinen Landsleuten in Korea kämpften und in der NATO auf unserer Seite standen.

Ein Blick auf die Geografie der beiden Länder genügt, um Ähnlichkeiten zwischen den Vereinigten Staaten und der Türkei festzustellen. Amerika ist ein riesiges Land, und im Vergleich zu Europa ist auch die Türkei ein großes Land, größer als Frankreich und Deutschland zusammen. Beides sind Länder mit charakterstarken Territorien, jedes verfügt über sieben markante und ausgeprägte Regionen, die sich von ihrer Struktur her sehr ähneln. Dem Nordosten, dem Atlantik, dem Süden, den Great Lakes, den Great Plains, dem Nordwesten und dem Südwesten der USA stehen auf türkischer Seite die anatolische Hochebene, das östliche Hochland, der Südosten, die zentrale Seenregion, die Schwarzmeerregion, der Mittelmeer- und Ägäis-Raum und die Region Thrakien und Marmara gegenüber. Genau wie die Vereinigten Staaten hat auch die Türkei wunderschöne Küsten, Ebenen und Berge, einige Wüsten und ein abwechslungsreiches Klima zu bieten. Beide Länder werden von zwei Meeren umgrenzt, sind weitreichenden und extremen Klimaschwankungen ausgesetzt und haben auch mit diversen furchterregenden, gefährlichen Naturphänomenen wie Erdbeben, Tornados, Hurrikans, Überschwemmungen und Lawinen zu kämpfen. Die Vereinigten Staaten sind von Norden nach Süden von zwei großen Gebirgsketten durchzogen, die Türkei hat ebenfalls zwei solcher Ketten, die von Osten nach Westen verlaufen. Durch beide Länder fließen große Flüsse: Tigris und Euphrat auf der einen und Mississippi und Ohio auf der anderen Seite. Beide Länder besitzen imposante Gipfel (Ararat, Erciyes, Uludağ - McKinley und Rainier), Seengruppen (die Seen im Raum Eğirdir - Great Lakes und Finger Lakes), eine beeindruckende Tier- und Pflanzenwelt, reiche natürliche Ressourcen (Wasser, Kohle), unterschiedliche Kulturen von Südfrüchten (Bananen, Zitrusfrüchte) und alle erdenklichen Getreidesorten.

Auch von unseren gesellschaftlichen Strukturen her ähneln wir einander. Die Türkei ist genau wie Amerika eine Leistungsgesellschaft. Diese Gesellschaft besteht aus Bürgern, die sich ihr Ansehen durch ehrliche Arbeit erworben haben, und es nicht - wie in Frankreich oder Ihrem England gang und gäbe - Schichtzugehörigkeit und Herkunft verdanken. Beide Länder offerieren ihren Bürgern eine große Chance auf sozialen Aufstieg. Die türkische Geschäftswelt ist nicht weniger dynamisch als die Geschäftswelt Amerikas, sie steht in den Startlöchern, um dem 21. Jahrhundert auf Augenhöhe mit dem Rest der Welt die Stirn zu bieten. In der Türkei gibt es unendlich viele unbeugsame, entschlossene, positive und anpackende Menschen, die keine Angst davor haben, Fehler zu machen; genau wie meine Landsleute.

Am meisten aber ähneln sich die beiden Länder vermutlich hinsichtlich ihrer Bevölkerungsstrukturen. Es gibt so viele unterschiedliche Türken! Alle Kulturen haben ihre Spuren im Genpool der heute dort geborenen Kinder hinterlassen: Römer, Byzantiner, Perser, Armenier, Araber, Griechen, Georgier, Nomaden aus Zentralasien, Großseldschuken aus Persien, Mongolen aus dem Osten und die Osmanen. Das Land hat vielerlei regionale Besonderheiten und setzt sich aus einem ganzen Regenbogen von Völkern zusammen. Türke zu sein bedeutet, Bürger der Republik Türkei zu sein, und das ist eher eine nationale als eine ethnische Identität. Die Türken sind Erben der kulturellen Traditionen des Osmanischen Reiches wie auch der Modernisierungsideale Atatürks und des Westens. Wir, das Volk der Vereinigten Staaten von Amerika, können das gut verstehen, denn auch wir stammen ursprünglich alle aus unterschiedlichen Ländern, mit unterschiedlichen Sprachen, Religionen und Ausbildungen; uns vereint das gemeinsame Ziel, ein bedeutendes Land aufzubauen.

Doch ist es nicht nur die ähnliche physische Beschaffenheit unseres Landes und unserer Bevölkerung, die mir das Gefühl gibt, hier zu Hause zu sein. Auch unsere Probleme gleichen sich. Ich habe trostlose Dörfer mit hungrigen Kindern gesehen, baufällige Häuser und Armut, sowohl in der Osttürkei als auch in der Appalachen-Region. Genau wie in der Türkei ist das Missverhältnis zwischen Reich und Arm auch in Amerika erschreckend. Beide Länder wurden kürzlich von schlimmen Naturkatastrophen heimgesucht: dem Erdbeben in Izmit 1999 und dem Hurrikan Katrina in New Orleans 2005. Unsere beiden Gesellschaften leiden unter vielen inneren Problemen, Gewalt und Spaltung. Und ja, bedauerlicherweise sind auch in beiden Ländern manche Bevölkerungsgruppen nicht vollständig in den demokratischen Traum integriert. Es liegt an uns, das Versprechen dieses Traums zu erfüllen.

Nach Ihrer Rückkehr in die Heimat schrieben Sie an Abbé Conti: „Ich kann nicht anders, als mein Vaterland mit parteiischen Augen anzusehen." Das Einzige, was uns das

Reisen eintrage, sei „der fruchtlose Wunsch, die mannigfaltigen Vergnügungen und Bequemlichkeiten zu vereinen, die verschiedenen Weltteilen zugefallen sind und in keinem einzigen zusammentreffen können."

Wenn ich von meinen Reisen in die Türkei nach Hause zurückkehre, stelle ich keine Vergleiche an, die mir bestätigen könnten, um wie viel schöner meine Heimat doch ist. Vielmehr helfen mir die Reisen dorthin, auf beides stolz zu sein: sowohl auf die Errungenschaften meines eigenen Landes als auch auf die der Türkei. Die Tatsache, dass diese beiden Länder so viele Gemeinsamkeiten haben, zeigt mir noch deutlicher, dass wir für eine bessere Zukunft der Völkergemeinschaft, in der wir leben, voneinander lernen können. Diesen Gemeinsamkeiten verdanke ich es, dass ich von einer Außenseiterin zur Insiderin werden konnte - zu einer Insiderin, die sich auch fernab von der Heimat stets zuhause fühlt, zu einem Yankee aus Ohio am Hofe des osmanischen Sultans.

Herzlichst,
Katharine Branning

BRIEF 7

Türkiyem!

Liebe Lady Mary,
auf einer Bergwand in der Nähe von Erzurum prangt eine großflächige Formation von weißlackierten Steinen, die in Buchstabenform angeordnet sind. Mit viel Liebe von Rekruten so arrangiert, sind sie kilometerweit zu sehen und setzen sich zu einem einzigen Wort zusammen: *Türkiyem*.

Türkiyem - übersetzt: meine Türkei. Ein Schlagwort, das den Stolz auf die Heimat auf eine Weise zum Ausdruck bringt, die keiner weiteren Worte bedarf; denn jeder Bürger kann *Türkiyem* so interpretieren, wie er möchte. Während mein Blick auf dieser Steinformation ruhte, realisierte ich, dass sie auch für mich selbst eine Bedeutung hatte, denn auch ich habe meine eigene, ganz persönliche Vorstellung von diesem Land entwickelt. ‚Meine Türkei' ist eine andere als die, die 99 Prozent der Türkeibesucher (und wahrscheinlich 95 Prozent der Türken) kennen. Sie ist nicht die Türkei der noblen, reichen und urbanen Städte Istanbul, Antalya, Bursa oder Ankara. Nein, sie ist die Türkei der anatolischen Ebenen. Mein Herz schlägt östlich von Ankara.

Ähnlich wie die meisten Touristen haben auch Sie sich in der integrativen, multinationalen, kosmopolitischen und heterogenen Welt von Konstantinopel und Adrianopel (dem heutigen Edirne) bewegt. In einem Brief, den Sie in Edirne verfasst haben, schreiben Sie, dass „die Sitten der Menschen nicht so sehr unterschiedlich sind, wie unsere Reisebeschreiber uns weismachen wollen". Allerdings sind Sie auch nie weit genug aus dieser kosmopolitischen und wohlhabenden Welt ausgebrochen, um den Unterschied gewahren zu können oder um die Landbevölkerung rund um diese Städte kennenzulernen. Dabei bin ich fest davon überzeugt, dass Sie es sehr genossen hätten!

Ein Großteil der Touristen kennt die Türkei nur von Istanbul und den Stränden im Süden, meine Türkei ist jedoch ganz anders. Es ist die Türkei eines Lebens auf dem Lande, eines von Schweiß und harter Arbeit geprägten Lebens; die Türkei der ausgezehrten Plateaus, nicht die der luxuriösen Strände. Istanbul, diese Perle der Welt, Stadt der Sehnsucht, verdreht vielen Menschen den Kopf, ich hingegen habe mich in einsame Ebenen verliebt. Ähnlich wie die Felder des Mittleren Westens in meiner Heimat, künden auch sie von der ewigen Macht, die sich in der Natur widerspiegelt, und von der Hoffnung der Menschheit, immer noch einen Schritt weiter gehen zu können. Die meisten Menschen mögen diese Ebenen als kahl und eintönig empfinden, ich aber nehme sie als offen, frei und so uferlos wie das Meer wahr und schätze ihre Luftspiegelungen.

Als ich zum ersten Mal in der Türkei war, gab es nur wenige Ausländer, die diesen Winkel der Erde bereisten. Heute hingegen zieht es alle Welt nach Istanbul, und sei es nur für 36 Stunden, für ein Wochenende. Ausländer haben die Märkte der Stadt erobert und kosten ihren Arbeitsaufenthalt hier in vollen Zügen aus. In der Tat begegnet man den meisten von ihnen in Istanbul, das ehrlich gesagt ein genauso exklusives urbanes Zentrum ist wie Paris oder New York. Ich habe diese Stadt immer als eine Mischung aus New York, Algier und Venedig beschrieben, aber auch wenn sie ihre eigene Identität besitzt, in jedem Fall ist sie ein ausgesprochen urbaner Ort.

Ganz anders *Türkiyem* - meine Türkei. Ich liebe es, Kleinstädte aufzusuchen, in denen es lokale Märkte und diverse Restaurants oder Teehäuser gibt. Wenn Amerikaner das Wort Türkei hören, werden sie sich wahrscheinlich ein sehr geheimnisvolles und exotisches Land darunter vorstellen und nur zwei Städte benennen können: Istanbul und Ankara. Aber Sie wären überrascht, wie wenig diese beiden Städte das Land in Wirklichkeit repräsentieren: genauso wenig, wie ich das Amerika, in dem ich aufgewachsen bin, mit New York oder Boston assoziieren würde. Der ländliche Raum außerhalb der großen urbanen Zentren ist ein ganz anderes Land. Die Leute wundern sich, warum mir Dörfer aus Mörtel und staubige, braune Ebenen mehr am Herzen liegen als die Berge, das Meer oder das türkisfarbene Wasser der Karibik, der Riviera oder sogar der Südtürkei. Vielleicht bin ich ja tatsächlich ein wenig seltsam, aber ‚dort draußen‘ wartet eine Fülle von Erfahrungen auf mich.

‚Meine Türkei‘ ist ein Ort der unterschiedlichsten Festivitäten: neben den zahlreichen renommierten Kultur- und Kunstfestivals, die in mehreren Großstädten abgehalten werden (nehmen wir nur einmal das Golden Orange-Filmfestival in Antalya), gibt es unendlich viele weitere Festivals, auf denen die hiesige Folklore und einheimische Helden (wie Nasreddin Hoca, Yunus Emre oder Haci Bektas) gewürdigt oder lokale Erzeugnisse und Besonderheiten bejubelt werden: Kamelkämpfe in Selçuk und Denizli, Pelikane in Birecik, sogenannte Powergum-Süßigkeiten in Manisa, Cirit-Spiele (eine Art Polo im Rugby-Stil) in Konya und Erzurum, Schlangen in Mardin, Rosen in Konya, Kirschen in Tekirdağ und Isparta, Öl-Ringen in Edirne, Erdbeeren in Bartın, Tee in Rize, Aprikosen in Malatya, Tomaten in Tokat, Haselnüsse in Ordu, Honig in Çankırı, Meisterköche in Mengen, Keramik in Kütahya, Traubenlese in Kappadokien, Wassermelonen in Diyarbakır (ein Vorjahreschampion brachte 98 Pfund auf die Waage), Stierkämpfe in Artvin, Feigen in Germencik, Kohle in Zonguldak und tanzende Derwische in Konya. Diese Feste können es jederzeit mit der Ohio State Fair aufnehmen.

In ‚meiner Türkei‘ gibt es kein Meer, keine Thermen, keine schicken Clubs, keine schönen Bikini-Mädchen und Diskotheken und auch keine Skipisten. Der Reiz ist ein anderer. Was ich dort finde, sind Holzhäuser, Bergwiesen, mit geweihten Bändern umwickelte Bäume, sprudelnde Wasserfontänen am Straßenrand, Troubadoure und Derwische, bucklige Brücken, Zisternen, Wälder, reißende Flüsse, Saz-Spieler, Singvögel, Pilav-Tage und Beschneidungsfeiern, Fenster und Veranden gespickt mit Blumen, die in leeren Ölkanistern stecken, Glockentürme, Restaurants mit abgetrennten Räumen für weibliche Gäste, Teegärten unter Weinpergolen, Frauen auf dem Feld bei der Getreideernte oder beim Sortieren von Aprikosen oder Zwiebeln, Fachwerkhäuser, üppige grüne Täler, zum Trocknen aufgehängte gewaschene Kelims, Spitzengardinen, Kopftuch tragende Frauen, aus Stein gemeißelte Eingangsportale, gedämpfte Stimmen, mit löchrigen Holzrollladen abgedunkelte Fenster, beigefarbene Ebenen, das Gewirr von Ziegeldächern, ummauerte Gärten, die sich die Hänge hinaufziehen, Dorfbusse vollgestopft mit Kindern, Tieren, Kartoffelsäcken, Ersatzreifen oder Maschinenteilen, schroffe Salzseen inmitten trockener Ebenen, über Wein- und Lorbeerblättern gegrilltes Fleisch, einsame Arbeiter, die mit einem Sack Proviant unter dem Arm zu Fuß die Straße entlanggehen, geschnitzte und bemalte Zimmerdecken aus Holz, Pferdewagen, heiße Quellen, Höhlen, Landarbeiter, die auf dem Weg zu ihren Feldern auf der Ladefläche von LKWs auf und ab hüpfen, Jungen und Mädchen, die Koranrezitationen summen, um sie sich einzuprägen, Wasserfälle, dröhnende Trommeln, die von Beschneidungs- oder Hochzeitsfeiern künden, Schilfsümpfe, Traktoren und Eselskarren, Wassermelonen- und Tomatenfelder, von Burgen und Festungen mit flatternden Halbmondfahnen gekrönte Städte, eine Stille so undurchdringlich und dicht, dass man sie förmlich berühren kann, das Summen der Fliegen, wahre Regenbögen von bunten Kelims auf den Böden der Moscheen, alte Männer am Krückstock auf dem Weg zum Dorfplatz, wo sie ihre Freunde treffen, die wilde und wütende Natur der unsteten tektonischen Platten, mit Sonnenblumenkernen übersäte Bürgersteige, die rotglühende, brennende Erde des Südostens, Familientragödien und sanfte Hochzeiten, Gestrüpp und gelber Staub, flinke Kleinbusse, die zwischen den Dörfern pendeln, schäumende Stromschnellen, nicht enden wollende Feste für das Auge in den Kurven der Gebirgsstraßen, geschorene oder geschlachtete Schafe, ergiebige Schneefälle, die die Straßen innerhalb weniger Stunden unpassierbar machen, Derwische und Aleviten, Männer, die stundenlang mit einer geschwungenen Feder Koranverse übertragen, osmanische Fachwerkhäuser, Kopfsteinpflaster, über das schon Hethi-

ter, Griechen, Römer, Perser, Seldschuken, Osmanen und
Atatürks Patrioten hinweg geschritten sind, goldglänzende
Ebenen so weit das Auge reicht, heiße Quellen, Erdstöße,
jeder Stein ein Stück Geschichte, geschäftige Wochenmärk-
te, schneebedeckte Berggipfel, Süßigkeiten- und Nussläden,
dichte Tannenwälder und Gebirgspässe, konische Grabtür-
me, die mit grünen Tüchern umhüllte Ehrenmale bergen,
offene Gemüsemärkte, überdachte Basare, schmale Gassen,
in denen sich Holzarbeiter, Klempner, Sattler und Kesselfli-
cker tummeln, Kangal-Schäferhunde in den Farben der Prä-
rie auf der Jagd nach staubbedeckten Schafen, Vogelschutzge-
biete mit rosa Flamingos, von der Hitze verzerrte Horizonte,
blökende Herden von Fettschwanzschafen, Schwalben im
Tiefflug, verlassene Ruinen, der Anblick funkelnd blauer
Seen vom Kamm der Straße, auf einer Stange im tief liegen-
den Fensterrahmen sitzende Frauen, die die Straße beobachten, Friedhöfe mit umgekippten alten Grabsteinen,
stoppelige Ebenen und semi-arides Unterholz, in verrückte
Wildblumenfarben gekleidete Kurdinnen, die miteinander
plaudern, Wiesen, auf denen Wildpferde mit ihren Fohlen
herumtollen, Rosenbüsche in voller Blüte, frische weiße
Maulbeeren, der Geruch von Blut, frischem Brot, Staub,
Dung und Wassermelonenrinde, Häuser aus Holz, Stein und
Lehmziegeln, sich aneinander schmiegende grüne Hügel,
schwarze Zelte und weiße Schafe, Nomaden und Ladenbesitzer, ebenerdige Steppenlandschaften, die am Horizont in
Hügelketten auslaufen, Häuser mit Fußböden aus ge-
stampfter Erde, von watschelnden Gänsen und Schafherden
blockierte Straßen, ein Himmel, der sich bis auf die Erde hinunter beugt, das vergilbte, billige Papier von Büchern, die
in kleiner Auflage erscheinen, frischer Aprikosensaft, Kletter-

touren über Gebirgspässe inklusive eines Rundumblicks über den Flickenteppich aus grünen und braunen Patchwork-Ebenen im Tal, der Geruch von Feuern, in denen Dung verbrannt wird, das Trinken von in Bechern dargereichtem Wasser aus einer sprudelnden Quelle direkt am Straßenrand, Vollmonde, die doppelt so groß und hell sind wie im Rest der Welt, zum Trocknen aufgehängte Handtücher vor Friseurläden, mit feinen Gobelin-Stickereien und blauen Perlen geschmückte Pferde, alte Brücken und umgestürzte Säulenkapitelle, geheimnisvolle Höhlen und Spuren von Zivilisationen, die vor Jahrtausenden erloschen sind, eine Natur mit hohem Schallpegel, bedingt durch Frösche, Insekten, Vögel und Gewässer, hart arbeitende Bauern, braune Felder, die von gelben Sonnenblumen und gelben Melonen zum Leuchten gebracht werden, Windhosen, Orte mit nur einer Straße, die 800 Jahre alte Bauten und moderne Appartementblöcke aus Beton vereint, Schulen mit nur einem Klassenzimmer, Getreidesilos und landwirtschaftliche Genossenschaften sowie Ebenen, die so weit sind, dass sie weder mit einem Weitwinkel-Objektiv noch mit den Augen erfasst werden können.

Das ist ‚meine Türkei‘, die ich so sehr zu lieben gelernt habe und die so weit vom vornehmen und elitären Istanbul entfernt ist. Wie könnten glühende Strände und die Diskotheken, in denen Ausländer tanzen, den Reiz von alledem aufwiegen? Ach, Lady Mary, hätte ich doch Ihre Reiseleiterin in ‚meiner Türkei‘ sein können: Ich bin sicher, Sie hätten sie genauso geliebt wie ich.

Herzlichst,
Katharine Branning

BRIEF 8

Adoptiert von einer
türkischen Familie

Für Saadet Subaşı Hanımefendi

Liebe Lady Mary,
eines lernt man sehr schnell in der Türkei: Über die Geschicke des Landes entscheiden nicht die Politiker der Regierung, die Turbinen der Wirtschaft oder die Muftis oben auf den Kanzeln. Nein, die Türkei wird von der Familie regiert. In keiner anderen Gesellschaft sind die Familienbande und der Zusammenhalt so stark wie hier.

Die Einheit der Familie ist überall auf der Welt ein Symbol für all das, was eine Gesellschaft auszeichnet. Aber in der Türkei sorgen die Familienstrukturen für eine tiefere Verbundenheit als in den meisten anderen Ländern. Jede Familie wird gewissermaßen wie ein Kleinunternehmen geführt. Familiäre Werte sind hier eine Lebensform, und nicht nur politische oder religiöse Schlagworte von Politikern, wie es in meinem eigenen Land oft den Anschein hat, wo die Familien ungebundener und die Strukturen lockerer sind.

Wie Sie sehen, Lady Mary, habe ich beide Arten von Familienstrukturen kennengelernt. Ich stamme aus einer guten und soliden christlichen Familie aus dem Mittleren Westen. Meine beiden Elternteile waren zwar Waisen, aber dafür hatte ich zahlreiche Tanten und Onkel und Cousins und Cousinen, die uns zu einer verschworenen und lebenslustigen Gemeinschaft machten. Jeden Sonntag nach der Messe versammelten sich mindestens ein Dutzend von uns am Tisch zum üppigen ‚Sonntagsmahl'. Allerdings muss ich zugeben, dass viele meiner Freunde kein so emotionales Verhältnis zu ihrer Familie haben.

Sie, Lady Mary, haben Ihrem Vater die Stirn geboten und sind mit Wortley durchgebrannt. Und auch ich habe mich schon in sehr jungen Jahren von meiner Familie gelöst, um im Ausland zu leben. Wir beide sind in Kulturen aufgewachsen, in denen man die Kinder schon früh dazu ermuntert, selbständig zu werden. In der Stadt, in der ich heute lebe, trennen mich über 1.000 Meilen von meinen nächsten Verwandten. Vielleicht fällt es uns daher beiden schwer nachzuvollziehen, welch bedingungslose Hingabe die türkischen Familien zusammenschweißt.

Ich hatte aber das Glück, von mehreren türkischen Familien ‚adoptiert' zu werden, sodass ich einige wichtige Vergleiche zwischen türkischen und westlichen Familien anstellen konnte. Sie, Lady Mary, haben diese Erfahrung leider nie machen dürfen. Zwar wurden Sie mit großem Zeremoniell bei Hofe und in den Häusern der Sultane, Harems und Botschafter empfangen. Aber Sie haben nie mit einer türkischen Familie zusammen am Frühstückstisch gesessen, Tee getrunken, einander Geschichten erzählt oder ihr Baby auf dem Schoß gehalten. Dadurch ist Ihnen einiges entgangen.

In kleinen Einzimmerwohnungen wurde mir in mancherlei Hinsicht bestimmt genauso viel Zeremoniell und Ehre entgegengebracht wie Ihnen in den Salons von Topkapı. Türkische Familien neigen nämlich dazu, Sie mit Aufmerksamkeit förmlich zu überschütten. Das ist etwas ganz Wunderbares, auch wenn man es gelegentlich als erdrückend empfinden mag.

Warum sind die Familienbande in der Türkei so stabil? Ich vermute, dies hängt mit dem stark ausgeprägten Ulus-Denken der Türken zusammen, das sie von ihren Vorfahren ererbt haben. Der Ulus, der Stammesverbund, dominierte die gesamte gesellschaftliche Organisation der Turkvölker: Verwaltung, Funktionsstruktur und Politik, Herdenwanderung und Migrationsmuster, Militär, Erbfolge und Machtansprüche. Der Ulus ermöglichte ihnen einst, sich auf den Weg nach Anatolien zu machen und den Seldschukenstaat zu gründen, der das Fundament der modernen Türkei ist. Die Ulus von heute sind die türkischen Familien, und ihre Oberhäupter sind die Väter, die Babas. Die Meilensteine des Lebens - Geburt, Beschneidung, Heirat und Tod - werden in den Ulus noch genauso organisiert wie früher und mit aufwendigen und umfangreichen Feierlichkeiten begangen. Die moderne türkische Familie mit dem Vater als Oberhaupt ist tief in der Ulus-Tradition verwurzelt.

Die grenzenlose Wertschätzung der Eltern ist in der Türkei genauso heilig, wie die Gebote des Korans es sind. Dem Familienvater, dem *Baba*, wird ein Höchstmaß an Respekt und Ehrerbietung entgegengebracht. Der Zweite in dieser Hierarchie ist der Abi, der älteste Sohn, der auch als Stellvertreter des Vaters fungiert. Dieses Kind hat zwar einen Namen, wird von seinen jüngeren Geschwistern aber nie so gerufen, sondern stets mit seinem Titel angesprochen: Abi. Auch für andere Familienmitglieder existieren solche Beinamen, je nachdem, ob sie zur väterlichen oder zur mütterlichen Seite der Familie gehören. Niemand heißt hier einfach nur Tante oder Onkel oder Schwager. Jedes Familienmitglied erhält einen Titel, der seine Position in der Familie exakt definiert. Diese ausgefeilte Verwandtschaftsterminologie ist eine der schwierigsten Herausforderungen beim Erlernen der türkischen Sprache und beim Kennenlernen der Kultur. Allein für die Schwägerin gibt es vier verschiedene Begriffe! Daran sehen Sie schon, Lady Mary, dass wir es hier nicht mit einer unpersönlichen Gesellschaft zu tun haben.

Das, was diese Familien zusammenhält, ist denkbar einfach: Liebe und Respekt. Diese beiden Schlüsselwerte, die zu Hause vermittelt werden, bilden das Grundgerüst der türkischen Kultur in ihrem weitesten Sinne. Die moralische Schulung in diesen beiden grundlegenden Werten steht in allen Familien im Vordergrund: Respekt gegenüber Älteren und Güte und Liebe gegenüber Jüngeren. Eltern und älteren Verwandten küsst man oft die Hände. Der feierliche Kuss der Hand eines alten Menschen, der aus einer Verbeugung, dem Küssen der Hand und dem Berühren der eigenen Stirn mit dieser Hand besteht, ist eine der ergreifendsten Gesten, die ich je kennengelernt habe.

Genau wie in vielen anderen Kulturen bemühen sich auch türkische Familien darum, ihren Kindern alle Chancen zu bieten, und verfolgen dieses Ziel mit Nachdruck. Erfreulicherweise sind die türkischen Eltern sehr darauf bedacht sicherzustellen, dass ihre Kinder eine solide Ausbildung erhalten. Dafür tun sie fast alles: Sie nehmen gleich mehrere Jobs an und arbeiten zu jeder Tages- und Nachtzeit, um

Geld für Schulbücher, Tornister, teure Privatlehrer zur Vorbereitung auf Prüfungen oder Nachhilfe an privaten Institu-
ten zu verdienen oder sie sogar - der ultimative Traum -
zum Studium nach Amerika schicken zu können. Auch der
Abi legt sich sehr ins Zeug, um seine jüngeren Geschwister
zu unterstützen, und empfindet es als eine Ehre, mit seinem
Taschengeld den Nachhilfeunterricht der Schwester zu finanzieren, anstatt sich selbst etwas dafür zu leisten. Für Türken besitzen Hochschulabschlüsse einen extrem hohen Stellenwert, und vor allem die Familien aus der Oberschicht
schicken ihre Kinder gern zur Ausbildung ins Ausland.
Wenn ein Kind nicht die nötigen Fertigkeiten oder Fähigkeiten mitbringt, um an die Universität zu gehen, ist ihm
seine Familie beim Aufbau eines eigenen Geschäfts und sogar bei der Suche nach einem geeigneten Lebenspartner behilflich. Dieses ‚Bildungsförderungsprogramm‘ wird vom
ganzen Dorf unterstützt. Einmal, als ich eine Moschee in
Bunyan besuchte, kam ein Mann auf mich zu und wir hielten
einen kleinen Plausch. Anschließend ging er zu einer Gruppe von neugierigen Kindern hinüber und sagte zu ihnen:
„Seht nur! Sie ist Amerikanerin, und sie kann Türkisch sprechen! Was tut ihr, um ähnlich gescheit zu werden? Ab mit
euch nach Hause, geht lernen!“

Türkische Familien kleben förmlich aneinander. Mehr-
mals täglich rufen sie sich gegenseitig auf ihren Handys an,
nur um die Stimme des geliebten Familienmitglieds zu hören. Wenn einer der ihren im Krankenhaus behandelt werden muss, campieren sie in seinem Zimmer und kümmern
sich so rührend um das Wohl des Patienten, wie es überar-
beitete Krankenschwestern nie leisten könnten. Sie behalten
ihn im Auge, baden ihn und verabreichen ihm seine Medi-

kamente. Ein Gesundheitssystem mit Herz! Konzepte von Selbsthilfegruppen oder ambulanter Patientenversorgung und dergleichen würden in der Türkei sicherlich auf kein allzu großes Verständnis stoßen, denn diese Rollen im Heilungsprozess fallen der Familie zu.

Eine weitere schöne Tradition sind die Beschneidungsfeste, die ich immer gern besuche. Zwei Jahre, nachdem Sie Istanbul wieder verlassen hatten, Lady Mary, richtete Sultan Ahmet III., der schon während Ihres Aufenthalts dort an der Macht war, ein Fest aus, das als das opulenteste seiner Art in die osmanische Geschichte eingehen sollte: eine Beschneidungsfeier für gleich vier seiner Söhne. Sie dauerte 15 Tage lang und umfasste Paraden, Feuerwerke und Regatten. Mitwirkende waren Musiker, Tänzer und ganze Schiffsflotten. Wie schade, dass Sie da schon wieder abgereist waren! Auch heute noch finden in schicken Hotels aufwendige Beschneidungsgalas statt, aber mehr noch schätze ich die bescheidenen Zeremonien im Kreis der Familie. Jeder Junge im Alter von ungefähr acht Jahren unterzieht sich diesem Initiationsritus, den die Familie zu einem für das Kind unvergesslichen Ereignis macht. Sie kleiden ihren Sohn in ein fantasievolles traditionelles Kostüm und überhäufen ihn mit Süßigkeiten und Geschenken. Wenn eine Familie zu arm ist, ein solches Fest auszurichten, springt in der Regel entweder ein reicher Wohltäter oder die Stadtverwaltung ein, um die Zeremonie bezahlen. An den Sonntagen im Sommer kann man sich kaum retten vor hupenden Autos. An den heiligen Orten wimmelt es dann nur so von farbenfroh kostümierten Jungen und ihren Familien, die auf dem Weg zur eigentlichen Zeremonie hier einen Stopp einlegen.

Nirgends ist der Zusammenhalt der türkischen Familien augenscheinlicher als am Frühstückstisch. In einem Ihrer

Briefe schildern Sie ein Abendessen mit der Sultanin, aber
ich kann Ihnen versichern, dass dem Frühstück in der Türkei die gleiche Aufmerksamkeit beigemessen wird. Das
Frühstück stellt die Weichen für den Tag: Die ganze Familie
ist anwesend, die ganze Liebe sitzt mit am Tisch, und jede
Olive stellt eine Verheißung dar - auf all das Gute, dass der
Tag erwarten lässt und auf die Freude, die sich entfalten
wird, sobald man die Tafel verlässt. Niemand isst allein, niemand nimmt sich nur schnell einen Kaffee und eine Scheibe
Toast auf die Hand. Niemand beginnt den Tag ohne Liebe.
Niemand beginnt den Tag ohne Gemeinschaft. Die reich ge-
schmückten Frühstücksbuffets, die man in den türkischen
Hotels sieht, sind nichts anderes als eine Verlängerung dieser
Familientradition. Selbst noch in den bescheidensten Hotels
in den ärmsten Regionen wird das Frühstück immer mit
größter Sorgfalt, Aufmerksamkeit und Liebe zubereitet.

Der Baba mag in der Familie Anweisungen geben, aber
in Wirklichkeit sind es die Kinder, die das Sagen haben. Türken sind absolut vernarrt in Kinder und lesen ihnen quasi jeden Wunsch von den Lippen ab. Die erste Frage, die man Ihnen als Frau stellt, lautet stets: „Wie viele Kinder haben Sie?"
Auf den osmanischen Grabsteinen von Frauen sind Blumen
eingraviert, eine für jedes Kind, das die Frau zur Welt gebracht hat. In den Dörfern werden Bäume gepflanzt, wenn
ein Kind geboren wird. Und die Türkei ist das einzige Land
auf der Welt, das einen gesetzlichen Feiertag für Kinder hat.
Alljährlich am 23. April veranstaltet man zahlreiche Feste
und Aktivitäten, um sie zu ehren und um ein Zeichen zu setzen für ihre Zukunft, ihre Freiheit und ihr Wohlergehen.

In der Türkei wimmelt es nur so von Kindern, 70 Prozent der Bevölkerung des Landes sind unter 35 Jahre alt. Sie

haben große Augen und ein bezauberndes Lächeln, was sie sehr charmant macht. Ständig werden sie geknuddelt, geküsst, hochgehoben und auf die Schulter gesetzt. Es wird sehr viel Aufhebens um sie gemacht. Mit ihren kahl geschorenen Köpfen und ihren schmutzigen Gesichtern gleichen die Jungen verspielten Welpen, während die Mädchen zierlichen kleinen Kätzchen ähneln. Ein türkischer Gärtner erklärte mir seine Berufswahl einmal damit, dass Blumen für ihn wie Kinder seien. Jede sei auf ihre eigene, ganz besondere Weise schön, jede benötige viel Liebe und Aufmerksamkeit. Er könne sich daher keinen anderen Job vorstellen, der ihm so viel Freude im Leben bereiten würde.

Türkische Kinder sind im Großen und Ganzen sehr wohlerzogen. Auf 8-stündigen Busfahrten sitzt zuweilen ein 3-jähriges Kind hinter Ihnen, und Sie hören die ganze Zeit über nicht einen Piep. Türkische Kinder streiten in der Öffentlichkeit nicht herum, sondern sitzen ruhig neben ihren Eltern und sind auch ohne Spielzeuge, Spiele oder Konsole ruhig und ausgeglichen. Schon in einem sehr frühen Alter lernen sie, ganz bei sich selbst zu sein, was einer der wichtigsten Charakterzüge der Türken überhaupt ist. Andererseits vergeht kein Tag, an dem ich nicht einem Rudel von ihnen beim Fußballspielen zuschauen könnte. Eine Freifläche und ein Ball genügen, schon geht es los; und wenn es sein muss, dient ihnen eben ein Stein oder ein Knäuel aus Lumpen als Ball. Dorfkinder brauchen nicht mehr als einen Stock, ein Stück Schnur, zwei Walnussschalen und einen Stein, um sich stundenlang in ein selbst erfundenes Spiel zu vertiefen.

Türkische Jugendliche bewahren sich in der Regel viel von dem Charme, der sie als Kinder auszeichnete. Selten sieht man sie laut lachen, schmutzige Witze reißen, fluchen, schubsen und schieben oder öffentlich Zärtlichkeiten austauschen. Junge Menschen gelten in der Türkei als *delikanlı*, heißblütig, aber ich habe die Erfahrung gemacht, dass sie sich sehr wohl zu benehmen wissen. Eine besonders dreiste Gruppe gibt es allerdings trotzdem: Jungen im Teenageralter, die Sie den ganzen Tag lang verfolgen und Sie unbedingt führen möchten möchten, um so ihr Englisch aufzubessern. Sie können ziemlich lästig sein und weigern sich beharrlich, ein „Nein!" als Nein zu akzeptieren. Häufig ist es sehr schwer, sie in ihrem Weiterbildungseifer zurückzuweisen. Dann tue ich ihnen den Gefallen und verbringe ein wenig Zeit mit ihnen. Aber wenn das Ganze kein Ende nimmt, kann es sehr anstrengend und unangenehm sein; und kaum hat man den einen verabschiedet, taucht auch schon der nächste auf. Zumindest aber sind solche Episoden stets harmlos.

In Istanbul hatte ich einmal ein Erlebnis mit einigen Jungs im Teenageralter, das ebenso viel über türkische Jugendliche aussagt wie über die Erziehung, die ihre Familien ihnen angedeihen lassen. Ich stieg unten an der Talstation in die Straßenbahn *Tünel* ein, um den Hügel hinauf zu fahren, und in meinem Wagon saß eine Gruppe lärmender Teenager, die lachten, miteinander scherzten und sich spielerisch gegenseitig anrempelten. Die einzigen freien Plätze waren ausgerechnet in ihrer Mitte. Als ich dort Platz nehmen wollte, protestierte mein Reisebegleiter und sagte: „Nein! Neben diese Nervensägen setze ich mich nicht!" Ich dagegen setzte mich zu ihnen, weil mir heiß und ein wenig schwindlig war und weil sie mir, ehrlich gesagt, auch wie ganz normale Jungen erschienen. Nachdem ich also in ihrer Mitte

Platz genommen hatte, wandte sich einer von ihnen mit kaum vernehmbarer Stimme an seine Freunde: „He! Seid bitte leise, ja?! Schaut mal, da sitzt eine blonde Ausländerin neben uns. Wir sollten uns besser benehmen, damit sie keinen schlechten Eindruck von uns bekommt!" Natürlich wussten sie nicht, dass ich Türkisch sprach und verstand, was sie sagten, und sie hatten auch keine Vorstellung davon, wie sehr es mich freute, dass sie sich in der Öffentlichkeit und vor allem einem ausländischen Gast gegenüber so gut benahmen.

Mehr als alles andere sind Türken darauf erpicht, neue Freunde zu ,machen', und das tun sie, indem sie Sie dazu einladen, zu einem Teil ihrer Familie zu werden. Ich bin in vielen türkischen Häusern zu Gast gewesen, und in jedem von ihnen hat man mir das Gefühl gegeben, in den Familienkreis aufgenommen zu werden. Sei es für einen Nachmittag, für einen Tag oder auch für eine Woche, immer hatte ich den Eindruck, an ihrem Leben teilzunehmen. Und immer sind es unendlich viele Gläser Tee, die diesem Gefühl der Vertrautheit den Weg ebnen. In Amasya habe ich mit der Familie des Hausmeisters eines Derwischklosters einen ganzen Nachmittag lang Fotos angeschaut. In der Nähe von Kastamonu habe ich mit einem Bauern und seiner Familie im Hof ihres 200-jährigen osmanischen Hauses einen ganzen Tag lang Walnüsse geknackt und seiner Tochter anschließend dabei geholfen, die Kühe vom Feld in den abgetrennten Hofbereich im Erdgeschoss des Hauses zu treiben. In der Umgebung von Kırşehir habe ich einen Nachmittag im Haus einer Opium schnupfenden Großmutter verbracht, wo man mir frisch gebackenes Fladenbrot zum Tee servierte. Und in Safranbolu war ich im Haus eines Museumswärters zu Gast, dessen Frau mir frische Feigen aus dem eigenen Garten zum Tee pflückte.

Das Abschiedsritual ist immer gleich. Wir tauschen Adressen aus, weil sie möchten, dass ich sie in Erinnerung behalte, dass wir Briefe, Geschenke, Neuigkeiten und Fotos austauschen oder dass ich an sie denke und sie in meine Gebete einschließe. Manche meiner Gastgeber haben geweint, wenn ich wieder aufbrach, einige Frauen haben Wasser über der Türschwelle ausgegossen, damit meine Reise einen reibungslosen Verlauf nehmen möge, und beim Einsteigen in den Bus hat man mir gelegentlich noch Geschenke und Blumen präsentiert. Meine eigene Familie überhäuft mich nicht mit dieser Art von Liebe und Aufmerksamkeit, Ihre etwa, Lady Mary?

Selbst in New York bin ich schon einmal in eine türkische Familie aufgenommen worden, als mich eine Türkin, die ich nie zuvor gesehen hatte, am Flughafen darum bat, doch bitte ihren 16-jährigen Sohn, der zum ersten Mal in die Türkei flog, unter meine Fittiche zu nehmen.

Aber keine andere Familie in der Türkei ist mir vertrauter als die Familie von Muhsin Ilyas Subaşı aus Kayseri, die mich als Abla, älteste Schwester, ‚adoptiert‘ hat. Sie gaben mir einen türkischen Namen und behandelten mich mit mehr Respekt, Rücksichtnahme und Aufmerksamkeit, als Ihnen, Lady Mary, auf Ihren offiziellen diplomatischen Besuchen jemals zuteilgeworden sein dürfte. Ich bin eine der ihren, und gleichzeitig bin ich ihnen eine Freundin. Der Kontakt zum Familienoberhaupt ergab sich über einen Brief wie diesen hier. Ich schrieb dem Mann, um ihm zu seinem Buch zu gratulieren, das er über die Geschichte der Stadt Kayseri verfasst hatte. Er antwortete mir, und so entspann sich eine Brieffreundschaft zwischen uns. Später lud er mich ein, ihn und seine Familie in ihrem Haus zu besuchen.

Dieses Haus ist ein Ort des Friedens und der Schönheit. Es liegt hoch oben in den Hügeln von Kayseri, wo eine kühle Brise weht, mit Blick auf die Vulkangipfel des Berges Erciyes. Es ist ein Haus der tiefen Stille, ohne lautes Geschrei, dröhnende Musik oder Fernsehergeräusche. Es ist das Haus eines Efendis, der 7.000 Bücher sein Eigen nennt, sorgsam aufgereiht in seinem Arbeitszimmer im dritten Stock. Es ist ein Haus mit einem Garten, in dem saftig-grüne Kirsch-, Apfel- und Aprikosenbäume wachsen und die Gemüsebeete von Tomaten und Paprika nur so bersten. Es ist ein Haus mit bequemen Möbeln, luftigen Räumen, viel Licht und Blumen in Vasen. Es ist ein Haus der starken Frauen, das von seiner Frau und seinen drei Töchtern wie eine effiziente, gut geölte Fabrik geführt wird. Es ist ein Haus, in dem an der Eingangstür 30 Paar Schlappen auf Gäste in beliebiger Zahl warten, ein Haus, in dem die Nachbarn gern vorbeischauen, um Tee, Kaffee, Klatsch und Neuigkeiten zu teilen. Neben diesem Haus hat seine verheiratete Tochter ein eigenes Haus gebaut, und der Schwiegersohn bringt leckere Speisen herüber, die er aus frisch gemahlenen Gewürzen selbst zubereitet hat; in Töpfen, die groß genug sind, um selbst die Janitscharen zu sättigen. Es ist ein Haus, in dem nach dem Abendessen im Familienkreis alte Gedichte rezitiert werden, ein Haus, in dem sich die Nachbarn so willkommen fühlen, dass sie den Garten als Abkürzung auf ihrem Weg nach Hause benutzen. Es ist ein ausgesprochen sauberes Haus, in dem kein Gegenstand herumliegt, wo er nicht hingehört, von schmutzigem Geschirr ganz zu schweigen. Es ist ein Haus, in dem in einer geschmackvollen Küche aufwendige Gerichte (vor allem die berühmten Kayseri Mantı) zubereitet und von den Töchtern des Hauses mit großer Finesse auf prächtigen Tabletts angerichtet werden. Und das Frühstück wird in der Frische des Morgens auf 15 Tellern unter einer Weinpergola im Garten serviert. Es ist ein Haus, das schöner ist als jedes Schloss in England, Lady Mary, und schöner auch als jeder Sultanspalast, den Sie besucht haben. In diesem Haus schlägt das Herz einer liebevollen Familie. Es ist ein wahrer Traum von einem Haus, und weil mich diese liebe türkische Familie in den Kreis der ihren aufgenommen hat, darf ich es nun mit ihnen teilen.

Herzlichst, Ihre
Katharine Branning

BRIEF 9

Ein ehrenwerter Name,
der alles sagt

L iebe Lady Mary,
Sie führen ganz offiziell den Titel einer Lady, den Sie mit Ihrer Geburt in ein englisches Herrenhaus erwarben und mit Ihrer Heirat bestätigten. Als Sie in die Türkei gingen, brachten Sie Rang und Namen mit dorthin, die durch Ihre Herkunft, Ihr Erbe, Ihre Erziehung, Ihr Vermögen, Ihre Ausbildung und Ihre Beziehungen legitimiert waren. Weil Sie aus einer noblen Familie stammten, aufgrund des politischen Engagements Ihres Mannes und dank Ihres Diplomatenpasses öffneten sich Ihnen sämtliche Türen, die normalerweise verschlossen gewesen wären. Der Ruf Ihres gehobenen Standes eilte Ihnen bereits voraus, noch bevor Sie das Land überhaupt betreten hatten, und während Ihres Aufenthalts in der Türkei zog er die Leute in Ihren Bann. Genau wie in England wurden Sie überall Lady gerufen. Aber vielleicht war Ihnen gar nicht bewusst, dass es in der Türkei gar nicht so etwas Besonderes ist, als Lady bezeichnet zu werden, denn dort ist jede Frau eine Lady.

Auch ich bin in der Türkei eine Lady. Eine etwas andere Lady als Sie vielleicht, aber nichtsdestotrotz eine Lady.

Keine Hochwohlgeborene, sondern eine, die per Geburt dem Adelsstand der Weiblichkeit angehört. Die Türken verehren die Frauen schon seit den Zeiten der Muttergöttin der Hethiter. Wenn man Sie anspricht, tut man dies mit dem Wort Hanım, übersetzt: Lady. Wer Ihren Vornamen weiß, setzt ein Hanım dahinter, und schon haben Sie einen Titel. In der Türkei bin ich nicht einfach Kathy, sondern Lady Kathy. Das wirkt sich auf mein Selbstbild aus: Ich fühle ein bisschen vornehmer als sonst, und ich schätze mich glücklich, in den edelsten aller Stände hineingeboren worden zu sein: in die Schwesternschaft der Frauen.

Türken haben eine ganz besondere Beziehung zu den Titeln Lord (Bey) und Lady (Hanım). Sie hängen sie jeweils an den Vornamen an, wodurch aus Herrn David Jones und Frau Sarah Hart Lord David und Lady Sarah werden. Nachnamen sind in der Türkei nicht gebräuchlich, und trotz aller Trends zur Verwestlichung in den letzten Jahren pflegen die Menschen nach wie vor auf Vornamens-Basis miteinander zu kommunizieren. Die Verwendung von Nachnamen empfinden Türken als befremdlich, allzu formell und der Kommunikation abträglich. Das war schon damals so, als Sie in der Türkei waren: Auch Sie und Ihre Bekannten Fatima und Ahmed sprachen sich mit den Vornamen an - eine Freiheit und Vertrautheit, die Sie sich zu Hause in England nie gestattet hätten.

Es ist noch gar nicht lange her, da existierten in der Türkei überhaupt keine Nachnamen. Ein einziger Name tat es auch, oder, wie es in islamischen Ländern Brauch ist, ein Spitzname wie Ali der Einarmige oder Mehmet der Falke. Doch dann fegte ein Tornado namens Mustafa Kemal Atatürk durch das Land. Er setzte eine Reform in Gang, die die Namengebung der Türken für immer verändern sollte. Das

Namensgesetz, das zwischen 1934 und 1936 verankert wurde, war ein bewusster Schritt in Richtung Verwestlichung,
genau wie viele andere soziale Reformen mit politischer
Zielsetzung, die Atatürk in den ersten Jahren nach Ausru-
fung der Republik Türkei auf den Weg brachte. Dieses Namensgesetz verpflichtete alle Bürger dazu, einen Familien-
namen registrieren zu lassen, was zur Folge hatte, dass das
türkische Volk plötzlich händeringend nach geeigneten Namen suchte.

Während die Türken in den Städten kein Problem mit
dem neuen Gesetz hatten, erschloss sich der Landbevölkerung die Notwendigkeit dieses Schrittes kaum. Nichtsdestotrotz mussten Namen her, die kennzeichnen würden, was
den Menschen wichtig war. Zu diesem Zweck bediente
man sich unterschiedlicher Muster. Die letztlich ausgesuch-
ten Namen vermitteln einen guten Überblick über die gesellschaftlichen Werte der damaligen Zeit, die in mancherlei
Hinsicht wohl auch heute noch Gültigkeit besitzen.

Bevorzugt wurden vor allem Namen, die auf familiäre
Beziehungen verweisen. In ihnen spiegelt sich der tief ver-
ankerte Respekt vor älteren Menschen wider, den ich im
letzten Brief ja bereits angesprochen hatte. In den entsprechenden Fällen pflegte man ein ‚Sohn von' (oğlu) ans Ende
des Namens anzuhängen. Ja, hier in der Türkei können Sie
tatsächlich ‚Sohn eines Waffenschmieds' heißen.

Türken wissen genau, wer sie sind und woher sie kommen. Sie sind sehr stolz auf ihre Region und entschieden
sich daher oft für Namen, die diesen Stolz reflektieren, zum
Beispiel: Ahmet aus Konya (Konyali). Genauso stolz sind sie
auf ihre ruhmreichen Vorfahren, sodass sich manche patri-
otische Namen zulegten, die mit den großen heroischen
Stämmen der Zentralasiaten, Seldschuken oder Osmanen

verknüpft waren: Ali, Sohn der Seldschuken (Selçukoğlu), Mehmet, Sohn der Karamanen (Karmanoğlu), oder die Beinamen der berühmten Osmanensultane (Yıldırım der Blitz oder Yavuz der Resolute). Beliebt waren auch Namen, die eine bestimmte nomadische Stammeslinie kennzeichnen, beispielsweise: Die mit Schwertern Bewaffneten (Kılıçlılar) oder Die Dickbäuchigen (Karnıbüyük). Manch andere erwählten sich gefällige oder inspirierende gegenständliche Namen wie Löwe (Arslan) oder Grauer Wolf (Bozkurt), Schwarzes Messer (Siyahbıçak) oder Reine Creme (Özkaymak).

Mir persönlich gefallen besonders diejenigen Nachnamen, die aufgrund ihres Wohlklangs ausgesucht wurden oder weil sie angenehme Assoziationen hervorrufen: Der Lächelnde (Gülen) oder Mögest du Erhaben Sein (Yücel), Der aus dem regnerischen Tal Stammende (Yagmurdereli), Stählerner Himmel (Gökdemir), Großer Vollmond (Büyükdoğanay), Silbergürtel (Gümüşkemer), Schwarzer Rauch bzw. Weißer Rauch (Akduman bzw. Karaduman), Sohn eines Guten Freundes (Dostoğlu), Ehemaliger Ringkampf-Champion (Eskipehlivan), Gut Abgekochte Milch (Pişkinsüt), Schöne Stimme (Tatlıses) oder Kieferanhöhe (Çamlıbel).

Manche, zum Teil sehr kreative Namen, künden davon, dass die Betreffenden über unverwechselbare Körpermerkmale verfügen, wie beispielsweise: Sohn des Einarmigen (Çolakoğlu), Sohn einer Waisen (Öksüzoğlu) oder Sohn dessen, der Quasten trägt (Püsküllüoğlu).

Meine absoluten Favoriten aber sind die Nachnamen, die einen Beruf kennzeichnen. Sie symbolisieren meiner Ansicht nach den großen Stolz der Türken auf ihren Broterwerb: Kafferöster (Kahveci), Sohn eines Bogenschützen

(Okçuoğlu), Sohn eines Rühreimachers (Menemencioğlu), Sohn eines Kichererbsenrösters (Leblebicioğlu), Sohn eines Kerzenständerherstellers (Mumcuoğlu), Sohn eines Steppdeckenmachers (Yorgancıoğlu) oder Sohn eines Haselnussbauern (Fındıkçıoğlu). Diese Namen werden die Türken immer daran erinnern, wie ihre Vorfahren in jener Phase der Geschichte ihres Volkes gelebt haben. Wer heute die Wahl hätte, würde sich vermutlich eher für einen Namen wie Ali, Sohn eines Computer-Programmierers entscheiden, aber im Jahr 1934 lagen die Dinge anders.

Noch heute, 75 Jahre, nachdem Atatürks Nachnamengesetz verabschiedet wurde, machen die Vornamen die Musik. Sobald man einander vorgestellt wird, kommuniziert man über den Vornamen, was für eine Vertrautheit und Nähe sorgt, die unserer eher reservierten Kultur oft überraschend erscheint. Ich selbst wurde dazu erzogen, niemanden zu duzen, sofern man mich nicht ausdrücklich dazu auffordert. Hier dagegen ist man sofort miteinander vertraut, und an diese Ungezwungenheit müssen sich Menschen aus dem Westen erst einmal gewöhnen. Gegen den Willen Atatürks sprechen sich die Türken bis zum heutigen Tage lieber mit dem Vornamen als mit dem Nachnamen an. Erst seit 1950 sind im Istanbuler Telefonbuch die Nachnamen aufgelistet, obwohl das Namensgesetz ja schon etliche Jahre zuvor in Kraft getreten war. In den Vereinigten Staaten arbeite ich ehrenamtlich für eine türkische Wohltätigkeitsorganisation, und als mir die Aufgabe zufiel, die Datenbank der Mitgliedsnamen zu aktualisieren, merkte ich schnell, dass sie nach Vornamen geordnet war.

Die türkischen Vornamen sind ähnlich kreativ und interessant wie die Nachnamen. In der Vergangenheit waren die von den osmanischen Türken verwendeten Namen hauptsächlich arabischen und muslimischen Ursprungs. Mittlerweile aber geht der Trend dahin, Neugeborenen Namen zu geben, die eher aus dem Türkischen stammen und weniger durch persische oder arabische Traditionen beeinflusst sind (Aslan, Orhan, Özer, Turhan, Kubilay, Timur, Ilhan). Zunehmender Beliebtheit erfreuen sich aber nicht nur traditionelle türkische Namen zentralasiatischen Ursprungs, sondern auch europäische und exotische Namen: Tayfun etwa ist so ein exotischer Name, den ich allerdings ein wenig seltsam finde. In den Namenslisten der Schulen tauchen heute definitiv weniger Ahmets und Mehmets als früher auf.

Viele Vornamen sind auch ähnlich inspirierend, poetisch und schön wie die Nachnamen. Die Jungen erhalten meistens starke und ergreifende Namen wie Cengiz (Dschingis), Timur (Timur) oder Yılmaz (Der Verwegene). Mein Lieblingsjungenname ist Tarik, Hellster Stern am Firmament. Den Mädchen hingegen gibt man vornehm klingende und feinsinnige Namen, mit denen Schönheiten in der Natur benannt oder poetische Gedanken ausgedrückt werden, wie zum Beispiel: Seide, Perle, Traum oder Honigquelle. Mein Favorit ist Irem, Garten Gottes.

Wenn man einen schillernden Vornamen mit einem extravaganten Nachnamen kombiniert, erzählt das Ergebnis oft ein ganzes Epos: Herr Rasante Weiße Wolke (Yıldırım Akbulut), Herr Reines Eisen, Sohn eines Fellmützenmachers (Özdemir Kalpakçıoğlu), Herr Mongolischer Fels aus Stahl (Ilhan Demirkaya), Herr Fels der Wahren Erde (Kaya Öztoprak) und Herr Immer Blühende Wildrose (Dursun Deligül) sind nur einige Beispiele, die meine Fantasie beflügelt haben. Stellen Sie sich nur vor, Lady Mary, wie es sein muss, als Herr Rasante Weiße Wolke durchs Leben zu schreiten. Ich wünschte, ich wäre als Seidene Rose oder mit einem ähnlichen Namen aufgewachsen! Und wenn ich einen Bruder namens Tarık gehabt hätte, wäre er vielleicht Forscher oder Astronaut geworden.

Zu meinem Leidwesen habe ich aber einen äußerst nüchternen Vornamen. Eines Tages fragte mich mein türkischer Dichterfreund: „Kathy, was genau bedeutet eigentlich dein Name?" Es war mir peinlich, dass ich ihm das nicht sagen konnte, denn ich hatte keine Ahnung, was Katharine bedeutet oder warum mir meine Eltern diesen Namen gaben. Das führte mir eine Lücke unserer Kultur vor Augen: Wir geben unseren Kindern Namen, die keinen tieferen Sinn besitzen, und nehmen ihnen damit die Möglichkeit, in ihren Namen hineinzuwachsen. So lernte ich zu schätzen, wie kreativ die Türken ihren Kindern Eigenschaften wie Hoffnung, Kraft und Poesie vermitteln.

Mein Freund, ein stets um mich besorgter Türke, beschloss, mir einen türkischen Namen zu geben, der ähnlich klingt wie mein echter und von dem er annahm, dass mir seine Bedeutung gefallen würde: Kadriye - die Ehrenwerte, der Wertschätzung und Hochachtung entgegengebracht wird. Zwar stellte sich später heraus, dass dies ein sehr altmodischer Name ist, aber immer wenn ich mich Türken als Kadriye vorstelle, reagieren sie völlig anders auf mich, als wenn ich ihnen meinen richtigen Namen nenne. Natürlich können sie Kadriye leichter aussprechen und sich besser merken als meinen englischen Namen, aber vor allem bestätigt ihnen der Name Kadriye, dass man mir Wertschätzung und Hochachtung hat zuteilwerden lassen. Mir selbst wiederum vermittelt er das Gefühl, höchst willkommen und Teil der türkischen Kultur zu sein. Dafür bin ich meinem Freund unendlich dankbar. Wenn ich heute Türken kennenlerne, stelle ich mich ihnen als Kadriye vor, und natürlich bin ich auch für alle meine türkischen Freunde Kadriye.

Neben diesem Rufnamen hat man mir noch andere Beinamen gegeben, die stets mit meinem Titel Lady verknüpft und verwendet werden: Schwimmende Lady, Karawanserei Lady, Lady Gelbe Rose, Lady Lächelnde Augen oder Lady Blaue Augen. Die ebenso kreativen wie herzlichen Gesten der Freundschaft, die mit diesen Namen zum Ausdruck gebracht werden, werde ich mit Sicherheit nie vergessen.

„Sag mir deinen Namen, und ich sag dir, wer du bist“, lautet ein altes Sprichwort. Was also verraten die Namen der Türken über das türkische Volk? Sie verraten, dass die Türken sich mit ihrem Erbe, ihrer Familie und ihrem Beruf sehr verbunden fühlen. Sie dokumentieren eine tiefe Verbundenheit zu Natur und Schönheit. Sie zeigen, dass die Türken gern träumen, dass sie sich für ihre Kinder eine starke Identität wünschen und dass sie auch eine kreative und verspielte Seite haben. Sie präsentieren uns ein Volk, das respektvoll und freundlich zugleich ist. Namen sind hierzulande also sehr vielsagend und alles andere als irrelevant.

Haben Sie, Lady Mary, sich jemals Gedanken darüber gemacht, welchen Namen Sie sich aussuchen würden, wenn Sie die Wahl hätten? Sicherlich wäre es Ihnen schwer gefallen, sich zu entscheiden. Mich hätte man vielleicht Lady Bibliothekarin genannt, und Sie wären vielleicht Lady Fließende Feder genannt worden. Letzten Endes kann ich mich den Türken nur anschließen: Wer braucht schon einen Nachnamen? Lady Gelbe Rose die Ehrenwerte genannt zu werden, ist jedenfalls ganz nach meinem Geschmack!

Herzlichst,
Kadriye Branning

BRIEF 10

Guten Morgen!

Für meine Türkischlehrer in
Vergangenheit und Gegenwart

L iebe Lady Mary,
einer der denkwürdigsten Kommentare, den ich
Ihren *Briefen aus der Botschaft* entnehmen durfte, ist
der folgende, den Sie Ihrer Schwester aus Wien schrieben:

> *Eine auserlesene Gesellschaft von wenigen, die man hoch-*
> *schätzt, macht die größte Glückseligkeit des Lebens aus.*

Da stimme ich Ihnen voll und ganz zu. Vor allem deshalb habe ich mich schon immer sehr für Sprachen interessiert: weil sie mir ermöglichen, mich in vielen Ländern mit
„hochgeschätzten Menschen" zu unterhalten. Darin lag meine Hauptmotivation, Türkisch zu lernen. Ich wusste, wenn
ich dieses Land und seine Menschen richtig kennenlernen
wollte, würde kein Weg am Erlernen der Sprache vorbeifüh-
ren. Was ich hingegen nicht wusste, war, welche Herausforderung dieses Vorhaben für mich darstellen würde!

Auch Sie wussten, dass das Erlernen der türkischen Sprache der Schlüssel war. Es würde Ihnen nicht nur bei der Bewältigung Ihres Alltags helfen, sondern zudem auch gestatten, türkische Literatur zu lesen, was Sie noch viel mehr verlockte. Über dem Eingangsportal der Fakultät für Philosophie an der Universität Ankara prangt ein eingraviertes Zitat von Atatürk: „Hayatta en hakiki mürşit ilimdir." (Der beste Ratgeber im Leben ist das Wissen.) Sie teilten diese Überzeugung, und so begannen Sie sogar schon vor Ihrer Ankunft in Konstantinopel, sehr diszipliniert und ambitioniert Türkisch zu lernen.

Offenbar fiel es Ihnen nicht schwer, sich die Sprache anzueignen (schließlich hatten Sie ja auch schon vor ihrem achten Geburtstag Latein gelernt), und ich muss gestehen, dass ich ein bisschen neidisch darauf bin, welch schnelle Fortschritte Sie dabei erzielten! Was mich aber wiederum tröstet, ist die Tatsache, dass Sie einen so ausgezeichneten Lehrer hatten: Nach Ihrer Abreise aus Wien legten Sie noch für drei Wochen eine Zwischenstation in Belgrad ein, wo Sie von Ahmed Efendi unterrichtet wurden. „Er hat mir manches Stück der arabischen Gedichtkunst erklärt, die, wie ich bemerke, im Silbenmaß der unsrigen ziemlich ähnlich ist, ein um den anderen Vers abwechselt und sehr musikalisch klingt. Ihre Liebesausdrücke sind voll Feuer und Leben."

Er erschloss Ihnen die Welt der arabischen, persischen und osmanischen Literatur, und Sie müssen eine wirklich phänomenale Studentin gewesen sein. Schon wenige Wochen später wussten Sie Ihrem Brieffreund Alexander Pope in einem Schreiben einiges von der Sprache zu berichten und konstatierten, dass „die Sprache bei Hofe eine ganz andere Sprache ist als die der gewöhnlichen Türken". Den gehobenen Stil

versuchten Sie ihm am Gedicht eines Edelmanns zu verdeutlichen, und Sie ließen es sich nicht nehmen, mit Ihrer literarischen Bildung zu prahlen: „Wie Sie sehen, habe ich in der ori-
entalischen Gelehrsamkeit schon einige Fortschritte gemacht."
Ich muss zugeben, dass es mir fast unmöglich erscheint, dass
Sie in so kurzer Zeit schon so viel lernten, aber als Sie ein Jahr
später in Konstantinopel die „mit der Schönheit eines Engels
gesegnete" Fatima wiedertreffen, sind Sie augenscheinlich bereits in der Lage, mit ihr ein Gespräch auf Türkisch zu führen.
Wahrlich beeindruckend! Im April 1718, ein Jahr nach Ihrer
Ankunft, schreiben Sie einem Freund: „[…] Ich spreche die
Sprache ganz passabel, was mir die Möglichkeit gibt, Freundschaften mit türkischen Frauen zu knüpfen und ihre Zuneigung zu gewinnen, und ich kann mich rühmen, die erste Ausländerin zu sein, die je dieses Vergnügen hatte."

Auch nach Ihrer Ankunft in Konstantinopel bildeten
Sie sich also kontinuierlich weiter, und Sie planten ihren
Tagesablauf so, dass das Sprachenlernen nicht zu kurz kam.
Ihrem Freund Pope schildern Sie Ihr ambitioniertes Wo-
chenprogramm, das Ihnen offenbar mehr behagte als Ihre
Aktivitäten in England: „Ich gebe mir Mühe, mich zu überreden, dass ich in einer angenehmeren Mannigfaltigkeit als Sie
lebe; und dass Montag: Rebhühner schießen, Dienstag: Englisch lesen, Mittwoch: Türkisch lernen (worin ich es nebenbei
gesagt, schon ziemlich weit gebracht habe), Donnerstag: die
klassischen Autoren, Freitag: mit Schreiben zugebracht,
Samstag: bei meiner Nadel und Sonntag Besuche und Musik
ein besser eingerichteter Wochenerlauf ist [als die immer
gleiche Routine in London]." In der Tat kann das Erlernen
einer Sprache ein ebenso stimulierendes wie anspruchsvol-
les Unterfangen sein.

Doch sind Sie nicht die Einzige, die ein ausgesprochenes Talent für Sprachen besitzt: Die Türken sind Meister in dieser Disziplin, was sie vielleicht ihrer natürlichen Auffassungsgabe verdanken oder auch der Tatsache, dass sie seit jeher an einer Wegkreuzung der Sprachen leben. Wie leicht es ihnen fällt, Sprachen zu erlernen, beschreiben Sie in einem Brief vom 16. März 1718:

> *Ich lebe an einem Ort, der vom Turm zu Babel eine rechte Vorstellung gibt. In Pera spricht man Türkisch, Griechisch, Hebräisch, Armenisch, Arabisch, Persisch, Russisch, Slawonisch, Walachisch, Deutsch, Holländisch, Französisch, Englisch, Italienisch, Ungarisch und, was das Schlimmste ist, es werden zehn dieser Sprachen in meinem eigenen Hause gesprochen. Meine Stallknechte sind Araber, meine Bedienten Franzosen, Engländer und Deutsche, meine Amme eine Armenierin, meine Hausmädchen sind Russinnen, ein halbes Dutzend andere Bediente Griechen, mein Haushofmeister ein Italiener, meine Janitscharen Türken, sodass ich diese Vermischung von Lauten in einem fort höre. Bei den Eingeborenen bringt das hier eine seltsame Wirkung hervor, denn sie lernen diese Sprachen alle zur gleichen Zeit, ohne eine einzige genug innezuhaben, um darin zu lesen oder zu schreiben. Man findet hier wenig Männer, Weiber oder selbst Kinder, die nicht in fünf oder sechs Sprachen eine ganze Reihe Wörter wissen. [...] Dies scheint Ihnen unglaublich? Das ist es auch nach meiner Meinung, eines der seltsamsten Dinge dieses Landes; und es vermindert das Verdienst unserer Damen sehr, die sich für außerordentliche Genies ausgeben, wenn sie in dem Ruf einer ganz seichten Kenntnis vom Französischen und Italienischen stehen.*

Bis heute werden in der Türkei viele unterschiedliche Sprachen gesprochen: Arabisch in Hatay, Kurdisch in der Osttürkei und die europäischen Sprachen der alten levantinischen Familien von Pera (zumeist Französisch, Griechisch und Italienisch). In Istanbul habe ich eine weitere, ganz eigene Sprache entdeckt: die Basar-Sprache. Ich bin immer wieder erstaunt, wie meisterhaft und mühelos die Ladenbesitzer und Händler im Geschäft mit den Touristen das Umschalten zwischen Russisch, Englisch, Französisch, Italienisch und sogar Japanisch beherrschen. Abgesehen davon können sie diese Sprachen nicht nur sprechen, sondern haben zudem offenbar auch noch mehrsprachige Währungsrechner im Kopf, mit denen sie die Preise ihrer Artikel in einer Geschwindigkeit kalkulieren, die selbst für elektronische Rechner eine Herausforderung darstellen würde.

Ich wünschte, ich könnte mich meiner Türkisch-Kenntnisse ähnlich rühmen, wie Sie es gegenüber Ihrem Freund Pope tun. Doch obwohl auch ich viele hervorragende Lehrer hatte, habe ich mich mit dem Türkischen nie leicht getan. Ich kann mich halbwegs artikulieren, wenn ich etwas brauche, aber das Minenspiel meiner Gesprächspartner verrät mir, dass sie sich entweder größte Mühe geben müssen, um meinen Worten zu folgen, oder aber meine gebrochenen Sätze augenzwinkernd und mit amüsiertem Charme belächeln. Ich habe viele Jahre lang Fremdsprachen gefördert und gelehrt und zudem eine der größten Sprachschulen der Welt geleitet. Deshalb bin ich durchaus vertraut mit den Herausforderungen, Frustrationen und Freuden des Erlernens einer neuen Sprache. Und eines kann ich Ihnen versichern: Das Türkische hat mich vor große Probleme gestellt hat. Nicht nur in sprachlicher Hinsicht, sondern auch in kultureller.

Ich begriff sehr schnell, dass das oberste Gebot für den Umgang türkischer Familien miteinander auch für jede andere zwischenmenschliche Kommunikation Gültigkeit besitzt: Respekt. Türken achten sehr darauf, ihren Gesprächspartnern das rechte Maß an Respekt entgegenzubringen. Dieser Respekt orientiert sich an Faktoren wie Alter, Vermögen, Kontakten oder der Position in Beruf und Gesellschaft. Wer es an Respekt fehlen lässt, verhält sich unwürdig. In Unterhaltungen nach türkischer Sitte wird Respekt vor allem dadurch bezeigt, dass man seinem Gesprächspartner gestattet, sich ausführlich und ohne Unterbrechung zu äußern, und ihn währenddessen aufmerksam anschaut. Man sollte seinem Gegenüber nie direkt widersprechen, weil dies als Ausdruck aggressiver Feindseligkeit interpretiert würde. Türken sind in diesem Punkt sehr empfindlich, und daran musste ich mich erst gewöhnen; denn in meiner Kultur, vor allem in der Hochgeschwindigkeitstaktung von New York City, laufen immer gleich mehrere Unterhaltungen parallel. In Frankreich wird Widerspruch in Gesprächen sogar erwartet. Wenn man seinem Gesprächspartner nicht widerspricht, wird dies als mangelnde Aufmerksamkeit gedeutet. In der Türkei aber ist das ganz anders.

Neben dem rein sprachlichen Austausch sind auch die kleinen Förmlichkeiten sehr wichtig, weil sie über Erfolg und Misserfolg eines Gesprächs entscheiden. Zum Beispiel wird es als schlechter Stil empfunden, wenn man auf jemanden zugeht und ihm direkt eine Frage stellt, ohne diese" zuvor mit einem „Hallo, entschuldigen Sie bitte, es tut mir leid, Sie zu stören…" oder einer ähnlichen Floskel einzuleiten. Immer wenn Türken ein Anliegen zum Ausdruck bringen, stellen sie das schöne kleine Wort *Acaba* voran: Dürfte ich wohl…?", „Würde es Ihnen etwas ausmachen, wenn…?", „Könnten Sie vielleicht…?". Wer diese kleinen Regeln und

Formalitäten nicht beachtet, wird schnell merken, dass Kontakte im Sande verlaufen und man anschließend als unhöflich wahrgenommen wird. Wenn sich Ihnen zum Beispiel jemand nähert und Ihnen anbietet, Sie zu ihrem Ziel zu geleiten, dann müssen Sie dieses Angebot ernst nehmen. Sie sollten es auch dann nicht ablehnen, wenn Sie eigentlich ganz genau wissen, wie Sie dorthin kommen. Abweisend zu reagieren, wäre äußerst taktlos. Auch ein Glas Tee, das man Ihnen anbietet, sollten Sie stets akzeptieren. Eines der wohl größten sprachlichen Missverständnisse, dem Ausländer in der Türkei aufsitzen, hängt mit dem simplen Wort Nein zusammen. Wenn ein Türke Nein sagen will, spricht er das Wort nicht aus, sondern deutet es lediglich an, indem er sehr ernst und verdrießlich die Augenbrauen hebt, mit der Zunge schnalzt und den Kopf zurückneigt. Zuweilen kommt nur eine dieser Gesten zum Einsatz, manchmal auch alle drei gleichzeitig; und häufig sind sie fast nicht wahrnehmbar. Ein Nein wird also selten ausgesprochen, sondern meistens angedeutet; die entsprechenden Zeichen gilt es zu erkennen. Ausländer, die mit ihren Fragen Schweigen ernten, glauben oft, man würde sie ignorieren, obwohl ihnen in Wirklichkeit doch schon längst mit diesem stillen Code geantwortet wurde.

Respekt und Ehrerbietung genießen in der Türkei einen extrem hohen Stellenwert, daher ist es hier vielleicht wichtiger als anderswo, dass man die grundlegenden Kommunikationsregeln berücksichtigt. Missverständnisse lassen sich vermeiden, indem man sich nicht auf das konzentriert, was auf der Oberfläche sichtbar ist, sondern auf das, was sich darunter verbirgt. Bei jeder Art von Kommunikation spielen drei unterschiedliche Botschaften eine Rolle: Die

Botschaft, die man gern vermitteln möchte, die Botschaft, die man mit dem Mund artikuliert, und die Botschaft, die bei der anderen Person ankommt und die sie ihrem Bezugssystem entsprechend interpretiert. Jede Person, mit der Sie sich in einem Raum befinden - sei es in einem Dorf, in einem Laden, in einem städtischen Zentrum oder bei einem Geschäftstreffen in einer Stadt -, orientiert ihr Verhalten an dem voraussichtlichen Effekt, den das Gespräch mit Ihnen auf sie selbst oder auf ihre Beziehungen zu anderen haben wird. Und in der Türkei bringt man Ausländern, die diese Punkte beherzigen und sich ihrerseits ebenfalls respektvoll verhalten, einfach mehr Akzeptanz entgegen.

Hilfreich ist auch, wenn man versucht, die Kommunikations-Absurditäten des Alltags mit Humor zu nehmen, wenn man nichts als selbstverständlich erachtet, bei keiner Begegnung und in keiner Situation, und wenn man akzeptiert, dass sich einem der Sinn nicht immer erschließt. Selbst Dinge, die man Ihnen erklärt, werden Sie zuweilen kaum verstehen können, allein aus dem Grund, weil Sie kein Türke sind. Viele Banalitäten des Alltags verwirren mich, weil ich nicht durchschaue, was dahintersteckt. Einmal sagte man mir zum Beispiel, ich ähnle einem Pferd - ein Vergleich, über den ich mich noch tagelang aufregte, weil er in meiner Kultur zweifellos eine schwere Beleidigung darstellt. Erst lange Zeit später, als ich von der uneingeschränkten Verehrung der Türken für Pferde erfuhr, wurde mir klar, dass man mir in Wirklichkeit eines der größten Komplimente gemacht hatte.

Bei meinen ersten Aufenthalten in der Türkei begegnete mir kaum einmal ein Ausländer, der Türkisch sprach, vor allem nicht in den ländlichen Regionen, die ich zu bereisen pflegte. Damals war es alles andere als ungewöhnlich, dass ein simpler Satz wie „Hallo, guten Morgen, können Sie mir vielleicht sagen, wie ich zur Ulu Cami finde?" dazu führte, dass sich urplötzlich ein ganzer Schwarm von Türken auf mich stürzte wie Heuschrecken auf ein Getreidefeld. Auch Sie, Lady Mary, wurden einmal Zeugin einer solchen Begebenheit. In einem Brief vom 1. April 1717 an Ihre Freundin Lady Bristol erzählen Sie, wie Sie und die Frau des französischen Botschafters einmal auf einem Ausflug einen Menschenauflauf heraufbeschworen:

> *Ich fuhr jüngst mit ihr durch die Stadt. Wir saßen in einem offenen vergoldeten Wagen, von unserem beiderseitigen Gefolge begleitet. Unsere Wache ging voran, sie mochte wohl das Volk zusammenrufen, um etwas zu sehen, das es nie gesehen hat und vielleicht nie wieder sehen wird, zwei junge christliche Botschafterinnen auf einmal. Sie können sich leicht denken, dass wir eine Menge Zuschauer anlockten, aber alle still wie der Tod. Hätte einer unter ihnen sich die Freiheit unseres Pöbels bei einem so seltenen Anblick herausgenommen, unsere Janitscharen wären ohne Bedenken mit ihren Säbeln über ihn hergefallen.*

Dass ich solche Menschenmengen anzog, verunsicherte mich oft, und bei manchen Gelegenheiten hatte ich sogar ein wenig Angst; aber irgendwann realisierte ich, dass sich diese Menschen aus blanker Neugier um mich scharten. Als ich endlich begriff, dass nicht ich selbst die Hauptattraktion war, sondern meine Fehler und mein Akzent im Türkischen, war ich erleichtert. Für viele dieser Menschen war es offensichtlich das erste Mal, dass sie hörten, wie ein Ausländer ihre Sprache sprach. Und so interessierte es sie brennend, wie ich meine Sätze zusammenschusterte und welche Worte ich wählte; vor allem aber waren sie neugierig auf meine Aussprache. Ich habe festgestellt, dass mir mein holpriges Türkisch in Restaurants einen guten Service garantiert. Sobald ich mich hingesetzt habe, wuseln auch schon fünf Kellner um mich herum, um meine Bestellung aufzunehmen. Sie legen mir die Serviette ordentlich hin und gießen mir Wasser ein, nur um meiner fehlerhaften Aussprache lauschen zu können.

Als ich zum ersten Mal die Türkei besuchte, gab es nur wenige Sprachschulen, die Türkisch lehrten, nicht mehr als eine Handvoll Grammatikbücher und praktisch keine Lehrbücher für den Unterricht im Fach Türkisch für Ausländer. Mittlerweile hingegen wird Türkisch an Universitäten und Schulen auf der ganzen Welt gelehrt. Türken produzieren Sprachlehrbücher am Fließband, es gibt Sprachwettbewerbe für junge Türkischstudenten, und die türkischen Sprachschulen haben den Gemeinsamen Europäischen Referenzrahmen für Sprachen schon viel früher übernommen, als ich selbst es in meinem eigenen Sprachschulen tat.

Trotz alledem hat mir das Türkischlernen große Schwierigkeiten bereitet. Am schlimmsten fand ich das Telefonieren. Immer wieder verlor ich den Faden und immer wieder unterliefen mir schreckliche Fehler, was auf beiden Enden der Leitung ausgedehnte Sprechpausen nach sich zog. Zu telefonieren ist für mich so anstrengend, dass ich mir oft vorher Notizen mache, die ich dann während des Gesprächs in der Hand halte. Wenn ich sichergehen möchte, dass ich etwas ganz genau verstehe, wende ich mich - das ist mir aufgefallen - in der Regel lieber an eine Frau, weil mir deren Türkisch besser verständlich ist (oder liegt es vielleicht daran, dass Frauen auf der ganzen Welt dazu tendieren, den gleichen Dialekt zu sprechen?). Weil ich mich in langen Gesprächen so sehr anstrengen muss, um die richtigen Worte zu finden und sie zu sinnvollen Sätzen zusammenzubasteln, und weil ich mich extrem konzentrieren muss, um alles mitzubekommen, frustrieren und erschöpfen mich diese Gespräche bis zur völligen Verausgabung. Irgendwann fällt dann der Vorhang, und mir bleibt nichts anderes übrig, als mich mit aller Entschlossenheit zu verabschieden und zu hoffen, dass man mich nicht für unhöflich oder respektlos hält.

So schwer es auch sein mag, Türkisch zu lernen - die Unterstützung, die Ihnen Türken angedeihen lassen, wenn Sie versuchen, sich zu artikulieren, macht es zehnmal leichter. Wie Cheerleader feuern sie Sie bei der Formulierung Ihrer Sätze an, damit Sie Ihren Gedanken Ausdruck verleihen können. Auch wenn Ihr Türkisch noch so schlecht ist, wird man Sie in Ihrem Redefluss nie unterbrechen. Man sieht einfach darüber hinweg, ganz anders etwa als die Franzosen, die sehr darauf erpicht sind, selbst den kleinsten Verstoß gegen die Korrektheit ihrer Sprache zu korrigieren. Türken jubeln Ihnen zu wie einem Pferd, das über die Rennstrecke sprengt, und schmeicheln Ihrem Ego, indem sie Sie beglückwünschen, wenn Sie die Ziellinie überquert und den Satz zu Ende gebracht haben. Nicht nur meine Lehrer, nein, das ganze Land ist darum bemüht, meine Sprachkenntnisse zu verbessern.

Gerade auch die Ausländer wissen die Respektsbekundungen der Türken im Gespräch sehr zu würdigen und zu schätzen. Türken lassen Sie grundsätzlich ausreden, selbst dann, wenn sie keine Ahnung haben, wovon Sie eigentlich sprechen. Sie nicken häufig. Sie korrigieren nie Ihr Türkisch (das würde nämlich bedeuten, Ihnen zu widersprechen). Und sie schauen Sie auch nicht mit gerunzelter Stirn an, um Ihnen zu signalisieren, dass sie Ihnen nicht folgen können. Wenn sich Türken mit Ihnen unterhalten, flechten sie ständig Ihren Namen ein, um Sie einzubeziehen und sich Ihrer Aufmerksamkeit zu vergewissern. Und wenn sie merken, dass Sie den Faden verloren haben, werden sie innehalten und ihren Gedanken neuformulieren: diesmal mit Worten und einem Satzaufbau, von dem sie wissen, dass Sie ihn verstehen. Türken haben unendlich viel Geduld. Es ist schwer, sich in ihrer Sprache grobe Schnitzer zu leisten, weil sie es einfach nicht zulassen. In dem Moment, wo sie spüren, dass etwas nicht funktioniert, helfen sie Ihnen behutsam weiter. Es fällt ihnen genauso schwer zu verstehen, was Sie sagen möchten, wie es Ihnen schwerfällt, sie zu verstehen, aber das werden sie Ihnen niemals zeigen. Sie helfen Ihnen auf die Sprünge, sie sind wahre Kommunikationsgenies. In der Kommunikation mit Ausländern tritt das wahre Wesen der Türken zutage. Dort kommen ihre Charakterzüge Respekt, Freundlichkeit, Güte, Geduld und Humor voll zur Geltung.

Wenn das Erlernen dieser Sprache doch so arge Probleme bereitet, warum gebe ich es dann nicht einfach auf? Neben der Vorfreude auf jene bereits angesprochenen erlesenen Unterhaltungen und auf das Lesen der Gedichte von Nedim gibt es noch viele weitere Dinge, die mich an der türkischen Sprache reizen. In linguistischer Hinsicht fasziniert mich ihre agglutinierende Struktur: Wie Güterwaggons an einen langen Kohlezug werden Suffixe eines nach dem anderen an Worte angehängt. Ich mag es, das Verb - genau wie im Deutschen - am Ende des Satzes vorzufinden, wo es als abschließender, deklarativ umgrenzender Schlusswaggon zu all den Nomen- und Adjektiv-Waggons fungiert. Ich bin beeindruckt davon, dass sich mitten im Satz ein vollständiges Satzglied einschieben lässt, das aus einem einzigen Wort besteht. Diese Sätze, die im Gegensatz zum Englischen von hinten nach vorn strukturiert scheinen, fordern mich heraus. Es gefällt mir, dass das Türkische über eine ‚Vielleicht-Form‘ verfügt, in der man über Dinge berichtet, die man nicht selbst gesehen oder gehört hat, um sich ein Stück weit von Neuigkeiten zu distanzieren, die möglicherweise nicht korrekt sind. Und es gefällt mir auch, dass es im Türkischen eine Zeitform gibt, die je nach Kontext für Gegenwart, Vergangenheit oder Zukunft stehen kann (um dies im Einzelfall herauszufinden, benötigt man viel Glück). Die Worte „Das Postamt, vor dem die einen roten Pullover tragende sich gerade die Haare raufende Ausländerin steht, ... vielleicht“ sind kein Kauderwelsch, sondern ergeben einen perfekt strukturierten türkischen Satz. Das Türkische hält mich ständig auf Trab, weil ich nie genau weiß, an welcher Stelle im Satz ich mich gerade befinde. Bei den seltenen Gelegenheiten, in denen es meinem Verstand gelingt, den linguistischen gordischen Knoten eines Eisenbahnwagons-Satzes zu durchtrennen, fühle ich mich, als hätte ich soeben den Code eines Geheimdokuments entziffert.

Ich liebe den Klang der türkischen Sprache: Wenn Männer sprechen, klingt es wie das rauschende Wasser eines Waldbachs. Wenn Frauen sprechen (vor allem Frauen aus Istanbul), klingt es wie Vogelgezwitscher. Ich weiß es zu schätzen, dass die Türken in den Bereichen Verwaltung, Mode und Kunst so viele Wörter aus dem Französisch entlehnt haben; das hat mir das Leben leichter gemacht, denn so kann ich häufig auf sie zurückgreifen. Neben dieser kreativen Entlehnung sehe ich mit Vergnügen, wie künstlerisch die Türken im Erfinden neuer Wörter sind, mit denen sie das Fortschreiten der Zivilisation begleiten, zum Beispiel: ‚Wissenszähler' für Computer und ‚Taschentelefon' für Handy. Ich liebe die Kraft und Stärke einiger Imperative, mit denen sich sogar eine Rakete im Weltraum stoppen ließe: „*Yapma! Var! Ayıp! Dur!*" (Lass das! Ja! Schäm dich! Stopp!) Und wahre Freude im Türkischen bereiten mir Tausende von Sprichwörtern, die der Sprache Würze verleihen. Türken bedienen sich gern geläufiger folkloristischer Redewendungen und können dabei auf ein reichhaltiges Repertoire zurückgreifen. Geflügelte Worte wie „Was versteht schon ein Esel vom Kompott?", „Ein besiegter Ringer lässt das Ringen nicht", „Blind ist, wer faule Bohnen kauft", „Wer ein türkisches Bad aufsucht, wird schwitzen", „In jedem Herz wohnt ein Löwe", „Ein Leichentuch hat keine Taschen" und „Einem Hahn, der zu früh kräht, wird der Kopf abgeschnitten" sind Beispiele für diesen freiherzigen Humor. Ihnen sind ganze Wörterbücher gewidmet.

Ich liebe all die bezaubernden Dinge, die Türken im Alltag zueinander sagen, wie zum Beispiel „Gesundheit deinen Händen!", wenn jemand gut gekocht oder etwas anderes gut gemacht hat, „Möge es vorübergehen!", wenn man herausfindet, dass jemand krank ist, „Möge es euch leicht von der Hand gehen!", wenn man Handwerkern bei der Arbeit begegnet, oder der rührende, bei freudigen Anlässen verwendete Ausspruch: „Möge das schlimmste Unheil unseres Lebens wie dies hier sein!". Weiterhin gibt es einige wunderbare Besonderheiten im Türkischen, nehmen wir nur das „*Yok!*" mit seinen vielen unterschiedlichen Bedeutungen, die von „Nein!" über „Du beliebst zu scherzen!" bis hin zu „Wage es nicht!" reichen. Mein absoluter Favorit in punkto

Touristenbroschüre und Hotelbriefumschlag, Sivas, (1978)

Gök-Medrese, Sivas, 1271, (1978)

Die 9-bögige Büyükçekmece-Brücke, 1567 (1979)

Die 33-bögige Silivri-Brücke (heute sind, genau wie zu Lebzeiten von Lady Montagu, nur 32 Bögen sichtbar), 1568 (1979)

Fatih-Brücke, Istanbul, 1988 (1995)

Hıdırlık-Brücke in Tokat über den Yeşilırmak-Fluss, 1250 (1981)

Bosporus-Brücke, Istanbul, 1973 (1978)

Olivenöl-Kanister (1996)

Çakır Ağa-Herrenhaus, Birgi, 1761 (1982)

Überdachter Markt aus der Osmanenzeit, Amasya (1990)

Mutterstolz, Çay (1991)

Taş Han, Akşehir, 1250 (1996)

Straßenbild, Bursa (1978)

Mit dem Pferdewagen über die Kuş-Brücke in Amasya (1990)

Grabwächterin, Alanya (1991)

Straßenbild, Iznik (1983)

Postkarte aus dem Jahr 1978

Straße mit Arztpraxen   *Markttag, Çay (1991)*
in Kastamonu (2001)

Sonnenuntergang über dem Beyşehir-See (1991)

Straßenbild, Kütahya (1996)

Euphratquelle, nahe Erzincan (1995)

Frühstück mit Saadet Hanım in Kayseri
(2006)

Türkische Kinder mit Kangal-
Welpen, Niksar (1979)

Hochzeitszeremonie, Tokat (2001)

Beschneidungsfeier in der Familie,
Ankara (1991)

Automalereien, Pazar (1994)

Yörük Köyü (1988)

Erster Schultag, Eğirdir, September 1991

Spruch des Volkshelden Nasreddin Hoca, an seinem angeblichen
Geburtshaus im Dorf Hortu (1991)

Osmanischer Schreiber, gezeichnet von Bellini, 1479

*Schrifttafel aus Karaman. Auf dieser Tafel, die die erste förmliche
Anerkennung der türkischen Sprache in Anatolien durch die
Karamanen würdigt, betont Atatürk, wie wichtig es sei, das
Türkische vor ausländischen Einflüssen zu schützen. (1994)*

Aussprüche von Hacı Bektaş-ı Veli (1995)

Eigentümlichkeiten des Türkischen ist aber die Angewohnheit, sich gegenseitig „Gute Morgen!" und „Gute Abende!" zu wünschen. Wann immer ich nach einer Erklärung dafür frage, ernte ich lediglich verständnislose Blicke; denn in ihrer unendlichen Großzügigkeit erscheint es den Türken einfach unvorstellbar, jemandem nur einen einzigen mickrigen „Guten Morgen!" zu wünschen, wenn man ihm doch gleich ein ganzes Leben davon wünschen kann.

Ich habe viel Zeit damit verbracht, türkische Geschichten und Gedichte ins Englische zu übersetzen, und bin fest davon überzeugt, dass diese Übersetzungen größere Herausforderungen für den Übersetzer bereithalten als gewöhnliche Texte. Auch Sie, Lady Mary, haben einmal einer Freundin einen amüsanten türkischen Liebesbrief übersetzt. Oft ist es sehr, sehr schwierig, diesen sprudelnden Fluss geschmeidig zu übertragen; vielleicht weil die Sätze anders als in unserer Sprache als kreisförmige Einheiten konzipiert sind, und nicht linear. Im Anschluss an die Übersetzung eines Gedichts gestanden Sie einmal: „Ich kann im Ganzen nicht entscheiden, wie gut mir die Übersetzung gelungen sein mag, auch glaube ich nicht, dass unsere Sprache geeignet ist, solche heftigen Leidenschaften auszudrücken, die bei uns selten empfunden werden. Es fehlt uns auch an zusammengesetzten Worten, die in der türkischen Sprache kräftig sind und häufig vorkommen." Übersetzungen sind wie die Rückseiten von Teppichen: Sie zeigen die Farben, legen die Anzahl der Knoten offen, entlarven jeden einzelnen Verknotungsfehler, der dem Weber unterlaufen ist, und geben Aufschluss über die Fähigkeiten des Webers. Sowohl bei Übersetzungen als auch bei Teppichen und in der Kommunikation ist es jedoch wichtig, dass man sich auch die Vorderseite anschaut; nur so lässt sich die Qualität des Dargebote-

nen richtig beurteilen, nur so kann man die Schönheit des
großen Ganzen wertschätzen.

Nach einigen Monaten Türkischstudiums stieß sogar eine
so sprachbegabte Frau wie Sie, Lady Mary, an Ihre Grenzen.
Sie befürchteten, bei dem Versuch, zu viele andere Sprachen
in Ihren Kopf zu zwängen, könnte Ihnen Ihr Englisch ab-
handenkommen: „Es ist für einen Menschen ebenso unmöglich, zehn verschiedene Sprachen vollkommen zu beherrschen, wie zehn Königreiche in vollkommener Unter-
würfigkeit zu halten oder sich mit zehn zugleich herumzu-
schlagen." Und trotzdem lohnt sich dieser Kampf mit dem
Türkischen, denn er hat uns beiden gestattet, als im Lande
lebende Ausländerin wahrgenommen zu werden, und nicht
so sehr als Touristin. Er hat uns gestattet, Freunde zu finden und unser Leben mit ihnen zu teilen. Geradeso wie Sie
über Ihren Ahmed schreiben: „Sie können sich nicht vorstellen, wie sehr ihm die Freiheit gefällt, sich mit mir unterhalten zu dürfen." Und wir beide mit den Türken.

In einem Ihrer letzten Briefe schreiben Sie an einen
Freund, wie sehr Sie es bedauern, die Türkei ausgerechnet
jetzt verlassen zu müssen, wo Sie doch endlich die Sprache
beherrschen. Aber natürlich werden Sie wissen, Lady Mary,
dass man sehr wohl ein Land verlassen kann, niemals aber
eine Sprache, die man erlernt hat. Sprachen bleiben uns als
Heimat erhalten.

Gute Abende wünscht Ihnen
Kadriye Branning

BRIEF 11

Ich fühle mich wohl hier

Liebe Lady Mary, eine andere Frage, die mir - von Türken und Nichttürken gleichermaßen - ständig gestellt wird, lautet, warum ich noch immer Jahr für Jahr in die Türkei reise. (Sie kommt direkt nach der Frage: „Was hat dich eigentlich bewogen, in die Türkei zu reisen?") Das Reisen an sich kann eine ebenso herausfordernde wie beglückende Angelegenheit sein, und erst recht das Reisen in der Türkei. Sie, Lady Mary, vergleichen es in einem Ihrer ersten Briefe mit einer Opernaufführung: „Dieses Land ist ganz sicher eines der schönsten der Welt. Alles, was ich sehe, ist so neu für mich; es kommt mir vor, als würde ich mir jeden Tag eine neue Szene aus einer Oper anschauen." Nach meiner ersten Reise im Jahr 1978 begann ich zu verstehen, welch reiche Früchte das Reisen tragen kann. Ich erkannte, dass ich von der Unterschiedlichkeit der Menschen profitieren konnte, dass ich aber einige Mühen würde investieren müssen, um Unterschiede zu entdecken und die Mauer der Stereotypen zu durchbrechen. Und diese Art von Investitionen bedeutete regelmäßige Besuche.

Wir sind uns sehr ähnlich, Lady Mary, und wir wären einander gute Reisegefährtinnen gewesen. Auch ich wollte mehr über das Leben in der Gesellschaft und den Islam erfah-

ren, auch ich habe im Selbststudium eifrig die Sprache und
Poesie studiert und Moscheen und Altertümer besucht,
auch ich war allein ohne meinen Mann in der Türkei unterwegs. Genau wie Sie interessiere auch ich mich sehr für das Leben der Frauen dort und für die Themen, die ihnen besonders am Herzen liegen: Bildung, Gesundheit, Chancengleichheit und Ehe. Und genau wie Sie hinterfrage ich meine
eigene Religion, indem ich mich mit einer anderen beschäf-
tige. Wir beide sind Frauen aus dem Ausland mit einem gewissen Standing und verdanken unsere Einblicke in die unterschiedlichsten Themen und Fragestellungen nicht zuletzt
dieser Tatsache.

Zu reisen, vor allem allein zu reisen, erfordert einen
Ansporn, der robust genug ist, um den ablenkenden Einflüssen von Hitze, Müdigkeit, Hunger, Angst, Trägheit und
natürlicher Faulheit zu trotzen. In der Fremde vermitteln
Ihnen so simple Erfahrungen wie die Unmöglichkeit gegen-
seitiger Verständigung, Schwermut oder allzu kurze Begegnungen genauso viele Erkenntnisse über sich selbst wie über
das Land, in dem Sie sich gerade befinden.

Meine Begeisterung für das Reisen hat ganz banale, ge-
nussorientierte Gründe. Es erlaubt mir, neue Menschen
kennenzulernen, neue Speisen zu kosten, neue Spiele und
Sportarten zu entdecken, Freunde wiederzutreffen, die ich
nur einmal im Jahr sehe, und stundenlang über alle möglichen Dinge zu reden. Auf Reisen kann ich Fotos machen,
zeichnen und malen, schreiben, lesen und drei Mahlzeiten am
Tag einnehmen, habe Zeit für Tee- und Erfrischungspausen
und für die Besichtigung von Natur- und Kulturdenkmälern. Ich kann spazieren gehen, den ganzen Tag auf den Beinen sein und nachts tief und fest schlafen. Ich kann die Na-

tur genießen, Bäume betrachten, den Vögeln lauschen und tief durchatmen.

Doch das Reisen in der Türkei hat mir darüber hinaus noch mehr zu bieten. Es gibt mir die Gelegenheit zum Träumen, vor allem auf den langen Busfahrten. Es schenkt mir die Zeit, die Bücher der Bibliothek meines Lebens einem System gemäß zu ordnen, das genau auf mich abgestimmt ist. Diese Fahrten durch die unendlich weiten Ebenen helfen mir dabei, denn sie versetzen mich in die Lage, schweigsam allein dazusitzen und meiner inneren Stimme nachzuhorchen. Das Reisen in der Türkei hilft mir zu heilen, wenn ich verletzt bin. In solchen Momenten, wo Sie fühlen, wie erschöpft Sie sind, wo Ihnen davor graut, hinter dem schützenden Vorhang hervorzutreten ins Rampenlicht der Bühne Ihres Berufslebens, wo Sie glauben, dass es kein Leben nach der Liebe gibt, wo Ihr Koffer voller Unsicherheiten zu schwer wird, um ihn weiter mit sich herumzuschleppen, wo Sie sich nach dem nicht länger greifbaren, verlorenen Teil Ihres Lebens sehnen, wo die Einsamkeit oder Angst in Ihrem Leben überhandnimmt - in genau solchen Momenten wirkt das leere dunkelgraue Band der Straße ungemein tröstlich; denn es zeigt Ihnen, dass selbst in diesem kargen anatolischen Flachland Schönheiten aller Art gedeihen können. Auf diesen Straßen, fernab von allem Vertrauten, erkennen Sie deutlicher als sonst, was Ihnen im Leben fehlt. Auch wenn es merkwürdig klingen mag, aus dieser herausfordernden Fremdartigkeit ziehe ich auf meinen Reisen sowohl Freude als auch Kraft. Wenn ich unterwegs mit Angst, Einsamkeit, Isolation und Selbstzweifel konfrontiert bin, überwinde und bezwinge ich sie. Diese kleinen Siege machen mich stolz. Sie sind der Mörtel, mit dem ich die Risse meiner ramponierten Wände ausbessere.

In der Türkei darf man sich sicher fühlen, wenn man diese simplen Dinge tut, selbst dann, wenn man allein reist; und man kann wirklich entspannen, was mir beispielsweise in New York, wo ich ständig auf dem Posten sein muss, völlig unmöglich ist. Meine Reisen durch die Türkei führen mich in eine Welt, in der ich mich wohl fühle, die mir nicht ganz vertraut, aber auch nicht ganz unbekannt ist. Sie enthüllen mir ein Land, das mit seinen vielen freundlichen Händen, Erholungsmöglichkeiten und Zufluchten vor Verdruss und Sorge für Reisende wie geschaffen ist.

Eines der Dinge, die Sie, Lady Mary, am meisten an Ihrer Freundin Fatima bewunderten, war ihr wissbegieriger Geist: „Sie ist sehr begierig, die Sitten anderer Länder kennenzulernen und hat für die Sitten des eigenen Landes nicht die Parteilichkeit, die bei kleinen Seelen so gewöhnlich ist." Auch ich möchte keine ‚kleine Seele' sein, deshalb reise ich.

Das Reisen in der Türkei hat so viel Schönes zu bieten. Ihre ersten Briefe aus Adrianopel künden von großer Begeisterung und Enthusiasmus, und ich kann voll und ganz nachvollziehen, wie aufgeregt und entzückt Sie waren, als Sie die osmanische Gesellschaft und die Welt des Reisens für sich entdeckten. Viele Ihrer Reiseerlebnisse habe auch ich in ähnlicher Form machen dürfen. Sie wohnten in einem Sultanspalast, ich habe im Çırağan Hotel genächtigt, einem ehemaligen Sultanspalast. Sie wurden in Adrianopel von einem 500-köpfigen Janitscharen-Tross eskortiert, während ich auf meinen Reisen zuweilen von Helferscharen eingekreist und umringt werde, die mir wie eine persönliche Leibgarde anmuten. Sie beschreiben verzückt die Vergnügungen der heißen Türkischen Bäder: den Anblick von über 200 nur mit einem Badetuch bekleideten Frauen und deren

Neugier Ihnen gegenüber; ich für meinen Teil kann bestätigen, dass eine blonde Frau aus dem Westen im Hamam [tür-
kischen Bad] einer Kleinstadt eine größere Menschenmenge
auf sich zu ziehen pflegt. Sie schwärmen vom opulenten Dekor und Mobiliar der Paläste, aber Sie sollten sehen, wie ex-
travagant erst der Dolmabahçe-Palast ist, der leider erst
nach Ihrer Abreise gebaut wurde. Sie berichten, wie der
Sultan einmal im Rahmen einer Parade an Ihnen vorbei-
schritt, während ich auf meinen Reisen politischen Würdenträgern wie Ministerpräsidentin Tansu Çiller und Minister-
präsident Süleyman Demirel die Hand geschüttelt habe. Einer Ihrer bekanntesten Briefe erzählt von einem gemeinsamen Essen mit einer Ehefrau des ehemaligen Sultans; ich habe ebenfalls mit einem Prominenten gespeist, und zwar
1995 mit dem Bürgermeister von Istanbul während der
Festlichkeiten anlässlich des Kongresses des Internationalen
Verbandes der Bibliothekarvereine. In einem anderen Brief
verraten Sie, dass Sie sich türkische Gewänder anlegten, um
sich auf diese Weise den Besuch religiöser Stätten zu erleichtern; und auch ich besitze ein Outfit speziell für die Straße,
das Arme, Beine und den Kopf bedeckt und mir erlaubt,
mich diskret in den Gassen zu bewegen und jedes Gebäude
zu betreten, das ich betreten möchte. Auch ich habe es genossen, Babouche-Pantoffeln, Feze, Schals und Wollsocken
auf dem Basar zu kaufen, und mich auf meinem Hotelzimmer damit herausgeputzt. Ihre Beschreibung der Selimiye-
Moschee in Edirne wirft ein schlechtes Licht auf so manchen führenden Kunsthistoriker von heute, denn Ihre Darstellungen stimmen bis ins letzte Detail. Es hat mich gefreut
zu erfahren, dass Sie sich mit einer Türkin, der schönen Fatima, anfreundeten, denn auch ich hatte das Vergnügen,

Türken näher kennenzulernen, und besuche sie immer wieder. Sie unternahmen Kutschfahrten in die Umgebung, ich meinerseits engagierte einen Fahrer und begab mich auf abenteuerliche Exkursion, um die Ruinen von Kubadabad oder ein verschollenes Han aufzuspüren. In Istanbul angekommen fanden Sie einen Rhythmus für den Alltag, der meinem Reiserhythmus nicht unähnlich gewesen sein dürfte: eine angenehme Routine aus Lesen, Schreiben, Studium der türkischen Sprache, Musik hören, Besuchen von Märkten, Straßen, alten Vierteln, Bädern, Moscheen und Derwischklöstern sowie Bootsausflügen auf dem Bosporus. Sie sehen, wir teilen die gleichen Freuden des Reisens in der Türkei. Ich folge Ihren Spuren.

Die Begeisterung, die Sie als Reisende und Touristin verspürten, blitzt besonders in Ihren Briefen aus Istanbul auf. Einige Passagen daraus stellen so manchen Versuch moderner Reiseschriftsteller, die Essenz dieser Perle von einer Stadt in Worte zu fassen, deutlich in den Schatten. Ihre Schilderungen einer Bootsfahrt auf dem mit seinen Gärten, Wäldern und Moscheen einem „von der Hand des größten Künstlers gezierten Schrank" gleichenden Bosporus oder von Besuchen des Topkapı-Areals, der Hagia Sophia, der Süleymaniye- und der Sultanahmet-Moschee, des Hippodroms und eines Klosters der Tanzenden Derwische vermögen auch heute noch zu fesseln.

Genau wie Sie habe auch ich den Nervenkitzel genossen, den mir meine Reisen in die Türkei immer wieder boten. Ich habe die gleichen Wege eingeschlagen wie der Apostel Paulus, bevor er seine zahlreichen Briefe verfasste, ich bin den Spuren von Alexander dem Großen, dem Heiligen Nikolaus, Justinian und Theodora, Rumi, Herodot,

Julius Caesar und der Heiligen Maria gefolgt. Und ich habe, wie einst Kleopatra, in Side im Schatten eines antiken römischen Theaters gebadet. Ich habe in den gleichen Moscheen gebetet wie Sultane, Aufführungen in den gleichen Amphitheatern besucht wie griechische Kaiser, und ich habe mir die gleiche Stadt zum Ausgangspunkt der Erkundung der Welt erwählt wie damals der berühmte Geograph Strabo.

Großes Vergnügen bereitet mir in der Türkei auch das Entdecken alter Bäume. Viele der 500 bis 600 Jahre alten Platanen, die einst von Sultanen gepflanzt wurden und Stürmen, Hungersnöten und Kriegen trotzten, haben mir Schatten gespendet. Bis zum heutigen Tage stehen sie aufrecht und inspirieren uns durch ihre Widerstandsfähigkeit. Ich kann gut nachvollziehen, warum Türken glauben, dass „jeder Baum eine Seele hat" und warum Hochzeitsgesellschaften Bäume aufsuchen, um sie mit geweihten Bändern zu schmücken. Viele dieser ehrwürdigen Bäume haben in meiner Erinnerung genauso viel Eindruck hinterlassen wie die Innenbereiche historischer Moscheen: die Baumriesen des geheimnisvollen Muradiye-Friedhofs von Bursa, die Zwillingsbäume im Innenhof des Taş Han in Merzifon und im Komplex von Beyazit II. in Amasya, der Baum, der das Çile Han in Karaman bewacht, der ausladende altehrwürdige Baum in Bursa an der Straße zum Uludağ und der von Sinan gepflanzte Baum im Innenhof der Atik Valide-Moschee in Üsküdar. In Eğirdir habe ich sogar einmal in einem Hotelrestaurant gespeist, das um einen Baum herum gebaut worden war. Wann immer ich eine dieser majestätischen Seelen betrachte, stelle ich mir vor, wie sie langsam heranwuchsen und die Türkei auf ihrem Weg durch die Geschichte begleiteten - von der Zeit Süleymans des Prächti-

gen über Atatürk bis in die Gegenwart, wo ein beeindruckendes nationales Waldschutzprogramm sie für zukünftige
Generationen zu erhalten sucht.

Ich habe viele Städte bereist, bekannte wie auch unbekannte, geschäftige Metropolen ebenso wie Ortschaften, die
aus 10 Häusern bestehen. Ich bin durch Siedlungen und
Dörfer gekommen, in denen ich die einzige Frau ohne
Kopftuch war. Meine persönlichen und individuellen Eindrücke der 250 Städte, Gemeinden und Dörfer, die ich in
der Türkei besucht habe, kann ich Ihnen hier unmöglich
schildern. Schon die Liste meiner Lieblingsorte ist einfach
zu lang. Und all diese Orte haben mir, nicht anders als Ihnen auch, jede Menge Erfahrungen, visuelle Genüsse und
Sinnesfreuden beschert.

So spannend es ist, Ihre Reisebeschreibungen zu lesen,
Lady Mary, so bedauerlich ist auch, dass Sie nie die Freuden
(und Frustrationen) des Reisens auf eigene Faust kennenlernen durften. Ich bin in der Türkei sowohl mit dem Miet-
wagen als auch mit Überlandbussen unterwegs gewesen,
und beides hat seine ganz speziellen Reize und Frustrationen. An dem ausgezeichneten hocheffizienten Busnetz, das
mittlerweile die ganze Türkei abdeckt, darf sich der Rest der
Welt ein Beispiel nehmen. Doch noch vor einigen Jahren
konnte von Effizienz keine Rede sein. Zum Ritual einer
Busreise gehörten der chaotische Tumult an den Haltepunk-
ten, frei interpretierte Abfahrts- und Ankunftszeiten, Straßenhändler, das ständige ‚Reise nach Jerusalem'-Spiel, das sicherstellen sollten, dass keine Frau neben einem Mann sitzt,
unzählige Zwischenstopps, nur um drei Passagiere und
zehn Pferdebremsen aufzupicken, unsägliche Hitze und
Reisende mit verschnürten Pappkartons, Jutesäcken oder

Sporttaschen, die mit allen nur erdenklichen Snacks für die lange Reise ausgerüstet waren - eine ganz eigene Erfahrung in Sachen mobiler Menschheit. Das Reisen mit dem Auto ermöglicht es, auch Orte abseits der Route zu erkunden, an die man sonst nie gelangen würde, aber auf den türkischen Straßen wimmelt es bekanntermaßen von risikofreudigen Fahrern. Wahre Angstzustände durchlebte ich einmal, als ich von einem grimmigen Soldaten mit Maschinengewehr an den Straßenrand abgedrängt wurde. Anschließend lächelte er mich jedoch nur an und sagte: „Möge die Straße vor Ihnen frei und gut erkennbar sein, Lady Besucherin!"

Es gibt noch andere Reisefrustrationen, die Ihnen erspart blieben, Lady Mary, da Sie immer in Begleitung von Führern, Dolmetschern oder eben jener 500 Janitscharen waren. Das berüchtigte Tourist Office Beispiel, diese sprudelnde Quelle der Ahnungslosigkeit. Vor 30 Jahren besaßen solche Fremdenverkehrsämter nur eine äußerst dürftige Ausstattung. Es waren graue und staubige Orte mit abgenutzten Plastikstühlen und einem flachen Kaffeetisch, auf dem einige unscharfe Reisebroschüren ausgebreitet lagen, und zwar immer in einer Fremdsprachenversion, mit der man nichts anfangen konnte. Stets war man der einzige Kunde dort, und auch wenn sich die Angestellten redlich bemühten, konnten sie kaum einmal wirklich weiterhelfen. Ich habe daher häufig in Apotheken um Rat gefragt, wo man mir in der Regel viel nützlichere Informationen geben konnte.

Was das Reisen auf eigene Faust besonders erschwert, sind die Teppichhändler, die sich Ihnen an die Fersen heften und Ihnen den ganzen Tag lang folgen, die hinter jeder Ecke hervorspringen und Sie gelegentlich sogar zwingen, von der Straße in den sicheren Hafen Ihres Hotelzimmers zu fliehen, um ihrem aufdringlichen Gehabe zu entkommen. Wahrscheinlich hätten sogar Ihre 500 Janitscharen Mühe gehabt, sich dieser unerbittlichen Schar zu entledigen.

Vor Einzug der Bankautomaten war auch der Geldwechsel auf der Bank eine äußerst langwierige Angelegenheit, die einen halben Tag in Anspruch nehmen konnte. Im Verlaufe dieser Prozedur musste man gleich mehrere Kopien von Formularen ausfüllen, Schlange stehen und Fragen beantworten.

Riskant auf Reisen in die Türkei können die ganz banalen Dinge sein. Marmorierte Gehwege etwa mögen ja schön aussehen, sind aber lebensgefährlich glatt. Betonpflaster strotzen oft nur so von Schlaglöchern, und lose Fliesen ziehen mitunter spektakuläre Stürze nach sich. Abgründe sind nur selten mit einem Geländer gesichert. Die schlimmsten Gefahren aber drohen Ihnen von den Heerscharen kleiner Kinder, die sich auf Sie stürzen wie ein Rudel Haie, das Blut wittert. In der Stadt Siirt folgte mir einmal eine immer größer werdende Zahl von ihnen. Als ich die Orientierung verlor und einen Mann nach dem Weg fragte, hatte er Mitleid mit mir und beschloss, mich zu begleiten und mir zu helfen, die Moschee, die ich suchte, zu finden. Sie lag in einem ärmeren Stadtviertel, und als wir uns ihr näherten, waren wir von über 60 Kindern, größtenteils Jungen, im Alter zwischen vier und neun Jahren umringt. Diese Horde von Kindern wurde immer aufdringlicher: Sie schrien, sprangen herum, schoben mich hin und her, fassten mich an, zogen und drückten mich und warfen mit Gegenständen um sich. Zum ersten Mal in meinem Leben hatte ich Angst davor, an meinen Gliedmaßen auseinander gerissen zu werden. Der Mann war sogar noch verängstigter als ich, was meine Panik weiter schürte - bis ich beschloss, mein eigener Janitschar zu werden, und aus vollem Herzen „*YETER!*" (Es reicht!) brüllte. Das brach den Bann und ermöglichte uns, uns einen Weg zu bahnen. Wahrscheinlich war dies das letzte Mal, dass der Mann so freundlich war, einem Touristen in Not zu helfen. Welch Ironie, ein einziges Mal fühlte ich mich in der Türkei bedroht, und das von Kindern!

Mit einer weiteren, ganz speziellen Gefahr ist die Türkei leider nur allzu häufig konfrontiert. Nie werde ich die beiden Erdstöße vergessen, die ich im Süden der Türkei miterlebte. Bei dem ersten im Jahr 1998 kamen 110 Menschen ums Leben. Und doch lieferte er nur einen Vorgeschmack auf den Alptraum, der ein Jahr später folgen sollte.

Die Ausblicke über die atemberaubenden Landschaften der Türkei entschädigen für jeden noch so großen Reisefrust. Besonders dramatisch ist die Schotterstraße von Incesu nach Ürgüp: Sie führt in Serpentinen den Hügel hinauf, um dann urplötzlich eine überwältigende unverstellte Sicht auf das gesamte Göreme-Tal von Kappadokien zu gewähren. Die Fahrt von Niğde nach Çiftehan durch die Aladağlar- und die Bolkar-Berge verläuft durch die berühmte Kilikische Kreuzritterpforte, einen der wenigen Pässe durch das Taurusgebirge, und hat einige der schönsten Landschaften zu bieten, die mir je in der Türkei, vielleicht sogar weltweit unter die Augen gekommen sind. Auf der Fahrt nach Artvin durch die saftig grünen Gras- und Wildblumenfelder von Ardahan sah ich Wildstuten galoppieren und ihre Fohlen hinter ihnen her tänzeln. Eine meiner Lieblingsstrecken ist der faszinierende steile Anstieg von Tokat nach Sivas über den Çamlıbel-Pass mit dem Höhepunkt eines 360°-Panoramablicks über das ganze weite Land; und wenn Sie genau

hinschauen, entdecken Sie vielleicht sogar die Kangal-Schäferhunde, die auf den braunen Feldern ihren Pflichten nach-
gehen. Ich genieße die Stunden, die ich auf diesen Straßen
verbringe, wenn das Rauschen des Windes im Fenster des
Fahrzeugs das einzige Geräusch ist, das die Stille durch-
bricht. Im Koffer meines Gedächtnisses nehme ich viele Erinnerungen an diese Stille und Harmonie mit zurück nach
Hause, und wenn ich mich nachts in der Betonstadt, in der
ich wohne, wieder einmal wie eine Gefangene fühle, packe
ich diese funkelnden Momente aus. Diese perfekten Fahrten
durch die betörende Einöde gehören zu meinen liebsten
und unvergesslichsten Reiseerinnerungen; ich hole sie immer wieder gern hervor.

Sie waren glücklich in der Türkei, Lady Mary, das spüre ich. Wie ich Ihnen ja bereits in einem früheren Brief gestanden habe, werde ich es wohl nie schaffen, die passenden
Worte zu finden, um das urwüchsige Gefühl von Glück und
Zufriedenheit zum Ausdruck zu bringen, dass mich überkommt, wenn ich in der Türkei bin. Aber genau dieses Gefühl lese ich aus Ihren letzten Briefen aus Istanbul heraus,
die von großem Bedauern über ihre baldige Abreise ge-
tränkt sind. „Jetzt bereite ich mich vor, Konstantinopel zu
verlassen, […] und es geschieht widerwillig. Allein ich habe
mich an die Luft gewöhnt, die Sprache gelernt, lebe hier be-
quem und ruhig." Genau wie ich bei jedem meiner Besuche, durften auch Sie einen Koffer voller unvergesslicher
Erlebnisse mit nach Hause nehmen - ein Erinnerungsbrun-
nen, aus dem Sie schöpfen konnten, nicht wahr? Ich habe
auf dem Flughafen geweint, und bei meiner Abreise haben
Menschen geweint, die ich erst ein paar Tage vorher kennengelernt hatte. Wenn ich aufbrach, kam es vor, dass Frau-

en Wasser über der Türschwelle ausgossen, um meiner Reise einen guten Verlauf zu bescheren. Einmal sagte ein Zollbeamter, als er meine Tränen sah, leise zu mir: „Aber Sie kommen doch wieder, versprochen?"

Allem Bedauern zum Trotz mussten Sie die Heimreise antreten, aber zurück in England wurde Ihnen klar, was es bedeutet zu reisen. Sie freuten sich, wieder daheim zu sein. Denn bei aller Liebe zum Reisen und bei aller Wertschätzung für andere Länder gibt es doch keinen Ort, der uns das Zuhause ersetzen kann. Diese Erkenntnis und die Freude über die Heimkehr gehören zu den süßesten Früchten des Überquerens von Brücken. Die folgende Passage aus einem Ihrer bewegendsten Briefe zaubert mir den Geschmack Ihres Gerstensaftes und Ihrer Goldrenetten [alte Apfelsorte] förmlich auf die Zunge:

Ich kann nicht anders, als mein Vaterland mit parteiischen Augen anzusehen. Gewiss gab uns die Natur diese Parteilichkeit, um dem Herumschwärmen vorzubeugen, das von dem ehrgeizigen Durst nach Kenntnissen, für deren Genuss wir nicht geschaffen sind, verursacht wird. Alles, was wir dabei gewinnen, ist der fruchtlose Wunsch, die mannigfaltigen Vergnügungen und Bequemlichkeiten zu vereinen, die verschiedenen Weltteilen zugefallen sind und in keinem einzigen zusammentreffen können. Nachdem ich alles gelesen, was in den Sprachen, die ich verstehe, zu lesen ist, nachdem ich meine Augen durch mitternächtliches Forschen geschwächt habe, beneide ich den ruhigen Seelenfrieden eines rotwangigen Milchmädchens, das, durch keinen Zweifel beeindruckt, jeden Sonntag in Demut die Predigt anhört und deren Empfindungen der natürlichen Pflicht nicht durch eitle Schulgelehrsamkeit verwirrt sind, dies mag viel gelehrter sein, muss aber am Ende eben doch ebenso unwissend bleiben. Und nachdem ich einen Teil von Asien und Afrika gesehen und beinahe ganz Europa durchreist habe, halte ich doch den ehrlichen englischen Landedelmann für glücklicher, der wahrhaft glaubt, dass griechische Weine bei weitem nicht dem Märzbier gleichkommen und dass afrikanisches Obst keinen so guten Geruch und Geschmack hat wie seine Goldrenetten, dass italienische Bekassinen nicht so köstlich sind wie ein Rinderrücken, und kurz, dass kein vollkommener Genuss des Lebens außerhalb Altenglands zu finden ist. Gebe Gott, dass ich so die übrige Zeit meines Lebens denke und, da ich nun einmal mit unserem stiefmütterlichen Anteil vom Tagelicht zufrieden sein muss, dass ich die erquickende Sonne von Konstantinopel vergessen möge.

Nach Hause zu kommen, lindert den Schmerz des Abschieds von der Türkei - jenem Land, das Ihnen genau wie mir zu einer zweiten Heimat geworden ist, die uns beide sehr bereichert hat. In der Weltgeschichte herumzureisen und eine Million Länder zu entdecken, reizt mich nicht im Entferntesten, und ich glaube auch nicht, dass es mich zu einem interessanteren Menschen machen würde. Für mich ist es keine Frage der Ehre, meinen Gürtel mit Einkerbungen für jedes besuchte Land und jeden besuchten Kontinent zu versehen. Vielmehr möchte ich meine eigene Version des Reisens genießen: Ich möchte wunschlos glücklich sein an einem Ort, den ich mir vertraut mache, an einem Ort, der mich aber auch wertschätzen lässt, dass ich demnächst wieder in mein eigentliches Zuhause zurückkehren werde. Meine Reisen in die Türkei gestatten mir diesen Genuss.

Wie also kann ich die Frage, warum ich noch immer so gern in die Türkei reise, beantworten? Was ist es, das mich Jahr um Jahr dorthin zieht wie einen Pilger zu einer heiligen Stätte? Vermutlich sind es nicht allein die sprechenden Steine, die Brücken, die 500-Jahre alten Bäume und die Straßen durch die Weite des Landes. Es liegt wohl eher daran, dass in der Türkei so viele Türken leben.

Herzlichst,
Katharine Branning

KAPITEL 3

EIN VOLK

BRIEF 12

Ne mutlu Türküm diyene

L iebe Lady Mary,
mir ist aufgefallen, dass Sie sich nicht lange damit
aufhalten, den Charakter der Türken zu sezieren
oder über das Verhalten der Türken zu urteilen. Sie beschreiben Dinge, ohne sie zu analysieren, und das schätze
ich; denn auch ich versuche, in meinem beruflichen und
persönlichen Alltag so zu verfahren. In der Tatsache, dass
Sie es ablehnen, die Türken von oben herab zu kritisieren,
liegt das bedeutendste Vermächtnis Ihrer Briefe. Sie erkannten, welche unglaubliche Anmaßung es gewesen wäre,
wenn Sie als Ausländerin versucht hätten, die Bürger eines
Ihnen fremden Landes bestimmten Schubladen zuzuordnen.
Grobe Verallgemeinerungen und der Rückgriff auf Stereotypen wären unvermeidlich gewesen. Folglich verbrachten
Sie mehr Zeit mit der Analyse Ihrer eigenen Person und Ihrer eigenen Gesellschaftsstruktur als mit einer Analyse der
Türken. Der einzige Kommentar über den türkischen Charakter, den ich bei Ihnen lesen durfte, lautet, dass sie nicht
lügen: „Es ist schon ein Grad von Edelmut, die Wahrheit zu
sagen, und nur sehr selten wird ein Türke eine wichtige
Falschheit behaupten." Dem Abbé Conti verraten Sie au-

ßerdem: „Ich kann Ihnen versichern, Sir, dass die Türken nicht so unwissend sind, wie wir sie uns in politischen oder philosophischen Fragen oder gar in punkto Beherztheit vorstellen."

Unwissend in politischen Fragen sind aber eigentlich wir Westler, vor allem was unsere Vorstellung von den Türken betrifft. Es ist sehr lange her, dass das Bild der ‚furcht-erregenden Türken', die an die Tore von Wien klopfen, geprägt wurde und dass der Fluch des Films *Midnight Express* seine Wirkung entfalten konnte. Doch bis heute gibt es etliche Missverständnisse und Irrmeinungen über den wahren Charakter der Türkei und ihrer Menschen, die sich hartnäckig gehalten haben. Im Laufe der vielen Jahre, die ich nun schon in die Türkei reise, habe ich einige türkische Eigenschaften ausgemacht, die sich von denen meiner eigenen Kultur unterscheiden. Bei der Beobachtung dieser Tendenzen habe ich versucht, ähnlich objektiv wie Sie zu bleiben und sie weder durch eine rosarote Brille noch durch Kontaktlinsen der Herablassung zu betrachten. Sie werden aber verstehen, dass ich dabei zwangsläufig durch ein Fenster schaue, in dem meine ganz persönliche Erziehung und meine Kultur Schlieren hinterlassen haben. Sie selbst formulieren sehr treffend: „Der menschliche Verstand ist ebenso beschränkt wie das menschliche Können und die menschliche Stärke."

Wie bereits erwähnt, haben zahlreiche ebenso grundlegende wie grundfalsche Vorurteile über Türken bis heute überdauert. Kaum vorstellbar, dass es in unserer globalisierten Welt immer noch Menschen gibt, die solch angestaubte Bilder aus der Vergangenheit, die sich allein aus Vorurteilen und Angstgefühlen speisen, tatsächlich für bare Münze nehmen. Die Türkei liegt nicht im Nahen Osten, und die Tür-

ken sind keine Araber. Sie sind keine beduinischen Kamel-
treiber, und sie leben nicht in der Wüste. Sie sprechen kein
Arabisch, sondern Türkisch - eine Sprache, die mit Buchstaben des lateinischen Alphabets geschrieben wird. Das Land
ist überwiegend muslimisch, aber seit den Zeiten der Seldschuken dürfen hier alle Religionen praktiziert werden. Im
ganzen Land sieht man Kirchen und Synagogen; das war
schon damals so, als Sie hier waren, Lady Mary. Es herrscht
Religionsfreiheit, und das Land wird nicht von der Scharia
oder islamischen Gesetzen regiert. Türken sind stolz darauf,
der einzigen demokratischen säkularen Nation der Welt an-
zugehören, deren Bevölkerungsmehrheit muslimisch ist.
Gemessen an der Tatsache, dass die Frauen in unserer Welt
von heute noch immer genauso hart für Gleichberechtigung
und Unabhängigkeit kämpfen müssen wie zu Ihren Zeiten,
genießen die Frauen in der Türkei die gleiche Freiheit vor
dem Gesetz wie die Männer, und sie sind auch nicht dazu
gezwungen, in der Öffentlichkeit den Kopf zu bedecken.

Türken sind keine Terroristen.

Während sich der Rest der Welt nach wie vor falsche Vorstellungen von den Türken macht, frage ich mich oft, wie
sich die Türken selbst beschreiben würden. Vielleicht ist diese Frage ja gar nicht so abwegig, denn in der Türkei leben die
unterschiedlichsten Bevölkerungsgruppen, und es dürfte
schwer sein, eine Definition zu finden, die der ganzen
Bandbreite an Rassen, Religionen, Ursprüngen, Klassen
und sozialen Schichten dieses Landes gerecht wird.

Die Türken sind, auf ihre Weise, ein in kultureller Hinsicht genauso heterogenes Volk wie die Amerikaner. Die
Botschaft, die Amerika für die Welt bereithält, lautet, dass
aus einer Fülle von Kulturen eine dynamische soziale Kraft

hervorgehen kann, sofern man ihnen erlaubt, zu atmen und
zu wachsen; und die gleiche Vielfalt zeichnet auch die Türkei aus. Eine ethnische türkische Norm gibt es nicht, die
Türkei hat eine gemischte Bevölkerung: Lasen, Kurden, Araber und die Nachkommen der türkischen Stämme aus Zentralasien, die ab dem 10. Jahrhundert hierhin einwanderten.
Diesen unterschiedlichen Bevölkerungsgruppen ist es geschuldet, dass es unter den Türken eine überraschende Vielzahl an Körpertypen gibt: Es gibt Türken mit großen
Schwarzmeer-Nasen, großgewachsene blonde Balkanstäm-
mige oder auch kleingewachsene kompakte Asiaten mit hohen Wangenknochen und schräg stehenden Augen, die einer persischen Miniatur entsprungen zu sein scheinen. Es
gibt die hellhäutigen blonden oder rothaarigen Nachkommen jener Tscherkessen, die einst die Harems der Sultane
bevölkerten (die „blendend weiße Haut", die Sie bei Ihren
Besuchen im türkischen Bad beschreiben), schlanke Mittel-
meertypen mit olivenfarbiger Haut, Kurden mit langen Nasen und auffällig leuchtenden Augen und den robusten, un-
tersetzten anatolischen Bauer mit spitzem Kopf und Ge-
sichtszügen wie mit dem Messer geschnitzt. Es gibt Frauen
mit zarten, geradezu fernöstlich anmutenden Zügen und
solche mit breiten slawischen Gesichtern. Es gibt die rothaarigen Nachkommen der Kreuzritter vom Schwarzen
Meer, die Lasen mit Nasen in Form einer Axt und die
glatthäutigen Araber aus Hatay. Diese Vielfalt fördert eine
Vielzahl von Kleidungstilen zu Tage: von den Designermo-
den der glosslippigen Istanbuler Modepüppchen über die ge-
knoteten Schärpen, Tuniken und karierten Kopfwickel der
Menschen im Südosten und die von Männern und Frauen
gleichermaßen getragenen Pluderhosen Zentralanatoliens bis

hin zu den schrillen, farbenprächtigen Kleidern, deren Pail-
letten und Bänder sich über den Rücken der kurdischen
Frauen ziehen. Türkische Männer tragen vorn abgeflachte
Stoffkappen und weiße Häubchen, die Frauen bunte Seiden-
schals oder schlichte Baumwollschals mit Bordüren aus gehä-
kelten Blümchen. Viele dieser Stile unterscheiden sich wahrscheinlich kaum von denen, die Sie damals gesehen haben
werden, Lady Mary. Allerdings zeichnet sich mittlerweile ab,
dass die Globalisierung dieser Vielfalt ein Ende setzen wird.
Die Jugend der Türkei trägt inzwischen jedenfalls nahezu
einheitlich T-Shirts, Jeans und Sportschuhe.

Schon von meinem ersten Tag in der Türkei an begann
ich, bestimmte Klischees, von denen mir andere berichtet
hatten, auf ihre Richtigkeit hin zu prüfen. Wenn man jemanden auf Französisch als stur beschreiben will, so sagt
man: „Er ist starrköpfig wie ein Türke." Ich selbst würde
die Türken nicht unbedingt als stur bezeichnen, eher als
tonanbegend und beharrlich. Türken treten sehr bestim-
mend auf und treffen Entscheidungen für Sie, die sie für
richtig und ganz in Ihrem Sinne halten, auch wenn Sie
selbst da völlig anderer Ansicht sind. Wenn ein Kellner
glaubt, dass Ihnen ein bestimmtes Gericht von der Speise-
karte nicht zusagen wird, wird er Ihnen nicht gestatten, es
zu bestellen; oder er bringt Ihnen einfach ein anderes Gericht, von dem er meint, dass es Ihnen besser schmecken
wird. Wenn ein Ladenbesitzer der Ansicht ist, dass Ihnen
die Farbe Orange nicht steht, wird er Ihnen keinen orangefarbenen Pullover verkaufen, egal wie viel Geld Sie ihm bieten. Ich habe Friseure angebettelt, mir das Haar kurz zu
schneiden, die daraufhin lediglich die Schere fortschleuder-
ten und sagten: „Nein! So werde ich es Ihnen nicht schnei-

den! Eine Frau wie Sie muss ihr Haar zurückwerfen können!" Einmal ging ich zur Maniküre, entschied mich für ein
diskretes Beige und döste auf dem Stuhl ein. Als ich wieder
aufwachte, stellte ich fest, dass meine Nägel mit einer feuer-
roten Politur lackiert waren! Als ich protestierte, entgegnete mir die Nagelpflegerin: „Nein, tut mir leid, Sie sind eine
Frau, die dazu geboren ist, rote Nägel zu tragen, nicht lang-
weilige rosafarbene!" Letzten Endes ist es in solchen Situationen immer das Beste, wenn Sie nachgeben, lächeln und
es genießen, dass Ihnen jemand die Entscheidungen des Tages abgenommen hat.

Türken haben einen eingebauten persönlichen Radar,
der sehr feinsinnig ist. Sie nehmen genau wahr, was um sie
herum vor sich geht. Nichts entgeht ihrer Aufmerksamkeit.
Sie machen es sich zur Aufgabe, auf Sie aufzupassen. Ihre
Augen sind überall. Sie lassen sich nicht hereinlegen, alles
unterliegt ihrer Kontrolle - und wehe, Sie versuchen, etwas
hinter ihrem Rücken zu tun… Bei alledem gehen sie jedoch
nicht so vor, wie Geheimdienste es tun, wenn sie jemanden
überwachen. Eher bemühen sie sich diskret darum sicherzustellen, dass für Ihr Wohl gesorgt ist, dass Kinder nicht die
Treppe herunterfallen oder dass eine Dame, der schwindlig
wird, einen Stuhl gereicht bekommt. Türken sind sehr für-
sorglich und mögen es gar nicht, wenn Menschen in ihrem
unmittelbaren Umfeld in Schwierigkeiten oder Nöte geraten. Auf offizieller Ebene sind die Kontrollpunkte auf der
Straße nach Malatya, die über die Sicherheit der Verkehrs-
teilnehmer wachen, ein gutes Beispiel für diese Haltung,
vor allem aber schlägt sie sich darin nieder, dass eine Art in-
formeller Engel über Sie wacht; und zwar so gründlich und
diskret, dass Sie völlig überrascht sind, wenn Sie ihn irgend-

wann bemerken. Hinter jedem Baum und hinter jeder Ecke wartet ein Türke, der einen genauen Überblick hat und ständig in Alarmbereitschaft ist, um - falls erforderlich - in Aktion treten zu können: Wie etwa der Hotelangestellte in Van, der seinen Kollegen in der nächsten Stadt, die Sie besuchen wollten, anruft, um nachzufragen, ob Sie wohlbehalten angekommen sind, weil er bemerkt hatte, dass Sie sich nicht gut fühlten. Wie der Ladenbesitzer in Kayseri, der mich mit einem „Guten Morgen, Frau Kety!" begrüßt, sobald ich seinen Laden betrete (woher kennt er nur meinen Namen?). Wie der Lebensmittelhändler in Sivas, der in der Zeit der politischen Turbulenzen seine Waffe niederlegte, um mir einen Kirschsaft zu bringen und einen Stuhl zu holen, anschließend seine Waffe wieder an sich nahm und die Eingangstür bewachte. Wie das Teppichgeschäft in Van im Osten der Türkei, in dem man mich begeistert mit den Worten empfing: „Willkommen! Ich habe schon auf Sie gewartet!" Auf meine Frage hin, woher er denn überhaupt von meiner Existenz wisse, sagte der Besitzer: „Oh ja, ich weiß alles über Sie! Ich habe gehört, dass Sie in der Stadt sind, und auf Sie gewartet. Die ganze Stadt spricht über die große blonde Statue von einer Frau, die durch die Straßen spaziert!"

Türken lieben Blumen, das ist eine nationale Leidenschaft. Sie prangen auf allen Vorhangstoffen, auf den Seidenkopftüchern der Frauen und auf Teekannen. Floristen verbringen Stunden damit, riesige, kunstvolle Blumengebinde für Hochzeiten zu arrangieren. Noch besser als Schnittblumen verkaufen sich aber ausgeklügelte mit Tautropfen aus Kunstharz überzogene Plastikblumensträuße. Türken verzieren Salate oder auch den Esstisch mit Blütenblättern,

und sie bepflanzen leere Ölkanister, die sie an allen möglichen
Orten aufstellen. Sie sind ganz verrückt nach Blumen, aber eine von ihnen ist noch beliebter als alle anderen: die Tulpe. In
einem späteren Brief werde ich Ihnen von den berühmten
Iznik-Gärten des Paradieses erzählen, aber auch die folgende Anekdote dürfte Ihnen einen Eindruck von dieser Leidenschaft vermitteln: Die Lale Cami (Tulpenmoschee) in
Kırşehir wurde im Jahr 1272 erbaut. Ihr Name ist angeblich von einer außergewöhnlich schönen Tulpe abgeleitet, die
ein Student der nahegelegenen Cacabey-Medrese den Bauher-
ren überreichte. Der Verkauf dieser einen Blume brachte so
viel Geld ein, dass damit der Wiederaufbau des Medresen-
Gebäudes als Moschee finanziert werden konnte. Aber Sie
selbst werden ja wahrscheinlich Zeugin dieser Tulpenleiden-
schaft geworden sein, Lady Mary, oder? Ahmet III., der am-
tierende Sultan zur Zeit Ihrer Anwesenheit in der Türkei,
drückte der Geschichte seinen Stempel auf, indem er die sogenannte Tulpenära prägte, eine Epoche der Lebensfreude
und der Aufklärung, für die die Verehrung von Tulpen in
Kunst, Literatur und im gesellschaftlichen Leben kennzeichnend war. Ein wahres Tulpenfieber erfasste damals die Türkei, aber auch schon zuvor waren Tulpen sehr beliebt gewesen. Busbecq, ein österreichischer Botschafter, der im Jahr
1554 an Sultan Süleymans Hof kam, schrieb in einem seiner Briefe: „Wo wir auch hinschauten, sahen wir eine Fülle
von Blumen [...]; die Türken sind so vernarrt in Blumen,
dass sogar die marschierenden Truppen den Befehl haben,
sie nicht zu zertrampeln." Busbecq brachte die Tulpe mit
zurück nach Europa, und 1630 grassierte das Tulpenfieber
dann auch in Holland. Türken genießen jede Jahreszeit des
Jahres in vollen Zügen, die Tulpe aber symbolisiert für sie

das Wiederaufblühen des Lebens und der Lebensfreude. Auch heute noch sind Tulpen allgegenwärtig: in Vasen an den Schaltern der *Turkish Airlines*, auf jeder veröffentlichten Broschüre oder auch auf Schlüsselanhängern. Sie dürfen inzwischen sogar als halboffizielles Symbol der Türkei gelten. Und was die besagten Tausend Gläser Tee betrifft, so werden sie in kleinen Gläsern gereicht, die - natürlich - wie eine Tulpe geformt sind. Allerdings hat die Tulpe in der Rose, dem Symbol des Propheten, eine ernsthafte Konkurrentin. Selbst das staubigste und armseligste türkische Dorf unterhält eine Art öffentlichen Garten (und sei es nur ein grasbewachsenes Fleckchen in der Mitte eines Kreisverkehrs), der mit Rosenstöcken bepflanzt ist. Kleinere Stadtviertelmoscheen sind häufig von üppigen Rosengärten umgeben, die von einem nahebei wohnenden Gärtner gehegt und gepflegt werden. Für meinen Geschmack sind die schönsten Rosen in der Türkei die pinkfarbenen Rosen, die an den Ufern des grünen Flusses in Tokat wachsen.

Einmal war ich mit einer Freundin, die eine Teekanne kaufen wollte, in einem Geschäft. Der Ladenbesitzer präsentierte ihr ein Modell nach dem anderen, aber sie interessierte sich für keines davon. Irgendwann holte er eine Kanne hervor, die über und über mit leuchtend roten Rosen verziert war, und eine Gruppe von Damen, die in der Nähe stand und uns beobachtete, rief wie aus einem Munde: „Oh ja! Das ist die schönste! Die muss sie einfach nehmen, unbedingt!" Trotzdem verließ meine Freundin den Laden am Ende ohne neue Teekanne. Beim Hinausgehen fühlte ich mich verpflichtet, dem Ladenbesitzer kurz zu versichern, dass es nicht an der Qualität seiner Ware gelegen habe; vielmehr möge meine Freundin einfach keine Blumen. Nie werde ich den Ausdruck völliger Fassungslosigkeit auf den Gesichtern aller Anwesenden vergessen, denn für Türken ist so etwas ganz und gar unvorstellbar.

Mehr als jedes andere Volk, das ich kenne, lieben die Türken nicht nur Blumen, sondern die Natur insgesamt. Sie ist ihnen heilig, denn das Grün der Natur ist gleichzeitig auch die Farbe des Propheten, und ihre satte Frische wird gern auf Tür- und Fensterrahmen, Kuppeldächern, Teppichen oder Basilikum-Töpfen reproduziert. Ein weites Netz von Nationalparks umspannt die ganze Türkei, vor allem der Ilgaz Dağları-Nationalpark erfreut sich großer Beliebtheit. Zu den absoluten Lieblingsaktivitäten der Türken gehört es, in den Bergen auf Hochplateaus zu klettern, um dort zu picknicken, oder, falls dies nicht möglich ist, sich am Straßenrand unter Bäumen niederzulassen und zusammen frisches Obst zu essen und Tee zu trinken oder zu grillen. Die Türkei ist mit außergewöhnlichen Naturschätzen gesegnet, die die Türken durchaus zu schätzen wissen. Sie schwärmen für ihre Meere, Berge, Wälder und Seen und ergötzen sich an ihnen. Sie lieben Vögel und halten sie in geflochtenen Volieren im Garten, ganz in der Tradition der Osmanensultane, auf deren Geheiß hin Vogelhäuschen aus Stein in die Außenmauern der Moscheen eingelassen wurden. Türken sind seit jeher dem Landleben und dem Acker verbunden. Sie genießen das Herannahen des Frühlings und die Blüte der Wildtulpen und bewundern die Freigebigkeit der Erde, die reichen Ernten ebenso wie die Honigbienen. Eines der bekanntesten Gedichte von Aşık Veysel, dem bedeutendsten Volksdichter der modernen Türkei, trägt den Titel ‚Schwarze Erde‘ und geht so: „Mein treuer Schatz ist die schwarze Erde, ich verwundete sie mit Spaten und Hacke, sie aber lächelte und empfing mich mit roten Rosen, meine einzig wahre Liebe, schwarze Erde…" Über diese schwarze Erde im osttürkischen Hochland galoppieren auch heute noch jene geliebten Pferde, die als die heiligen ‚Flügel der Türken' verehrt werden.

Die Naturverbundenheit der Türken schlägt sich auch in ihrer besonderen Vorliebe für Wasser nieder. Bei jeder Gelegenheit trinken sie aus den zahlreichen öffentlichen Brunnen ihrer Städte oder direkt aus sprudelnden Quellen am Straßenrand. Und seit jeher gilt der Bau eines öffentlichen Brunnens als eine der löblichsten religiösen Handlungen. Türken lieben ihr Wasser wie ein Franzose seinen Wein, und sie können verschiedene Quellwasser mit der gleichen Raffinesse unterscheiden wie der Bordelais seine unterschiedlichen Jahrgänge. Das Mineralwasser aus der Quelle von Ayvaz, nahe Niksar, liegt ganz vorn auf der Beliebtheitsskala. Ein Türke käme nie auf die Idee, an einer Quelle am Straßenrand vorbeizufahren, ohne zu stoppen und seine Flaschen und Behälter aufzufüllen; eigens zu diesem Zweck werden stets Kanister und Plastikflaschen im Kofferraum mitgeführt.

Türken lieben Musik. Sie hören sie live oder vom Band, machen sie selbst und singen sie mit. Sie sind genauso vielseitig musikalisch begabt wie die Amerikaner. In der Türkei dröhnt immer und überall laut Musik: in Bussen, in Parks, in Restaurants, an Straßenecken und in den Geschäften. Sie haben einen musikalischen *Horror Vacui*, ihnen graut vor der Stille. Oft ist es ein wenig anstrengend, wenn man sich vergeblich nach einem Moment der Ruhe sehnt, um sich selbst beim Denken zuhören oder dem morgendlichen Gezwitscher der Vögel lauschen zu können. Dafür aber sorgen all die übermütigen Rhythmen, von denen man hier umgeben ist, dafür, dass man sich nie niedergeschlagen oder einsam fühlt. Die Türken genießen alle Arten von Musik, von Volksliedern über klassische osmanische Stücke bis hin zu modernem Pop; und allen entgegengesetzten Behauptungen zum Trotz neigen auch sehr viele von ihnen der eigentlich verpönten Arabeske-Musik mit ihren schwülstigen Gefühlswallungen zu. Das Star-System funktioniert in der Türkei ganz vorzüglich, Musiker und Sänger werden im höchsten Maße verehrt.

Von der türkischen Familie habe ich Ihnen ja bereits einiges berichtet, aber der Familiengedanke ist in der Türkei nicht auf den eigenen Haushalt beschränkt. Türken verspüren eine gemeinschaftliche Verpflichtung, sich um ihre Mitmenschen zu kümmern, und betrachten die Gesellschaft als Ganzes als verlängerten Arm ihrer Familie. Zwar kommt für sie die Familie immer an erster Stelle, ebenso wichtig ist ihnen aber ein harmonisches Zusammenleben in der Gesellschaft. Unsere Wertschätzung von Rückzug und Privatsphäre teilen sie nicht. Sie essen ihre Mezes zusammen, und sie trinken ihren Tee aus der gleichen Kanne. Kein Türke speist allein, kein Türke stirbt allein, kein Türke geht allein auf Reisen, und kein Türke geht allein auf der Straße spazieren.

Türken sind melodramatisch und emotional, ihre Kultur neigt zur Übertreibung, zum Dramatischen und Theatralischen. Sie sind sentimental, umarmungsfreudig und überschwänglich. Mit ihren übergroßen Leidenschaften ähneln sie den Texanern. Ihre Lieder sind oft dunkel und düster. Die Kehrseite ihrer fröhlichen, humorvollen Seite ist eine oft schwermütige, von Unzufriedenheit und Entfremdung gezeichnete Natur, die in Film, Literatur und Musik immer

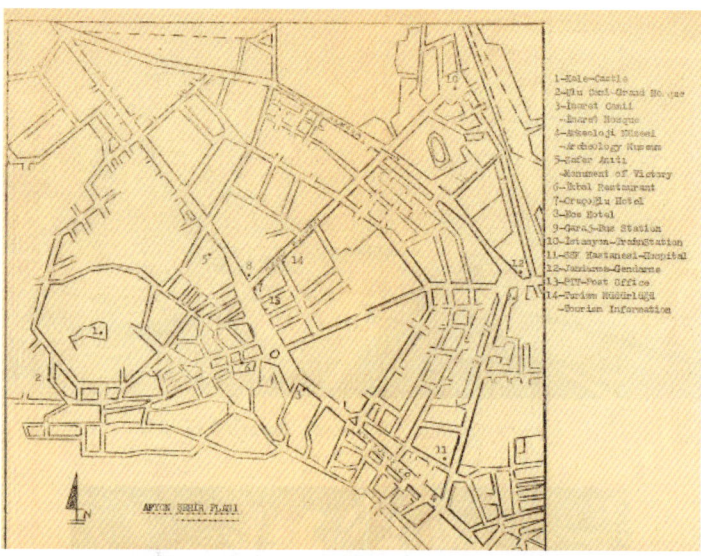

Per Hand gefertigte Straßenkarte von Afyon, 1983

*Zeitungsbericht über einen
1000 Jahre alten Baum,
Erzincan (1996)*

Bursa, Baum am Uludağ (1993)

Unterwegs in der Nähe von Erzurum (1995)

Muradiye-Friedhof, Bursa (1978)

Straßenbahn in Konya (2004)

İLLER

01 Adana	26 Eskişehir	51 Niğde
02 Adıyaman	27 Gaziantep	52 Ordu
03 Afyon	28 Giresun	53 Rize
04 Ağrı	29 Gümüşhane	54 Sakarya
05 Amasya	30 Hakkari	55 Samsun
06 Ankara	31 Hatay	56 Siirt
07 Antalya	32 Isparta	57 Sinop
08 Artvin	33 İçel	58 Sivas
09 Aydın	34 İstanbul	59 Tekirdağ
10 Balıkesir	35 İzmir	60 Tokat
11 Bilecik	36 Kars	61 Trabzon
12 Bingöl	37 Kastamonu	62 Tunceli
13 Bitlis	38 Kayseri	63 Şanlı Urfa
14 Bolu	39 Kırklareli	64 Uşak
15 Burdur	40 Kırşehir	65 Van
16 Bursa	41 Kocaeli	66 Yozgat
17 Çanakkale	42 Konya	67 Zonguldak
18 Çankırı	43 Kütahya	68 Aksaray
19 Çorum	44 Malatya	69 Bayburt
20 Denizli	45 Manisa	70 KARAMAN
21 Diyarbakır	46 K. Maraş	71 Kırıkkale
22 Edirne	47 Mardin	72 Batman
23 Elazığ	48 Muğla	73 Şırnak
24 Erzincan	49 Muş	74 Bartın
25 Erzurum	50 Nevşehir	75

Tabelle der Fahrzeugkennzeichen für die türkischen Provinzen (1991)

Check-in Schalter der Turkish Airlines, JFK Flughafen,
New York (1991)

Schiff im Hafen von Sinop (2000)

Werft am Goldenen Horn (2000)

Ticketschalter, Busbahnhof von Malatya (2006)

Ünye am Schwarzen Meer (2001)

Eğirdir (1991)

Karaman (1994)

Regenbogen bei Erzincan (1995)

Diyarbakır, Stadt der Wassermelonen und der Stadtmauern, die sogar vom Weltraum aus sichtbar sind (1988)

Portrait des Tulpenfanatikers Ahmet III., einem 1741 in London veröffentlichten Buch entnommen

Optimistisches Lotterielos (1991)

Rosengarten in Bursa (1985)

*Osmanisches Vogelhaus aus Stein im Komplex von Beyazit II.,
Amasya (1988)*

Plastikblumenmarkt, Kayseri (2005)

Rosen für Sie (2005)

Ibrahim Kutluay („glückbringender Mond"), Star im Halbfinale der Basketball-Europameisterschaft 2001

Die heiligen ‚Flügel der Türken'
(1979)

Olivenölkanister-Blumen in voller Blüte, Manisa (1996)

Wandplatten eines Beschneidungszimmers, Topkapı-Palast (1993)

Perfekte Tokat-Rose (1978)

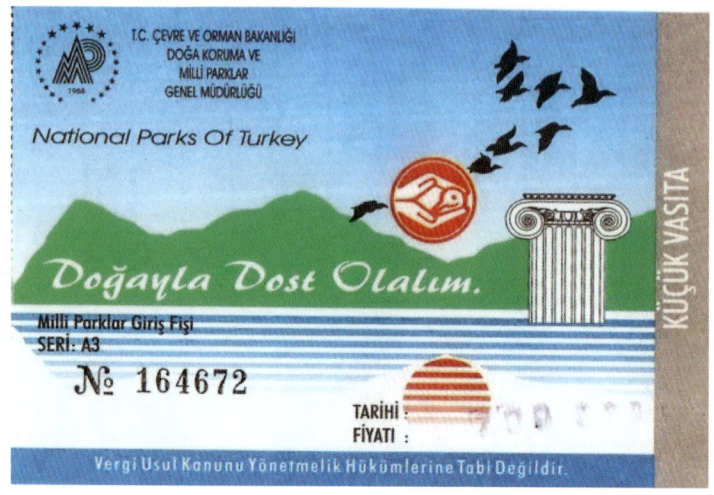

Lasst uns die Natur gut behandeln! (2006)

Mit Rosen verzierte Teekanne (1987)

Spendenquittung eines Sportvereins (2000)

Von Hand bemalter Minibus (2002)

Tokat (2004)

Konya: „Hier zu sitzen ist verboten!" (1990)

wieder thematisiert wird. Tragik gehört für Türken zum Leben, was sich in den alten Filmen, die ständig im Fernsehen wiederholt werden, in ihren Liedern und auf den Titelseiten der Zeitungen widerspiegelt. Letztere quellen nur so über von Berichten über Morde aus Leidenschaft, Familiendramen und andere ähnlich tragische persönliche Ereignisse, die mit Hochglanzfarbfotos unterlegt sind.

Türken sind auf sympathische Weise liebenswert zueinander: Ständig berühren und knuffen sie sich, lächeln einander an und überhäufen sich gegenseitig mit Millionen von Plattitüden, immer mit der Hand auf dem Herzen; und wenn sie sich mit jemandem unterhalten, führen sie dessen Namen ständig im Munde. Sie können an keinem Kind vorübergeben, ohne es instinktiv zu berühren, in die Wangen zu zwicken, in die Luft zu werfen oder zu küssen. Sie lieben die Poesie über alle Maßen, und die mündliche Überlieferung besitzt bei ihnen eine lange Tradition. Die meisten Türken können mindestens ein Gedicht ihres Yunus Emre oder ihres Mewlana rezitieren, und sie können alle ihre sentimentalen Lieblingslieder mitsingen. Sogar die osmanischen Sultane pflegten Gedichte zu verfassen, sofern sie nicht gerade auf Feldzug waren.

Türken sind neugierig und von allem fasziniert: von den Darbietungen der Gemüseschneider-Verkäufer auf den Fähren ebenso wie von Schlägereien, Autounfällen, Hochzeiten oder auch von Menschen, die gerade ein Buch lesen. Sie wollen auf keinen Fall etwas verpassen und immer informiert sein über das, was in ihrer Nähe geschieht. Früher dachte ich, mein Kommen und Gehen würde sie deshalb so fesseln, weil ich eine Ausländerin bin; in Wirklichkeit aber beobachten sie alles und jeden sehr genau. Einmal besuchte

ich mit einem befreundeten Dichter das Grab des Mystikers
Burhaneddin, des Lehrers von Mewlana, in Kayseri. Als er
begann, mir dessen Lehren zu erläutern, hatte sich binnen
fünf Minuten eine Menschenmenge von etwa einem Dutzend Personen um ihn geschart, um seiner ‚Vorlesung‘ zu
lauschen. Einmal steuerte ich auf der spektakulären Fahrt
von Boyabat nach Sinop den Parkplatz direkt hinter dem
Cengel-Pass an, um den Blick von dem malerischen Aus-
sichtspunkt zu genießen und einen Pfirsich zu essen. Innerhalb von zwei Minuten bremsten drei Autos, und insgesamt
zehn Türken stiegen aus. Sie alle gesellten sich zu mir, suchten das Gespräch mit mir und boten mir Wasser und weitere Früchte an. Wenn ich dort Halt gemacht hatte, musste es
offenbar einen Grund dafür geben, und diesen Grund wollten sie nur allzu gern erfahren. Einmal wollte ich mir in Ezinepazar, einem Dorf in der Einöde mit nur einem Friseursalon, einem kleinen Lebensmittelladen und einer Bäckerei,
ein Han anschauen. Ich stieg aus dem Auto, ging zu dem
Han hinüber und machte ein paar Fotos. Und wieder
tauchten, genau wie am Cengel-Pass, wie aus dem Nichts
neun Männer auf, die gerade zufällig vorbeikamen und anscheinend unbedingt stoppen mussten, um zu sehen, was
ich da tat. Sie redeten aufeinander ein, schubsten sich gegenseitig hin und her, blätterten in meinem Skizzenheft, beäug-
ten meine Kamera und stellten mir alle möglichen Fragen.
Auf diese Weise verwandelten sie meine Han-Besichtigung
in ein chaotisches Spektakel. Aber das war noch lange nicht
das Ende vom Lied: Nachdem sie sich verabschiedet hatten,
kam ein Soldat mit Maschinengewehr auf mich zu und erklärte mir, der Bürgermeister (der das Ganze vom Fenster aus
beobachtet hatte) lade mich in sein Büro im Rathausgebäu-

de nebenan zum Tee ein. Und so wurde aus dem schlichten Besuch eines staubigen Han ein diplomatisches Ereignis mit vollem Zeremoniell, das sich über vier Stunden hinzog.

Türken sind überaus fasziniert von der Welt, in der sie leben, und stehen neuen Ideen stets aufgeschlossen gegenüber. Vor allem interessiert sie, wie Ausländer denken. Einmal im Winter servierte man mir in meinem heiß und innig geliebten Restaurant Havuzlu im Großen Basar (Kapalıçarşı) von Istanbul ein besonders leckeres Lammragout ‚*Hünkâr Beğendi*‘ zu Mittag. Beim Verlassen des Lokals beschloss ich, den Chefkassierer kühn um einen Gefallen zu bitten. Ich fragte ihn, ob er mir wohl einen Teller des Restaurants verkaufen könnte. Mein Anliegen überraschte ihn, er schaute mich zweifelnd an und sagte: „Was wollen Sie denn damit, Lady? Warum soll ich Ihnen denn einen Teller verkaufen?" Anscheinend war ihm diese Frage noch nie gestellt worden, und als neugieriger Türke wollte er wissen, was sich hinter meinem Wunsch verbarg. Ich spürte, dass er der Transaktion ein wenig misstraute und dass ich ihm eine interessante und beruhigende Antwort liefern musste, sonst würde ich das Restaurant mit leeren Händen verlassen. „Wissen Sie, ich sammle Speisekarten und Teller von meinen Lieblingsrestaurants in aller Welt", erklärte ich ihm. „Und Ihres gehört zu meinen absoluten Favoriten", fügte ich mit einem breiten Lächeln hinzu, in der Hoffnung, ihn auf diese Weise überzeugen zu können. Als er mein Lächeln nicht erwiderte, preschte ich weiter vor: „Die Speisekarten rahme ich mir ein und hänge sie in meiner Küche an die Wand, damit sie mich beim Kochen inspirieren. Wenn ich sie mir anschaue, denke ich zurück an die Gerichte, die ich in jenen Restaurants genossen habe, an das ganze Drumherum und an die Menschen, mit denen zusammen ich dort gegessen habe. Von den Tellern wiederum erhoffe ich mir, dass der Geist der Speisen, die so exzellente Köche auf ihnen kredenzt haben, in das Essen, das ich zuhause auf ihnen serviere werde, übergeht. Außerdem möchte ich mit dieser kleinen Geste würdigen, wie handwerklich und künstlerisch wertvoll sie gefertigt sind. Ich benutze die Teller in der Hoffnung, dass das von mir zubereitete Essen genauso lecker sein möge wie das Essen, an das sie mich erinnern, und dass meine Gäste es genauso genießen, von diesen Tellern zu essen, wie ich es heute genossen habe - Ihr wunderbares *Hünkâr Beğendi*." Damit endete mein Redeschwall, und ich atmete tief durch. Er aber starrte mich noch immer verwundert an und antwortete schließlich: „Ok, Lady, das ist ja alles gut und schön, aber ich verstehe nach wie vor nicht, was Sie mit meinen Tellern tun möchten!"

Türken haben keine Hemmungen - eine Eigenschaft, die für Ausländer sicherlich ein wenig gewöhnungsbedürftig ist und oft als Beleidigung und Eingriff in die Privatsphäre missverstanden wird. Ihr Verhalten gegenüber Ausländern ist geprägt von einer unschuldigen Unbefangenheit. Sie nehmen Ihnen die Zeitung aus der Hand, stupsen Sie freundschaftlich an, setzen sich auf der Parkbank direkt neben Sie (nicht in Ihre Nähe, sondern im wahrsten Sinne des Wortes direkt neben Sie), tippen Sie auf die Schulter und stellen Ihnen die unverblümtesten Fragen („Sie sehen aus wie 45, stimmt das?" oder „Warum tragen Sie so eine altmodische Sonnenbrille?"). All dies ist nicht böse gemeint, sondern purer Neugier geschuldet. Es ist schlichtweg nicht möglich, ungestört auf einer Parkbank oder in einem Café zu sitzen, allein einen Ausflug zu unternehmen oder in aller

Ruhe das Frühstück zu genießen, ohne dass jemand kommt und sich einen Stuhl heranzieht, um Ihnen Gesellschaft zu leisten. Auch unverhohlenes Anstarren gilt hier keineswegs als unhöflich. Eine derartige Direktheit würde in unserer westlichen Kultur zweifellos als aufdringlicher, aggressiver Übergriff gewertet werden; ein Türke aber bringt damit lediglich zum Ausdruck, dass er Sie sympathisch findet. Erinnern Sie sich, Lady Mary, wie Sie bei Ihren Hamam-Besuchen von den Frauen angestarrt und gezwickt wurden? Genau das meine ich. Türken sind begierig darauf zu erfahren, für was Sie sich interessieren. In Kayseri folgte mir einmal ein Museumswächter wie ein Welpe von Raum zu Raum und stellte sich neben mich, als ich mir Notizen machte und Skizzen zeichnete. Er verrenkte sich beinahe den Hals, um zu sehen, was ich da machte, und weil er es trotzdem nicht genau erkennen konnte, rückte er mir irgendwann soweit auf die Pelle, dass ich buchstäblich seinen Atem im Nacken spürte. Schließlich platzte mir der Kragen. Ich schlug mein Buch zu und rief: „Jetzt reicht's!" Als ich aber sah, wie gekränkt er sich fühlte, wurde mir schlagartig klar, dass er seine Nase nicht in fremder Leute Dinge stecken wollte, sondern sich lediglich für meine Aktivitäten interessiert hatte; denn schließlich ging ich ihnen ja in seinen Räumlichkeiten nach.

Türken sind patriotisch und präsentieren ihre Flagge genauso stolz wie Amerikaner. Sie benennen ihre Flugzeuge nach ihren Lieblingsstädten und -flüssen. Sie haben ein sehr ausgeprägtes Selbstwertgefühl, vereint durch die gleiche Sprache, die gleiche Kultur und das gleiche Schicksal. Viele Traditionen der Türken wurzeln zwar in den Prinzipien und Lehren des Islams, sind aber auf eigentümliche Weise auch mit vorislamischen Bräuchen verwoben. Nicht wenige Türken

halten bis heute an den traditionellen Werten ihrer schamanischen Vorfahren fest, zum Beispiel hängen sich manche eine blaue Glasperle ins Ladenlokal oder ins Auto: die einen,
weil sie eine typisch türkische Art der Lebensversicherung
darin sehen, die anderen zu rein dekorativen Zwecken. Manche fahren auch an keinem heiligen Baum vorbei, ohne ein
geweihtes Band an die Äste zu heften.

Türken mögen es nicht, wenn man ihnen widerspricht
- vielleicht ist es ja das, was die Franzosen unter der türkischen Starrköpfigkeit verstehen. Einmal bat ich einen
Schuhputzer, mir meine Lieblingsschuhe aus marineblauem
Ziegenleder zu polieren, und um sicherzustellen, dass er
keine schwarze Politur verwendete, betonte ich, dass sie
dunkelblau seien, und nicht schwarz. Als er daraufhin nickte, eine Dose herausholte und sie öffnete, sah ich sofort,
dass es Schwarz war, und wies ihn an, aufzuhören. Da wurde er sehr wütend und sagte: „Fremde Lady! Glauben Sie
wirklich, dass ich nicht in der Lage bin, die beiden Farben
zu unterscheiden? Selbstverständlich ist dies die richtige
Farbe!" Letzten Endes war es dann aber doch Schwarz, und
meine wunderschönen blauen Schuhe waren für immer rui-
niert; und das nur, weil dieser Türke so verbohrt war und
nicht zugeben konnte, dass er keine marineblaue Politur in
seiner Box hatte.

Türken haben Sinn für Humor, und sie nehmen sich
nicht allzu ernst. Sie können über sich selbst lachen und haben auch kein Problem damit, sich selbst zu kritisieren. Außerdem verfügen sie über eine nahezu fatalistische Akzeptanz gegenüber den Unvollkommenheiten des Lebens. Sie
erwarten nicht, dass alles reibungslos funktioniert, denn sie
wissen, dass das Leben selbst nicht frei von Fehlern ist. Sie

sind optimistisch und können von Herzen lachen. Sie tragen es mit Fassung, wenn für zwei Stunden der Strom ausfällt, und sie können stundenlang auf den Bus warten, ohne sich zu beschweren.

Ein Türke wird nie zugeben, dass er die Antwort auf eine Frage nicht kennt oder dass er nicht weiß, was er tut. Wenn man im Restaurant nicht schlau aus Ihrer Bestellung wird, wird man Ihnen von allem etwas bringen, damit Sie zufrieden sind. Wenn Sie einen Fahrer engagieren, um an einen bestimmten Ort zu kommen, wird er vor dem Losfahren niemals einräumen, dass er diesen Ort gar nicht kennt. Türken lügen nicht, da haben Sie Recht, Lady Mary. Stattdessen bemühen sie sich, etwaige Unzulänglichkeiten mit - zum Teil recht amüsanten - ausgefallenen Geschichten oder Ausflüchten zu übertünchen.

Türken sind gewiefte Geschäftsleute und risikofreudige, geistesgegenwärtige Macher. Sie machen Dinge möglich, nicht zuletzt in diesem Punkt erinnern sie mich stark an die zupackenden Amerikaner. Sie schätzen Eigeninitiative und engagieren sich auch für den Zusammenhalt der Gesellschaft. Sie teilen Freud und Leid, dürsten nach Fortschritt, können mit Geld umgehen und sind sehr beherzt. Sie sind sehr resolut und zudem mit der Kraft gesegnet, es mit jedem Narren aufzunehmen. Sie sind Überlebenskünstler.

Zum Schluss noch einige nebensächliche Beobachtungen: Türken sind überschwänglich, schießen nach einem Fußballspiel zuweilen mit dem Gewehr in die Luft und applaudieren im Flugzeug nach der Landung. Türken stigmatisieren Bettler nicht, sondern betrachten sie eher als ‚Almosen-Nehmer‘, die ihnen dabei helfen, einer grundlegenden

Verpflichtung ihres Glaubens nachzukommen. Sie können nicht gut genug schwimmen, um jemandem das Leben zu retten, sie lesen keine Bücher in der Öffentlichkeit, und sie sind sehr stolz auf ihre Sportler, vor allem auf diejenigen, die auf den Spielfeldern Europas aktiv sind. Türken ist am Gesicht abzulesen, was sie denken. Auf die berühmte Gastfreundschaft und Freundlichkeit der Türken werde ich in einem späteren Brief noch gesondert zu sprechen kommen.

Geradeso wie es bestimmte Dinge gibt, die für ‚meine Türkei' charakteristisch sind, habe ich auch ganz spezielle Vorstellungen von dem, was ‚meine Türken' ausmacht. Ich hoffe nicht, dass meine Beobachtungen und Schilderungen allzu vereinfachend sind oder irgendjemanden beleidigen. Erkennen Sie einige der Eigenschaften, die ich oben beschrieben habe, auch in Ihrem Lehrer Ahmed, in Ihren Freundinnen, Ihren Bediensteten oder in den 500 Janitscharen wieder, Lady Mary?

Atatürks zweifellos bekanntestes Zitat lautet: *Ne mutlu Türküm diyene*: Glücklich, wer sich Türke nennen darf. Dieses Motto wird auf zahllosen Plakaten, auf den Sockeln von Statuen, die jeden beliebigen Dorfmarktplatz schmücken, über den Türen der Rathäuser, in den Lobbys der meisten öffentlichen Gebäude und sogar auf Bergwänden zur Schau gestellt. Wenn ich mir vor Augen führe, welche Persönlichkeitsmerkmale mir an den Türken besonders aufgefallen sind, hatte er jedes Recht und allen Grund, nachdrücklich auf diese reichhaltige natürliche nationale Ressource zu verweisen. Von falschem Stolz kann in diesem Zusammenhang bestimmt nicht die Rede sein. Die Türken sollten sich endlich mit so lauter Stimme dazu bekennen, dass es die ganze Welt hören kann.

> Ich meinerseits bin glücklich,
> mich Ihnen aufrichtig ergeben nennen zu dürfen,
> Ihre Kadriye Branning

BRIEF 13

_____

Aufsehen in aller Welt

L iebe Lady Mary,
besonders ausdrucksvoll porträtieren Sie in Ihren
Briefen die Frauen. Ob in Regensburg, Wien, Paris oder Adrianopel, stets beschreiben Sie die europäischen
Frauen, mit denen Sie zusammentrafen, sehr lebendig und
anschaulich: ihre Frisuren und ihre Mode, ihre bevorzugten Gesprächsthemen, ihre Sexualmoral und ihre Persönlichkeiten.

Nach Ihrer Ankunft in der Türkei wandten Sie Ihren
geschulten Blick den türkischen Frauen zu. Sie verglichen sie
mit den Frauen, denen Sie auf Ihrer Reise durch Europa begegnet waren. Ihre Beobachtungen lieferten Historikern
und Feministinnen viele wichtige Informationen über das
Alltagsleben der damaligen Zeit. Sie hinterließen uns vier
wirklich beeindruckende Briefe, in denen Sie Besuche bei
türkischen Frauen schildern. Und darin bringen Sie uns nicht
nur diese Frauen näher, sondern gewähren uns auch Einblick
in Ihre eigene Persönlichkeit.

Neben diesen vier Briefen verfassten Sie einen weiteren
zum Thema Frauenwelt - den vielleicht berühmtesten Ihrer
Embassy Letters, weil er der orientalistischen Bewegung des

ausgehenden 19. Jahrhunderts in Europa als Inspirations-
quell diente. In diesem Brief berichten Sie von Ihrem Besuch eines türkischen Bades (Hamam) in Sofia. Exotik-
Liebhaber stürzten sich förmlich auf diesen Brief, weil er pi-
kante Details der türkischen Dampfbad-Kultur enthüllt.
Der französische Maler Ingres interpretierte Ihre präzisen
Schilderungen des Gebärdenspiels der Frauen, ihrer Baderitu-
ale und der Raumarchitektur mit Öl und Pinsel und einem
kräftigen Schuss Fantasie und schuf so das ikonische orienta-
listische Gemälde *Le Bain Turc*. Auch dieser Brief gehört zu
meinen persönlichen Lieblingsbriefen, weil er die türkischen
Frauen so liebevoll und ehrlich darstellt. Sie beschlossen damals, das Bad inkognito aufzusuchen, und mieteten sich zu
diesem Zweck eine türkische Kutsche, die Sie früh am Morgen dorthin bringen sollte. Aber glaubten Sie wirklich allen
Ernstes, Lady Mary, ein Bad, in dem sich über 200 Frauen
aufhielten, betreten zu können, ohne dass jemand Notiz
von Ihnen nimmt? Nun, ich an Ihrer Stelle hätte vermutlich
sofort den Rückzug angetreten, Sie aber stürzten sich erho-
benen Hauptes hinein. In der folgenden Passage beschreiben
Sie die 400 Augen, die auf Ihnen ruhten:

> *Ich war in meinem Reisekleid, welches ein Reitkleid ist und*
> *den Frauen gewiss höchst wunderlich vorkam. Doch war*
> *nicht eine Einzige da, die die geringste Verwunderung*
> *oder unverschämte Neugier blicken ließ, sondern jede emp-*
> *fing mich mit der verbindlichsten Höflichkeit. Ich kenne*
> *keinen europäischen Hof, wo die Damen sich gegen eine sol-*
> *che Fremde so höflich und gesittet betragen haben würden.*
> *Ich glaube, es waren in allem zweihundert Frauenzimmer,*
> *und doch sah ich nichts von jenem höhnischen Lächeln und*
> *durchhechelnden Gelächter, das in unseren Gesellschaften*
> *nie ausbleibt, wenn jemand erscheint, der nicht genau nach*

der Mode gekleidet ist. Sie wiederholten ein über das andere Mal mir gegenüber: „Güzel, pek güzel", was nichts anderes heißt als: „Reizend, sehr reizend." [...] Viele von ihnen waren mit solchem Ebenmaß gebaut, wie je eine Göttin durch den Pinsel eines Guido [Reni] oder Tizian gemalt worden ist. Die meisten mit blendend weißer Haut [...], vollkommene Bilder der Grazien. [...] Die Dame, die mir die Vornehmste schien, forderte mich auf, mich neben sie zu setzen, und hätte mich gern zum Baden entkleidet. Es fiel mir schwer, mich zu entschuldigen. [...] Ihre Höflichkeit und Schönheit hatten mich ganz bezaubert.

Die vier anderen Briefe widmen sich ausführlich Ihren Besuchen in Privathäusern türkischer Frauen. Ihr erster Besuch führte Sie zu einer fünfzigjährigen „Großwesirsdame", der Gemahlin von Arnand Khalit Pascha. Zu dem Abendessen in ihrem Haus in Adrianopel nahmen Sie Ihre griechische Dolmetscherin mit. Man empfing und bewirtete Sie dort mit ausgesuchter Höflichkeit. Die Sklaven der Dame servierten Ihnen nacheinander eine große Zahl von Speisen, und nach dem Abendessen parfümierten sie Sie mit schönen Düften ein. Obwohl die Frau sehr freundlich zu Ihnen war, fanden Sie sie eher langweilig, da ihr Leben überwiegend aus Mildtätigkeit und Beten bestand.

Einer der eindrucksvollsten Briefe der gesamten Serie schildert Ihren zweiten Besuch. Nachdem Sie das Haus der Gemahlin des Großwesirs verlassen hatten, überredete Ihre griechische Dolmetscherin Sie dazu, Fatima, der Ehefrau des *Kahya*, des Stellvertreters des Großwesirs, noch einen Besuch abzustatten. Und es stellte sich heraus, dass diese Fatima wesentlich lebhafter war als die fromme alte Dame. Fatima empfing Sie mit allem Zeremoniell, unterhielt Sie mit Musik- und Tanzdarbietungen und überreichte Ihnen zum

Abschied als Geschenk einige gestickte Tücher. Ihre Beschreibung dieser bezaubernden Person ist legendär:

> *Allein kaum achtete man auf sie neben der schönen Fatima (dies ist ihr Name), so sehr verdunkelte ihre Schönheit alles, was ich je gesehen habe, ja alles, was in England und Deutschland liebreizend genannt worden ist. So etwas Herrlichschönes hab ich in meinem Leben nicht gesehen, auch kann ich mich keines Gesichtes erinnern, das neben dem ihrigen noch ein Auge auf sich gezogen hätte. Sie stand auf, mich zu empfangen, grüßte mich auf ihre Weise, indem sie die Hand aufs Herz legte, mit einer majestätischen Anmut, die keine Hoferziehung ihr je geben könnte. Sie ließ mir Kissen reichen und mich in die Sofaecke setzen, welches der Ehrenplatz ist. [...] Ich war so sehr von Bewunderung erfasst, dass ich sie eine Zeitlang nicht anreden konnte, so vertieft war ich in ihren Anblick. Welch erstaunliche Harmonie der Züge! Welch genaues Ebenmaß des Körpers! Welch liebliche Blüte einer durch keine Kunst entstellten Gesichtsfarbe! Welch unaussprechlicher Zauber in ihrem Lächeln! Aber erst ihre Augen! Groß und schwarz, mit all dem sanft schmachtenden Ausdruck der blauen! [...] Fügen Sie zu allem diesem noch ein Betragen hinzu so voller Anmut und Holdseligkeit, so ungezwungene Bewegungen voll majestätischen Anstandes, gänzlich frei von allem Steifen! Ich bin überzeugt, könnte sie plötzlich auf den gesittetsten Thron Europas versetzt werden, jedermann würde gestehen, sie wäre zur Königin geboren und erzogen, ungeachtet sie ihre Erziehung in einem Lande genoss, das wir barbarisch nennen. Um alles in einem Wort zu fassen: Unsere berühmtesten englischen Schönheiten würden neben ihr verschwinden. [...] Ich meinesteils schäme mich gar nicht zu bekennen, dass der Anblick der schönen Fatima mir mehr Vergnügen gemacht hat als das schönste Werk der Bildhauerei.*

Beim Abschied von ihr stellten Sie fest: „Ich stand immer unter dem Eindruck, als wäre ich einige Zeit in Mohammeds Paradies gewesen, so sehr war ich von allem, was ich gesehen hatte, bezaubert."

Ihr dritter Besuch galt Lady Hafise, der Lieblingsfrau von Sultan Mustafa II., der von dem zu Ihrer Zeit regierenden Sultan Ahmet III. entthront und wenige Wochen später offenbar vergiftet worden war. In diesem Brief beschreiben Sie ihre Kleider und ihre Juwelen in allen Einzelheiten und notieren, dass sie einen Smaragd besitzt, so groß wie das Ei einer Truthenne, Ohrgehänge, besetzt mit Diamanten von der Größe einer großen Haselnuss, und die größten Diamantarmbänder, die Sie jemals gesehen haben. „Ich bin mir sicher, dass keine europäische Königin halb so viele Edelsteine besitzt und die Juwelen der Kaiserin, obschon sie sehr schön sind, würden neben diesen nur sehr mittelmäßig aussehen." Auf der Tafel, auf der das Abendessen serviert wurde, lagen prachtvolle, mit Goldfäden durchwirkte Servietten aus. Nach dem Essen unternahmen Sie zuerst einen Spaziergang in ihrem Garten, danach ließ Lady Hafise Sie einen Blick in ihr Schlafgemach werfen, in dem alle ihre Pelze nonchalant auf das Bett geworfen schienen. Sie aber ließen sich nicht täuschen und durchschauten dies als Versuch, mit ihrer Pelzsammlung vor Ihnen zu protzen.

Ihr vierter Besuch führte Sie ein weiteres Mal in das Haus der bildschönen Fatima, ein Jahr später und diesmal in Konstantinopel. Zu den Programmpunkten gehörten, wie damals üblich, ein Besuch ihres Stadtviertels und eine musikalische Darbietung ihrer Sklaven. Anders als beim ersten Mal konnten Sie sich jetzt aber auf Türkisch mit ihr unterhalten und fanden „ihren Witz ebenso einnehmend wie ihre Schönheit". Wieder waren Sie völlig fasziniert von dieser Frau, die „schön wie ein Engel" war, und machten ihr

Komplimente: „Was für Aufsehen ein Gesicht wie das Ihrige zu Paris oder London machen würde!" Daraufhin entgegnete sie: „Ich kann Ihnen nicht glauben. Wäre die Schönheit in Ihrem Land so sehr geschätzt, wie Sie sagen, man
würde Ihnen nie erlaubt haben, es zu verlassen." Wir können
uns ihrem Charme genauso wenig entziehen wie Sie.

Auch bei anderen Gelegenheiten hatten Sie während Ihres Aufenthalts die Möglichkeit, Beobachtungen über türkische Frauen zu machen, vor allem im Hinblick auf ihre
Schönheit und ihr Make-up, auf ihre Moden und ihre Freiheiten. Ohne jeden Zweifel waren Sie sehr angetan von der
Schönheit der türkischen Frauen. In einem Brief an Ihre
Schwester Gräfin Mar vom 1. April 1717 berichten Sie:
„Ich sah in meinem Leben nicht so schönes Kopfhaar. Man
muss gestehen, dass jede Art Schönheit hier allgemeiner ist
als bei uns. Ein junges Frauenzimmer, das nicht sehr schön
ist, ist hier etwas sehr Seltenes. Sie haben von Natur die
schönste Gesichtsfarbe und große, schwarze Augen."

Neben Schönheit und Mode sind auch die Freiheiten der
türkischen Frauen ein Thema, das Ihnen sehr am Herzen
lag. Sie versichern, dass verschleierte Frauen in Wahrheit
die freiesten aller Frauen seien: „Diese ewige Verhüllung
gibt ihnen völlige Freiheit, ihrer Neigung ohne Gefahr der
Entdeckung zu folgen." Und Sie folgern: „Überhaupt betrachte ich das türkische Frauenzimmer als das einzig freie
Volk im Reiche."

Auch ich hatte oft die Gelegenheit, türkische Frauen zu
beobachten, und ich glaube, dass ich dabei mehr Glück hatte als Sie; denn ich habe Frauen aus allen Gesellschafts-
schichten kennengelernt, nicht nur hochgeborene Hofdamen mit Diamant-Ohrgehängen groß wie Haselnüsse, die

sich ihre Zeit immerzu mit Vergnügungen vertreiben und von Ehegatten verwöhnt werden, die ihnen jeden Wunsch von den Lippen ablesen. Über türkische Frauen lässt sich viel mehr sagen, als die Oberschichtsdamen aus dem Harem preisgaben. Ich jedenfalls bin in der Türkei den unterschiedlichsten Frauentypen begegnet. Ich habe mit Bibliotheksdirektorinnen Fachfragen diskutiert, mich von Ärztinnen behandeln lassen, mit einer Bäuerin Haselnüsse gepflückt und mit Anwältinnen über Politik debattiert, wurde von Hausfrauen in der Kebab-Zubereitung unterrichtet, bin mit Frauen aus Istanbul Goldschmuck und mit Frauen aus Konya Plastikspülschüsseln einkaufen gegangen, habe einer Analphabetin auf dem Dorf SMS vorgelesen und mit Bäuerinnen im Fenstersitz über der Straße gesessen.

Es heißt ja immer, die Türkei sei ein Land der Gegensätze, in dem viele verschiedene Faktoren miteinander ringen. Ich denke, dies trifft vor allem auf die Welt der Frauen zu. Auf der einen Seite sind sie in der modernen Arbeitswelt angekommen, und ihr Prozentsatz unter den Ärzten und Universitätsprofessoren liegt über dem von Amerika und Europa. Auf der anderen Seite müssen sie mancherorts in den Dörfern bei Verletzungen der Familienehre noch immer um ihr Leben fürchten. Vorfälle dieser Art werden auf den Titelseiten der Zeitungen in allen Details ausgebreitet und mit Farbfotos garniert. Ich habe Frauen gesehen, die von Kopf bis Fuß in schwarze Schleier gehüllt waren, und Frauen in engen Kleidern und mit tief ausgeschnittenen Blusen. Ich habe Frauen gesehen, die so zurückhaltend waren, dass sie stets den Kopf gesenkt hielten, und andere, die so unverblümt und freimütig mit den Männern redeten, dass mich ihre Forschheit verblüffte. Sie rauchen, trinken und wech-

seln genauso häufig den Partner wie in der übrigen westlichen Welt, doch in mancherlei Hinsicht führen sie aufgrund
ihres Verhältnisses zu Männern - seien es ihre Väter, Brüder,
Ehemänner oder Söhne - nach wie vor ein Schattendasein.

Dieses Paradox hat es in der türkischen Kultur schon immer gegeben. In der Osmanenära lag das Sultanat über 130
Jahre lang in den Händen starker Mütter-Sultane. Das ‚Frau-
ensultanat' des 16./17. Jahrhunderts war berühmt. Als ähnlich mächtig galt auch eine Frau französischer Herkunft: die
einflussreiche Nakschidil, die Mutter von Mahmut II. (1785-
1839). Sie ermunterte ihren Sohn, weitreichende Reformen
durchzusetzen, die sich am Vorbild des Westens orientierten. Atatürk gestand den Frauen das Wahlrecht zu, noch
bevor Frankreich es tat (1934 vs. 1944), und wiederholte
mehrfach, dass die Welt ein Land danach beurteile, wie es mit
seinen Frauen umgeht. Von all seinen politischen Äußerun-
gen klingt mir diese am zutreffendsten.

Ich hatte Ihnen ja bereits von den vielen unterschiedlichen Körpertypen der Türken berichtet. Auf Frauenseite
gibt es zum Beispiel die stämmige Matrone mit Seidenkopf-
tuch und langem Regenmantel, die blondierte Istanbulerin
mit Schmollmund oder die Dorfbewohnerin mit den breit
lächelnden Augen, die hinter dem Kopftuch hervor lugen,
und einem knorrigen Gesicht, das von Furchen durchzogen
ist wie altes Holz. Man sieht Mädchen in Jeans und engem
T-Shirt in entspannter Vertrautheit Hand in Hand einher-
schreiten mit ihren Müttern, die ihrerseits in einen *Tesettür*
gewandet sind: eine Tracht, bestehend aus einem lose ge-
schnittenen bodenlangen Mantel und einem geblümten
Kopftuch.

Einige Charakterzüge der türkischen Frauen haben mich sehr beeindruckt, vor allem ihre Tatkraft, ihr Mut und ihr Einfallsreichtum. Türkinnen sind geradlinige, fleißige, pragmatische Frauen. Sie führen Gehöfte, Unternehmen und Familien. Unter der Oberfläche wird die Türkei von heute von einer modernen Version des Frauensultanats zusammengehalten: nicht von den Haremsintrigantinnen Ihrer Zeit, sondern von weiblichen Turbinen, die die Maschinerie der freien Berufe befeuern und die schwarze Erde bestellen. Türkinnen sind praktische Frauen, die stolz auf ihr Zuhause und davon überzeugt sind, dass eine gepflegte und schön eingerichtete Wohnstatt ein Akt der Liebe ist. Sie verfügen über flinke und fleißige Hände, egal ob sie damit Segelknoten knüpfen, Mantı-Teigtaschen kneten, Geschirr abräumen oder sticken. Sie sind willensstark und dickköpfig und besitzen gesunden Menschenverstand.

Das Konzept der berufstätigen Frau hat für Türkinnen nichts Neues an sich. Seit Hunderten von Jahren schon arbeiten sie auf den Feldern Anatoliens. Im Unabhängigkeitskrieg halfen sie beim Transport der Waffen an die Front. Sie ernten Baumwolle, Weizen und Tabak, hüten auf den Höfen die Tiere, tragen Holz und Wasser, verlesen Obst und Zwiebeln, kümmern sich um den Haushalt, ziehen etliche Kinder groß und weben mit großer Kreativität Teppiche. Fünf Millionen Frauen bestellen heute die türkischen Felder, scheren Schafe, legen Früchte und Haselnüsse zum Trocknen aus, stricken Socken und Pullover und stellen Butter und Käse her. Unter sengender Sonne schuften sie in den Gemüsegärten und Olivenhainen an den Küsten und auf den glühenden Äckern der Ebenen. Man sieht sie auf ihren Eselskarren auf und nieder hüpfen, mit ihren Bündeln auf dem Markt sitzen, riesige Futterballen auf dem Rücken tragen und mit Mistgabeln Heu werfen. In der modernen Arbeitswelt durfte ich einmal mit einem Tornado von einer Frau Bekanntschaft schließen. Sie leitete die Büyük Postahane-Apotheke in Istanbul, kümmerte sich so eingehend um ihre Kunden wie eine Krankenschwester in der Notaufnahme, bellte ihren Mitarbeitern Befehle entgegen, begrüßte alle Welt und hielt für jeden ein Lächeln, eine Berührung oder ein Glas Tee bereit.

Türkische Frauen sind genauso offen und direkt wie türkische Männer, und doch nehme ich es gelassener hin, wenn mich eine Frau nach meinem Alter fragt, als wenn ein Mann es tut. Sie beobachten Ausländer mit großer Neugier und wollen unbedingt herausfinden, was in ihnen steckt und ob sie anständige Menschen sind. Türkische Frauen sind unglaublich freundlich. Einmal lud mich in Afyon eine Braut zu ihrer Henna-Hochzeitsparty ein, obwohl sie mich gar nicht kannte; nur weil sie gesehen hatte, dass ich allein irgendwo herumsaß. Einmal nahm mich die Geschäftsführerin eines Hotels in Elbistan unter ihre Fittiche und tat weit mehr für mich, als sie von Berufs wegen hätte tun müssen; nur weil sie sich mit mir anfreunden wollte. Daher kann ich Ihre oben zitierte Feststellung nur bestätigen: „Ich kenne keinen europäischen Hof, wo die Damen sich gegen eine solche Fremde so höflich und gesittet betragen haben würden." Türkische Frauen sind ihren Eltern gegenüber sehr zuvorkommend und respektvoll. Es imponiert mir, wie elegant und diskret die schon erwachsene Tochter meiner Kayseri-Familie ihren Vater in dessen Arbeitszimmer im dritten Stock aufsucht und ihm, ohne ein Wort zu verlieren, den Kaffee serviert: in einer edlen Porzellantasse auf einem goldenen, mit vornehmen Servietten ausgekleideten Tablett.

Obwohl mich die Schönheit der türkischen Frauen nun nicht gar so sehr erschlagen hat wie Sie, Lady Mary, stimme ich mit Ihnen überein, dass die Türkinnen sehr elegant und feminin sind, egal ob sie *Tesettür* oder Minirock tragen. Sie mögen Glitter, Gold und Blumenstickereien auf ihren Kopftüchern, lilafarbene oder pinke Regenmäntel und dazu passende kleine Portemonnaies. Sie lieben zierliche Schuhe und Modeschmuck. In jüngster Zeit hat die *Tesettür*-Mode die Laufstege erobert. Die Idee hinter diesem Modestil ist, dass man auch auf modische Weise verhüllt sein kann und dass Kleidung, die verhüllt, sogar schöner und eleganter sein kann als ,offene' Kleidung. Und wenn man von Konya, wo die Mädchen geschmackvoll in bunte Schals und Mäntel und diskreten Schmuck gekleidet sind, nach Istanbul kommt, wo Brust und Beine im Vergleich dazu offensiv zur Schau gestellt werden, so wird man diese unverhohlene Präsentation in der Tat als ordinär empfinden.

Der Zusammenhalt unter den Frauen in der Türkei ist sehr stark ausgeprägt. Stets hocken sie zusammen, sei es in den Familienbereichen der Restaurants, in ihren Wohnzimmern, im Bus oder in der Moschee. Auch bei gesellschaftlichen Anlässen mischen sie sich nicht unter die Männer, sondern neigen dazu, instinktiv auf der einen Seite zu sitzen, während die Männer mit der anderen vorliebnehmen. Eine Cocktailparty ließe sich hier nur schwer verwirklichen. Mütter und Töchter schlendern Hand in Hand durch die Gegend, und mit etwas Glück sieht man sogar drei Generationen einträchtig nebeneinanderher flanieren. Wenn ich jemals auf der Straße in Schwierigkeiten käme, wüsste ich, dass ich jede Türkin ansprechen und um Hilfe bitten könnte. Im Handumdrehen würde ich mich im sicheren Hafen ihres

Zuhauses wiederfinden und den Abend bei ihr verbringen; ihre Sanftmut würde jede Krankheit heilen und jedes Problem aus der Welt schaffen. Diese Schwesterlichkeit kennt keine Grenzen, Klassen- oder Schichtzugehörigkeit spielen dabei keine Rolle. Einmal wartete ich auf dem Busbahnhof in Konya zusammen mit einer Reihe von Frauen auf den Bus nach Beyşehir. Schon auf den ersten Blick war nicht zu übersehen, dass sie ganz unterschiedlicher Herkunft waren und aus ganz unterschiedlichen Schichten kamen; die meisten aber waren schlicht gekleidete Dörflerinnen, deren Reisegepäck aus Getreidesäcken, Olivenölkanistern und mit Schnur umwickelten Kartons bestand. Eine von ihnen, die eine traditionelle Schalvar-Hose (auf Türkisch *Şalvar* geschrieben) trug, wiegte ein schreiendes Baby auf dem Arm. Da kam, wie aus dem Nichts und ohne Worte, eine mit Goldschmuck behangene kosmopolitische Istanbuler Dame auf sie zu, nahm sich des Babys an, ließ es auf ihrem Arm auf und ab hüpfen und fischte ein Bonbon aus ihrer Handtasche, um es zu besänftigen.

Als ich im Jahr 1978 zum ersten Mal in die Türkei kam, hielt ich in meinem Notizbuch fest, dass sich schätzungsweise 95 Prozent der verschleierten Frauen zwei Kategorien zuordnen ließen: den schwarz und im Tschador-Stil Verschleierten und den maßvoller im *Tesettür*-Stil Verschleierten. Damals sah ich nie eine Frau allein Auto fahren oder als Kellnerin oder Servicekraft arbeiten, und nur wenige Frauen reisten mit dem Bus. Heute hingegen sind die Frauen unverkennbar auf dem Vormarsch. 2001 erlebte ich in der Stadt Cide am Schwarzen Meer erstmals, dass ein Mädchen meinen Wagen auftankte. 2002 aß ich in einem Pide-Salon in Şavşat zu Mittag, der ausschließlich von Frauen geleitet wurde und in dem kein einziger Mann arbeitete - was zuvor ein Ding der Unmöglichkeit gewesen wäre. Mittlerweile sieht man im ganzen Land Frauen hinter dem Lenkrad, Frauen beim Restaurantbesuch und Frauen in Business-Meetings. Die uralte Sichtweise, die besagt, dass eine Frau, die sich im öffentlichen Raum betätigt, ihre Tugend einbüßt, besitzt längst keine Relevanz mehr.

Alle Frauen dieser Welt teilen bestimmte gemeinsame Werte: den Gemeinschaftsgedanken, den Glauben an die Bedeutung des Individuums, den Wunsch nach persönlicher Zuneigung, die selbstlose Bereitschaft, für andere da zu sein, Hoffnung und Großzügigkeit. Vor allem aber schätzen Frauen soziale Werte stets höher ein als monetäre Werte. Auch die Schwerpunkte im Leben der Frauen sind überall auf der Welt die gleichen: Arbeit, Familie, Emotionalität, Spiritualität, Gesundheit, Weiblichkeit und Hobbys. Türkische Frauen machen da keine Ausnahme. Ein algerischer Schriftsteller erzählte mir einmal, die Frauen seien die ‚wahren Menschen‘ dieser Welt; ihre Aufgabe bestehe darin, den Männern zu zeigen, wie auch sie zu wahren Menschen heranreifen können. In diesem Sinne darf man getrost davon ausgehen, dass die türkischen Frauen beim Aufbau der Türkei der Zukunft noch eine wichtige Rolle spielen werden. Denn niemand weiß besser als sie, wie sich die Dinge entwickeln müssen, damit ihre Familie und ihre Kinder - die ja das Fundament jeder erfolgreichen Gesellschaft bilden - davon profitieren. Sie werden gewiss noch für Aufsehen sorgen und ihr Land der ganzen Welt ins Bewusstsein rufen.

Herzlichst, Ihre
Kadriye Branning

BRIEF 14

Als Frau allein unterwegs

L iebe Lady Mary,
schon in meinem letzten Brief ging es um das Thema Frauen, aber vielleicht sollte ich doch noch ein wenig näher darauf eingehen, wie es ist, sich als Ausländerin in der Türkei aufzuhalten, insbesondere als alleinreisende Ausländerin.

Ich verspüre eine gewisse Seelenverwandtschaft zu Ihnen, Lady Mary. Zwar trennen uns Jahrhunderte, aber unser Frauenbild ähnelt sich sehr. Genau wie Sie bin auch ich eine eifrige Autodidaktin. Außerdem interessiere ich mich für die gleichen Dinge wie Sie: für Besuche von Moscheen und Altertümern, für Landschaften, Architektur, das soziale Leben, Geschichte, Kleidung, Religion, Ehe und Scheidung, Feminismus und Poesie. Auch ich möchte verstehen, welche Rolle die Frauen in ihrer jeweiligen Lebenswelt spielen und welches Ansehen sie dort genießen. Auch ich habe die türkische Sprache und Poesie studiert; mein besonderes Interesse galt dem Alltag in der Gesellschaft und dem Islam. Die Beschäftigung mit dieser Religion veranlasste mich dazu, meine eigene Religion kritisch zu hinterfragen. Wir beide sind Frauen aus dem Ausland mit einem gewissen sozialen Status, was uns bestimmte Einblicke gewährte. Und auch ich bin regelmäßig traurig, wenn ich Istanbul wieder verlassen muss, geradeso wie Ihnen damals der Abschied von Konstantinopel schwer fiel.

Am stärksten jedoch verbindet uns, dass wir beide wissen, wie es ist, sich ohne Ehemann in der türkischen Gesellschaft zu bewegen. Ihr Gatte war von September 1717 bis Mai 1718 in einem türkischen Heerlager in der Nähe von Adrianopel stationiert, wo er diplomatische Verhandlungen führte. So mussten Sie rund 10 Monate allein in Konstantinopel verbringen, fast Ihren gesamten Aufenthalt dort. Ich meinerseits reise ohne meinen Mann, weil ich mich bewusst dafür entscheide, allein zu reisen.

Dass sich eine Frau bewusst dafür entscheidet, allein zu reisen, können Türken kaum nachvollziehen, geschweige denn akzeptieren. Weil den Frauen schon in jungen Jahren beigebracht wird, dass sie den Männern (Vater, Brüdern, Ehemann) bereitwillig die Regie überlassen sollen, begegnet man fast nie einer Frau ohne Begleitung. Der islamischen Tradition zufolge soll eine Frau möglichst keine Reisen unternehmen, die länger als drei Tage dauern, es sei denn in der Gesellschaft ihres Ehemanns oder eines geeigneten männlichen Familienmitglieds. Einmal in einem Bus in der Nähe von Kangal setzte sich eine sehr aufgeschlossen wirkende junge Frau neben mich, und wir kamen ins Gespräch. Ihre orangefarbenen Schuhe zeugten davon, dass sie mit der Mode ging, und dennoch empörte sie sich darüber, dass ich allein unterwegs war; das könne ich doch nicht tun, es gehöre sich einfach nicht.

Ich habe Ihnen ja bereits erzählt, welch wichtige Rolle der Zusammenhalt und der Gemeinschaftsgedanke in der türkischen Gesellschaft spielen und wie die Türken in dieser engen Gemeinschaft leben. Vermutlich fällt es ihnen deshalb so schwer, zwischen Alleinsein und Einsamkeit zu unterscheiden. Sie verstehen nicht, dass es durchaus möglich ist, allein zu sein, ohne dabei einsam zu sein. Was wir Westler als Unabhängigkeit schätzen, halten Türken für Einsamkeit. Sicherlich kannten auch Sie den Unterschied zwischen diesen beiden Dingen und wussten Rückzug und Privatsphäre genauso zu würdigen wie gute Gesellschaft und Unterhaltung.

Trotz der vereinzelten Blicke auf den Bürgersteigen, habe ich mich nie davon abbringen lassen, allein durch die Türkei zu reisen. Reisen macht glücklich, aber Alleinreisen noch viel mehr. Es erlaubt mir, Dinge zu tun, die ich nie tun könnte, wenn ich in Begleitung wäre: Ich kann Bibliotheken aufsuchen, wann immer mir der Sinn danach steht. Ich habe die nötige Muße, um 350 Wörter am Tag zu Papier zu bringen. Ich kann essen, was und wo ich will. Außerdem spendet mir das Alleinreisen Kraft, und es führt mir vor Augen, dass ich selbständig, mutig, einfallsreich und auf niemanden angewiesen bin. So zu reisen vermittelt mir ein Gefühl der Stärke, und zurück im Alltag gebe ich diese Stärke an andere weiter. Wenn ich sehe, dass ich den sprachlichen, sozialen, religiösen und kulturellen Herausforderungen der Türkei gewachsen bin, gelingt es mir anschließend viel besser, auch meine anspruchsvolle Arbeit und mein Leben in einer Stadt mit großer ethnischer Vielfalt zu meistern.

Ein weiterer Grund dafür, dass ich allein reise, sind die Erfahrungen, die ich nie machen würde, wenn ich in Begleitung eines Mannes oder mit einer Gruppe unterwegs wäre. In der Türkei wird eine alleinreisende Frau mit Aufmerksamkeit und Freundlichkeit förmlich überschüttet, weil die Türken einfach nicht möchten, dass sie sich einsam fühlt. Bestimmte Begegnungen, Gespräche, Rosengeschenke oder Einladungen zum Tee ergeben sich einfach nicht, wenn man mit einem Mann unterwegs ist. Das Beste am Alleinreisen ist die Tatsache, dass es überhaupt möglich ist, denn die Türkei ist ein sehr sicheres Land. Ich habe in der Türkei nie Angst und lege mein Schicksal bedenkenlos in all die fürsorglichen, helfenden Hände, von denen es hier 72 Millionen Paar gibt. Wie Sie sich erinnern werden, behandelt man mich hierzulande stets wie eine Dame und immer mit dem höchsten Respekt und Entgegenkommen. All die Geschichten, die besagen, Türken seien rücksichtslos gegenüber Frauen, sind falsch. Natürlich muss man als alleinreisende Frau vorsichtig sein, aber wo wäre das nicht so? Man lernt, seine Restaurants sorgfältig auszuwählen. Man sollte sich - sofern vorhanden - stets an das Restaurant seines Hotels halten, es frühzeitig aufsuchen und keinen Alkohol bestellen, denn das würde Zweifel an Ihrer moralischen Integrität wecken. Man sollte nie von sich aus jemanden ansprechen, nicht zu freimütig Fragen stellen, intensiven Blickkontakt mit Männern vermeiden und auch nicht zu viel Haut zeigen. In den 30 Jahren, die ich nun schon in die Türkei reise, bin ich nicht ein einziges Mal von einem Mann respektlos behandelt worden oder in irgendeine problematische Situation geraten, was ich von anderen Ländern, die ich bereise, nicht behaupten kann - auch nicht von meinem eigenen.

Denn sehen Sie, in dem Bemühen, für Ihre Sicherheit zu garantieren, ruhen die berühmten türkischen Augen unablässig auf Ihnen. Dem Radarschirm der türkischen Bevölkerung entgeht nichts. Die folgende Anekdote, die ebenso ba-

nal wie vielsagend ist, steht exemplarisch für diesen Radar,
weil sie ein Licht auf ganz typische Wesensmerkmale der
türkischen Gesellschaft wirft: Zusammenhalt, Solidarität
unter Frauen, Gastfreundschaft und von Liebenswürdigkeit
geprägte Fürsorge. Nach dem Besuch einer Grabstätte in
der Hatuniye-Medrese in Kayseri beschloss ich, in dem kleinen Café im Innenhof des Gebäudes noch ein Glas Wasser
zu trinken. Ich saß noch keine fünf Minuten dort, da kam
eine Frau auf mich zu und sagte: „Hallo, entschuldigen Sie
bitte, meine Freundin und ich haben uns gefragt, ob Sie
vielleicht herüber zu uns an den Tisch kommen möchten,
weil Sie hier doch so mutterseelenallein sitzen." Diese Frau
kannte mich nicht, sie wollte einfach nur, dass ich mich
nicht einsam fühlte. Bei einer Minibusfahrt auf dem Dorf
legte mir einmal eine Frau ihr Baby in den Schoß und
machte während der ganzen Fahrt keine Anstalten, es wieder an sich zu nehmen; nicht, weil sie sich von dem Kleinen
erholen wollte, sondern damit ich ein wenig Gesellschaft
hatte. Als ich in Eğirdir einmal allein in einem Restaurant
zu Mittag aß, steuerte ein gutaussehendes Ehepaar in mittleren Jahren den Nebentisch an. Auf ihrem Weg an meinem
Tisch vorbei verbeugte sich der Mann plötzlich aufs Höf-
lichste vor mir und sagte: „Ich hoffe, Sie genießen Ihr Essen.
Sollten Sie etwas brauchen: Wir sitzen am Nachbartisch."

Eine alleinreisende Frau hinterlässt Spuren im Gedächtnis der Menschen. Letztes Jahr in Kayseri gönnte ich mir
im Iskender Lokantası im Zentrum der Stadt eines der besten *Iskender Kebabs*, die ich je in der Türkei gegessen habe.
Gut 20 Jahre zuvor hatte ich schon einmal dort gespeist,
und es war mir in bester Erinnerung geblieben. Der Oberkellner umschwirrte mich eine Zeitlang neugierig. Schließlich

sprach er mich an und sagte: „Sie waren schon einmal hier, stimmt's? Ich erinnere mich an Sie. Wie geht es Ihnen?" Ich dachte mir: Entweder musste er über ein erstaunliches Gedächtnis verfügen, oder ich musste damals schier umwerfend ausgesehen haben. Aber nein, weit gefehlt! Ich war auch damals ohne Begleitung gewesen, und das allein war ein solch seltenes Kuriosum, dass er sich noch 20 Jahre später daran erinnerte. Die gleiche Erfahrung habe ich noch zwei weitere Male gemacht: in einem Restaurant in Konya (dort war mein letzter Besuch 15 Jahre her) und in Erzurum, wo mir ein Teppichhändler auf der Straße nachrannte und sich nicht nur an meinen Besuch in seinem Laden 12 Jahre zuvor erinnern konnte, sondern auch an die Art von Teppich, den ich damals von ihm gekauft hatte, und an dessen Preis.

Allein zu sein bringt aber auch Probleme mit sich, und das bekamen auch Sie zu spüren, Lady Mary. Wenn eine Frau allein ist, bedeutet dies hierzulande, dass sie keine Kinder hat. Auch Sie äußern sich in mehreren Ihrer Briefe frustriert über die Kinderbesessenheit der Türken und merken an, dass Kinderlosigkeit ein empfindliches Tabu ist. Noch heute werden türkische Frauen mancherorts über die Anzahl ihrer Kinder definiert. Die Frage danach ist die zweithäufigste Frage, die man Ihnen hier stellt (die häufigste lautet: „Sind Sie verheiratet?"). Und so geht es auch in mindestens sechs Ihrer Briefe um die Sitte der türkischen Frauen, gleich mehrere Kinder zu gebären, um die Auswirkungen dieser Geburten auf den gesellschaftlichen Status der Frauen und um das Schicksal armer Frauen, die unverheiratet und kinderlos bleiben. Wie ich bereits sagte, lieben türkische Familien Kinder, sie sind die Blumen ihrer ureigenen Gärten. Sie, Lady Mary, erlebten in der Türkei hautnah mit, was es heißt, Mutter zu werden. Denn während eines Großteils

der Zeit, die Sie in der Türkei verbrachten, waren Sie
schwanger, und als Ihre kleine Mary am 19. Januar 1718 das
Licht der Welt erblickte, stellten Sie fest: „Die Leute schauten mich mit verachtungsvoller Miene an, bis ich es schließlich allen anderen gleichtat." Eine kinderlose Frau wird
auch heute noch bedauert, Lady Mary, aber ich habe vollstes Vertrauen, dass auch die Türken irgendwann verstehen
werden, dass es viele Möglichkeiten gibt, sich Heim und
Herd zu schaffen. Die über alle Maßen verehrte Mutterrol-
le kann auch auf andere Weise zum Tragen kommen, zum
Beispiel in Gestalt der liebenden Fürsorge für eine größere
Familie: für die Gesellschaft als Ganzes.

Allein oder kinderlos zu sein bedeutet ja keineswegs,
dass man sein Leben nicht mit einem anderen Menschen teilen möchte. Auch die Frage der Ehe *alla turca* beschäftigt
Sie in Ihren Briefen. Überhaupt zeichnen diese Briefe das
Bild einer Feministin, die auch in fremden Kulturen versucht, komplexen Themen auf den Grund zu gehen; dem
Status der Frau in der Gesellschaft ebenso wie der weiblichen Rolle als Mutter und Ehefrau. Sie unterstützen femi-
nistische Ideale wie Unabhängigkeit, ein Leben, das nicht
durch Ehe und Kinder definiert ist, Selbstachtung, soziale,
politische und ökonomische Gleichberechtigung, Wahl-
möglichkeiten im Leben, Fairness gegenüber Männern,
Chancengleichheit, Verachtung all derer, die Unterdrü-
ckung begünstigen, und Eliminierung von Hierarchien. All
dies sind Themen, die Frauen im Westen und in der Türkei
tagtäglich beschäftigen. Noch immer streben sie nach einer
Position, in der sie sich Fähigkeiten aneignen können, die
auf dem Markt gefragt sind, in der sie nicht länger stigma-
tisiert werden, wenn sie allein leben, in der sich ihr Dasein
nicht durch die Beziehung zu ihrer Familie definiert und in der

sie selbst die Verantwortung für ihre Entscheidungen und ihre Zukunft übernehmen können.

Doch apropos Ehe, Lady Montagu - es gibt da einen Mann, der in Ihren Briefen eigenartig abwesend ist, und das ist Ihr Ehemann. In den Briefen an Ihre Freunde erwähnen Sie ihn mit keinem Wort. Sie schreiben nie, wie es ihm geht, und berichten auch nie vom Fortgang seiner Verhandlungen. Ihre Briefe an ihn selbst sind rar gesät, und wenn Sie ihm schreiben, dann in einem trockenen und lieblosen Ton, ohne jede Spur von jener Leidenschaftlichkeit, die den steten Strom Ihrer von Eindrücken nur so berstenden Korrespondenz mit anderen Freunden auszeichnet. Was auch immer der Grund sein mag, irgendetwas ist in Ihrer Ehe definitiv schiefgelaufen, und es scheint fast so, als hätten Sie jegliches Interesse an ihm verloren. Sie waren in der Türkei wirklich allein.

Nach Ihrer Rückkehr nach England begann ein neuer Zeitabschnitt in Ihrem Leben, und in dieser Phase sollten Männer noch eine wichtige Rolle spielen. Ihre Schriftstellerfreunde, Ihr Sohn, Ihre Geschäftspartner, Ihr Ehemann und auch Ihre Liebhaber nahmen fortan maßgeblichen Einfluss auf den weiteren Verlauf Ihres Lebens. Aber darüber zu berichten, ist nicht meine Aufgabe. Sie selbst schilderten es ja in den vielen Briefen, die Sie auch weiterhin aus dem Ausland schrieben, wo Sie auf eigenen Wunsch den Rest Ihres Lebens verbrachten. Sie trafen die Entscheidung, als Frau allein zu leben - ohne Ihren Mann und ohne Ihre Kinder, aber nie einsam; denn Füllfederhalter und Papier wurden Ihnen zu den großzügigsten und liebevollsten Gefährten.

Herzlichst,
Katharine Branning

BRIEF 15

Wer Büchern Respekt entgegenbringt, bringt auch Menschen Respekt entgegen

L iebe Lady Mary,
wir beide sind beneidenswerte Frauen, weil wir uns
für Tätigkeitsfelder entschieden haben, die uns erlauben, mit Worten zu jonglieren. Sie schrieben Briefe und
schufen Literatur. Sie bedienten sich des Schreibens, um Ihrer Leserschaft Ideale zu präsentieren, an die Sie glaubten:
Frauenbildung zum Beispiel oder Themen rund um die Gesundheit. Auch ich habe mein Leben Worten gewidmet, aber
auf andere Art und Weise. Als Sprachlehrerin habe ich Menschen beigebracht, sich Wörter anzueignen und mit ihnen zu
kommunizieren, und als Bibliothekarin sorge ich dafür, dass
Wörter erfasst, bewahrt und den Händen, Herzen und Köpfen anderer Menschen anvertraut werden. In der Tat haben
wir beide das große Glück, in der Welt der Worte leben zu
dürfen. Sind Sie jemals in Istanbul über die Sahaflar ge-
schlendert, den Markt der Bücherraritäten? Diese Bibliothek
unter freiem Himmel birgt Schätze, von denen jeder Buch-
liebhaber nur träumen kann.

In einem Brief vom 12. Februar 1717 berichten Sie Ihrem Brieffreund Alexander Pope, wie angetan Sie von den arabischen Gedichten waren, die Ihnen Ihr Belgrader Freund Ahmed Efendi aus seiner üppig ausgestatteten Privatbibliothek rezitierte:

> *Er hat mir manches Stück der arabischen Gedichtkunst erklärt, die, wie ich bemerke, im Silbenmaß der unsrigen ziemlich ähnlich ist, ein um den anderen Vers abwechselt und sehr musikalisch klingt. Ihre Liebesausdrücke sind voll Feuer und Leben. Mir gefallen sie so sehr, dass ich glaube, ich würde wahrhaftig Arabisch lesen lernen, wenn ich noch einige Monate hier bleiben sollte. Unser Wirt hat eine sehr gute Sammlung von allen Arten ihrer Bücher und bringt, wie er mir sagt, den größten Teil seines Lebens damit zu.*

Zu meinen interessantesten Begegnungen in der Türkei gehören Erlebnisse mit Menschen, die den gleichen Beruf ausüben wie ich. Bibliothekare sind in der Regel bestens vernetzt und durch gemeinsame Ideale miteinander verbunden; durch Ideale, die alle Bibliothekare auf der Welt teilen, egal ob sie in Paris, New York oder Amasya tätig sind. Wann immer ich auf Reisen bin, suche ich Bibliotheken auf, staune über ihre Aufmachungen und Organisationsformen, stoße auf Dinge, die dort anders gehandhabt werden als in meiner eigenen Bibliothek zuhause, und hole mir neue Anregungen.

Kütüphane, das türkische Wort für Bibliothek, lässt sich mit ‚Haus der Bücher' übersetzen. Und in diesen bemerkenswerten Bücherhäusern in der Türkei lernte ich eine ganze Reihe von bemerkenswerten Bibliothekaren kennen. Ein Bibliothekar in Amasya führte mir ein Koranexemplar aus dem 15. Jahrhundert vor: das älteste erhaltene in der Türkei, ein Werk des berühmten osmanischen Meisterkalligraphen Şeyh (Scheich) Hamdullah. Als ich ihm gestand, dass dies

auch das älteste Buch war, das ich je in Händen gehalten
oder berührt hatte, lehrte er mich das türkische Sprichwort:
„*Kitaba saygı, insana saygıdır*" (Wer Büchern Respekt entge-
genbringt, bringt auch Menschen Respekt entgegen). Auch
hier begegnet uns also wieder jener alles umspannende türkische Schlüsselbegriff: Respekt. Ein simples Konzept, das
aber genau auf den Punkt bringt, was mich Bibliothekarin
werden ließ: Bibliothekare bringen den Menschen auf
höchstem Niveau Respekt entgegen.

Ich erinnere mich an ein Treffen mit Şirin Tekeli, der
Gründerin der Frauen-Bibliothek in Istanbul, direkt nach
der Eröffnung im Jahr 1990. Ihr Stolz, auf das, was sie und
ihre Mitarbeiterinnen zu verwirklichen suchten, motivierte
und inspirierte mich ungemein. In einwandfreiem Französisch und Englisch präsentierte sie mir ihre aus 5.000 Büchern bestehende Sammlung, die in einer kunstvoll reno-
vierten Medrese untergebracht war, und erläuterte mir ihr
Klassifizierungssystem, das die Bibliothekarinnen in Eigenregie entwickelt hatten, um den Nutzern den Zugang zu diesem hoch speziellen Buchbestand zu erleichtern. Dieser Besuch und mein Gespräch mit ihr veranlassten mich dazu, die
althergebrachten Vorstellungen von der Klassifizierung von
Sammlungen und der Präsentation von Informationen in
der Öffentlichkeit zu überdenken. Und aus diesem Denkpro-
zess resultierten einige wichtige Impulse für meinen Beruf.
Was ich allerdings nicht übernahm, war, dass in meiner Bibliothek fortan genauso hemmungslos geraucht wurde, wie
es die Mitarbeiter und Leser jener Bibliothek zu tun pflegten!

Ähnlich stark motivierte mich ein Besuch in einer weiteren Istanbuler Bibliothek, deren Bibliothekare unglaubliche Begeisterung versprühten und so überzeugt von ihrer Tä-

tigkeit waren, dass sie auch mich mitrissen. Eingekeilt hinter
dem Mihrimah-Sultan-Komplex in Üsküdar, in einem der
Nebengebäude dieses 1543 von Sinan erbauten Komplexes,
befindet sich eine öffentliche Bibliothek, die die Form und
Gestalt einer winzigen Schachtel besitzt. Obwohl sie gerade
geschlossen war, bat mich die Bibliothekarin herein; schließlich sei ich doch eine ‚Buch-Schwester‘. Sie nahm sich den
ganzen Nachmittag für mich Zeit und erzählte mir, wie
wichtig Bibliotheken wie die ihre für die *Gecekondu-* (Ar-
menviertel-) Kinder seien. Ihnen zuliebe kümmerte sie sich
mit großem Tatendrang um alle anfallenden Arbeiten, von
der Renovierung des Gebäudes über die Säuberung der Re-
gale, den Kauf neuer Möbel und das Schrubben der Fußböden bis hin zum Auswählen und Katalogisieren aller Bücher. Die Bibliothek war bescheiden ausgestattet und ein
bisschen schäbig, aber die Frau tat alles, um mir den Eindruck zu vermitteln, es handle sich um den Dolmabahçe-Palast. Und so rief sie mir ins Bewusstsein zurück, dass es nicht
sehr auf die Quantität oder Qualität der Bücher in den Rega-
len ankommt, sondern vor allem auf den Dienst an den Le-
sern.

Sobald ich erzählte, dass ich selbst Bibliothekarin war,
öffneten mir die Bibliothekare in der Türkei bereitwillig ihre Bibliotheken und ihre Herzen. Diese Enthüllung ebnete
mir auch den Weg in viele Archive und Sammlungen. Einige Besichtigungsgänge in Begleitung von Bibliothekaren
sind mir noch sehr gut in Erinnerung, zum Beispiel ein Besuch in der Stadtbibliothek Şemsipaşa von Üsküdar mit ihren
25.000 Büchern. Ihr Leiter bot mir sogar an, eine Kopie des
ins Türkische übersetzten ‚Dewey-Dezimalklassifikationssys-
tems‘ mit nach Hause zu nehmen. Oder die kleine öffentliche

Bibliothek in Ürgüp, die stolze Besitzerin von 30.000 Büchern ist und insgesamt 11 Zweigstellen unterhält, in denen
auch den Nachbardörfern Jahr für Jahr über 10.000 Bücher
zur Verfügung gestellt werden. In der Kinderabteilung dieser Bibliothek gab es übrigens eine besondere Ecke mit einem Regal, in dem ausschließlich Jugendbücher über Atatürk standen. Mit einer spektakulären Raritätensammlung
konnte die Bibliothek von Tire aufwarten, die 1827 von
Bağdadi Necip Pascha, dem Minister für Munitionierung
unter Mahmut II., erbaut wurde. Er selbst hatte diese Werke aus Bagdad hierher gebracht, in eigens zu diesem Zweck
gefertigten roten Ledereinbänden. Ähnliche Kostbarkeiten
entdeckte ich auch in Kayseri, im Reşit Efendi Kütüphanesi
neben der Ulu Cami; doch noch mehr beeindruckte mich
auch dort, wie außergewöhnlich zuvorkommend die türkischen Bibliothekare ihre Kunden behandelten. In der Stadtbibliothek von Aksaray lud man mich zu einem Rundgang
durch die Bibliothek mit ihren 30.000 Büchern ein und bat
mich, an einer Mitarbeiterversammlung teilzunehmen, bei
der auch Tee und Kuchen gereicht wurden. Also beteiligte
ich mich an einer lebhaften Diskussion und durfte anschließend sogar im Bücherbus mitfahren. In der Bibliothek von
Inegöl, die in der Medrese des Ishak-Pascha-Komplexes aus
dem Jahr 1482 untergebracht ist, wie auch in der Istanbuler Köprülü-Bibliothek forderte man mich sogar dazu auf,
mich ins Gästebuch einzutragen, ganz so, als wäre ich eine
besondere Würdenträgerin. Auf einem Rundgang durch die
Beyazit-Universitätsbibliothek in Istanbul erfasste mich jenes
berüchtigte Radarsystem der Türken: Man sprach mich an
und geleitete mich in das Büro des Direktors, wo mir die
Sekretärin eröffnete: „An der Art und Weise, wie Sie den

Karteikatalog prüfen, haben wir natürlich sofort erkannt, dass Sie Bibliothekarin sind!" Was folgte, war eine zweistündige Visite, bei der eine ganze Prozession von Bibliothekaren, einer nach dem anderen, ins Zimmer gerufen wurde, um mich zu begrüßen. Anschließend präsentierte man mir noch ihre Sammlung seltener Bücher und eine Handschrift von Dschelaleddin Rumi aus dem Jahr 1690. Und einmal Bibliothekar, immer Bibliothekar: Bei einem Besuch des Karatay Han tauchte wie aus dem Nichts ein ebenso schwerhöriger wie liebenswürdiger pensionierter Bibliothekar auf. Sein Name war Hakkı Bey, und er ließ es sich nicht nehmen, mein offizieller Führer zu sein; denn er wisse, so teilte er mir mit, „genau über alles Bescheid", und das verpflichte ihn natürlich dazu, sein Wissen an andere weiterzugeben.

Mein spektakulärstes Bibliothekserlebnis in der Türkei aber war die 61. Jahrestagung der ‚Internationalen Föderation des Bibliothekarverbands' (IFLA) in Istanbul im August 1995. Ein Energiebündel von einem Bibliothekar namens Altınay Serenikli (einer dieser herrlichen türkischen Vornamen mit der Bedeutung Goldener Mond) organisierte damals einen IFLA-Kongress, wie es ihn seither nie wieder gegeben hat. Im Rahmen der Eröffnungszeremonie, die im Atatürk-Kulturzentrum in Taksim stattfand, hielten zunächst der Bürgermeister von Istanbul, ein Vertreter der UNESCO und der Präsident der IFLA eine Rede. Als Schlussbouquet traten dann auch noch der seinerzeit erste Kultusminister der Türkei sowie mein Lieblingslehrer Talat Sait Halman auf. Letzerer begeisterte die Anwesenden mit einem amüsanten Vortrag, in dem er nicht weniger als 16 seiner berühmten Wortspiele unterbrachte. Abends bereitete man uns dann in einem ehemaligen osmanischen Palast,

dem Çırağan Hotel, einen Empfang, der auch eines Sultans
würdig gewesen wäre. Und später wurde auf der Freilicht-
bühne unterhalb des Hiltons noch ein Konzert mit Volks-
tänzen für uns aufgeführt. Dazu bekam jeder von uns eine
Essensbox ausgehändigt, die neben einem Käsesandwich
auch die köstlichsten Birnen enthielt, die ich je gegessen habe. Am nächsten Tag stand eine Tour durch mehrere Istanbuler Bibliotheken (die Handschriftensammlung des
Topkapı-Palastes, die sonst nicht zugänglichen Kammern
des Archäologischen Museums und die Bibliothek Ihres Ahmet III. in Topkapı) auf dem Programm sowie ein Ab-
schlusskonzert klassischer Musik im Atatürk-Zentrum in
Taksim. Das mag für Sie vielleicht nicht gerade aufregend
klingen, aber für mich war es einfach wunderbar. Als die kleine Altinay Hanım die Bühne betrat, um das erste Konzert zu
eröffnen, breitete sie die Arme weit aus und rief mit lauter
Stimme, beseelt von jenem patriotischen Stolz und einem
Sinn für Gastfreundschaft, der nur den Türken eigen ist:
„Willkommen in meinem Land!" Das Publikum war verzückt.

Einmal hatte ich sogar eine Begegnung mit einem
längst verblichenen Bibliothekars-Freund: Ibrahim Pascha.
Ich ‚traf' ihn in meiner Vorstellungswelt, während ich den
1726 unter seiner Leitung erbauten Nevşehir-Komplex besichtigte, zu dem eine Moschee, eine Bibliothek und eine
Medrese gehören. Möglicherweise sind Sie dem Mann ja
einmal persönlich begegnet, Lady Mary; denn Ibrahim Pascha war der Schwiegersohn und zugleich auch Großwesir
von Sultan Ahmet III. Jedenfalls ist die Stadt Nevşehir
(übersetzt: Neustadt) in Zentralanatolien, am Rande Kap-
padokiens, seine Stadt; er hat sie entworfen und förmlich

aus dem Boden gestampft. Er war ein aufgeklärter Mensch, und seine Kontakte nach Frankreich trugen zur Verwestlichung des Osmanischen Reichs bei. Außerdem war er es, der Ahmet III. für die Architektur begeisterte; und dieser Begeisterung des Sultans verdanken seine Topkapı-Bibliothek und die luxuriösen ‚Obsträume‘ des Harems ihre Existenz. Ibrahim Pascha ereilte ein tragisches Schicksal, denn er wurde von den Janitscharen hingerichtet. Aber hier in dieser prachtvollen Anlage, die aus dem markanten gelben Stein der Kappadokien-Region erbaut wurde, lebt er weiter. Kurioserweise wird heute die Medrese des Komplexes als öffentliche Bibliothek genutzt (und in dieser Bibliothek darf die obligatorische Atatürk-Statue natürlich nicht fehlen). Die ursprüngliche Bibliothek hingegen wurde umfunktioniert zur Suppenküche. Doch auch in dieser Funktion dient sie zweifellos weiterhin der Öffentlichkeit.

Ein Besuch in einer kleinen öffentlichen Bibliothek in Akşehir stach unter allen diesen Besuchen heraus. In einer warmen Spätnachmittagsstunde klemmte sich eine schöne junge Bibliothekarin ein Körbchen mit Süßigkeiten unter den Arm und ging der Reihe nach von Leser zu Leser, um ihnen zu ihrer Lektüre ein Lächeln und ein Bonbon anzubieten. Diese kleine Geste war genauso süß wie das Bonbon, genauso einfach wie respektvoll. Denn Sie werden sich erinnern: Gastfreundschaft, Respekt und Liebe, das sind die Dinge, die hier in der Türkei zählen. Auch in den Häusern der Bücher.

Ihre in Worten sehr ergebene
Kadriye Branning

KAPITEL 4

TÜRKISCHE LEBENSART

Eine Baklava-Platte aus Gaziantep

für Gül Eke Hanımefendi

Liebe Lady Mary,

in den Briefen, in denen Sie Ihre Besuche bei den Haremsdamen schildern, beschreiben Sie uns nicht nur in reicher Detailfülle das Alltagsleben und den Charakter der Frauen dort, sondern vermitteln uns auch einen guten Eindruck von der in aller Welt bekannten türkischen Gastfreundschaft.

Seien Sie versichert, Lady Mary, in diesem Punkt hat sich seit der Zeit, als Sie in türkischen Häusern empfangen wurden, kaum etwas verändert. Die Türkei mag nicht länger von Sultanen regiert werden, und auch die Wolken, die Sie aus Ihrem Fenster in Pera erblickt haben, haben inzwischen Konkurrenz von Wolkenkratzern bekommen, aber die überaus großzügige türkische Gastfreundschaft hat überdauert und floriert heute noch genauso wie damals.

Die türkische Gastfreundschaft ist in aller Welt berühmt, und sie verdient jedes Kompliment. Ich habe lange versucht zu ergründen, warum dieses Land das vielleicht gastfreundlichste Land der Erde ist, und bin zu dem Schluss gekommen, dass es mehrere Gründe dafür gibt. Der erste Grund dürften die nomadischen Ursprünge der Türken sein. Offenbar sind ihnen Reisende von Natur aus sympathisch. Schon die Seldschukensultane bauten ein Netz von Karawansereien auf, in denen reisenden Kaufleuten drei Tage lang freie Unterkunft und Verpflegung auf Staatskosten gewährt wurde. Die Osmanen setzten diese Tradition fort, indem sie aufwendige Suppenküchen-Projekte installierten und Lebensmittel an Bedürftige verteilen ließen. Das unausgesprochene Versprechen unter Matrosen auf See gilt in diesem Land auch für Reisende: Niemand wird sich selbst oder einer potentiellen Gefahr überlassen.

Der zweite Grund ergibt sich aus der islamischen Kultur. Überall auf der Welt zeichnen sich Muslime durch Gastfreundschaft aus. Grundsätzlich ist jeder Muslim dazu aufgerufen, seinen Mitmenschen gegenüber bestimmte Pflichten zu erfüllen; und wer diese Pflichten erfüllt, bekundet damit seine Bereitschaft, Gott zu dienen. Dieser Grundsatz ist ein zentraler Bestandteil der goldenen muslimischen Lebensregel, das Gute zu fördern und das Böse zu meiden. Bei Türken nimmt der Dienst an Gott die Gestalt einer Gastfreundschaft an, auf die genauso Verlass ist wie auf den Pulsschlag ihrer Herzen. Dieses sehr einfache Konzept ist die Basis einer Lebensweise, die die Türken als Gemeinschaft zusammenschweißt, und liegt auch ihrem Bedürfnis zugrunde, einander zu lenken, zu leiten und zu schützen. Der Prophet sagte: „Esst zusammen und nicht allein, denn der Segen kommt mit der Gemeinschaft." Ein unerwarteter Gast wurde früher *Tanrı misafiri* genannt - Besucher, den Gott geschickt hat -, und diese Bezeichnung ist ein Spiegelbild der türkischen Philosophie. So offerieren sie Reisenden eine Gastfreundschaft, die nach keiner Gegenleistung verlangt, und Familien genießen umso höheres Ansehen, je großzügiger sie ihre Gäste bewirten. Schon 1330 beschrieb der berühmte Weltreisende Ibn Battuta, wie er von Mitgliedern der Religionsgemeinschaft der Ahis empfangen wurde: „Nirgendwo sonst auf der Welt finden Sie junge Männer, die so eifrig darum bemüht sind, Fremde willkommen zu heißen, die ihnen so schnell Essen servieren und ihre Wünsche erfüllen wie in Anatolien."

Der vielleicht letzte Grund ist die ganz spezielle türkische Interpretation der goldenen muslimischen Lebensregel, die ein oft zitiertes Sprichwort auf den Punkt bringt: „Was du verschenkst, bleibt dir erhalten." Doch unabhängig davon, welcher Grund nun tatsächlich ausschlaggebend sein mag - Fakt ist, dass sich die türkische Gastfreundschaft durch Warmherzigkeit auszeichnet, dass sie nicht mit Gesten, Geschenken, Essen, Liebe und Güte geizt und dass sie stets auf behutsame, originelle, diskrete und sehr aufrichtige Art und Weise dargeboten wird. Diese Herzlichkeit verbreitet Wohlbehagen. Ihren Briefen, Lady Mary, ist zu entnehmen, dass auch Sie die türkische Herzlichkeit sehr schätzten, und vielleicht äußern Sie sich ja deshalb so anerkennend über Land und Leute. Ihnen war als Ausländerin dort nie unbehaglich zumute, im Gegenteil. Sie fühlten sich wohl in Ihrer Haut, und wann immer Sie mit kulturbedingten Gegensätzen konfrontiert wurden, ließen Sie sie wie Wasser an sich abperlen.

Bei meinen Aufenthalten in der Türkei erlebe ich regelmäßig mindestens einmal am Tag einen neuen Höhepunkt dieser Gastfreundschaft und bin ganz gerührt. Das kann eine Geste sein, die so dezent ist, dass man sie normalerweise völlig übersehen würde, oder auch so vielschichtig, dass man ob ihrer emotionalen Dimension verblüfft ist. Anatolien bedeutet übersetzt so viel wie ‚Land der Muttersonne', und man hat fast den Eindruck, als habe jeder Türke ein wenig von der Wärme dieser Muttersonne in sich aufgesogen, um sie dann der Welt wieder zurückzugeben. Diese Wärme spüren alle Besucher des Landes, aber genau wie Sie hatte auch ich das Glück, sie auf einer tieferen Ebene zu erleben, als es den meisten Touristen vergönnt ist.

Die türkische Gastfreundschaft erstreckt sich aber keineswegs nur auf Ausländer oder Fremde, sondern prägt auch den Umgang untereinander. Im Gespräch verwenden Türken oft das Wort *Buyurun*, eine wunderbar einfache Floskel, die ein breites Spektrum von Bedeutungen abdeckt: von „Bitte!" über „Bitte schön!", „Bedienen Sie sich!" und „Hier entlang, bitte!" bis hin zu „Seien Sie mein Gast!" und „Nach Ihnen!". Sie passt zu jeder Situation, und schon die Hingabe, mit der sie präsentiert wird - stets mit einem Lächeln auf den Lippen und ausgestreckter Hand -, ist für sich genommen ein kleines Geschenk.

Ich habe Ihnen ja bereits die Gastfreundschaft geschildert, die mir meine neue Adoptivfamilie angedeihen ließ. Doch auch im Alltag und auf der Straße sind bescheidene Gesten der Gastfreundschaft allgegenwärtig: die Tasse Kaffee, die Ihnen auf einem goldenen Tablett serviert wird, die Tür, die sich automatisch vor Ihnen öffnet, oder - am häufigsten - das Glas Tee, das man Ihnen offeriert. Türken werden Ihnen nie gestatten, für sie oder auch nur für sich selbst zu zahlen. Wenn Sie ihnen anbieten, die gemeinsame Rechnung

zu begleichen, werden sie dies als tödliche Beleidigung auf-
fassen, und schon gar nicht dürfen Sie einem Mann damit
kommen. Denn das würde ihn in seiner Ehre als Mann und
als türkischer Gastgeber zutiefst verletzen.

Türkische Gastfreundschaft dreht sich in der Regel um
die Themen Essen und Tee. Man verlangt von Ihnen, dass
Sie alles, was Ihnen angeboten wird, auch annehmen; und
man wird erst dann lockerlassen, wenn Sie es auch wirklich
angenommen haben. Während in unserer Kultur bereits ein
kurzes Ja oder Nein genügt, um klar und deutlich Zustim-
mung bzw. Ablehnung zu signalisieren, pflegt man hier
mindestens drei Mal nachzuhaken. Denn Türken sind davon
überzeugt, dass Sie zu schüchtern oder gehemmt sind, um
gleich beim ersten Mal mit Ja zu antworten. Sie schrieben,
sie seien mit „fünfzig Gerichten" bewirtet worden, Lady
Mary, und ich kann bestätigen, dass man seinen Gästen hier
stets eine große Auswahl an Speisen anreicht: frisch ge-
pflückte Pflaumen aus dem eigenen Garten oder auch Kebab, Mantı oder İçli Köfte. Einmal in Kayseri wurde mir
sogar - von einem speziellen Buskurierdienst und über eine
Distanz von 150 Meilen - eine Platte der weltberühmten
Pistazien-Baklava aus Gaziantep zugestellt, die einen Meter
Durchmesser hatte. Aus dem einzigen Grunde, damit ich
mich beim Abendessen daran erfreuen konnte.

Am häufigsten zeigen Türken Ihnen ihre Gastfreundschaft dadurch, dass sie Sie zu einem jener kleinen tulpenförmigen Gläser mit heißem rubinroten Tee einladen. Jeder
Schluck gibt Ihnen die Gelegenheit, kurz innezuhalten und all
die Wärme und Herzlichkeit dieser Menschen zu genießen.
Eine gut investierte unkomplizierte Geste, die reichlich Er-
trag abwirft. Sie drosselt die Geschwindigkeit des Alltags auf

ein menschliches Maß herunter, egal ob Sie gerade in ein Hotel einchecken oder sich an dem Grün eines öffentlichen Parks erfreuen.

Die Tee-Geste begegnet Ihnen allerorten, im Laden nach einem Kauf, bei jedem Spontanbesuch im Haus von Freunden (dort verlangt es die Etikette, dass man drei Gläser trinkt), in der Apotheke, auch wenn Sie sie nur aufgesucht haben, um ein Aspirin gegen Kopfschmerzen zu kaufen, im Fotogeschäft und natürlich gleich mehrfach während der langwierigen Verhandlungen beim Kauf eines Teppichs. Sie ist ein Akt der Etikette bei jeder Art von Geschäft. Mit dem Klimpern des Löffels an der Außenwand des Glases beginnen und vertiefen sich Freundschaften.

Die aufwendigste Darbietung von Gastfreundschaft erlebt man als Gast in einem türkischen Haus - ein großartiges Spektakel, bei dem sich die ganze Familie und die Nachbarn noch dazu um Ihr Wohlbehagen bemühen. Man überlässt Ihnen das beste Bett im Haus, richtet sich die Zeit ganz nach Ihnen ein und verhält sich so, als gäbe es sonst nichts in der Welt zu tun, als sich um Sie zu kümmern. Das bringt jedoch mit sich, dass Ihre Gastgeber neugierig sind: Zum Beispiel werden sie erfahren wollen, wie Sie sich die Schuhe binden und Ihr Essen salzen, und Sie müssen sich darauf einstellen, dass alles, was Sie tun, genau registriert wird. Einmal wurde ich in Izmir im Haus der Eltern einer türkischen Freundin von mir aus New York empfangen. Fortan hatte ich keine ruhige Minute mehr. Die Gastgeberin umschwirrte mich ununterbrochen und machte sehr viel Aufhebens darum, dass es mir auch wirklich gut gehe. Beim Abendessen auf dem Balkon passierte es dann: Ich lehnte mich an das Geländer und merkte sofort, dass ich irgendwie festklebte. Al-

so bemühte ich mich, meine missliche Lage so diskret wie
möglich zu überspielen, und irgendwann, als die Teller gewechselt wurden, gelang es mir tatsächlich, mich wieder
von dem Geländer zu lösen; leider nur war nun die eine Seite meines Kleides über und über mit weißer Farbe be-
schmiert. Später am Abend, vor dem Zubettgehen, versuchte ich, das Fenster in meinem Schlafzimmer zu öffnen, doch
ohne Erfolg. Es klemmte. Ich zog und zog daran, bis ich entsetzt feststellte, dass jetzt auch meine Hände ganz weiß waren. Erst in dem Moment dämmerte es mir: Die noch nasse
Farbe war der Beweis dafür, dass die Familie für meinen Besuch die ganze Wohnung gestrichen hatte. Begonnen hatten
sie damit anscheinend unmittelbar nachdem ich vor zwei Tagen angerufen und mein Kommen an jenem Morgen ange-
kündigt hatte.

Bei einem Besuch bei meiner Kayseri-Familie wurde mir
zu Ehren einmal eine ganze Abendgesellschaft organisiert.
Sie luden ein Dutzend Nachbarn ein, und wir plauderten,
tranken Tee, aßen Früchte und Nüsse und genossen die Kühle des Abends. All diese Menschen kamen, um mir zu zeigen,
dass ich willkommen war, und ein ganz klein bisschen fühlte ich mich wie ein Sultan, der die Huldigungen von Bot-
schaftern wie Ihrem Mann entgegennimmt, Lady Mary. Gegen Ende des Abends ergriff einer der Gäste, Muzaffer, das
Wort, und es wurde still. Er sprach sehr langsam und in einfachen Sätzen, damit ich ihn verstehen konnte: „Lady Kadriye, wir danken Ihnen dafür, dass Sie gekommen sind, um
uns zu besuchen. Wir freuen uns, Sie kennengelernt zu haben. Im nächsten Jahr erwarten wir Sie wieder und würden
uns wünschen, dass Sie dann auch Ihren Ehemann mitbringen. Wir hoffen, dass Sie eine schöne und sichere Reise ha-

ben werden. Gott segne Sie!" Daraufhin erhoben sich alle, küssten mich zum Abschied auf die Wange und gingen nach Hause. Kein Botschafter am Hofe von Sultan Ahmed war je kultivierter oder galanter.

Türken behandeln Sie auch in der Öffentlichkeit so, als wären Sie gerade zuhause bei ihnen zu Besuch. Einmal in einem Restaurant in Afyon kam eine größere Gruppe von etwa 20 Menschen herein, die dort offensichtlich eine Familienfeier abhalten wollten. Als sie mich sahen, luden sie mich ein, mich für den Abend zu ihnen zu gesellen. Die gleiche Art ehrenwerter Gastfreundschaft erfährt man auch in Büros und an Orten, an denen Geschäfte getätigt werden. Diese Orte werden als eine Erweiterung der eigenen vier Wände betrachtet, hier wie dort gelten dieselben kultivierten Lebensregeln. Ich erzählte Ihnen ja bereits, wie ich bei einem Besuch eines Hans in das Büro des Bürgermeisters von Ezinepazar bestellt wurde. Dieses befand sich in einem Betongebäude mit Blick auf den Dorfplatz, und vom Eingangstor aus führte mich ein Gehilfe pflichtgemäß die Treppe hinauf. Das Bürgermeisterbüro befand sich im zweiten Stock. Auf dem Weg dorthin kamen wir an gerahmten Farbporträts sämtlicher Osmanen- und Seldschukensultane vorbei. Vor einer Glasvitrine, dem Şehit Köşesi-Ehrenmal, verharrten wir einen Moment lang. Sie enthielt Schwarzweiß-Fotos von Soldaten aus dem Ort, die kürzlich bei Auseinandersetzungen mit PKK-Terroristen ums Leben gekommen waren, eine riesige goldene Büste von Atatürk und eine große Vase mit roten Plastikblumen. In ihrer Schlichtheit empfand ich die Vitrine als ähnlich ergreifend und anrührend wie das Monument für Vietnamveteranen in Washington. Das Bürgermeisterbüro entsprach in keiner Weise unseren

westlichen Vorstellungen von einer Dienststelle. Selbst in
den Büros französischer Minister dürften nicht so massive,
große Schreibtische stehen wie der, den ich hier vorfand.
Ausgestattet war er mit einem Tintenlöscher, einer Stiftab-
lage, einem Telefonset, einer großen goldenen Tafel, die Name und Titel des Bürgermeisters zierten, diversen Tageszei-
tungen und einem kleinen Ständer mit einem Satz von drei
türkischen Fahnen. Zum weiteren Inventar des Raumes gehörten zwei Sofas und sechs Sessel, mehrere Aschenbecher
aus geschliffenem Kristall, ein riesiger Flachbildfernseher,
Bücherregale, ein Computer, ein Esstisch mit acht Stühlen,
ein dreidimensionales Porträt von Atatürk, gerahmte Bilder
von Gebirgslandschaften an der Wand, Blumenvasen und
drei Käfige, in denen gelbe Kanarienvögel vor sich hin zwit-
scherten. Ich wurde mit größerem Pomp empfangen als Sie
bei Ihren Besuchen im Harem, Lady Mary, das kann ich Ihnen versichern. Über drei Stunden unterhielt sich der Bürgermeister angeregt mit mir. Dabei suchte er auf seinem
Schreibtisch und in den Bücherregalen unentwegt hektisch
nach bestimmten Akten, andere zog er aus Schubladen und
Ordnern hervor. Dann rief er seinen Gehilfen zu sich,
drückte ihm einen Stapel von diesem Material (Erntestatis-
tiken, Bevölkerungsstatistiken und Artikel über das Han) in
die Hände und forderte ihn auf, es für mich zu fotokopie-
ren. Mit der Fernbedienung auf seinem Schreibtisch setzte
er die riesige Klimaanlage an der Wand in Gang. Irgendwann
wurden mir Tee, Soda und eine Cola gebracht, der Bürgermeister selbst bekam einen türkischen Kaffee serviert. Nun
schauten wir uns eine DVD über das öffentliche Beschnei-
dungsfest des Ortes an, das einige Wochen zuvor auf dem
Platz vor dem Han stattgefunden hatte, und als wir damit

fertig waren, verlangte der Bürgermeister von seinem Gehilfen, mir auch davon eine Kopie zu machen. Auf dem Bücherregal stand ein offenbar eigens für ihn gefertigter neumodischer Iznik-Teller mit seinem Porträt und dem Han im Hintergrund. Als ich mich traute, ihn zu fragen, wo ich denn wohl einen dieser Schätze kaufen könnte, zitierte er umgehend erneut den stark beanspruchten Gehilfen zu sich und befahl ihm, den Teller für mich einzupacken, damit ich ihn mit nach Hause nehmen konnte. An meinen eigenen Arbeitstagen habe ich kaum einmal zehn Minuten Zeit für unerwartete Besucher. Er dagegen widmete mir volle drei Stunden, ließ mir gleich mehrere Getränke bringen und verabschiedete mich schließlich mit einer Dokumentation und Geschenken.

Das Reisen bietet Türken grenzenlose Möglichkeiten, ihre Gastfreundschaft kreativ auszuleben: Mir als Ausländerin (und Dame) zuliebe bemüht man sich im Bus darum, die anderen Passagiere so auf die Sitze zu verteilen, dass ich den begehrten Sitz Nr. 1 erhalte - direkt hinter dem Fahrer. Wenn ich in ein Hotel einchecke, geht dies nie ohne Verbeugungen vonstatten, und immer steht eine Schar von Hotelpagen bereit, die sich förmlich darum prügeln, wer mein Gepäck tragen darf. In Van nahm mich einmal der Kapitän eines Bootes unter seine Fittiche und organisierte eine Tour für mich zur Insel Akdamar, und in Amasya verriet mir einmal jemand, dass ich an der falschen Stelle auf den Minibus nach Ezinepazar wartete (wie konnte er wissen, wohin ich wollte?), nahm mich an der Hand und begleitete mich eine halbe Meile zu der richtigen Haltestelle. In Antalya ließ mir einmal der Besitzer eines Terrassenrestaurants, das leider schon lange nicht mehr existiert, Eis und

Pfefferminzlikör bringen, um sich auf diese Weise für die ungehobelten Gäste am Nebentisch zu entschuldigen. Die Sängerinnen in den Restaurants legen immer Wert darauf, herumzugehen und jeden Tisch einzeln zu begrüßen. Auch an meinem Tisch bleiben sie eine Weile stehen, um mich zu begrüßen. Sie fragen mich, wie ich heiße, und geben mir das Gefühl, bei ihrem Auftritt ein ganz besonderer Gast zu sein. In kleinen Pilaw-Küchen auf dem Dorf werden Ihnen manchmal neben dem, was Sie bestellt haben, noch weitere Speisen aufgetischt, so sehr freut man sich darüber, einen ausländischen Besucher zu Gast zu haben. In Beyşehir heuerte ich einmal einen Taxifahrer an, der mich zu den Ruinen von Kubadabad fahren sollte. Auf dem Weg dorthin stoppte er alle fünf Minuten, um mir in den fruchtbaren Wäldern rund um den See unterschiedliche Obstsorten zu pflücken: Äpfel, Birnen, Pfirsiche, Pflaumen, Kirschen und Maulbeeren. Später am Abend lud er mich dann noch in den Park am See ein, um mit seiner Familie Tee zu trinken und die Sonne über dem Wasser untergehen zu sehen.

Einige besonders schöne Gesten der Gastfreundschaft stammen von Türken, die einfach nur stolz darauf sind, Ausländern ihr historisch so reiches Land zeigen zu dürfen. Das ist ihre Art zu sagen: „Wie glücklich ich doch bin, ein Türke zu sein!" Zum Beispiel der Mann in Edirne, dessen Werkstatt sich auf der Rückseite der Emekçioğlu Ahmet Paşa-Karawanserei aus dem Jahr 1609 befindet. Er gab mir eine private Führung durch das Han. Oder der gebückte ältere Herr mit Gehstock auf dem Seldschukenfriedhof von Gevaş, der mich humpelnd begleitete, damit ich nur nicht das Halime Hatun-Mausoleum verfehlte, das Grab der *Karakoyunlu Hanımefendi* oder der Ehrenwerten Dame der

Schwarzschaf-Türken. In Niksar, bei einem Besuch in der
Ulu Cami, geleitete mich der Imam persönlich zur Zitadelle,
nahm sich den ganzen Nachmittag Zeit und führte mich herum. Er sagte mir, sonst käme nie ein Ausländer in seine
Moschee, offenbar habe Gott mich zu ihm gesandt und ihm
anvertraut.

Ein weiteres Beispiel ist die zweistündige private Führung, die mir der Direktor der Gevher-Medrese in Kayseri
durch selbige gab. Zum Schluss bestand er noch darauf,
dass ich mich ins Gästebuch eintrage. Oder die alten Männer, die es sich auf dem staubigen Dorfplatz von Hortu vor
dem kleinen Denkmal zu Ehren des Geburtshauses des
Volkshelden Nasreddin Hoca gemütlich gemacht haben,
sich dann aber extra so postieren, dass ich ein Foto von ihnen machen kann. Oder die Männer in dem Lebensmittel-
markt gegenüber der Seldschukenmoschee in Birgi, die den
größten schmiedeeisernen Schlüssel herbeiholen, den ich je
gesehen habe, um damit das Tor der Moschee aufzuschlie-
ßen und mir einen Blick auf die alten geschnitzten Holz-
fensterläden und auf die Kanzel zu gewähren. In Sivas
nahm ich mir einmal an einem späten Nachmittag ein Taxi,
um das Grabmonument von Scheich Hasan zu besuchen;
und nachdem ich es mir angeschaut hatte, fragte mich der
Taxifahrer höflich, ob er mir noch etwas anderes zeigen
dürfe: „Ich kenne einen Ort, der Ihnen vermutlich sehr gefallen wird!", bot er mir mit aller Zurückhaltung an. Normalerweise sollte man bei solchen Angeboten vorsichtig
sein, aber wir waren ja in der Türkei, deshalb war mir nicht
bange. Und so fuhr er mich zur Eğirli Köprü, einer markanten einspurigen und L-förmigen ‚krummen' Brücke, die im
Gegensatz zu fast allen anderen Bauwerken in der Umge-

bung den schweren Erdbeben von 1939 und 1942 getrotzt hat und schier unverwüstlich über dem Kızılırmak-Fluss thront. Das Foto, das ich von der Brücke im Sonnenuntergang machte, versinnbildlicht die ganze Liebenswürdigkeit dieses Fahrers, dem ich es verdanke, eine der schönsten Seldschukenbrücken in der Türkei entdeckt zu haben. Es steht bis heute auf meinem Schreibtisch.

Eine meine größten Sorgen, Lady Mary, ist, dass die Gastfreundschaft der Türken irgendwann verschwinden wird; dass der Ansturm der Touristen auf das Land die unendliche Geduld des türkischen Volkes aushöhlen wird und dass diese oft so respektlosen Menschen von der türkischen Bevölkerung dann nicht mehr als ein Geschenk Gottes wahrgenommen werden. Doch genau betrachtet, existierte diese Gastfreundschaft ja schon, als Ibn Battuta 1330 zu seiner oben zitierten Einschätzung kam; und sie hat über das Jahr 1718 hinaus, als Sie sie genießen durften, bis heute überdauert. Daher denke ich, dass meine Sorge unbegründet ist, und wenn ich sie endgültig vertreiben möchte, brauche ich mir nur jene frisch gestrichenen Zimmer und die Baklava-Platte aus Gaziantep in Erinnerung rufen. Ja, ja und für immer ja: Natürlich nehme ich gern noch ein Glas Tee!

Herzlichst, Ihre
Kadriye Branning

BRIEF 17

Kissen und Kuchen

Liebe Lady Mary,

in meinen Reisetagebüchern führe ich stets eine Sonderrubrik unter dem Titel ‚Herzzerreißende Begebenheiten/Besondere Clous‘. Auf diesen Seiten halte ich alles Außergewöhnliche fest, was mir auf meinen Reisen widerfährt und buchstäblich den Atem raubt. Nicht die architektonischen und künstlerischen Meisterleistungen und Naturwunder, die ich auf Schritt und Tritt bestaunen darf, sondern eindrucksvolle Gesten und Begegnungen mit Menschen, die mich nicht weniger beeindrucken als historische Stätten und geografische Besonderheiten. Denn sehen Sie, die Türken geben sich nicht damit zufrieden, das gastfreundlichste Volk der Welt zu sein. Nein, gelegentlich übertrumpfen sie dieses ja an sich schon höchst bemerkenswerte Prädikat noch und überraschen Sie mit schier unglaublichen Akten der Menschenliebe.

Die meisten dieser Akte sind ihrem Sinn für Höflichkeit und ihrer angeborenen Eleganz geschuldet. Das können so simple Gesten sein wie das Angebot eines Glases Tee, eine ausgestreckte Hand, ein von einem warmen Lächeln begleitetes *„Buyurun“* oder ein Spritzer Eau de Cologne, aber auch so aufwendige wie ein Gedicht, das man Ihnen widmet, oder eben jene Baklava-Platte aus Gaziantep. Obwohl man so häufig mit ihnen bedacht wird, kommen diese Gesten doch immer irgendwie unerwartet, wohl weil sie Ausdruck einer ungekünstelten, spontanen Herzlichkeit sind. Sie spiegeln eine entspannte, offenherzige und natürliche Liebenswürdigkeit wider und versinnbildlichen scheinbar eine ganze Lebensweise. Mittlerweile glaube ich, dass genau diese Gesten die vielsagendsten Symbole der Menschlichkeit des türkischen Volkes sind. Diese Menschen erwecken den Anschein, als seien sie Schutzengel, die von oben auf die Erde hinabschauen, um immer ein Auge auf uns zu haben und uns dabei zu helfen, unseren Tag schöner und sinnvoller zu gestalten.

Wie kann ich Ihnen noch besser erklären, von welchen Gesten ich hier spreche, Lady Mary? Wenn mir solche Gesten begegneten, waren sie meistens mit Abenteuern auf der Straße verbunden. Sie selbst hatten nur selten die Gelegenheit, Türken auf eigene Initiative hin näher kennenzulernen. Daher glaube ich, dass Ihnen einige der reichsten Schätze dieses Landes entgangen sind. Vielleicht werden Ihnen meine Erlebnisse, die ich Ihnen gleich schildern werde, nicht besonders spektakulär erscheinen. Doch in der Alltagshektik, die sonst mein Leben in der Stadt kennzeichnet, können sich die Dinge nicht so langsam und bedächtig entfalten wie in der Türkei. Dort fehlt es ständig an Zeit, und jeder ist darauf bedacht, Mauern um sein Privatleben zu errichten. Wenn ich weiter oben von außergewöhnlichen Dingen gesprochen habe, die mir auf meinen langjährigen Reisen buchstäblich den Atem raubten, dann meine ich damit die außerordentlichen Respektsbekundungen, die großzügigen Komplimente, die bescheidenen Gesten und die wertvollen Geschenke, die mir offeriert wurden.

Wie bereits erwähnt, sind die Türken überaus höfliche Menschen, die stets für jeden ein *„Buyurun"*, einen Tee oder ein freundliches Wort parat haben. Auch die Art und Weise, wie sie ihre Briefe beschließen, kündet davon, wie viel Wert sie auf Höflichkeit legen: kein langweiliges „Mit freundlichen Grüßen…", sondern ein *„Saygi ve sevgi…"* - „Mit Respekt und Liebe…". Und einer Bitte stellen sie die Worte *„Izin ver"* voran, was so viel bedeutet wie: „Wenn Sie mir erlauben möchten…". Ich habe am eigenen Leibe erfahren, dass ich unerwünschte Angriffe auf meine persönliche Sicherheit oder Integrität am effektivsten dadurch abwehre, dass ich ein laut vernehmbares *„Ayıp!"* fauche oder knurre. Dieses „Schämen Sie sich!" stellt eine so schwere Beleidigung des türkischen Selbstverständnisses dar, dass der Störenfried schleunigst das Weite suchen wird. Nur zweimal in 30 Jahren wurde ich beim Herumreisen in der Türkei abweisend oder respektlos behandelt, und zwar in beiden Fällen von jemandem, der seiner Wut über das Vorgehen der Politiker meines Landes freien Lauf ließ, nicht jedoch, weil er auf mich persönlich wütend war.

Man hat mir schon oft gesagt, dass die Türken nicht zuletzt deshalb so liebenswürdig zu mir sind, weil ich mir Mühe gebe, sie zu respektieren: weil ich mich angemessen kleide und ihre Anstandsregeln beachte, vor allem aber, weil ich ihre Sprache spreche. Das mag stimmen, nichtsdestotrotz begegnen Türken grundsätzlich allen ausländischen Besuchern mit einer Art von Respekt, die nicht inszeniert ist; denn auch untereinander behandeln sie sich höflich und respektvoll. Dies gilt insbesondere auch gegenüber Dorfnarren und Bettlern. Auf meiner ersten Reise in die Türkei bummelte ich einmal durch ein ruhiges Viertel, als ein blinder Mann geradewegs auf mich zukam und mir eine verblasste Postkarte mit Eselsohren vor die Nase hielt. Anfangs wusste ich nicht recht, was das zu bedeuten hatte, dann aber begriff ich, dass er mir das Recht verkaufen wollte, einen Blick auf das kleine Kätzchen auf der Postkarte zu werfen. Das heißt, er bot mir eine Dienstleistung an und war dadurch kein Bettler mehr. Ein Mann, der in der Nähe stand, kam herbei und sagte zu ihm: „*Amca* („Mein Onkel" - eine liebevolle Respektsanrede für ältere Menschen), lass sie in Ruhe! Sie ist eine Fremde und kann dich nicht verstehen." Dann fasste er ihn am Ellbogen, lenkte ihn weg von mir und drückte ihm dabei noch schnell eine Münze in die Hand. Auf diese Weise blieb die Würde des *Amca* bewahrt. Ich wiederum brauchte kein ungutes Gefühl zu haben. Und der eingreifende Mann schließlich durfte sich sicher sein, dass ich durch ihn etwas über die türkische Art, Almosen zu geben und zu nehmen, gelernt hatte.

Die gleiche Art von Mitgefühl begegnete mir bei einem ähnlichen Zwischenfall in Konya: Ich war in einer Apotheke gewesen, um mir ein Medikament zu besorgen, und anschließend hatte ich mich in den Teegarten um die Ecke geschleppt, um mich dort auszuruhen und die Medizin zu nehmen. Nun packte ich am Tisch die Pillen aus. Dem Oberkellner, einem aufmerksamen Türken, war all dies nicht entgangen. Offensichtlich ging es mir also nicht gut. Doch noch bevor ich einen Tee bei ihm bestellen konnte, kam eine Bettlerin zu mir, setzte sich an meinen Tisch und bat mich um Geld. Der Kellner reagierte sofort und bat sie: „Bitte, meine Tante, lass sie in Ruhe, ihr ist nicht wohl!" Dann nahm er sie am Arm, setzte sie an einen anderen Tisch und stellte ihr eine Tasse Wasser hin. Durch sein Verhalten - indem er sie respektvoll behandelte, nicht mit ihr schimpfte und sie nicht wegscheuchte - sorgte er dafür, dass keiner der drei Beteiligten in seiner Ehre und Würde verletzt wurde. Als ich schließlich meinen Tee bezahlen wollte, lehnte er ab und sagte, er würde ihn mir gern spendieren - als Entschuldigung dafür, dass ich in seinem Teegarten belästigt wurde.

Ein weiteres Erlebnis mit einem Dorfnarren hatte ich einmal in Eğirdir. Dort unternahm ich an einem ruhigen Sonntagmorgen einen Stadtbummel und bewunderte gerade die großartigen seldschukischen Sehenswürdigkeiten, als ich plötzlich bemerkte, dass mir ein Mann folgte und jeden meiner Schritte beobachtete - aber nicht mehr als das. Zufällig hatte ich mich außerdem just an dem Morgen dazu durchgerungen, einen großen Sprung in die Neuzeit zu wagen und erstmals Fotos von meiner Digitalkamera auf eine Daten-CD überspielen zu lassen. Die Kamera war noch recht neu, und das ganze Verfahren war mir völlig suspekt. Ich war mir nicht sicher, ob ich dem Fotoladen dieser Kleinstadt eine so wichtige Aufgabe anvertrauen sollte. Denn auf der Kamera befanden sich die Fotos eines ganzen Sommers Forschungsarbeit, und wenn sie beim Überspielen aus Versehen gelöscht worden wären, wäre dies einer Katastrophe gleichgekommen. Dem Ladenbesitzer blieben meine Zweifel nicht verborgen, und er gab sich größte Mühe, mich zu beruhigen. Er erklärte mir, selbst eine Frau könne diese Aufgabe problemlos bewältigen, und holte mir extra die junge Technikerin mit Kopftuch aus dem Hinterzimmer. Als diese dann mit meinem kostbaren Chip wieder verschwand (nicht ohne mir vorher noch aufmunternd die

Hand getätschelt zu haben), bot er mir einen Stuhl und einen Tee an, zeigte mir ein Fotoalbum der Region und schenkte mir als Souvenir ein paar Fotos von den schönen Seen in der Gegend. Aber als ich mich endlich zu entspannen begann, platzte auf einmal der Mann in den Laden, der mir schon den ganzen Vormittag lang nachspioniert hatte. Er starrte mich an, setzte sich auf den Stuhl neben mich und redete zusammenhanglos auf mich ein. In dem Moment wurde mir klar, dass es sich bei meinem Verfolger um einen Dorfnarren handeln musste. Doch unmittelbar darauf betrat noch ein weiterer Mann den Laden und klärte den Besitzer darüber auf, dass er schon den ganzen Vormittag über ein Auge auf meinen ‚Freund‘ gehabt habe, nachdem ihm aufgefallen war, dass er mir nachstieg. Ich hatte die ganze Zeit über nicht bemerkt, dass mir noch ein zweites Paar Augen (in diesem Fall wohlgesinnte) folgte, so diskret hatte er die Verantwortung für meine Sicherheit übernommen. Der Ladenbesitzer erfasste die Situation sofort, führte den Dorfnarren hinaus, setzte ihn unter die Platane gegenüber dem Geschäft und brachte ihm einen Tee. Dann ging auch mein Schutzengel zu ihm hin und erklärte ihm behutsam, dass es wohl das Beste wäre, wenn er diese ausländische *Hanımefendi* in Ruhe ließe. Anschließend leistete er mir noch Gesellschaft, bis irgendwann die junge Frau wieder auftauchte und mir lächelnd meinen Chip und die frisch gebrannte CD in die Hand drückte. Als ich den Fotoladen wieder verließ, wusste ich, dass mir keinerlei Gefahr mehr drohte - und dass sich der Dorfnarr keine Vorwürfe machte, etwas Falsches getan zu haben.

Auch meine Begegnungen mit der Obrigkeit verliefen allesamt würde- und respektvoll, selbst in Fällen, in denen ich mir eindeutig etwas hatte zu Schulden kommen lassen. Einmal war ich mit einer Freundin auf den Straßen Ostanatoliens unterwegs, die die fiese türkische Angewohnheit übernommen hatte, Bergkuppen zum Überholen zu nutzen. Mir war dabei immer sehr unbehaglich zumute, vor allem dann, wenn ich auf dem Beifahrersitz saß, aber sie mochte es gar nicht, wenn ich auf dem Rücksitz Platz nahm. An dem Nachmittag hatte sie jedoch das Pech, dass auf der anderen Seite des Hügels ein Polizeiauto lauerte und offensichtlich nur darauf wartete, solche Überholmanöver zu bestrafen. Der Beamte gab ihr ein Zeichen, zu stoppen und rechts an den Straßenrand zu fahren. Er schlenderte zu uns herüber, und seine Pistole und seine große Sonnenbrille verhießen nichts Gutes. Erst spähte er durchs Fenster und in den Innenraum unseres Wagens. Dann verlangte er von meiner Freundin Führerschein und Fahrzeugpapiere und inspizierte diese mit großer Ernsthaftigkeit. Meine Freundin zitterte und stand Todesängste aus, während ich mich insgeheim darüber freute, dass sie endlich die Quittung für ihre riskante Fahrweise erhielt. Was ich mich allerdings fragte, war: Wie um alles in der Welt würde ich ihrer seligen Mutter in San Francisco nur beibringen, dass man sie in ein türkisches Gefängnis geworfen hatte?! Am Ende jedoch gab er ihr die Papiere zurück, beugte sich betont langsam bis auf Gesichtshöhe zu ihr hinunter und sagte mit aller Strenge: „Machen Sie das NIE wieder! Verstehen Sie mich? Machen Sie das NIE wieder!" Dann drehte er sich um und signalisierte uns, zügig weiterzufahren. Mit seinem ebenso strengen wie respektvollen Tadel wahrte er seine und unsere Würde. Und tatsächlich gehorchte meine Freundin und machte es nie wieder. Ein anderes Mal wurde ich dabei ertappt, wie ich ahnungslos militärisches Gelände fotografierte. Auch in dem Fall behandelten mich sowohl die Soldaten mit Maschinengewehr, die mich auf dem Rücksitz ihres Autos zur Wache fuhren, als auch die Gendarmen auf der Wache selbst mit dem gebührenden Respekt, gepaart mit einem Schuss wohlwollender Heiterkeit.

Seltsam ist nur, dass die Türken es nicht mögen, wenn man versucht, nach ihren eigenen Spielregeln zu spielen. Es fällt ihnen sichtlich schwer, sich beschenken zu lassen. Einmal beschlossen meine Freundin und ich, dem Manager unseres Hotels in Antalya als Dankeschön für die vielen Freundlichkeiten, die er uns im Laufe der Jahre erwiesen hatte, eine kleine Aufmerksamkeit mitzubringen. In New York hatten wir uns vor dem Abflug alle Mühe gegeben, einen schönen Stift für ihn auszusuchen, den wir dann bei unserer Ankunft im Hotel zusammen mit einem Kärtchen diskret an der Rezeption liegenließen. Fünf Minuten später klopfte es an unserer Zimmertür. Draußen stand der Portier, der uns unser Päckchen wieder zurückbrachte. Wir fühlten uns gekränkt und konnten nicht verstehen, was ihn dazu bewogen hatte. Aber als wir vom Abendessen zurückkamen, fanden wir unser Zimmer wie verwandelt vor: mit frischen Handtüchern, aufgeschüttelten Betten, Parfüm-Flacons im Bad, frischen Frotteebademänteln auf dem Bett, Blumen in den Vasen, einem riesigen Obstkorb und einem Kärtchen - all dies als Dank für unser Geschenk, dessen Annahme doch verweigert worden war! Vielleicht war es ihm unangenehm gewesen, dass wir ihm unsere Wertschätzung *alla turca* zum Ausdruck gebracht hatten; doch zumindest der Gedanke muss ihm gefallen haben, sonst hätte er sich nicht auf typisch türkische Art revanchiert.

Türken zeigen Ihnen ihre Zuneigung auch gern, indem sie Ihnen blumige, charmante, offenherzige und gänzlich unverhohlene Komplimente machen. Sie scheuen nie davor zurück, ihrer Gefühlslage Ausdruck zu verleihen, und können dabei sehr emotional sein. Eine so große Offenherzigkeit ist in unserer westlichen Kultur nur selten anzutreffen. Auch Sie, Lady Mary, zitieren ein sehr rührendes Kompliment, das Ihnen Ihre Freundin Fatima einst machte: „Ich fuhr fort, ihr zu sagen, was für Aufsehen ein Gesicht wie das ihrige [Fatimas] zu London oder Paris machen würde. ‚Ich kann Ihnen nicht glauben', entgegnete sie mit vieler Anmut. ‚Wäre die Schönheit in Ihrem Land so sehr geschätzt, wie Sie sagen, man würde Ihnen nie erlaubt haben, es zu verlassen.'"

Einige dieser Komplimente sind so schmeichelhaft, dass Ihnen regelrecht das Herz stockt, vor allem diejenigen, die in Begleitung von Rosen oder aus dem Mund von Verehrern kommen. (Zu der Kategorie zähle ich auch das bereits erwähnte Pferde-Kompliment.) Doch am meisten gefreut habe ich mich eigenartigerweise über Komplimente, die mir Frauen machten - so wie Fatimas Kompliment an Sie, Lady Mary. In Kayseri war ich in einem Supermarkt einmal gerade damit beschäftigt, das Warensortiment genauer unter die Lupe zu nehmen, was mir auf meinen Reisen immer ein interessanter Zeitvertreib ist. Da bemerkte ich, dass mir jemand folgte. Ein Blick über die Schulter verriet mir auch, wer: eine junge Angestellte des Ladens. In New York ist es durchaus üblich, dass die Kunden in Drogerien und kleineren Lebensmittelläden vom Personal überwacht werden, aber damit signalisiert man Ihnen natürlich, dass man Sie als einen potenziellen Ladendieb betrachtet. Diese junge Dame hingegen schien andere Gründe zu haben, und mit jedem Regalgang rückte sie mir ein Stück näher auf den Pelz. Schließlich stand sie direkt neben mir und schenkte mir ein breites Lächeln. Dann ergriff sie meine Hand und führte mich zur Obstauslage, wo sie mich ermunterte, mir die Pfirsiche anzusehen: „Sehr frisch!", sagte sie. Und so enthusiastisch wie ein Kind, das einem Gast sein Lieblingsspielzeug vorführt, führte sie mich anschließend von Regal zu Regal, um mir ihre beste Ware zu präsentieren. Irgendwann schaute sie mich an, und es platzte aus ihr heraus: „Ich mag Sie! Sie haben so schöne Augen! Sie gefallen mir! Bitte kommen Sie doch noch einmal wieder, dann kann ich mich mit Ihnen anfreunden!" Ja, vielleicht hätten wir wirklich Freundinnen werden können, so wie Sie und Ihre Fatima, diese lebensfrohe Frau, die Ihnen so unwiderstehlich erschien.

Unwiderstehlich erschien mir auch die kleine 12-jährige Sevda aus dem Restaurant in Akçaabat. Sie half ihrem Vater abends aus, wenn er nicht genügend Kellner hatte, und bediente uns am Tisch so professionell wie ein gestandener Oberkellner in einem Vier-Sterne-Restaurant. Dabei verhielt sie sich mir gegenüber ähnlich wie die junge Frau in dem Supermarkt in Kayseri: Sie wich mir nicht eine Sekunde von der Seite. Selbst zur Toilette begleitete sie mich, und als ich mir die Hände wusch, reichte sie mir ein Handtuch. Anschließend hielt sie mir die Tür auf, und als ich wieder am Tisch Platz genommen hatte, ließ sie es sich nicht nehmen, den Salzstreuer vor mich hinzustellen, mir Wasser einzugießen und vor jedem Gang die Serviette neu zu falten. Als ich meinen türkischen Freund fragte, warum sie so viel Aufhebens um mich machte, lachte er und sagte: „Du gefällst ihr! Sie hat mir erzählt, dass sie dich sehr hübsch findet und deine Grübchen mag, die genauso groß sind wie ihre eigenen." Als wir schließlich aufbrachen, winkte sie mir zum Abschied und rief mir so laut, dass alle Gäste im Restaurant es hören konnten, zur Tür hinterher: „Ich mag Sie sehr!"

Wie ich bereits sagte, Lady Mary, ist die Türkei ein Land der kleinen Gesten, von denen einige unglaublich anmutig sind. Meine türkische Lieblingsgeste ist die, die ich ‚die magische Hand' nenne: Wann immer es einem Türken möglich ist, Ihnen eine helfende Hand entgegen zu strecken, wird er es tun. Ihre magischen Hände können einfach nicht an sich halten. Sie wirbeln herum wie der Zauberstab einer Fee. Sie wissen immer bereits im Voraus, was zu tun ist, und werden entsprechend aktiv. Einmal kam ich spät nachts am Busbahnhof von Tokat an, wo das schiere Chaos herrschte, denn die Soldaten hatten gerade Urlaub bekommen. Nun trafen diese jungen Männer nach und nach hier ein - und mit ihnen ihre Großfamilien, um sie zu begrüßen. Ich stieg also aus dem Bus und stellte meinen Koffer einen Moment lang ab, um mir etwas ins Portemonnaie zu stecken. Doch als ich ihn wieder in die Hand nehmen wollte, war er verschwunden! In Panik schaute ich mich um und sah, wie sich ein kleiner stämmiger Türke mit meinem Koffer unter dem Arm entfernte. Ich eilte ihm nach, bis ich aus der Ferne sah, wie er ihn an der Spitze der Taxischlange abstellte. Er kannte mich nicht, aber er hatte gesehen, dass ich allein aus dem Bus gestiegen war, ohne dass dort eine Familie auf mich wartete. Da lag es nahe, dass ich ein Taxi brauchen würde. Also hatte er instinktiv - und von mir unbemerkt - seine magische Hand ausgestreckt und sich den Koffer gegriffen. Nachdem er ihn dann abgestellt hatte, war er zurückgegangen und hatte sich wieder der Gruppe angeschlossen, mit der er hier war. All dies, ohne ein Wort zu mir zu sagen oder mir die Chance zu geben, ihm zu danken. In Kayseri wartete ich einmal mit einem schweren Koffer auf den Bus, und neben mir stand eine mit einer Schalvar bekleidete Bäuerin, die ihr Baby in den Armen wiegte. Als sich die Tür des Busses öffnete, klemmte sie sich im Bruchteil einer Sekunde das Kind zwischen Arm und Hüfte, packte mit der Hand des dadurch frei gewordenen anderen Arms meinen Koffer am Griff und bugsierte ihn die Stufen hinauf. Ohne vorher darüber nachgedacht oder es auch nur ansatzweise geplant zu haben, hatte sie quasi automatisch die Hand nach meinem Koffer ausgestreckt und mir mein Problem, die Stufen hinaufzukommen, abgenommen.

Ich erwähnte ja schon, dass man manchmal den Eindruck hat, als stehe hinter jedem Baum ein Türke, der alles, was vor sich geht, beobachtet. Es würde viel zu weit führen, all die unzähligen unsichtbaren Augen und Hände aufzuzählen, die wie jener Mann in Eğirdir in Schutzengelmanier über mich wachten, um sicherzustellen, dass ich in den richtigen Bus steige, die richtige Tür nehme oder den schönsten Pfirsich auswähle. Diese Gesten sind in der Regel mit keinerlei Kosten verbunden, sodass jeder sie darbieten könnte. Dennoch erscheinen sie in ihrer Schlichtheit großzügiger als jene aufwendige Präsentation der 50 Gerichte, die man Ihnen damals auftischte, Lady Mary. Im Laufe der Jahre wurde ich mit ganzen Gärten von Rosen beschenkt, aber damit nicht genug: Wenn Sie stürzen, ist sofort jemand da, der Ihnen wieder aufhilft und Sie sanft auf einen Stuhl setzt. Das gleiche tut man für Sie, wenn Ihnen bei Hitze schwindlig wird, wobei man Ihnen in solchen Fällen immer auch ein Glas Wasser bringt, damit Sie wieder zu Kräften kommen. Man gestattet Ihnen nicht, ihr Busticket selbst zu bezahlen. Oder wenn Sie am Straßenrand auf den Minibus warten, bietet man Ihnen an, Sie mit dem eigenen Fuhrwerk in die Stadt zu fahren. Wenn Sie in die Apotheke gehen, um ein paar Aspirin kaufen, beschwört man Sie, erst einmal Platz zu nehmen und ein Glas Wasser zu trinken. Wenn jemand eine Ausflugsfahrt mit Ihnen unternimmt, lässt er sein Geschäft an dem Tag geschlossen. Wenn Sie etwas im Taxi vergessen, bringt der Fahrer es Ihnen in Ihr Hotel zurück. Bei jeder Gelegenheit offeriert man Ihnen Obst und - selbstverständlich - ein Glas Tee. Und wenn Ahmet, der Hotelangestellte aus Tokat, mir ein Fax schickt, so endet dies jedes Mal mit einem: „Gott segne Sie!", begleitet von einem Smiley.

In der Oasenstadt Karaman wollte ich einmal den Komplex von Scheich Alaattin Karabaş Veli aufsuchen, fand ihn aber nicht. Mir war heiß und ich war frustriert, doch fest entschlossen betrat ich einen Friseursalon und fragte dort nach, in welche Richtung ich gehen musste. Der Friseur war gerade damit beschäftigt, einen Kunden zu rasieren und ihm die Haare zu schneiden. Also hielt er kurz Rücksprache mit ihm und sagte dann zu mir: „Kein Problem!" Er ließ den bereits eingeseiften Kunden im Friseurstuhl zurück und geleitete mich persönlich zu dem Komplex, was definitiv keine kurze Strecke war. In Kayseri brach ich einmal sonntagmorgens in aller Frühe zum Gelände der ‚PanSu Sugar and Water Factory' auf, das neben einer Fabrik auch die Ruinen des Keykubadiyye-Palastes beherbergte. Dank der Position meines Begleiters, des Historikers Muhsin Ilyas Subaşı (und seiner beeindruckenden Überzeugungskräfte), konnten wir den diensthabenden Wachmann dazu überreden, uns auf das Gelände zu lassen. Allerdings stellte er aus Sicherheitsgründen die Bedingung, dass er selbst uns begleiten würde. Wir hatten uns gerade auf den Weg gemacht, da brüllte er plötzlich: „Stopp!" Mir schwante schon Böses und ich befürchtete, dass er doch noch zu der Einsicht gelangt war, die Verantwortung für unseren Besuch nicht übernehmen zu können. Aber nein, er rannte in ein Gebäude und kam kurz darauf mit mehreren Flaschen Wasser und Soda unter dem Arm zu uns zurückgelaufen. Wie sich später herausstellte, wusste er gar nicht, dass er hier nicht nur eine Fabrik bewachte, sondern das Gelände des Palastes von Alaeddin Keykubat, des bedeutendsten Sultans der Seldschuken. Sicherlich wird ihm die inspirierende Geschichtsstunde, die uns dieser namhafte Historiker aus Kayseri dann erteilte, genauso in Erinnerung bleiben wie mir die kalten Getränke, die uns der Wachmann großzügig spendierte.

Ein weiteres Beispiel für kleine Gesten dieser Art lieferte mir ein Bauarbeiter am Bimarhane in Amasya, der mir den Zugang zur eigentlich aus Renovierungsgründen geschlossenen Baustelle gestattete und mir sogar eine Führung gab, weil er spürte, dass ich neugierig war und mich für seine Arbeit interessierte. Oder der Besitzer des wunderschönen Lokum-Geschäfts in Safranbolu aus dem Jahre 1942, dessen Originaldekor aus geschliffenem Glas und geschnitztem Holz bis heute erhalten geblieben ist. Vom Eingang des Geschäftes aus sah er mich auf der Straße und bemerkte, dass mir schwindlig wurde. Also eilte er zu mir und führte mich am Arm in sein Geschäft, wo er mir einen Stuhl hinstellte. Oder der Besitzer des Früchte-Geschäfts in Tokat, vor dem ich ebenfalls fast in der Hitze kollabiert wäre. Zunächst holte er mir eine Pfirsichkiste, auf die ich mich setzen sollte. Als

dann kurz darauf ein Junge hereinkam und ihm die Pide
brachte (ein im Ofen gebackenes Käsebrot), die er sich zum
Mittagessen bestellt hatte, legte er mir das warme Paket ohne
zu zögern auf den Schoß und forderte mich auf: „Bitte, essen Sie das, dann werden Sie sich besser fühlen!" Ich konnte noch so sehr protestieren, es half alles nichts. Er ließ sich
nicht davon überzeugen, auch nur einen Teil seiner Mahlzeit selbst zu essen.

Doch ich wurde nicht nur mit Pide, Tee und Rosen
überhäuft, sondern auch mit allen Arten von frischen
Früchten. Als ich in Amasya einmal vom Pool zurückkam,
in dem ich wie üblich 40 Minuten lang Bahnen geschwom-
men hatte, stand plötzlich neben meinem Liegestuhl ein
kleines Tischchen mit einem Teller, auf dem ein geschälter
und geschnittener Pfirsich lag, und einem frischen Getränk.
Weder das eine noch das andere hatte ich bestellt. Bei einem
Besuch der Umur Bey-Moschee in Bursa war ich einmal so
damit beschäftigt, ihre außergewöhnliche Gründungsurkun-
de aus dem Jahr 1454 zu bewundern, die neben dem Eingangsportal in zwei separate Marmorplatten eingraviert war,
dass mir völlig entging, wie sich ein Teenager neben mich
stellte. Behutsam streckte er mir seine hohlen Hände entgegen, in denen sich eine kleine Ansammlung von kostbaren
Perlen befand; so sahen sie zumindest aus. In Wirklichkeit
handelte es sich um frische weiße Maulbeeren, die er mir
von dem Baum im Innenhof der Moschee gepflückt hatte.
Es war das erste Mal in meinem Leben, dass ich diese safti-
gen, honigsüßen Früchte aß. In Konya pflückte mir einmal
der Wächter der Karatay-Medrese frische Aprikosen vom
Baum im Garten. Und auch die folgende Begebenheit, bei
der Früchte eine Rolle spielten, war mit einer bemerkens-

werten kleinen Geste der Zuvorkommenheit verbunden: Man hatte mich eingeladen, das mystische Derwischkloster von Scheich Turesan hoch oben auf einem abgelegenen Berg an der Straße zwischen Kayseri und Ürgüp zu besuchen. Bevor er mich in seinem Jeep dorthin fuhr, hielt mein Gastgeber Şuayip Türker an einem Supermarkt, um frisches Obst zu kaufen, das er dem Pförtner und seiner Familie mitbringen wollte. Ich bot ihm an, mich an den Kosten zu beteiligen, was er aber natürlich ablehnte. Und nicht nur das, er gab mir sogar das Gefühl, dass ich ihn ernsthaft beleidigt hatte. Am Kloster angekommen, entluden wir den Wagen. Dabei drückte mir Şuayip die zahlreichen Taschen mit Wassermelonen, Pfirsichen, Aprikosen und Trauben in die Hand, und als der Pförtner und seine Kinder aus dem Haus stürmten, um uns zu begrüßen, klopfte er mir sanft auf die Schulter und sagte: „Los, sei nicht schüchtern, biete ihnen die Früchte an!" Es war seine Art, mir dabei zu helfen, diesen Leuten näher zu kommen und mich mit ihnen anzufreunden; ganz so, als sei es meine Idee gewesen, ihnen Obst mitzubringen, und als hätte ich es von meinem eigenen Geld gekauft.

Am tiefsten aber bewegen mich die kleinen Gesten von Menschen aus bescheidenen Verhältnissen, die gar nichts anderes anbieten können als ihre Freundlichkeit. Diese Gesten verleihen ihnen mehr Würde, als jeder Sultan besitzt. In Tokat saß ich einmal an der Hatuniye Cami auf einem kleinen Mäuerchen und wartete auf das Ende des Gebets, um die Moschee betreten zu können. Da trottete ein buckliger Schuhputzer auf mich zu, brachte mir einen Sack aus Leinen und bedeutete mir, mich darauf zu setzen. Zwar war der Sack noch staubiger als die Mauer, auf der ich saß, aber darum ging es hier gar nicht. Vielmehr machte er mir ein Geschenk. Trotz seiner Armut war er dazu in der Lage, mir etwas anzubieten, das mir von Nutzen sein konnte. Ohnehin habe ich den Eindruck, dass die Menschen in Tokat gern Sitzgelegenheiten anbieten. Denn ein anderes Mal wartete ich gerade vor der Garipler-Moschee auf das Gebetsende, als eine ältere Frau aus dem Haus nebenan mit einem hellen Kelim-Kissen auf mich zukam. Offenbar hatte sie mich von ihrem Fenster aus auf den Steinen sitzen sehen und forderte mich nun ebenfalls dazu auf, mich während des Wartens auf das Kissen zu setzen. Können Sie von sich behaupten, schon einmal etwas so Simples und gleichzeitig so Wohlüberlegtes getan zu haben, Lady Mary? Ich wohl eher nicht.

Zwei weitere unvergessliche Erfahrungen mit der Großzügigkeit bescheidener Menschen verdanke ich einer meiner Lieblingsmoscheen in der Türkei, der auf dem Hügel Çekirge in Bursa gelegenen Hüdavendigar-Moschee. Auf ihrem von stiller Spiritualität geprägten Gelände liegt Sultan Murat I. begraben, einer der berühmtesten Osmanensultane. Sein Grabmal befindet sich auf der Straßenseite gegenüber der beeindruckenden Moschee, wo auch ein kleiner Teegarten angelegt wurde, in dem ich mich bei jedem Besuch niederlasse, um die Bäume und Blumen zu genießen, um dem Rauschen des Windes an diesem exponierten Ort hoch oben über der Stadt zu lauschen, um die erhabene Moschee auf der anderen Straßenseite zu betrachten oder um über das Leben dieses tragischen Sultans nachzudenken, der auf dem Schlachtfeld von Kosovo von einem wütenden Serben ermordet wurde. Einmal saß ich dort, als ein ärmlich gekleideter alter Mann auf mich zu schlurfte und mir eine arg schmutzige Hand entgegenstreckte, um mir einen der berühmten kugelrunden Bursa-Pfirsiche zu überreichen. Als ich später gehen und meinen Tee bezahlen wollte, teilte mir der Kellner mit, dass der Mann auch dies bereits übernommen habe. Dieser Mann war so arm, wie seine Hände schmutzig waren, und doch hatte er mir einen frischen Pfirsich und einen Tee spendiert, was für seine Verhältnisse einer Einladung zu einem Bankett gleichkam. Bei einem anderen Besuch der gleichen Moschee war ich am Ende eines langen Tages zu erschöpft, um zu Fuß den Hügel hinab zu steigen und beschloss, mir ein Taxi ins Hotel zu nehmen. Doch ehe ich einsteigen konnte, führte mich der Fahrer zum Kofferraum des Wagens und öffnete ihn. Darin lagen ungefähr zehn Laibe frisch gebackenes, noch warmes Brot, das er gerade in einer Bäckerei gekauft hatte, um es seiner Familie zum Abendessen nach Hause zu bringen. Es duftete so gut, dass mir das Wasser im Munde zusammenlief. Der Kofferraum kam mir vor wie ein kleiner Backofen. Dann griff er hinein, holte eines der warmen Brote heraus und überreichte es mir mit den Worten: „Nehmen Sie das, bitte! Es ist für Sie, zum Abendessen!" Genau wie der Mann in dem Teegarten bemühte auch er sich nach Kräften, mich zu erfreuen, was sein Geschenk umso wertvoller und großzügiger machte.

Taxifahrer begnügen sich oft nicht damit, Sie nur zu Ihrem Ziel bringen, wie ich Ihnen ja bereits an einem Beispiel verdeutlicht habe. Bei einer anderen Gelegenheit unterhielt ich mich einmal auf dem Weg zum Flughafen in Tokat, von wo mein Rückflug nach Istanbul ging, angeregt mit dem Taxifahrer und verriet ihm, dass mir seine Stadt von allen Städten in der Türkei am besten gefalle. Er fragte mich warum, und bei jedem Grund, den ich ihm aufzählte, nickte er

zustimmend mit dem Kopf und lächelte. Bald darauf hielten
wir am Straßenrand an, und er stieg aus dem Taxi und verschwand. Als ich mich gerade zu fragen begann, was er vor-
hatte und ob ich nicht vielleicht sogar meinen Flug verpassen würde, kam er zurück, stieg wieder ein und legte mir eine Plastiktüte mit reifen Pfirsichen in den Schoß, die über 3
Kilo wogen. „Die sind für Sie, sie werden Sie an Tokat erinnern. Damit Sie uns in der großen Stadt Istanbul nicht ver-
einsamen!" Gemessen an seinen bescheidenen Mitteln hatte
auch er mir ohne Zweifel ein kostbares Geschenk gemacht.
Unnötig zu sagen, dass dies die süßesten Pfirsiche waren,
die ich je gegessen habe.

Doch die schönste all dieser kleinen Gesten die man
mir angedeihen ließ, kam von einer Gruppe von Mädchen
im Teenageralter in Sivas. An dem Nachmittag hatte ich
mich in einen schönen Teegarten am großen Konak-Platz
mitten im Stadtzentrum zurückgezogen, um mich dort auszuruhen. Während ich dort meinen Tee schlürfte, registrierte ich, dass am Nebentisch sechs junge Mädchen eine kleine
Privatparty veranstalteten. Sie tranken Tee, plauderten,
lachten und packten einen selbst gebackenen Kastenkuchen
aus. Vielleicht hatte eine von ihnen Geburtstag, vielleicht
feierten sie das Schuljahrsende oder auch einfach nur ihre
Freundschaft. Wie dem auch sei, schließlich versenkte ich
mich wieder in meine Gedanken und meine Lektüre und
bekam deshalb gar nicht mit, wie eine von ihnen an meinen
Tisch trat. Sie streckte mir die Platte mit dem selbst gebackenen Kuchen entgegen, der vorhin noch bei ihnen auf dem
Tisch gestanden hatte und inzwischen in Stücke geschnitten
war, und sagte: „Bitte nehmen Sie doch ein Stück Kuchen,
wir möchten ihn mit Ihnen teilen. Ich hoffe, er schmeckt

Ihnen, ich habe ihn ganz allein gebacken!" Ich war zutiefst gerührt, weil mir die Ehre zuteilwurde, das erste Stück probieren zu dürfen; und dies umso mehr, weil ich selbst - Ironie
des Schicksals - zufällig an dem Tag Geburtstag hatte. Es
schien fast, als hätte sie es gewusst. Von all den Festtagstor-
ten, die ich in meinem Leben zum Geburtstag geschenkt
bekommen habe, hat mir keine je besser geschmeckt als der
schlichte Kastenkuchen, den mir dieses Mädchen, das ich
doch gar nicht kannte, hier mit einem Lächeln anpries.

Neben ihrem liebenswürdigen, sanften Kern verfügen
viele Türken aber auch über eine starke, beherzte Persönlichkeit. Entsprechend zeichnen sie sich nicht nur durch bescheidene Gesten aus, sondern auch durch energisches Zu-
packen. Auf dem Flug von New York nach Istanbul zum
Beispiel wollte ich nach dem Start meine Kontaktlinsen he-
rausnehmen. Dabei passierte mir zu meinem Entsetzen etwas, das mir bis dahin noch nie passiert war: Eine von ihnen segelte durch die Luft, und ich hatte keine Ahnung, wo
sie gelandet sein könnte. Ich suchte die ganze Umgebung
um meinen Sitz ab, aber wie man sich unschwer vorstellen
kann, war dies in dem engen, voll besetzten Flugzeug ein
aussichtsloses Unterfangen. Nach der Landung und nachdem alle Passagiere durch den Gang nach vorn gestapft waren, entschied ich mich, den Bereich um meinen Sitz doch
noch ein letztes Mal abzusuchen. Kurze Zeit später erhielt
ich Unterstützung von vier Stewardessen, die keinen Zweifel darin ließen, dass sie die Linse auf jeden Fall finden würden. Natürlich waren sie nach dem 12-stündigen Flug müde, und wahrscheinlich hatten sie es sogar noch eiliger als
ich, aus dem überhitzten Flugzeug herauszukommen, doch
sie machten keine Anstalten aufzugeben. Vergnügt wie klei-

ne Kinder bei der Schatzsuche rutschten sie auf Händen und Knien im Gang herum. Plötzlich rief eine von ihnen: *„Buldum!"* (Ich habe sie!) Wie diese junge Frau ein so winziges Ding hatte finden können und wie diese Linse bei all den Füßen, die über sie hinweg getrampelt waren, hatte heilbleiben können, ist mir auch jetzt noch ein großes Rätsel. Auch diese Frau gehörte zur Gattung der unbeirrbaren und unerschütterlichen Türkinnen. Sie hatte fest daran geglaubt, die Linse zu finden, und dadurch das Unmögliche möglich gemacht.

Auch eine diskrete Geste kann eine große Geste sein. Einmal in Kayseri in einer Buchhandlung sagte der Besitzer zu mir, er habe ein Geschenk für mich, und legte mir ein Buch in die Hände. Nicht irgendein Buch, sondern eines, das in rotes Leder gebunden war, mit Goldprägung und goldenen Seitenrändern. Der Buchdeckel verriet mir, dass es sich um die Deluxe-Ausgabe einer neuen englischen Koranübersetzung handelte. Jeder Sure war eine Seite mit Erläuterungen vorangestellt. Und neben dem schön übersetzten Text befand sich jeweils ein kleines Kästchen mit der zugehörigen Passage des arabischen Originaltextes. Als Bibliothekarin war ich von der ausgezeichneten Qualität dieses Werks beeindruckt, und als Gast war ich gerührt, denn dieser Mann hoffte offenbar darauf, mit seinem Geschenk die Tür zu meinem Leben weit aufzustoßen.

Große Freundschaftsgesten vermögen auch für unangenehme Vorfälle zu entschädigen. Als man mir auf der Fahrt von Eğirdir nach Konya erstmals in 30 Jahren einen Platz im hinteren Teil des Busses zuwies - in der allerletzten Reihe und vor allem: neben einem Mann -, wunderte ich mich sehr. Ich muss zugeben, dass mir nicht ganz wohl bei der Sache war, es erschien mir irgendwie unpassend. Andererseits sagte ich mir: „Wie albern, schließlich sitze ich doch in der U-Bahn jeden Morgen neben Männern, wo also liegt das Problem?" Ich achtete nicht weiter auf meinen Nachbarn und registrierte lediglich, dass er mittleren Alters war und grobschlächtige Hände hatte. Erst als er vor sich hin zu stammeln begann und seltsame Geräusche von sich gab, merkte ich, dass er sich grob unschicklich benahm. In New York und Paris in der U-Bahn war mir so etwas auch schon einmal passiert. Aber hier in der Türkei? Gleich beim ersten Mal, wo ich in einem öffentlichen Verkehrsmittel neben einem Mann sitze? Ich konnte es nicht fassen. Empört schnappte ich mir meine Tasche, lief nach vorn und verlangte von Fahrer und Busbegleiter, dass sie mir sofort einen anderen Platz gaben. Zwar erklärte ich ihnen nicht näher, weshalb, aber sie werden es geahnt haben. Am Morgen darauf schreckte ich um 5 Uhr morgens aus dem Schlaf auf, stand senkrecht im Bett und rief: „Meine Kamera! Wo ist die Kamera?" Warum ich plötzlich das Gefühl hatte, dass sie sich nicht mehr in meiner Tasche befand, und warum mich dieses Gefühl ausgerechnet im Schlaf überkam, kann ich mir nicht erklären. Jedenfalls stellte ich das ganze Hotelzimmer auf den Kopf, und natürlich stimmte, was mir mein Unterbewusstsein im Traum enthüllt hatte: Die Kamera war weg! Das Einzige, was mir dazu einfiel, war, dass sie mir am Nachmittag zuvor bei dem Chaos nach dem Vorfall im Bus aus der Tasche gefallen sein musste. Also suchte ich meinen Ticketabschnitt heraus, hastete zum Busbahnhof zurück und erklärte dort im Büro des Busunternehmens, was mir widerfahren war. Einige Anrufe und etwa fünf Minuten später sagte der Sekretär zu mir: „Bitte setzen Sie sich doch,

meine Dame! Ja, es ist etwas gefunden worden, man wird
es Ihnen bringen." Und im Nu stand ein Glas Tee vor mir.
Noch immer wagte ich kaum zu hoffen, dass ich meine Kamera wiederbekommen würde. Ich hatte den ganzen Sommer über Recherche betrieben, und alle Fotos, die ich dabei
gemacht hatte, waren auf dieser Kamera. Wäre sie weg gewesen, so hätte dies bedeutet, dass die ganze Reise, die
mich enorm viel Zeit und Geld gekostet hatte, umsonst gewesen wäre. Eine Viertelstunde später tauchten sechs junge
Männer auf, unter ihnen auch der Busbegleiter vom Tag zuvor. Und tatsächlich hielten sie meine Kamera in Händen.
Da kamen mir die Tränen - weil ich mich über meine eigene
Sorglosigkeit ärgerte, weil mir die Erinnerung an den Vorfall
im Bus zusetzte, vor allem aber deshalb, weil mir plötzlich
einfiel, dass es der Morgen des fünften Jahrestages eines für
alle New Yorker sehr traurigen Septembertages war. Ich
konnte nicht aufhören zu weinen, jetzt auch aus Erleichterung, murmelte verlegen einige unzusammenhängende
Dankesworte und verließ das Büro. Dann aber wurde mir
klar, wie unhöflich mein Verhalten war. Ich wischte mir die
Tränen aus dem Gesicht, ging noch einmal zurück zu dem
Mann am Schalter und erklärte ihm, ich würde ihnen allen
gern ein kleines Zeichen meiner Wertschätzung zukommen
lassen. Er aber erwiderte: „O nein, Lady, wir sind es, die zu
danken haben. Denn Sie haben uns die Gelegenheit gegeben, Ihnen zu helfen." Sein Lächeln gab mir die Gewissheit,
dass nun alles in Ordnung gekommen war.

Doch noch einmal zurück zu dem eingebauten Radarsystem der Türken, das dafür sorgt, dass ihnen nichts - und
damit meine ich wirklich: nichts - entgeht. Einmal an Weihnachten beschloss ich, meinen Mann mit nach Istanbul zu

nehmen. Ich schrieb das ‚Arena Hotel' an und fragte nach, ob sie wohl ein besonders schönes Zimmer für uns hätten. Diese Reise sei ein Geschenk für meinen Mann zu einem runden Geburtstag. Bei unserer Ankunft stellten wir fest, dass man tatsächlich die besten Zimmer des Hotels für uns reserviert hatte, mit Blick auf die Sokollu Mehmet Paşa-Moschee, die außergewöhnlichste aller Moscheen des Architekten Sinan. Am späten Nachmittag des Silvestertages, des Geburtstags meines Mannes, kamen wir nach einer langen Tour mit der Fähre auf dem Bosporus unterkühlt, aber glücklich ins Hotel zurück. Einige Minuten später klopfte es, und vor unserer Zimmertür stand ein Kellner mit einem Tablett in der Hand. Darauf befanden sich Teller, Servietten, ein höchst aufwendig dekorierter Kuchen mit Kerzen und eine Karte vom Personal des Hotels mit den besten Geburtstagswünschen für meinen Mann. Offenbar war ihnen meine ursprüngliche Anfrage in Erinnerung geblieben. Dann hatten sie seinem Pass, den er beim Check-in hatte vorlegen müssen, sein Geburtsdatum entnommen und sich etwas einfallen lassen. Diese Geburtstagstorte war viel aufwendiger verziert als mein bescheidenes Stück Kuchen in dem Teegarten in Sivas, doch gab sie meinem Mann das gleiche Gefühl, das auch ich damals empfunden hatte: Nie war ihm eine schönere Geburtstagsüberraschung bereitet worden.

Und nicht nur in der Türkei selbst zeichnen sich die Türken durch diese Gesten der Freundschaft aus. Sie liegen ihnen einfach im Blut, unabhängig davon, wo sie leben. Und wohin es sie auch zieht, stets tragen sie diese Gesten wie einen Koffer mit sich. Als ich in Paris lebte, besuchte ich oft ein kleines türkisches Restaurant und freundete mich mit den Kellnern dort an. Eines Abends erzählte ich ihnen, dass ich am nächsten Tag umziehen würde und schon sehr gespannt auf das neue und bessere Viertel sei. „Wo wohnen Sie denn jetzt, und wo werden Sie hinziehen?", fragte mich Metin, der Oberkellner. Ich sagte es ihm, ohne weiter darüber nachzudenken. Dabei hätte ich es besser wissen müssen. Am nächsten Morgen um Punkt 8 Uhr - ich hatte gerade damit begonnen, die ersten Sachen in mein kleines Auto zu packen - fuhr ein weißer Mini-Van vor, und sechs kräftige Türken stiegen aus, von denen keiner auch nur ein Wort Französisch sprach. „Metin hat uns geschickt, Ihnen beim Umzug zu helfen, damit alles gut geht." Ich war sprachlos. So geschwind wie Eichhörnchen den Baum flitzten sie die Treppen hinauf, und binnen kürzester Zeit hatten sie mit ihren flinken Händen und starken Rücken alles in den Van verfrachtet. Anschließend fuhren sie zu meiner neuen Adresse und trugen dort alles nach oben - sechs Etagen durch ein schmales Treppenhaus in meine neue Wohnung unter dem Dach einer Pariser Mansarde. Alles in allem brauchten sie noch nicht einmal zwei Stunden und waren dann wie der Blitz wieder verschwunden, noch ehe ich Zeit fand, ihnen Wasser, Mittagessen und ein Trinkgeld anzubieten oder mich auch nur bei ihnen zu bedanken. Sie hatten mir geholfen, weil Metin wusste, dass eine alleinstehende Frau Hilfe benötigt, und sie darum gebeten hatte. Und sie hatten mir geholfen, weil sie freigebig mit ihrer Zeit und ihren Muskeln umgingen. In keiner Wohnung war ich je so glücklich wie in jenem Haus ohne Fahrstuhl in Paris, unter dem Dach im sechsten Stock. Und das hing mit Sicherheit auch mit dem vielversprechenden Start in mein Leben dort zusammen, den mir diese Türken mit ihrer unglaublich großzügigen Geste ermöglichten.

Liebe Lady Mary, das ist es, was ich unter herzzerrei-ßenden Begebenheiten und besonderen Clous verstehe. Diese wunderbaren Gesten der Freundschaft, die kleinen genauso wie die großen, gehören zu den wertvollsten Geschenken, die mir je gemacht wurden. Ich würde nicht eine von ihnen eintauschen wollen - nicht das bescheidene Stück Geburtstagskuchen, nicht den erholsamen Moment auf dem staubigen Kissen und auch keine helfende Hand, die sich mir entgegenstreckt. Für nichts in der Welt. Diese Gesten haben mein Leben unglaublich bereichert, und wer braucht schon Diamantohrringe von der Größe einer Haselnuss, wenn er mit so prächtigen Reichtümern gesegnet ist?

Herzlichst, Ihre
Kadriye Branning

BRIEF 18

Hier kramt der Türke seine
ganze Pracht aus

L iebe Lady Mary,
Ihr Geburtshaus war eines der vornehmsten Häuser
Englands, die berühmte Thoresby Hall in der
fruchtbaren Provinz Nottinghamshire. Dieses Herrenhaus
im palladianischen Stil verfügt über 275 Zimmer und resi-
diert auf einem Landgut, das sich über Hunderte von Hektar erstreckt und zu dem außerdem ein Wildgehege, ein 65
Hektar großer See und schön angelegte Gärten gehören.
Letzere sind von einem Kanal durchzogen, der eine Viertel-
meile misst und nebenbei auch zahlreiche Brunnen speist.
Folglich waren sie in einer guten Position, um Vergleiche
anzustellen zwischen Ihrem prunkvollen Familienstammsitz
und dem Haus des Großherrn, in dem Sie in Edirne ein-
quartiert waren. Wie üblich entging Ihren aufmerksamen Augen kein noch so kleines Detail, und so liefern Sie eine detaillierte Beschreibung von Architektur und Ausstattung Ihrer
vorübergehenden Bleibe:

> Jedes Haus hat zwei voneinander geschiedene Teile, die
> nur durch einen engen Gang verbunden sind. Das Vor-
> haus hat einen großen Vorhof und rundherum offene

Klinik, Eyüp (1990)

Sandıklı (1991)

Tänzer und Tänzerinnen in Söğüt (1978)

Eyüp (1990)

Beim Zwiebelsortieren im Issız Han, Apolyant (1987)

Erzurum (1989)

Portrait der Lady Mary Montagu (aus einer Privatsammlung) 1725

Bei der Yufka-Zubereitung (1978)

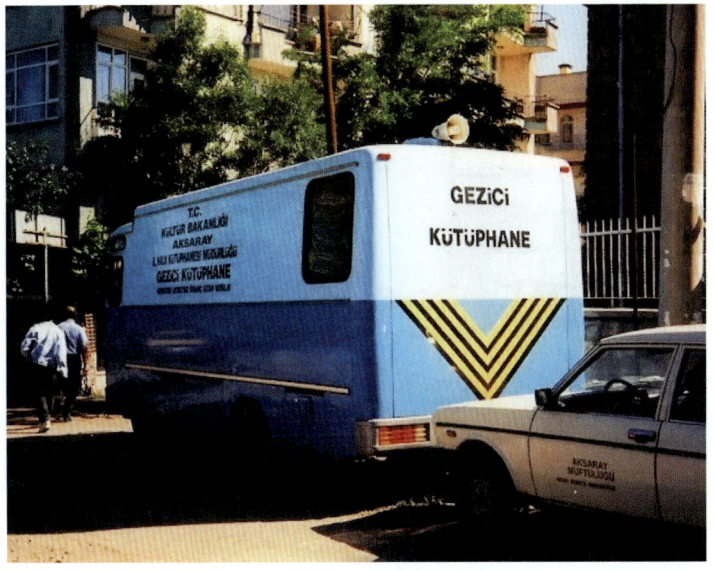

Der Bücherbus von Aksaray (1994)

*Freiticket für Busse für Teilnehmer der IFLA-
Konferenz in Istanbul, 1995*

Kinderabteilung der Mihrimah-Bibliothek, Üsküdar, Istanbul (1993)

*Şemsipaşa-Bibliothek, Üsküdar: „Sie warten auf dich in der
Bibliothek!" (1993)*

Die Sahaflar, Markt der Bücher Antiquariate in Istanbul, 1980

Ibrahim Paşa-Bibliothek in Nevşehir (1994)

Bibliothek von Inegöl, unterge-
bracht in der Medrese des Ishak-
Pascha-Komplexes von 1482
(1989)

Die Bibliothek von Sultan Ahmet
III. in Topkapı (1984)

Karteikarten für den
Handschriftenkatalog der Beyazit
II. Külliyesi, Amasya (1990)

Klassenzimmer der Ulu Cami in
Manisa (1996)

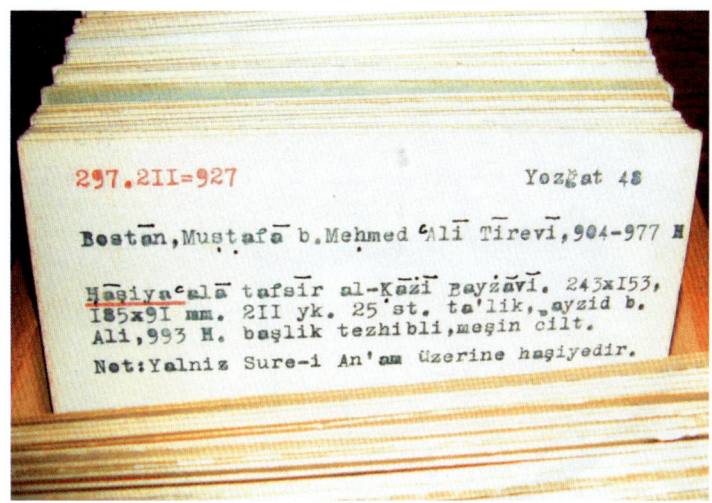

Karteikarten zur Erfassung der Handschriften, Süleymaniye-Bibliothek in Istanbul, die die größte Handschriftensammlung der Welt besitzt (1988)

Mihrimah-Kinderbibliothek in Üsküdar (1993)

Die Platte mit Pistazien-Baklava aus Gaziantep (2007)

Nachbarn zu Besuch zum Tee (2006)

Eğirli Köprü, Sivas (1989)

Gevas, Halime Hatun-Mausoleum (1987)

Geburtstagstorte für Stephen E. Gottlieb vom ‚Arena Hotel', Istanbul,
31. Dezember 2005

Das Haus des Verwalters der
Şeyh Turesan-Zaviye (2006)

Abendessen auf einem Sedir,
Pandeli's Restaurant in Istanbul
(1985)

Osmanisches Schlafgemach, Safranbolu (1991)

Altes Holzhaus, Üsküdar (1993)

*Kommunikation vor
Erfindung des Handys
(1991)*

*Einsames Relikt aus alter Zeit,
Beşiktaş (2004)*

*Osmanisches Wohnzimmer,
Safranbolu (1991)*

Das Süleymaniye-Viertel, Istanbul (2000)

Haus über einem Seldschukengrab, Tokat (1994)

Alte Holzhäuser, Üsküdar (1993)

Galerien, was ich sehr angenehm finde. Diese Galerie führt zu allen Zimmern, die gewöhnlich sehr groß sind und zwei Reihen Fenster haben, die untere aus gemaltem Glas. [...] Dieses Vorhaus gehört dem Herrn, und das daran stoßende wird der Harem (die Weiberburg oder Frauenzimmerwohnung) genannt. [...] Dieses Gebäude hat [...] ebenso viele Zimmer wie das andere, nur dass sie glänzender und prächtiger sind, sowohl in der Malerei wie in der Einrichtung. Die zweite Fensterreihe ist sehr niedrig und mit Gittern wie in den Klöstern versehen. [...] Die Zimmer sind niedrig, und die Decke ist immer aus Holz, eingelegt oder mit Blumen bemalt. Die Wandvertäfelung öffnet sich an verschiedenen Stellen mit Flügeltüren, das sind Schränke, die nach meiner Meinung bequemer sind als die unsrigen. Zwischen den Fenstern sind Nischen angebracht, um Gefäße mit Räucherwerk oder Blumen aufzustellen. Was mir am meisten gefällt, sind die marmornen Springbrunnen in dem niederen Teil des Zimmers; sie werfen das Wasser in mannigfaltiger Weise in die Höhe und verbreiten [...] zugleich liebliche Kühle und ein angenehm plätscherndes Geräusch. [...] Jedes Haus hat ein Bad, das gewöhnlich aus zwei oder drei kleinen Räumen besteht.

In dieser Beschreibung erkenne ich auch einige der restaurierten osmanischen Häuser wieder, die ich in der Türkei besucht habe. Besonders herausragende Exemplare wurden inzwischen in Museen umgewandelt, wie etwa in Kütahya, Birgi, Sivas und Tokat oder auch in Diyarbakır. Der Besuch dieser Häuser vermittelte mir eine ungefähre Vorstellung davon, wie es früher dort zugegangen sein muss. Auch Sie waren ja stets neugierig und erpicht darauf, mehr über das Leben der Menschen zu erfahren, zum Beispiel, als Sie in dem Haus des Großherrn in Edirne weilten. Ich erfuhr, dass diese sorgfältig restaurierten Musterhäuser weiß gekalkte Wände hatten und dass ihre Fußböden großzügig mit hellen Kelims ausgelegt waren. Mir fiel die Detailverliebtheit

der farbenfreudigen Wand- und Holzdeckenmalereien auf,
und ich bemerkte, dass Alltagsgegenstände wie Servietten
und Handtücher oder Kupfertöpfe und Vasen auch hier in
Einbauschränken (*Yüklük*s) verstaut wurden - genau wie Sie
es in Edirne beobachtet hatten. Bei Tage wurden außerdem
die Bettwäsche, die Decken und die Laken der ganzen Familie in diesen Schränken aufbewahrt, sodass nichts herum-
liegen musste. Das Wohnzimmer, das sogenannte *Sofa*, war
ein luftiger, einladender Raum, in dem das Leben pulsierte
und alle Gemeinschaftsaktivitäten der Familie stattfanden.
Dort wurde gegessen und gebetet, wurden Gäste empfangen, Babies gewiegt und Handarbeiten gemacht - ganz so
wie auch noch heute auf den Dörfern.

Was Ihre Fantasie in den türkischen Häusern besonders anregte, war deren Einrichtung, vor allem die *Sedir*s,
die traditionellen flachen Bänke, die sich die Fensterfronten
entlang zogen, und die vorspringenden Erker in den oberen
Etagen:

> *Alle Fußböden sind mit persischen Teppichen belegt und
> an dem einen Ende ungefähr zwei Fuß erhöht. Dies ist das
> Sofa, mit reichen Teppichen belegt. In der Runde herum
> läuft eine Art Ruhebett, einen halben Fuß hoch, mit rei-
> chen seidenen Stoffen bedeckt. [...] Rund um diese Ruhe-
> betten stehen an der Wand zwei Reihen Kissen, die unters-
> ten sehr groß, die obersten klein, und hier kramt der Tür-
> ke seine ganze Pracht aus. [...] Diese Sitze sind so bequem
> und weich, dass ich glaube, ich werde in meinem Leben keine
> Stühle mehr ausstehen können.*

Mit untergeschlagenen Beinen auf dem *Sedir* sitzend
und umgeben von all den farbenprächtigen Kelim-Kissen
mit Freunden zu plaudern und Tee zu trinken oder sich in
den Kokon einer Fensternische zu kuscheln und die Straße

unten zu beobachten - zwei perfekte kleine Beispiele dafür, dass man in der Türkei auf angenehme Weise zu leben versteht.

Die restaurierten osmanischen Villen sind in der Tat sehr beeindruckend, doch bevorzuge ich in der Türkei die einfachen und bescheidenen Häuser und Wohnungen, und schon oft wurde mir die Ehre zuteil, in ihnen zu Gast zu sein. Türkische Eigenheime sind Oasen der Ruhe, Horte des Familienglücks und die Grundbausteine der ganzen Gesellschaft. Ihr Interieur ist stets hell und luftig, komfortabel und freundlich, egal ob sie mit verschwenderischen barocken Polstermöbeln ausgestattet sind, wie sie die modernen urbanen Türken zu favorisieren scheinen, oder mit schlichten, flachen *Sedir*-Bänken, über die Kelims ausgebreitet sind. Unabhängig vom Geschmack der Einrichtung sind es die herrlichen Teppiche, die die modernen und traditionellen Häuser und Wohnungen miteinander verbinden. Die Türken scheinen sich nie allzu weit von ihren nomadischen Ursprüngen entfernt zu haben, das beweisen diese Teppiche auf eindrucksvolle Art und Weise. Dabei spielt es keine Rolle, ob sie maschinell gefertigt oder von Hand gewebt sind. Außerdem begegnet man in jedem Haus und in jeder Wohnung Blumen: in Form von Kunststoff-Blumensträußen auf Beistelltischchen, in Blumenkästen, in Olivenölkanistern neben der Eingangstür, auf Vorhängen, Teppichen, Bildern und Teekannen oder in diesen kleinen Fensternischen, die Sie beschreiben, Lady Mary. Die Blumen in den Häusern und Wohnungen symbolisieren das Leben und die Barmherzigkeit Gottes. Sie sind ein willkommenes farbenprächtiges und wohlriechendes Geschenk von Gott, das vom Regen aus Seinem Himmel genährt wird, und sie erblühen wie die

Familie, die dort zuhause ist und im gesegneten Boden der türkischen Heimat Wurzeln schlägt.

Vor allem aber sind die eigenen vier Wände, egal ob Schloss oder Dorfhütte, stets makellos sauber und in tadellosem Zustand - in krassem Gegensatz zum Dreck auf der Straße und gewissermaßen als Antithese zum in der Außenwelt herrschenden Chaos. Sie haben vollkommen recht, Lady Mary, wenn Sie sagen: „Es ist wahr, sie kümmern sich nicht sehr darum, die Außenseite ihrer Häuser zu verschönern." Auch wenn die Fassade noch so trist und verfallen wirken mag und die vor dem Haus verlaufende Straße noch so verschmutzt, laut und aggressiv erscheint - sobald Sie ein türkisches Haus oder eine türkische Wohnung betreten haben, überfällt Sie augenblicklich ein Gefühl des Friedens; denn sie betreten einen Ort, an dem Ordnung und makellose Sauberkeit herrschen. Diese erstaunliche Erfahrung macht man immer wieder. Niemand betritt ein türkisches Haus, ohne vorher seine Straßenschuhe ausgezogen zu haben. Kein Schmutz der Straße darf dieses Heiligtum der Reinheit verunzieren. Auch Ihnen, Lady Mary, fiel das auf: „Die Häuser der vornehmen türkischen Frauen werden ebenso nett und reingehalten wie die in Holland."

Unter all den Häusern und Wohnungen, die ich in der Türkei besucht habe, ragen in meiner Erinnerung zwei besonders heraus. Ich schilderte Ihnen ja bereits, wie es ist, von Türken nach Hause eingeladen und von der Familie adoptiert zu werden. Und eigentlich ist es jedes Mal, wenn Sie ein türkisches Haus besuchen, so als würden Sie in die Familie aufgenommen; auch dann, wenn es sich nur um einen Kurzbesuch handelt. Diese Erfahrung durfte ich zum Beispiel in Yörük Köyü in der Nähe von Safranbolu machen, einem wunderschönen Dorf, das mit seinen osmanischen Holzhäusern aus dem 18. Jahrhundert einem noch bewohnten Freilichtmuseum ähnelt. Ich verbrachte den Nachmittag damit, im Innenhof eines dieser riesigen Häuser Haselnüsse zu schälen, wobei mir das Familienoberhaupt Gesellschaft leistete. Später lud er mich noch auf einen Tee in ihr Haus ein. Dieses majestätische traditionelle osmanische Haus war einst errichtet worden, um vier Großfamilien Platz zu bieten. Doch seither hatte es einige Umbauten erfahren, um auch eher republikanischen Geschmäckern Genüge zu leisten: Nun verfügte es auch über eine *Tuvalet ala franga* (eine Toilette nach westlicher Art), und in der Mitte des Sofa-Raums thronte stolz eine Tiefkühltruhe. Die bereits sehr betagte Mutter des Besitzers hatte einen Hochsitz im Erker des Fensters bezogen, von wo aus sie einen guten Überblick hatte. Dort oben kam sie in den Genuss der kühlen Brise, konnte die Schönheit der umgebenden Landschaft genießen und auch unseren Gesprächen folgen. Kurz vor Sonnenuntergang begleitete ich die Tochter der Familie auf die nahe gelegene Weide, um die Kühe zurück in den Hof des Hauses, den *Hayat*, zu treiben. Dieses Wort *Hayat* bedeutet Leben, und es steht für einen ebenerdigen gepflasterten Hof, der durch hölzerne Gitter belüftet wird. Für diese Menschen aus dem Mittleren Westen schien es völlig normal und vertraut zu sein, das Vieh und die Körbe mit geschälten Haselnüssen ganz nah am ‚Leben' ihres Hauses unterzubringen, direkt unter ihren Schlafstätten.

Das zweite Haus, das mich ungemein beeindruckte, bestand aus lediglich einem einzigen Raum. Es gehörte dem Verwalter des Derwischklosters von Scheich Turesan außerhalb von Kayseri, das für die Bruderschaft dieses heiligen Mannes, der im 13. Jahrhundert in der Region wirkte, erbaut worden war. Dieses Derwischkloster ist ein mystischer Ort auf einem exponierten windgepeitschten Berggipfel mit Blick auf eine große und staubige Ebene, durch die einst die Soldaten von Tankred auf dem ersten Kreuzzug 1097 ins Heilige Land stürmten. Wahrscheinlich verdankt dieser Ort seine außergewöhnliche spirituelle Atmosphäre der Tatsache, dass hier mehrere Faktoren zusammenkommen: die Schönheit der Landschaft, die weltentrückte Stille, die Bürde der Geschichte und die Legende des Derwischs selbst. Nachdem ich das Derwischkloster besichtigt hatte, lud mich der Verwalter in sein Haus zum Tee ein. Während seine Frau geschäftig hin und her eilte, um alles vorzubereiten, schaute ich mich in dem Raum um, der das ganze Haus einnahm. Er war sehr groß und sparsam dekoriert, hatte einen türkisfarbenen Teppichboden im Ton der seldschukischen Fliesen und weiß getünchte Wände, an denen Kelim-Kissen lehnten. Es gab keine Bilder, die die Wände überfrachtet hätten, kein plärrendes Radio oder Fernsehen und keine freistehenden Möbel, mit Ausnahme des Kanonenofens in der Mitte des Raumes. Außerdem herrschte eine unglaubliche Stille, sodass ich den Eindruck hatte, im Rascheln des Windes die von tief unten aus der Ebene nach hier oben getragenen Seufzer der Kreuzfahrer von einst zu vernehmen. Das Gezwitscher der Vögel kam mir vor wie das Klappern ihrer Rüstung und das leise Summen der Bienen aus den nicht weit entfernten Bienenstöcken wie der Nachklang ihrer schlagenden Trommeln. Auf dem Teppich befand sich nicht der kleinste Fussel und nicht die Andeutung eines Flecks, ebenso wenig an den Wänden. Die ganze Aufmerksamkeit in diesem Raum war auf die Menschen gerichtet, die ihn belebten, und auf die Gespräche, die in ihm geführt wurden.

Ganz sicher war ich der erste Ausländer, der einen Fuß in diesen Raum setzte, und ganz sicher wurde mir hier kein weniger vornehmer Empfang bereitet als seinerzeit dem siegreichen Seldschukensultan Kılıç Arslan persönlich. Die Hausherrin brachte ein Tablett mit Tee und frischem Obst und kniete sich hin, um es mit größter Anmut und Feierlichkeit vor uns auf dem Boden abzustellen. Sie lächelte mich schüchtern an und goss mir mit einer angeborenen, natürlichen Eleganz ein, die von keiner hochwohlgeborenen Thoresby-Lady hätte übertroffen werden können, das kann ich Ihnen versichern. Sie sehen also, Lady Mary, in der Türkei kann selbst eine Einzimmerwohnung genauso viel Glanz ausstrahlen wie ein Schloss mit 275 Zimmern oder der Palast eines Großherrn. In ihren Häusern und Wohnungen kramen die Türken ihre ganze Pracht aus.

Herzlichst, Ihre
Kadriye Branning

BRIEF 19

Ein richtigerer Begriff vom Leben

Liebe Lady Mary,

an aufregenden und bedeutsamen Ereignissen war die Türkei offenbar nie arm. Sie aber hatten sogar das Glück, eine der berühmtesten Epochen in der Geschichte des Landes mitzuerleben, auch wenn Sie dies damals vermutlich noch nicht einzuordnen wussten: Benannt ist diese Epoche nach jener freundlichen Blume mit den dolchförmigen Blütenblättern, die wild in den Wäldern der Türkei wächst und mittlerweile zum inoffiziellen Symbol des Landes geworden ist. Die Rede ist von der Tulpe.

In der Tat gilt die sogenannte Tulpenära unter Ahmet III. als eine der wichtigsten Phasen künstlerischen Schaffens im Osmanischen Reich. Sie mag nicht so spektakulär gewesen sein wie die Epochen, in denen Sultane wie Süleyman der Prächtige, Selim II. und Murat III. große Kunstwerkstätten bei Hofe unterhielten. Aber einem Vergleich mit diesen goldenen Jahren halten ohnehin nur wenige Epochen künstlerischen Wirkens auf der Welt stand. Die Tulpenära unter Ahmet III. beeindruckte eher durch ihre Unbekümmertheit als durch bahnbrechende kulturelle Leistungen. Die Tulpenära war eine vergnügliche Zeit. Nach über vier von Krieg, Eroberung und Niederlage gezeichneten Jahr-

hunderten beschlossen die Osmanen plötzlich, sich eine
Auszeit zu gönnen und in eine reine Genussphase einzutreten. Und so war die Tulpenära eine Zeit des Friedens, der
schwelgerischen Unterhaltung und der literarischen Kreativität. Eingeläutet wurde sie übrigens im Juli 1718, ausgerechnet in dem Monat also, in dem Sie die Türkei wieder
verließen. Damals beendete die Unterzeichnung des Ver-
trags von Passarowitz den Krieg mit Österreich. Schon Ihr
Ehemann hatte ja, wenn auch vergeblich, in harten Verhandlungen um diesen Friedensschluss gerungen.

Fast hat es den Anschein, als hätte die Tulpe in den folgenden 12 Jahren mehr Macht besessen als der Sultan. Diese
Blume mit dem Turban-förmigen Kopf avancierte zum Symbol für die Sinnlichkeit der kreativen Künste und für ein un-
beschwertes, freudenreiches Leben, das in den Rang einer
Kunst erhoben wurde. Es gab Musikfestivals, große Paraden im Hippodrom, Tänze, Ausflüge in die Natur, Lustgär-
ten und Bootsfahrten auf dem seligen Bosporus. In allen
Gärten der Stadt wurden Tulpen gepflanzt, doch damit
nicht genug: Auch auf Stickereien, Keramiken und Minia-
turen erwachten die Tulpen zum Leben.

Tulpen hielten Einzug in die Gärten und in die Kunst,
doch auch darüber hinaus entwickelte sich die osmanische
Gesellschaft in der Tulpenära in eine neue Richtung, stieß in
neue Dimensionen vor. Die Beziehungen zu Europa wurden
intensiviert, und die Gründung von Bibliotheken, die Anfer-
tigung von Übersetzungen und das Eintreffen der ersten
Druckerpresse für die Publikation türkischer Bücher gaben
der Wissenschaft und der intellektuellen Auseinandersetzung
starken Auftrieb. Ibrahim Pascha, der Schwiegersohn und
Großwesir von Ahmet III., stieg zu einer einflussreichen
Größe im Reich auf, und er schickte eine diplomatische und

kulturelle Gesandtschaft nach Frankreich, die feststellen sollte, wie es dort um Kultur, Kunst, Bildung, Technik und
Technologie bestellt war. Diese Mission führte zu einem regen Austausch zwischen Europa und dem Osmanischen
Reich, beispielsweise auf den Gebieten Mode, Porzellan und
Uhren, aber auch zur Einführung neuer Gedanken - ähnlich
also, wie es in der Türkei auch heute wieder geschieht.

Ahmet III. war auch ein großer Baumeister. Mit dem
prächtigen Brunnen, den er 1728 vor dem Portal des
Topkapı-Palasts errichtete, setzte er Akzente. Was für eine
Schande, Lady Mary, dass Sie abreisen mussten, bevor er erbaut wurde, und ihn deshalb nie gesehen haben! Jedes Mal,
wenn ich an ihm vorübergehe, denke ich an Sie. Der imposante Brunnen auf dem Kai in Üsküdar ist ebenfalls Ahmet
III. zu verdanken. Und auch Ibrahim Pascha, der in dem
Monat nach Ihrer Abreise zum Großwesir ernannt wurde,
nutzte seine Macht, um in den Moscheen in Şehzadebaşı
und Ortaköy zwei Brunnen zu bauen. Was Sie jedoch noch
selbst miterleben durften, war der damals gerade einsetzen-
de Bauboom der hölzernen Wasserpaläste (*Yalıs*) am Bosporus. Dazu schrieben Sie an Abbé Conti: „Nichts kann anmutiger sein als der Kanal, und die Türken kennen seine
Schönheiten so gut, dass sie alle ihre Lustsitze an seine Gesta-
de gebaut haben. [...] Man sieht einige hundert der prächtigsten Paläste, einen am anderen." Schon bald nach Ihrer
Abreise, nämlich im Jahre 1721, gab Ahmet III. den Startschuss zum Bau seines berühmten Lustschlosses, des
Sa'dabad, der ‚Heimstätte des Glücks‘ ‚in den Kağıthane-
Auen in der Nähe von Eyüp. Die Kupferstiche von Ver-
sailles, die ihm seine Gesandten aus Frankreich mitgebracht
hatten, inspirierten ihn dazu, für dieses Bauvorhaben einen
Fluss in Kanäle aus Marmor umzulenken.

Den Geist dieser ganzen Epoche hielten der Hofmaler Levni in seinen berühmten Gemälden von den Beschneidungsfeierlichkeiten zu Ehren der Söhne von Ahmet III. und der Dichter Nedim in den folgenden Versen fest: „Lasst uns Spaß haben, lasst uns alle tanzen und spielen, denn es ist Tulpenzeit!" Aber ach, in dieser Ära der Sorglosigkeit und des Genusses, in der so viel gefeiert und getanzt wurde, herrschte gleichzeitig Mangel an Grundnahrungsmitteln wie Brot und Salz. Das provozierte einen Aufstand des Volkes und schließlich den Sturz Ihres Sultans Ahmet III., womit die Tulpenära im Jahr 1730 ein abruptes Ende fand.

Auch wenn Sie schon nicht mehr im Lande weilten, als die Tulpenära auf ihren Höhepunkt zusteuerte, wird Ihnen nicht entgangen sein, dass die Türken instinktiv dazu neigen, ihr Leben genussvoll zu gestalten. Und ich kann Ihnen versichern, dass sie nicht nur früher „Spaß hatten, tanzten und spielten". Sie tun es auch heute noch tagtäglich und auf jede erdenkliche Art und Weise. Meinen Beobachtungen zufolge leben Türken vor allem für vier Dinge, die sie beliebig miteinander kombinieren: Familie, Freunde, Essen und angenehme Atmosphäre. Sie haben die hohe Kunst, es sich gut gehen zu lassen, perfektioniert und sogar ein Wort für diesen halboffiziellen Nationalsport, einen Zustand der Glückseligkeit zu erreichen: *Keyif.* Trotz all der Probleme und Schwierigkeiten, mit denen sie im Alltag konfrontiert sind, und trotz ihres Hangs zum Tragischen gelingt es den Türken stets, sich eine von Optimismus und Lebensfreude geprägte Grundhaltung zu bewahren. In ihrer Kultur triumphiert eine positive Einstellung über Gejammer und Negativität. Und so ist es schwer, unter Türken zu sein und sich nicht wohl zu fühlen, unabhängig davon, ob man nun ge-

meinsam Tee trinkt, Lammkoteletts grillt, flirtet, an Rosen
schnuppert, einem Saz-Spieler lauscht oder in einer Diskothek am Meer oder auf einer Dorfhochzeit tanzt. Wenn Sie
mit Türken zusammen sind, lächeln Sie mehr als sonst, und
Sie lachen auch mehr. Sie genießen es. Geradeso wie Sie an
Abbé Conti schreiben:

> *Sie sehen also, mein Herr, dass diese Menschen so rau nicht
> sind, wie wir sie schildern. Es ist wahr, in der Pracht ist ihr
> Geschmack von dem unsrigen unterschieden, aber vielleicht
> besser. Fast bin ich der Meinung, dass sie einen richtigeren
> Begriff vom Leben haben. Sie verbringen es im Garten, bei
> Musik, Speis und Trank, indes wir unser Gehirn mit politi-
> schen Entwürfen martern oder einer Wissenschaft nach-
> grübeln, die wir nie erfassen können, oder, wenn wir auch
> dahin gelangen, können wir die anderen nicht dazu über-
> reden, denselben Wert darauf zu legen wie wir. [...] Doch
> ich erlaube Ihnen, über die genießerische Erklärung zu la-
> chen, die ich hiermit abgebe: Ich möchte lieber ein reicher
> Efendi mit all seiner Unwissenheit sein, als Sir Isaac New-
> ton mit all seiner Weisheit.*

Dieser richtigere Begriff vom Leben beginnt bei den All-
tagspflichten, die nicht bloß routiniert verrichtet werden.
Kein Lebensbereich wird als zu trist empfunden, als dass er
sich nicht aufwerten ließe, egal ob mit schlichter Freundlichkeit, mit einem Wort oder einer netten Geste. Deutlich
wird dies zum Beispiel auf der Straße oder auf Märkten, wo
man an jeder Ecke auf die unterschiedlichsten Attraktionen
und Überraschungen stößt, die allesamt dazu bestimmt
sind, die Sinne zu verführen. Auf den Märkten etwa werden
Lebensmittel auf ausgefallenste Weise präsentiert. Aus einfachen Gemüsehändlern werden Performancekünstler, die
beim Stapeln ihrer Ware ein großes Gespür für Formen und
Farben unter Beweis stellen und am Ende ihrer Perfor-

mance noch ein Kaninchen aus dem Hut zaubern, indem
sie eine saftig-fleischige Frucht aufschneiden und sie oben
auf ihre kunstvoll konstruierte Pyramide legen. Schmuck-
händler schenken ihrer Ware genauso viel Aufmerksamkeit.
Sie reihen Reihe um Reihe von Armreifen aus unterschiedlichen Goldtönen aneinander, die im gleißenden Kunstlicht
der Auslagen genauso viel Wärme abstrahlen wie die Sonnenblumen, die sich in der Sonne Anatoliens wiegen. In den
provisorischen Shops und Ständen auf dem Basar oder auf
der Straße wird jede ausgestellte Ware liebevoll präsentiert,
wie simpel das Produkt auch sein mag. So erinnert ein ge-
wöhnliches Sortiment von Schraubenziehern in seiner
Komposition manchmal an die Farbexplosion auf einer
Leinwand von Jackson Pollack. Das ganze unendlich große,
verrückte Angebot an Waren kann es durchaus mit der Ausstattung eines Zirkus aufnehmen: Hüte, Handschuhe, Ven-
tilatoren, Gemüseschneider, Unterwäsche, Feuerzeuge, vergilbte Ansichtskarten mit Blumenmotiven, Schlösser, Na-
gellack, nachgeahmte Parfums, pinkfarbene Plastikpfannen,
Kessel, knallgelbe und rosa Seifenstücke, Unterwäsche, ge-
fälschte Designerschuhe und -handtaschen, Besen und
Kehrschaufeln. Alle diese Dinge werden mit penibler Sorgfalt in einer heiteren Farbparade präsentiert. Nicht zu vergessen die Straßenbengel und die fliegenden Händler, die
ihre Kleenex-Packungen, Socken oder einzelne Zigaretten
mit den überschwänglichen Gesten und dem Fingerspitzen-
gefühl eines Pariser Kaufhausverkäufers anpreisen.

Aufmerksamkeiten wie diese veredeln den banalen Alltag, und derselben Kategorie lässt sich auch der Schuhputzer
zuordnen, der wie ein Zauberer auf der Bühne ein weißes
Tuch hervorzaubert, mit dem er Ihre Socken abdeckt, um sie
vor der Politur zu schützen. Oder der Friseurladen, vor dem

bunte Handtücher zum Trocknen hängen, die wie die Signal-
fahnen eines Schiffs im Wind flattern. Oder das akribische
Einschlagen und Einschnüren von Paketen in Papier, selbst
wenn sie so profane Waren wie Damenbinden, Alkohol oder
Windeln enthalten, nur um Sie vor den neugierigen Augen
der Straße zu schützen. Oder das nach Zitrone duftende Eau
de Cologne, das man Ihnen auf die Hände spritzt, sobald Sie
ein Büro betreten oder ein Restaurant verlassen.

Wenn Türken Geschäfte tätigen, sind sie dabei höflich
und würdevoll. Ein simpler vergnüglicher Einkauf wird
schnell zu einem Abenteuer, bei dem man Menschen ken-
nenlernt, sich austauscht und lernt. Wenn Sie Interesse an
einem Artikel zeigen und sich auf Verhandlungen einlassen,
wird sofort Tee gereicht, was signalisiert, dass hier neben
dem Geschäftlichen auch eine persönliche Beziehung aufgebaut werden soll. Läden werden grundsätzlich nie zuge-
sperrt, und wenn sich der Besitzer schnell etwas zu essen
holt, stellt er einfach einen Stuhl in den Eingang, um zu zeigen, dass er gleich zurück ist; und bis der Stuhl wieder entfernt wird, kommt niemand auf die Idee, die Türschwelle zu
übertreten. Die allgegenwärtige Musik, die ohne Unterlass aus
den Läden hervor dröhnt, mag zwar manchmal nerven, verleiht dem Straßenbild aber ein sehr lebendiges und dynami-
sches Gepräge. Auch im Hotel überschüttet man Sie förmlich mit Aufmerksamkeiten. Dort macht man bei jeder Gelegenheit viel Aufhebens um Sie. Man verbeugt sich vor Ihnen und scharwenzelt um Sie herum, als wären Sie ein UN-
Diplomat. Man hält Ihnen lächelnd und augenzwinkernd
die Tür auf. Man legt Ihnen kleine Karotten-Münzen auf die
Scheiben Ihres Feta-Käses, sodass fröhliche kleine Smiley-
Gesichter entstehen, die Sie zum Frühstück begrüßen. Und
man heftet Ihnen Plastikrosen ans Revers Ihres Frottee-Ba-

demantels, um Ihnen das Gefühl zu vermitteln, Sie besäßen einen heimlichen Verehrer.

Eine kulturelle Errungenschaft der Türken ist, dass sie ein untrügliches Gespür dafür besitzen, wo sie ihre Häuser, Moscheen und Denkmäler bauen müssen, um die bestmögliche dramaturgische und strategische Wirkung zu erzielen. In der Abgeschiedenheit der Moscheen von Murat I. oder Yıldırım Beyazit hoch oben auf ihren Anhöhen in Bursa singt der Wind in den Bäumen eine unvergängliche Hymne auf das tragische Schicksal dieser beiden Sultane. Unvergesslich auch die osmanischen Häuser, die sich in Safranbolu schachbrettartig den Hügel hinaufziehen; so harmonisch, als gälte es, den Nachbarn ihre Aussicht zu bewahren.

Was die Kultur der Türken in meinen Augen besonders auszeichnet, ist ihre Liebe zum Essen im Freien: auf der Dachterrasse eines schicken Restaurants, im Teegarten eines Parks im Stadtzentrum, beim improvisierten Picknick an einem Brunnen oder einem sprudelnden Bach, beim Abendessen auf der Veranda einer Wohnung oder beim Zwischenstopp am Straßenrand unter einem stattlichen Baum zum Pfirsichessen. Hier weiß man, dass Frischluft dem Geschmack von Lebensmitteln genauso förderlich ist wie guter Wein. Auch ich bin mit dieser Liebe zum Essen unter freiem Himmel aufgewachsen. Mein Vater organisierte Picknicks bei Schneefall im Winter, gemeinsame Frühstücke im Park, Streifzüge mit dem Salzstreuer zu Tomatenfeldern in voller Blüte und Feiertagsausflüge mit der Familie in Wälder und Täler. Daher habe ich Essen im Freien schon immer mit Spontanität, Freude und Gemeinschaft assoziiert. Und als mir klar wurde, wie sehr die Menschen hier meine Begeisterung teilen, fühlte ich mich gleich wie zu Hause. Türken lieben Sommerpicknicks in Obsthainen, in Gärten, in Nationalparks, auf ihren geliebten Bergwiesen (*Yayla*s), unter Bäumen, ja eigentlich an jedem schönen Platz in der Natur. Gern nehmen sie dort ein geruhsames und einfaches Mahl mit frischem Obst, Honig und Brot ein, oder aber sie veranstalten ein aufwändiges Barbecue und grillen Fleisch. Ein amüsanter Brauch ist das ‚Selber grillen nach eigenem Wunsch‘, das in vielen Restaurants und Lokalen am Straßenrand gang und gäbe ist. Dabei bringt man Ihnen einen tragbaren Grill an den Tisch und überlässt es Ihnen anschließend selbst, sich Ihr Fleisch oder Ihren Fisch nach eigenem Gusto zu grillen. So sehr die Türken das Essen im Freien lieben, so wenig schätzen sie aber Straßencafés, weil ihnen die Straßen der Stadt zu unrein erscheinen.

In einem Brief an Alexander Pope aus Edirne sprechen Sie von der Liebe zu Gärten „voller hoher Zypressen […] mit getreuen Turteltauben“:

> *Die Gestade des Flusses sind mit Reihen von Fruchtbäumen besetzt, unter welchen die angesehensten Türken sich jeden Abend amüsieren, nicht mit Lustwandeln, denn das gehört nicht zu ihren Vergnügungen, sondern eine Gesellschaft wählt sich einen grünen dicht beschatteten Platz, breitet dort einen Teppich aus, auf welchem sie sitzen und ihren Kaffee trinken.*

Und es gibt keinen Ort, der sich für das, was Sie „Garten, Musik, Wein und Leckerbissen“ nannten, besser eignen würde als die *Yaylas*, die Sommerwiesen der Bergplateaus, die die Türken als wahre Nationalheiligtümer verehren. Diese Bergwiesen sind die elysischen Gefilde des kollektiven Unbewussten eines Volkes, das auch seine Teppiche nach dem Vorbild dieser farbenprächtigen, von Blumen übersäten Wiesen anfertigt. Die Tradition der Herdenwanderung liegt den Nach-

*Für das Abendessen hergerichtete Terrasse unter Platanen, Beyşehir
(1991)*

‚Kendin pişir kendin ye' - ‚Selber
grillen nach eigenem Wunsch',
Fethiye (1982)

*Instrumente zur Feuerbekämpfung,
Edirne (1991)*

Packpapier von einer Apotheke, Bursa (1982)

Kartoffeln, Beşiktaş Markt (2001)

Auberginen zu verkaufen!, Hatuniye Markt, Konya (2004)

*Ein Stillleben aus Pfefferschoten, Tomaten und Quellwasserflaschen,
Tatvan (2002)*

Kätzchen Keyif: Ein Nickerchen am Markttag (1996)

Werkzeug, Istanbul (2001)

Zubehör, Istanbul (2001)

Klee-farbene Waren, Kadırga (2001)

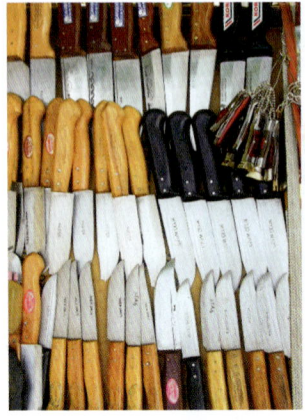 

Afşin (2002)   *Sommerkürbisse, Hatuniye Markt,*
                                    Konya (2004)

Straßenbild, Konya (1987)

Kätzchen Keyif: Sahaflar Basar, Istanbul (1987)

Brunnen von Sultan Ahmet III., 1728 (1995)

Bäckerei, Kars (2002)

Trockenfrüchte, Samatya-Markt, Ankara (1988)

Istanbuler Brotstempel (1993)

Melonen aus Diyarbakır (1985)

Wintergemüse auf dem Markt in
Ortaköy (1995)

Pide-Shop, Yeniköy (1999)   *Das Berühmte Etli Ekmek aus*
                                      Konya (1993)

Die berühmtesten der viel gerühmten Bursa Iskender Kebabs (1985)

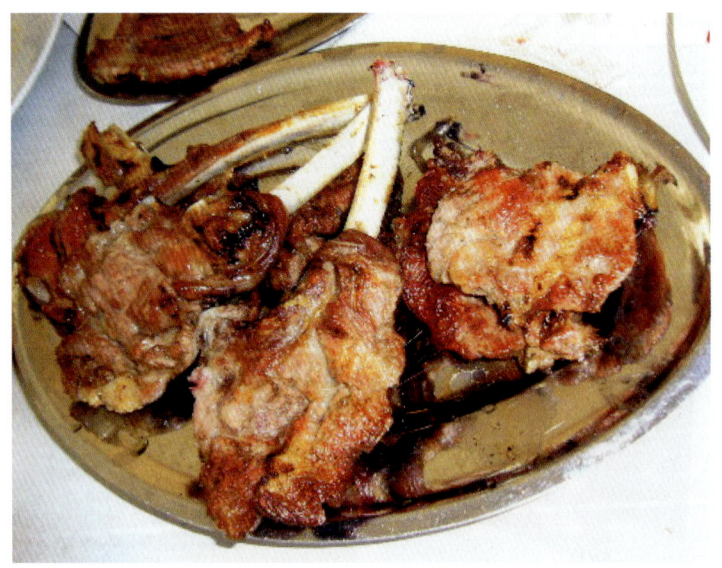

Lammkoteletts, Kavak (2000)

Wintergemüse auf dem Markt in Ortaköy (1995)

Eingemachte Früchte, Hacı Abdullah Restaurant, Istanbul (1993)

Fischmarkt, Ankara (1991)

Verkaufsstand für geröstete Kichererbsen, Corum (1994)

Melike Hatun-Erzeugermarkt, Konya (2004)

Melonenverkäufer auf dem Markt von Beşiktaş (2001)

BOĞAZİÇİ
Döner, Kebap ve Pide Salonu

Tel : 213 60 90

Yeni Çarşı Şadırvan Karşısı No : 29   NİĞDE

(1994)

Paça Shop, Afşin (2002)

GÜZELYURT RESTAURANT

ERZURUM - TURKEY

TEL : 9(011)11514

FAX : 9(011)19222

(1989)

Simit-Stand, Eminönü (2000)

AMASYA
ŞEHİR DERNEĞİ
Hükümet Köprübaşı
☎ : 10.13 - 18.20
Amasya V.D.Hes.No. KA 1735

Sıra

№ 1206

Seri (A)   Tarih-Date 26 / 6 /199

AD SOYAD - NAME :

Adet	Kredili-Kredit	Peşin-Cash	Masa-Table		Fiyatı Cost	TUTAR SUM
X	Ekmek-Su	/	Bread water		500	1000
	Meşrubat	/	Soft drinks			
	Çorba	/	Soup			
X	Izgara ve et yemek	/	Foods with meat and grill		5500	11000
	Sebze yemekleri	/	Foods with vegetables			
X	Zeytinyağlılar	/	Foods with olive oil		3000	12000
	Meyvalar	/	Fruits			
	Mezeler	/	Appetizers			24000
	Special Mezeler	/	Special appetizers			
			Special eats			26400
	Yemek Yekünü / Eat TOTAL					
	IÇKILER — DRINKS					
			Kap Dolma / 500			1500
						1500
						16500
	IÇKI YEKÜNÜ / DRINK TOTAL					26400
	KDV. Dahil YEKÜN — TOTAL					42900
	İSKONTO—DISCOUNT (%)					
	Yalnız Bu Yekünü Ödeyiniz PAY ONLY THIS TOTAL					
	GARSON MAKBUZU — WAITERS RECEIPT					

Yeşilırmak Mat.   GB. 38076
Basım Yılı : 1990   İl Kodu : 05   Anlaşma To. : 25.12.1989

Rechnung des Şehir Kulübü, Amasya (1990)

kommen der zentralasiatischen Turkmenen, die ab dem 11. Jahrhundert nach Anatolien einwanderten, noch immer im Blut. Um überleben zu können, mussten sie sich damals zu jeder Jahreszeit neue frische Weiden für ihre Ziegen und Schafe suchen. Obwohl diese traditionelle Lebensweise von der Mehrheit der Türken inzwischen nicht mehr praktiziert wird, lebt sie in ihren Seelen bis heute fort. In jedem Frühjahr fühlen sich die Herzen der Türken von der kühlen Schönheit dieser Almen angezogen, und so brechen sie auf in die Berge, um sich zu entspannen und um die Einheit mit der Natur zu genießen. Die sprudelnden Bäche, der weiße Nachmittagsnebel und die blökenden Schafe sind die berühmten Protagonisten ihrer Volkslieder und Balladen. Türkische Kinder laufen gern frei im Gras herum und klettern auf Bäume und Felsen, und die Familien versammeln sich abends in den kleinen Hütten, die als Sommerunterstände gebaut werden. Was dort auf den Tisch kommt, ist so frisch wie die Luft der warmen Tage und der kühlen Nächte: Butter, Käse, Milch, Brot und Joghurt. Wo diese *Yaylas* gelegen sind - in der Schwarzmeerregion, in den Bergen von Toros oder Kaçkar oder an den Ausläufern des Erciyes -, ist nicht wichtig. Was zählt, ist, dass man sich frei fühlt, dass man mit der Familie zusammen speist, dass man in Harmonie mit den Jahreszeiten die Natur genießt, dass man seine Abenteuerlust auslebt und vor allem, dass man die Zeit für eine Weile Zeit sein lässt.

Eine *Yayla*, Lady Mary, haben Sie zwar nicht besucht, aber auch Sie haben das Klima und die Natur in der Türkei in vollen Zügen genossen:

> *Der Himmelsstrich ist hier in höchstem Grade angenehm. Ich sitze jetzt, am 4. Januar, am offenen Fenster und genieße*

den warmen Sonnenschein [...] Ich habe in meinem Zim-
mer blassrote Nelken, Rosen und Jonquillen stehen, alle
frisch aus meinem Garten.

Wie gern, Lady Mary, würde ich mit Ihnen in der „aus-
erlesenen Gesellschaft von wenigen, die man hochschätzt"
auf einem Teppich sitzen, der im Garten am Wasser eines jener „hundert der prächtigsten Paläste" oder auf einer *Yayla*
ausgebreitet liegt. Wie gern würde ich mit Ihnen Verse rezitieren, die Ihr Lehrer Ahmed Ihnen beigebracht hat, frische
Pfirsiche essen und Tee trinken. Wir könnten zusammen lachen und uns einer übermütigen Heiterkeit hingeben, so
wie es die Türken unablässig zu tun pflegen. Wir würden
uns nicht weiter um Sir Isaac Newton und seine Bewe-
gungsgesetze scheren und Nedims Aufforderung folgend
„Spaß haben, tanzen und spielen". Und wir würden
Freundschaft schließen, so behutsam und leichten Herzens,
wie Freundschaften in der Türkei in solchen Fällen eben geschlossen werden. Das wäre echte Kultiviertheit, der richtigere Begriff vom Leben!

Herzlichst,
Kadriye Branning

BRIEF 20

Ich war hungrig

Liebe Lady Mary,
vermutlich gibt es nur einen Bereich, in dem ich Ihre Einschätzung der türkischen Kultur nicht teile. In dem Brief, in dem Sie Ihr Abendessen mit der Frau des Großwesirs schildern, klagen Sie:

> *Sie unterhielt mich mit aller Höflichkeit bis zum Mittagessen, bei dem immer nur eine Schüssel auf einmal, aber nacheinander eine große Zahl aufgetragen wurde. [...] Ich kann über diese Speisen sehr gut urteilen, weil ich in Belgrad drei Wochen in dem Haus eines Efendis gelebt habe, der uns vortreffliche Mahlzeiten gab, die seine eigenen Köche zurichteten. Die erste Woche schmeckten sie mir überaus gut, nachher aber ward ich dieser Tafel müde und befahl unserem Koch, sie mit einer oder zwei Schüsseln nach unserer Art zu vermehren.*

O Lady Mary, wenn Ihnen diese vielen Gerichte wirklich nicht zusagen, dann überlassen Sie sie bitte mir! Im Gegensatz zu Ihnen kann ich nämlich von der reichen Auswahl an Speisen in der Türkei gar nicht genug bekommen. Allerdings gebe ich zu, dass ich auch von anderen Leuten gehört habe, dass sie die türkische Küche als monoton empfinden. In Antalya traf ich einmal einen Pfirsich von einer Dame aus

Atlanta, eine Southern Belle von den Spitzen ihrer mattierten Locken bis zu den Spitzen ihrer manikürten Nägel. In einem Akzent, so zähflüssig wie süßer Tee, beschwerte sie sich: „Tomaaaten, Tomaaaten, Tomaaaten! Ich kann sie nicht mehr sehen! Sie essen sie zum Frühstück, sie essen sie zum Mittagessen, sie essen sie zum Abendessen. Alles, was man hier bekommt, ist mit Tomaaaten zubereitet! Ich kann es kaum erwarten, endlich nach Hause zu kommen und mir eine gute alte Maisgrütze mit Soße zu kochen!" Ich versuchte es erst gar nicht, sie von meiner Paradiesvorstellung zu überzeugen: ein Ort, an dem man von morgens bis abends Tomaten essen kann (ganz ehrlich); es hätte ohnehin nicht funktioniert. Trotz dieser Tomaaaten (oder gerade wegen ihnen) halte ich die türkische Küche für eine exzellente Küche und für eine der vornehmsten kulturellen Errungenschaften des Landes. Ich möchte Sie in diesem Brief keineswegs bekehren. Weder werde ich mich allzu ausführlich über die Genüsse der türkischen Küche auslassen, noch werde ich Ihnen die Vorzüge jedes einzelnen Gerichts beschreiben. Das überlasse ich getrost jenen fanatischen Journalisten, die auf gastronomische Themen spezialisiert sind. Stattdessen möchte ich Ihnen schildern, welch Wonnen mir manche Gerichte, die mir auf meinen Reisen serviert wurden, bereitet haben.

Das türkische Essen ist wie die Türken selbst: direkt, unkompliziert, schnörkellos, genussvoll und großzügig. Geradeso wie sich aus den Gesichtern der Türken vieles sofort herauslesen lässt, ist auch ihr Essen ein offenes Buch. Es gibt keinen verborgenen Plan, keine geheimen Zutaten, *Tour de mains* [kunstvolle Soufflés] und auch keine aufwändigen reduzierten Saucen. Die türkische Küche ist mutig und geradeheraus, man erkennt stets, welche Zutaten benutzt wurden. Einfach bedeutet jedoch nicht langweilig, denn diese Gerichte gehören zu den leckersten, die ich je probieren durfte. Und weil ich auch die Genüsse jener Küche kenne, die in dem Ruf steht, die beste der Welt zu sein - die Küche Frankreichs -, habe ich durchaus gute Vergleichsmöglichkeiten.

Es stimmt, Sie sollten Lamm mögen, und zwar viel davon, um diese Küche zu schätzen, denn Lammfleisch dominiert. Schweinefleisch ist verboten und Rindfleisch nicht in allen Regionen verbreitet. Doch abgesehen davon wartet auch an jeder Ecke frisches Huhn vom Bauernhof auf Sie oder fangfrischer Fisch aus einem der drei Meere, die die Türkei umgeben - dem Schwarzen Meer, der Ägäis oder dem Mittelmeer.

Obwohl die Türkei ein Land der großen Fleischesser ist, kann das Leben dort auch für Vegetarier ein Paradies sein, und das gefällt mir außerordentlich gut an der türkischen Küche. Ich kenne kein anderes Land, das Menschen, die sich dazu entscheiden, kein Fleisch zu essen, so entgegenkommt. Obst und Gemüse gibt es in größerer Fülle als selbst in Frankreich. Die Tradition, Gemüse in Olivenöl zu kochen und als Vorspeise zu servieren, dürfte jeden Vegetarier geradewegs von der Erde in den Himmel befördern. Man sagt scherzhaft, dass sich ein türkischer Mann von seiner Frau scheiden lassen kann, sollte sie ihm zweimal in einem Monat dasselbe Auberginengericht vorsetzen - so viel zum Abwechslungsreichtum ihrer Gemüsegerichte.

Ich persönlich komme hier wahrscheinlich deshalb so sehr auf meine Kosten, weil ich anspruchslose, unkomplizierte Gerichte liebe. Ich esse gern einfach. Das schlichte Reis-Pilaw mit Kichererbsen und einem Klecks Vollfett-Jo-

ghurt, das selbst in den unprätentiösen LKW-Raststätten
mit viel Liebe serviert wird, ist eines meiner Lieblingsge-
richte. Ayran, das Joghurt-Getränk, das man zu den meisten
Mahlzeiten trinkt, erinnert mich an die Buttermilchkrüge,
die ich als Kind in meinem Mittleren Westen immer getrunken habe. Und was wäre meine zweite Lieblingsspeise in der
Türkei? Ein perfekter, flaumiger Pfirsich, rund wie ein Base-
ball. Erst wer in der Türkei einen Pfirsich gegessen hat, weiß,
wie Pfirsiche eigentlich schmecken sollten. Makellos reif, das
Fruchtfleisch weich und fest zugleich, so zuckersüß, dass es
die Zunge schmerzt, und so saftig, dass sämtliche Ge-
schmacksknospen im Mund aufblühen.

Im Kontrast zu dieser sehr einfachen Küche findet man
aber auch durchaus Relikte der raffinierten Küche aus den
Kochtöpfen des Topkapı-Palasts, die nicht weniger distin-
guiert sind als der Sultan, für den sie einst zubereitet wur-
den. Namhafte Lebensmittelhistoriker dokumentieren diese
Gerichte und ihre Zubereitung, damit sie nicht verloren ge-
hen, und ganz gewiss bereiten die weniger komplizierten
Versionen dieser Gerichte, die in die türkische Küche der
Gegenwart eingesickert sind, den zehn Millionen Haushal-
ten der nunmehr republikanischen Türkei genauso viel
Freude wie zu Ihrer Zeit in der osmanischen Türkei den
Menschen bei Hofe.

Alles ist frisch in diesem Land, sodass Sie in den Aprikosen noch die Wärme des Baumes und in der Brotkruste
noch die Ziegel des Ofens nachschmecken können. Das Essen der Türken ist auch deshalb so vielgestaltig wie ihre
Landschaft und ihr Volk, weil an jeder Straßenecke diverse
stolze regionale Spezialitäten erhältlich sind. Es dominieren
die starken Aromen: der würzige Honig, der muffige

Schnittlauchkäse, das kräftige *Pastirma* (luftgetrocknetes Rindfleisch) und der säuerlich herbe Ayran.

Ich habe Ihnen bereits von den Genüssen des türkischen Frühstücks berichtet, aber zu noch größerer Form laufen die Türken wahrscheinlich am Abendtisch auf, wovon allein schon ihre *Meze*-Tradition kündet: die unzähligen verschiedenen winzigen Appetithappen, mit denen man die Mahlzeit beginnt. Sie sind so etwas wie kleine Schnappschüsse des Landes: interessante und verlockende Leckerbissen, von denen man kaum genug bekommen kann. Mir gefällt aber auch, wie Türken ihre *Meze*s essen: Der ganze Tisch bedient sich von einem einzigen Teller. Es werden mehrere dieser Vorspeisen, manchmal bis zu einem Dutzend, aufgetischt, und alle greifen zu. Dadurch entsteht unwillkürlich ein starkes Gemeinschaftsgefühl.

Türken sind große Esser, sie verschlingen ihr Essen mit Begeisterung. Außerdem salzen sie es auch sehr stark. Manche Türken schnappen sich, ohne vorher probiert zu haben oder nachzudenken, grundsätzlich bei jedem Gericht sofort den Salzstreuer und kippen sich zehn Ladungen Salz auf ihr Essen.

Türken sind leidenschaftliche Patrioten. Ihre Inbrunst tritt aber nicht nur beim Anblick ihrer flatternden Halbmond-flagge zutage, sondern auch bei Tisch. Ich hatte einmal einen türkischen Freund, der nie aus seinem Land herausgekommen war, und so beschrieb ich ihm in allen Einzelheiten die Pracht und die Wonnen Frankreichs, des Landes, in dem ich damals lebte; viele davon hatten natürlich mit dem Essen zu tun. Ich malte mir aus, was ich für ihn kochen würde, wenn er mich jemals in Paris besuchen käme. Eines Tages verriet ich ihm, wie sehr ich mich schon darauf freute, das

erste französische Mahl für ihn zu kochen, und erklärte ihm
dann, wie ich das Menü komponieren würde. „Für dich etwas ganz Besonderes... Wir beginnen mit einem *Soufflé de
fromage*, gefolgt von einer *Terrine de saumon aux épinards*.
Für den Hauptgang ein *Émincé de volaille au sauce roquefort*
und als Beilage einige delikate Blätter Kopfsalat. Anschließend eine Käseplatte und zum Nachtisch und großen Fina-
le eine *Mousse au chocolat*. Voilà!" Bei der Aussicht, dieses
Menü zubereiten und ihn bekochen zu dürfen - für mich einer der größten Liebesbeweise -, lief mir buchstäblich das
Wasser im Munde zusammen. Er aber schaute plötzlich ganz
alarmiert und rief: „Spar dir diesen Unsinn! Ich will all das
nicht essen! Ich mag nur türkisches Essen! Das ist am leckersten, alles andere kann damit nicht konkurrieren!" So
lernte ich zwei schmerzhafte Lektionen auf einmal: Erstens,
dass manche Türken nicht besonders neugierig auf das Essen anderer Kulturen sind und ihre eigene Küche als heilig betrachten. Und zweitens, dass ... na ja, ein Mann, dem es nicht
erstrebenswert erscheint, dass ich ein französisches Essen für
ihn koche, sicher nicht der Richtige für mich ist. In diesem
Fall konnte ein *Poulet à la crème* einem Kebab offenbar nicht
das Wasser reichen, und so zerbrach unsere Liebe am türkischen Essen.

Man sagt, die wichtigste natürliche Ressource der Türkei sei die Fähigkeit des Landes, sich selbst zu ernähren, sodass man nicht auf Lebensmittelimporte angewiesen ist - eine Reserve, die am Ende wichtiger sein kann als Petroche-
mie oder Kohle. Darüber hinaus gestattet diese Ressource
den Türken, ihre berühmte Gastfreundschaft in überzeu-
gender Weise unter Beweis zu stellen. Sie beschrieben einmal, Lady Mary, wie Ihnen während Ihres Besuchs bei La-

dy Hafise das Mittagessen serviert wurde: „Die Sultana gab
mir ein Mittagsmahl von fünfzig Schüsseln, nach ihrer Sitte
wurde nur eine auf einmal aufgetragen, was außerordentlich langwierig war." Auch heute noch wird das Essen der
Reihe nach serviert; nicht portionsweise wie in Europa,
sondern in einer ausgedehnten Prozedur, bei der mit jedem
neu aufgetragenen Teller der Sinn für die Gemeinschaft ge-
stärkt wird. Als ich zum ersten Mal im Haus jener Familie
zu Gast war, von der ich Ihnen in einem früheren Brief erzählt habe, behandelte man mich wohl mit kaum weniger
Respekt und Würde, als Ihnen im Haus von Lady Hafise
zuteil wurde. In der Kühle der Pergola ihres Gartens wurden
mir zunächst hausgemachte *Mantı* (kleine Fleischtaschen,
eine Spezialität aus Kayseri) und frisch gebackenes Brot kredenzt, gefolgt von einem knackigen Tomaten- und Gurken-
salat, zusammen mit weißen Bohnen in Soße. Als nächstes
kam das Hauptgericht: hauchdünne Lammkoteletts vom
Grill mit grünen Paprikaschoten und einem Reis-Pilaw, dazu eine Orangenlimonade zum Nachspülen. Zum Dessert
schließlich gab es einen mit zerhackten Haselnüssen und
Pistazien bestreuten Schokoladenpudding. Doch damit
nicht genug: Nach Abräumen des Tisches wurde Tee ‚gekocht'; ein riesiger Samowar (*Semaver*) wurde aufgefahren,
sowie mehr als zehn Schälchen mit diversen Nusssorten, ge-
trockneten Früchten und Aprikosen. Dann trudelten die
Nachbarn ein, und mit ihnen große Schalen frisches Obst:
Jeder bekam einen Teller mit Honigmelone, Wassermelone,
Trauben, einer Birne und einem Apfel darauf! Vielleicht
nicht die 50 Gerichte Ihrer Lady Hafise, aber ich kann Ihnen
versichern, mir kam es nicht so vor, als wäre es auch nur ein
einziges weniger gewesen.

Der Service in den Restaurants ist stets sehr raffiniert, Teller und Besteck werden vor jedem neuen Gang mit einer Fingerfertigkeit gewechselt, derer sich sonst nur Taschenspieler rühmen können. Wenn Sie während des Essens einmal aufstehen, wird Ihre Serviette neu gefaltet, Ihr Stuhl zurechtgerückt und Ihr Wasserglas aufgefüllt. Außerdem werden die Krümel abgewischt. Nur ein Brauch ist etwas gewöhnungsbedürftig, allerdings dürfen Sie sich auch dabei sicher sein, dass man nur Ihr Bestes will: Da es als Affront gilt, einen leeren Teller vor jemandem stehen zu lassen, werden Sie oft erleben, dass Ihr Teller bereits weggenommen wird, während Sie noch gerade Ihren letzten Bissen auf der Gabel zum Mund führen. Oft bringt man Ihnen Ihre vielen Speisen nicht in der Reihenfolge, wie Sie sie bestellt haben, und mitunter kommt es zu Verwechslungen. Abgesehen davon bringt man Ihnen - ich deutete es ja bereits an - selbstverständlich auch manchmal Gerichte, die Sie gar nicht bestellt haben; denn der Kellner weiß immer, was am besten ist für Sie ist, auch wenn Sie ihm einen anderen Wunsch genannt haben. Wenn ein Kellner eine Flasche Wein öffnet, drückt er den Korken danach sofort wieder in die Flasche zurück oder steckt bestenfalls eine Serviette in den Flaschenhals, die kunstvoll wie ein Fächer gefaltet ist. So kann der Wein nicht atmen, aber auch wenn Sie sich noch so sehr bemühen, den Kellner von dieser Notwendigkeit zu überzeugen, wird er Ihnen lediglich entgegnen, dass eine offene Flasche eine Aufforderung an die Fliegen darstellt, doch bitte einen Schluck zu trinken.

Frankreich behauptet, rund 600 Käsesorten zu haben, was wohl ziemlich genau der Realität entspricht. Die Türken wiederum dürfen mit der Vielfalt ihrer Köftes (Hackfleischgerichte) und Kebabs (Gerichte, die meist mit Lammfleisch zubereitet werden) prahlen. Ihnen liegt es quasi im Blut, Spieße vorzubereiten, Eintöpfe zu kochen und zu grillen. 291 verschiedene Arten der Fleischzubereitung sind verzeichnet, und die Bandbreite ist enorm: gegrillt, gedünstet, gebraten, geschmort, geröstet…oder auch roh. Viele Köfte- und Kebab-Gerichte sind nach der Region benannt, aus der sie stammen, worin sich auch wieder der Stolz der Türken auf ihre Herkunft widerspiegelt (Izmirli, Akçaabat, Inegöl, Tekirdağ, Harput, Tokat, Adana, Beyti). Andere werden nach ihrer Zubereitungsmethode oder nach ihrem Erfinder benannt (Salçalı, Içli, Mangal, Odun, Testi, Döner und Satır aus Trakya; Iskender, Beyti, Cağ aus Erzurum; Tandır, Ali Nazik Kebab aus Van) oder auch nach ihren besonderen Zutaten (Sardinen: Hamsi) oder nach Dingen, denen sie ähneln: ‚Klitzeklein' (CızBız), ‚Dralle Frauenschenkel' (Kadın Budu) oder ‚Vogelköpfe' (Kuşbaşı Kebab).

Schlussendlich habe ich noch eine linguistische Frage zur türkischen Sprache, eine Frage, die sich ebenfalls auf das Essen bezieht. Weshalb nur benutzt man, wenn man sagen will: „Ich bin hungrig", ausschließlich die Vergangenheitsform?

Wann immer ich mich zuhause in New York ein wenig abgespannt, traurig, schwermütig oder schlapp fühle, weiß ich genau, was ich tun muss, um mich aus dieser Stimmungslage zu befreien. Ich hole mir etwas Lammfleisch, eine Aubergine, eine Zwiebel und ein paar von diesen Tomaaaten und mache mich an die Arbeit. Die Zubereitung eines Kebabs hat für mich großen therapeutischen Nutzen. Während ich die violette Aubergine schäle, stelle ich mir vor, die heiße Sonne der anatolischen Ebenen auf der Haut zu spüren, und wenn erst das Lamm und die gehackten Zwiebeln in Butter braten und ihre Wohlgerüche verbreiten, heben diese berauschenden Düfte meine Laune im Handumdrehen. Wenn ich türkisch koche, Lady Mary, denke ich automatisch an die reiche Fülle von Speisen, die auf den Tischen der Türkei ihren Platz finden, und vor allem an die reiche Fülle der Liebe, die mit an diesen Tischen sitzt. In der Türkei bin ich nicht, war ich nie und werde ich auch in der Zukunft niemals hungrig sein.

Herzlichst,
Kadriye Branning

BRIEF 21

Der ‚TT'

Liebe Lady Mary,
in Ihren Briefen betonen Sie ständig, für wie kultiviert Sie den Geschmack der Türken halten, auch wenn er anders sei als unserer. Dieser Geschmack, der jede Faser der türkischen Lebensart durchdringt, erstreckt sich vor allem auf die besagten vier Kernbereiche Familie, Freunde, Essen und angenehme Atmosphäre, und er lässt niemanden unberührt. Sie haben sicherlich Recht, wenn Sie sagen, dass „diese Menschen so rau nicht sind, wie wir sie schildern. Es ist wahr, in der Pracht ist ihr Geschmack von dem unsrigen unterschieden..." Allerdings hat die türkische Kultur auch eine kleine merkwürdige Eigenart, die nicht so recht zu dieser vornehmen Kultiviertheit zu passen scheint: das, was ich den ‚türkischen Touch' nenne, oder noch einfacher: ‚TT'.

Nun gibt es da natürlich noch einen anderen berühmten ‚Touch', der mir ebenfalls nicht fremd ist, den sogenannten ‚französischen Touch': das Bekenntnis zu Eleganz und höchster Qualität, die die Franzosen für all ihre Erzeugnisse und Kreationen von der Mode bis hin zur Kochkunst reklamieren. Sogar ihre anmutige Art, Rugby zu spielen, wurde mit diesem Begriff geadelt. Der türkische Touch hat damit jedoch überhaupt nichts zu tun.

Der ,TT', wie ich ihn verstehe, meint die charakteristische Eigenschaft der Türken, absichtlich oder unabsichtlich allem, was sie tun, eine gewisse Unvollkommenheit angedeihen zu lassen. Irgendetwas passt immer nicht so zusammen, wie es sollte, irgendetwas wirkt immer ein wenig absonderlich, und manches sogar vollkommen abwegig. Nein, nichts Weltbewegendes, eigentlich funktioniert ja alles sehr gut. Aber immer wieder stößt man auf kleine Merkwürdigkeiten, Verschrobenheiten, Marotten, Kuriositäten oder Verwechslungen, die vergleichbar sind mit jenen eigentümlichen Zeilen oder überraschenden Wörtern in einem Gedicht, die Ihre Aufmerksamkeit fesseln und Sie dazu bewegen, tiefer darüber nachzudenken, was der Dichter Ihnen zu sagen versucht.

Die meisten Türken versichern mir, es stecke keine bewusste Absicht dahinter. Ich hingegen glaube schon, dass diese Dinge zumindest auf einer gewissen Ebene bewusst herbeigeführt sind. Denn Türken fühlen sich offenbar einfach nicht wohl, wenn ihnen etwas allzu perfekt erscheint. Das Leben ist nicht perfekt, also sollte es auch die Welt, in der wir leben, nicht sein. Nur Gott ist vollkommen, das dürfen wir nie aus den Augen verlieren. Und deshalb müssen wir genügsam bleiben und dürfen nicht anmaßend werden. - Diese Denkweise ist es, die sich meiner Ansicht nach hinter dem TT verbirgt. Insofern ist er ein bescheidenes Gebet an die Majestät Gottes.

Ich komme aus einer Kultur, die sehr darum bemüht ist, in allem, was sie tut, perfekt zu sein, von der Gesundheitsfürsorge über die Mode, den Kundendienst und die Entsendung von Menschen auf den Mond bis hin zur Erzeugung von Retortenbabys. Wenn ich durch meine penible westliche Brille schaue, stechen mir TTs daher sofort ins Auge. Sie wirken wie Fremdkörper. Andererseits habe ich schnell gelernt, sie nicht zu verdammen oder als minderwertig zu betrachten. Ich weiß, dass sie nicht auf mangelnde Fähigkeiten, Achtlosigkeit oder Gleichgültigkeit gegenüber dem Endprodukt zurückzuführen sind. Denn eine Kultur, die einen Baumeister wie Sinan und andere ähnlich bedeutende Handwerksmeister hervorbringen kann, kann mit Sicherheit unterscheiden, was richtig ist und was falsch. Vielmehr ermahnen uns die TTs, dass wir bescheiden, menschlich und ehrlich bleiben sollten. Wir alle machen Fehler, oder etwa nicht? Natürlich, und deshalb hier ein paar Beispiele, die uns diese Tatsache in Erinnerung rufen; aus allen Lebensbereichen und in allen Facetten, für alle Augen sichtbar. So spielt das Leben - auf unserem Planeten, in unserer Nachbarschaft, in unseren Häusern und in unseren Herzen.

Das klassischste und traditionsreichste Beispiel für einen TT sind türkische Teppiche, bei denen die Weber ganz bewusst kleine Fehler in ihre Webmuster einflechten: hier einige Farben, die sich beißen, dort einen unsauberen Saum oder eine kleinere Anzahl falsch geknüpfter Knoten. Genau solche kleinen Unvollkommenheiten erinnern uns daran, dass wir in der materiellen Welt leben, und nicht im spirituellen Reich der Schatten und der Träume.

Die offensichtlichsten TTs sind die mitunter sehr lustigen Übersetzungsfehler auf Schildern, Speisekarten und sogar in wissenschaftlichen Büchern. Gar nicht auszudenken, wenn man wirklich gezwungen wäre, genau das zu essen, was auf den Speisekarten angepriesen wird. Oder ein anderes Beispiel, die englische Übersetzung des ersten Satzes eines der beeindruckendsten kunstgeschichtlichen Bände, die ich überhaupt je gelesen habe (ich werde den Titel nicht nennen, um den Autor oder Herausgeber nicht zu beleidigen): „The culture of the ancestors of Turks has coused the architecture to be continuous and with pains." [Auf Deutsch etwa: Die Kultur der Vorfahren der Türken hat die Architektur mit Kontinuität und Schmerzen behuftet.] Ein solcher Wirrwarr gleich zu Beginn sät natürlich Zweifel, ob es sich wirklich lohnt, auch die nächsten 350 Seiten zu lesen. Nachdem die Beyazid Pascha-Moschee in Amasya zehn Jahre lang umfangreich und teuer renoviert worden war, wimmelte es im englischen Text der Erläuterungstafel nur so von haarsträubenden Fehlern. Oder wie wäre es mit dem folgenden Juwel aus der offiziellen staatlichen Touristikbroschüre für die Stadt Kahramanmaraş, in der beschrieben wird, wie köstlich das berühmte Eis der Stadt schmeckt: „Sahlep gets the milke harden and process of beated the ice creem provide it to become solid." [Zu Deutsch sinngemäß: Sahlep macht die Milche härter und der Prozess vom Schlagen des Eiscreeem macht sie fest werden.] Klingt lecker!

Ironischerweise stößt man gerade an einigen der berühmtesten und erlesensten Orte auf einige der befremdlichsten Schnitzer, so zum Beispiel im Topkapı-Palast oder im Hilton Hotel. Angesichts der Erfahrungen, die ich in der Vergangenheit mit Übersetzungen gesammelt hatte, bot ich einmal einem türkischen Kulturbeauftragten meine Dienste als Lektorin oder Korrektorin für ihre staatlichen Broschüren und Publikationen an: „Sie geben eine Menge Geld für diese Marketingprodukte aus, die Ausländer in Ihr Land locken sollen", argumentierte ich. „Also wäre es doch von

Vorteil, wenn sie in stilvollem und korrektem Englisch ab-
gefasst wären." Er starrte mich wie vor den Kopf geschlagen an und erwiderte: „Sie verstehen nicht, worum es hier
geht! Wir Türken wollen nicht, dass alles perfekt ist! Das ist
nicht unser Stil!" Ich versuchte, ihm zu erklären, dass seine
Zielgruppe seine Sichtweise möglicherweise nicht teilt, aber
ich merkte schon, dass ich ihn beleidigt hatte, und drängte
nicht weiter auf ihn ein. Es stimmt, Türken wollen anscheinend tatsächlich nicht, dass alles perfekt ist; denn sonst fühlen sie sich unwohl - genau wie dieser Mann sich angesichts
meiner Unverschämtheit unwohl fühlte.

Das Bauwesen ist ein schillerndes Schaufenster, in dem
der türkische Touch in vollem Glanz erstrahlt. Ein wunderbares Beispiel dafür ist die Ausrichtung der Lichtschalter in
der Türkei. Sie sind selten lotrecht angebracht, sondern
meistens schräg versetzt angeschraubt, mit einer Abwei-
chung von ungefähr 10° bis 22°. Der TT begegnet uns auch
bei Fliesen, die entweder schief aneinander gereiht sind
oder manchmal sogar verkehrt herum liegen (ja, ich habe
sogar gesehen, dass bei dekorativen Fliesen mit Traubenmo-
tiv die Trauben nach oben hingen). Ein weiteres Beispiel sind
die Risse, die über Nacht einen gerade frisch verlegten Mar-
morboden oder eine verputzte Wand durchziehen. Oder
Auffahrtsrampen für Behinderte, die so steil sind wie Ski-
sprungschanzen. Oder die Gerüstsysteme von Bau- und
Renovierungsprojekten. Oder die Toilette, die sich nicht
abziehen lässt, wenn Sie es wollen, dafür dann aber plötzlich mitten in der Nacht aktiv wird, Sie aus dem Schlaf reißt
und Fußboden und Schuhe überflutet.

Den türkischen Touch haben Tischbeine, die nie gleich
lang sind. Oder der *Mihrab* der historischen Hacı Özbek-

Moschee in Iznik: ein Marmorimitat, das in den Farben la-
vendel, babyblau und pink gehalten ist. Oder die grellen
Leuchtstoffröhren rund um die Iplik Cami in Konya, die
den Landungslichtern auf Flughäfen ähneln. Der TT zeigt
sich, wenn ein Bus laut Plan zu einer bestimmten Uhrzeit ab-
fahren sollte, sich aber niemand daran stört, wenn zwei
Stunden lang rein gar nichts passiert, außer dass ständig
neue Runden Tee bestellt werden. Oder beim Flug mit der
Turkish Air (die inzwischen nicht mehr existiert), der ohne
Vorwarnung gecancelt wurde, wobei sich sonderbarerweise
absolut niemand darüber aufregte, dass somit auch der An-
schlussflug nach Paris verpasst war.

Oder die T-Shirts, die nach dem ersten Waschen einlau-
fen und sogar noch vor dem ersten Waschen ausfärben, sodass Sie wie eine türkische Tuareg aussehen. Oder das Leder,
das geradezu animalisch stinkt, oder die kitschigen Schuhe
aus Plastik, die so steif sind, dass sie schon nach einmaligem
Tragen brechen. Oder die räudigen Köter, die durch die
glamouröse neue Site Kulesi-Shopping Mall in Konya streifen, oder die Katzen, die sich selbst in den schicksten Restaurants an die Beine der Gäste schmiegen. Oder der Plas-
tikeimer, der auf der Prunktreppe im Dolmabahçe Palast unter dem größten Kronleuchter der Welt steht und dort das
Wasser einfangen soll, das aus der undichten Decke tropft.
Oder die Kuh, die im Pool-Bereich eines 5-Sterne-Hotels
herumlungert und sich über die zarten Blätter der Pflanzen
in den Blumentöpfen hermacht, ohne dass jemand ein-
schreiten und sie aus ihrer Chaiselongue vertreiben würde.

Reisen und Hotels sind eine wahre Fundgrube für den
türkischen Touch. In den kleineren, anspruchslosen Hotels in
der Provinz überrascht mich diese Häufung nicht besonders,

in den 5-Sterne-[sic] Luxus-Etablissements dafür umso mehr. So zum Beispiel in den 5-Sterne Hotels in Anatolien, wenn die Empfangsdame keine einzige Fremdsprache spricht und nur ein einziger TV-Kanal zu empfangen ist. Oder in dem Hotel, in dem alle Aufzüge gleichzeitig ausfallen (was auch in diesem Fall niemanden zu stören scheint), oder in Suiten, die mit exquisiten türkischen Handtüchern ausgestattet sind, in deren Bettwäsche jedoch Löcher klaffen. Und hüten Sie sich bloß vor den gefährlichen Stolperfallen in den Teppichen der Speisesäle, die pro Tag mindestens ein Opfer fordern. Vom TT künden auch die von Hand geschriebene Zimmernummer, die mit Klebeband am Türschlüssel befestigt ist, der riesengroße Nagel, der in der Umkleidekabine eines exklusiven Wellnesshotels in die Wand geschlagen wurde, um einen Föhn daran aufzuhängen, das Schild am Aufzug, das die 3. Etage anzeigt, obwohl es sich um die 2. Etage handelt, der unaufgeforderte Weckanruf um 5 Uhr in der Früh, die stumpfen Messer und heißen Kühlschränke auf dem Zimmer, und der schäbige, unförmige, mit Kunstschnee verzierte Weihnachtsbaum, der ...im Juli... die Lobby schmückt.

Vom TT geprägt ist auch das Straßenbild: die tief hängenden elektrischen Drähte zwischen den Gebäuden, an denen man sich den Kopf aufschürft (den Rekord in dieser Hinsicht hält die Stadt Kars), oder die Geldautomaten, die so hoch oben an der Wand hängen, dass selbst ein Mensch über 1,80 Meter wie ich auf einen Hocker steigen muss (der höflicherweise natürlich bereitsteht), um daranzukommen, oder die Neonlichter in den Palmen der Stadtparks, die selbst noh im Schneesturm vor sich hin blinken, oder die Blumenoasen in recycelten leeren Olivenölkanistern, die sogar vor dem Nationalmuseum stehen.

Zu meinen Lieblings-TTs gehören die Fantasie-Stadt-
pläne, die in den lokalen Tourismusbüros ausgegeben werden. Liebevoll von Hand gezeichnet, sind sie absurd unle-
serlich und nicht selten hoffnungslos veraltet, wodurch so
manche Stadterkundung zu einer *Alice in Wonderland*-Er-
fahrung gerät. Als man mir in einem Tourismusbüro in Bursa wieder einmal eine dieser unergründlichen Karten in die
Hand drückte, brachte ich den Mut auf, den Angestellten zu
fragen, ob er nicht vielleicht noch eine bessere für mich hätte; eine, dir mir wirklich helfen würde, mich auf der Straße
zu orientieren. Er strahlte, war plötzlich ganz aufgeregt und
verschwand kurzerhand. Ein paar Minuten später kam er
dann zurück, sich abplagend mit einer schweren 1,5 mal 2
Meter großen gerahmten Katasterkarte, die er allem Anschein nach von der Wand im Büro des Direktors abgenommen hatte. Mit einem dumpfen Schlag ließ er sie vor mir auf
den Boden fallen und sagte: „Würde Ihnen das vielleicht
weiterhelfen?"

Auch liebevolle, nette Aufmerksamkeiten können vom
TT infiziert sein. Wie die mit feinen Tautropfen aus Harz
verzierten Plastikblumen in den Vasen der Pide-Läden, die
sich alle Mühe geben, als Sultanstafel durchzugehen. Wie
die Löffel und Gabeln, die wohlmeinend mit einer Schleife
in Papierservietten eingeschlagen sind, wie die Poster von
den Schweizer Alpen, die in Restaurants im staubigen Flachland hängen, wie die Wassermelonen, aus denen Stücke in
der Form anmutiger Schwäne herausgeschnitten wurden,
wie die blauen Badezimmerfliesen mit Blumenmotiven, die
das Innere der Siirt Ulu Cami schmücken.

Aber genauso gut kann ein TT unpassend und befremdlich sein, wie etwa jener Ruf des Muezzins um 4:09

Uhr morgens in Kars, dem eine faszinierend atonale Fuge folgte, die mich bis zum heutigen Tag verfolgt, oder die majestätischen Marmorbürgersteige, die die Straßen des staubigen Provinzstädtchens Afyon säumen.

Ich habe gelernt, dass diese Unvollkommenheiten und Makel den Objekten und der Welt, die uns umgibt, Leben einhauchen, und inzwischen sind sie mir genauso ans Herz gewachsen wie den Türken selbst. Sie haben mich gelehrt, weniger kleinlich, pingelig und kritisch zu sein. Oft, wenn mir TTs begegnen, muss ich lächeln; schließlich können sie schon ziemlich skurril sein. Und immer sorgen sie dafür, dass mir warm ums Herz wird, weil ich spüre, dass sich hinter ihnen jemand verbirgt, der sehr menschlich ist: ein Türke nämlich, der seinen Platz in der kosmischen Ordnung der Dinge kennt. Und nicht zuletzt ermahnen sie mich, dass ich mich selbst nicht so ernst nehme, denn wissen Sie, was? Niemand ist perfekt …außer der Allmächtige im Himmel.

Herzlichst,
Kadriye Branning

BRIEF 22

Ein Teppich aus
70 Millionen Knoten

Liebe Lady Mary,
wie gern würde ich einmal nachmittags mit Ihnen eine Bootsfahrt auf dem Bosporus unternehmen und das Ganze mit einem Picknick verbinden! Dann würden wir uns an einer der Ausstiegsstellen am Ufer absetzen lassen, einen türkischen Teppich ausbreiten und Tee, Gebäck, süße Wassermelone, die Aussicht und eine angeregte Unterhaltung genießen. Und eigentlich bräuchten wir das Boot und den Bosporus ja noch nicht einmal, um es uns gut gehen zu lassen: Denn ein ausgebreiteter türkischer Teppich verwandelt jeden Ort in eine kleine Wiese der Freude.

In Ihren Briefen beschreiben Sie das Alltagsleben Ihrer Zeit in allen Details, egal ob es um Mode, die Innenausstattung der Häuser, Schmuck, Essen, die herrschenden Sitten oder Tanz und Musik geht. Diese Liebe zum Detail hat Sie in den Rang einer der bedeutendsten Chronistinnen der Kultur des Lebens am Hofe in der Türkei des 18. Jahrhunderts erhoben. Besonders stark ausgeprägt war Ihr Gespür für Mode: Sie beschreiben die Tunika, die der Sultan auf dem Weg zur Moschee trägt, das aufwendig gestaltete Gewand

des obersten Haremswächters, die Insignien der Wachha-
benden und natürlich sämtliche Kleider der Hofdamen, denen Sie einen Besuch abstatteten. Strenggenommen mögen
Sie keine Ethnographin im heutigen Sinne gewesen sein,
aber sicherlich waren Sie eine Wegbereiterin dieses For-
schungsfelds, denn Sie begriffen, dass kein Detail des Alltags
zu unbedeutend ist, um ignoriert zu werden. Sie schauten
sorgfältig hin, Sie hörten zu, Sie registrierten. Ihr Blick für
die winzigen Details lieferte uns ein umfassenderes Bild.

Über Architektur und Kunst äußern Sie sich nicht so
wortreich wie über Mode. Dabei sind dies die Dinge, die
mir als Erstes ins Auge stechen, wenn ich die Straße entlang
gehe, einen Raum betrete oder herumreise - wohl, weil ich
selbst Künstlerin bin. Nichtsdestotrotz beweisen Sie auch
bei der Beschreibung von Kunstgegenständen enorme
Scharfsichtigkeit. Von Ihrem Abendessen mit Lady Hafise
berichten Sie, dass die Servietten aus seidener Gaze und mit
goldenen Blumen bestickt waren: „Mit Bedauern benutzte
ich diese kostbaren Tücher, die so fein gewebt waren wie die
schönsten Halstücher, die jemals aus diesem Land [England]
kamen." Sie schwärmen von den Porzellanschalen mit De-
ckeln aus massivem Gold, von den goldenen Messern mit
ihren diamantenbesetzten Heften, von goldenen Waschbe-
cken und von golddurchwirkten Handtüchern. In einem Ihrer letzten Briefe widmen Sie sich der Innenausstattung der
Bosporus-*Yalıs*:

> Die Becken, Brunnen und der Estrich alle aus weißem
> Marmor, die Decken vergoldet und die Wände mit japani-
> schem Porzellan belegt [...] und das Ganze verschwende-
> risch mit Marmor, Vergoldung und der auserlesensten
> Malerei von Blumen und Früchten verziert. Die Fenster
> sind alle aus erlesenstem Kristallglas.

Um Architektur geht es in einem Ihrer anschaulichsten
Briefe, in dem Sie Ihren Besuch der Selimiye-Moschee in
Edirne schildern, die der berühmte Architekt Sinan im Jahr
1569 für Sultan Selim II. erbaute. Sie konstatieren zu
Recht, dass diese Moschee „wegen ihrer Bauart wohl der
Neugier eines Reisenden würdig ist". Nicht umsonst wird
sie als Sinans Meisterwerk betrachtet. Auf türkische Art gekleidet, um die Moschee betreten zu können, ohne Aufsehen zu erregen, berichten Sie sie in solcher Detailfülle, dass
spätere Darstellungen moderner Architekturhistoriker
kaum mithalten können. Nicht ein Punkt, dem Sie in diesem langen Brief keine Beachtung schenken: Sie erwähnen
den Innenhof, die Kuppeln, den Portikus mit seinen alten
grünen Marmorsäulen, den Eindruck erstaunlicher Höhe,
den der Dom vermittelt, die Marmorbalustraden, die persischen Teppiche, die „große Kanzel aus geschnitztem und
vergoldetem Holz", die Privatgalerie für das Gebet des Sultans, die dicken weißen Kerzen und die vier „sehr hohen
Türme" (Minarette) außerhalb des Gebäudes. (Sie waren
sogar neugierig genug, selbst hinauf zu klettern!) Viele
würden Ihnen heute wohl beipflichten, wenn Sie sagen: „Sie
kam mir als das herrlichste Gebäude vor, das ich je gesehen
hatte." Mir imponiert, wie Sie sich für ihre Ausschmückung
begeisterten: „Die Wände schienen mit kleinen Blumen in
so lebhaften Farben eingelegt, dass ich mir gar nicht denken
konnte, welche Steine man dazu gebracht haben mochte.
Allein, als ich näherkam, wurde ich gewahr, dass sie mit ja-
panischem Porzellan überzogen waren, was eine sehr schöne Wirkung gibt." Es amüsiert mich, dass Sie zunächst
glaubten, die dickflüssigen, leicht vorstehenden Glasuren
der Iznik-Fliesen seien aus Stein, und ich bin beeindruckt,
dass Sie den asiatischen Einfluss dieses Überzugs erkannten.

Sie beschreiben die Selimiye und die *Yalıs* überaus
konkret und anschaulich. Ich sehe sie fast so klar vor mir,
als stünde ich direkt davor. Ihre Schilderungen sind aussage-
kräftiger als jedes Foto. Was mich allerdings verwundert, ist
die Tatsache, dass Sie die türkischen Teppiche so selten erwähnen. Vielleicht waren Ihnen diese Teppiche ja schon so
vertraut, dass Sie nicht das Gefühl hatten, noch näher auf
sie eingehen zu müssen. Die großflächigen Teppiche des
16. Jahrhunderts, diese riesigen, ganze Säle ausfüllenden
Stücke, die in den Hofmanufakturen der Sultane Süleyman
I., Selim II. und Murat III. gewebt wurden, hatten schon
lange zuvor ihren Weg nach England gefunden, wo sie die
vornehmsten Herrenhäuser des Landes schmückten - sicherlich auch Ihren Familienstammsitz Thoresby Hall. Diese Manufakturteppiche sind ohne Zweifel wunderbare Stücke, aber ich muss zugeben, dass ich selbst die kleineren
Teppiche bevorzuge; diejenigen, die wir auch zu unserer
,Bosporus-Tea-Party' mitnehmen würden: Teppiche, die
von nur einem Paar Händen gewebt wurden, von einer Weberin, die allein vor ihrem Webstuhl sitzt.

Einige der schönsten Teppiche der Welt wurden und
werden von Türken hergestellt, und kaum ein Besucher
kehrt ohne einen Teppich im Gepäck von einer Türkeireise
zurück. Doch für einen Türken ist ein Teppich weit mehr
als ein hübscher Gegenstand, den man sich auf den Fußboden legt: ein Kunstwerk.

Wenn in der westlichen Welt von ,Kunst' die Rede ist,
denkt man unweigerlich an die Obstkörbe, Frauenakte und
Landschaften, die an den Wänden der Museen hängen, an
die Gemälde, die auf einem hysterischen Kunstmarkt für
Millionensummen die Besitzer wechseln, oder an hochnäsi-

ge, wichtigtuerische Kunstsammler, schöngeistige Intellektu-
elle und Künstler im Range von Popstars wie Picasso und
Matisse. Der durchschnittliche Westler assoziiert Kunst außerdem mit den Begriffen urban, religiös, abstrakt, intellektu-
ell, männlich dominiert und großbürgerlich sowie mit dem
Medium Öl auf Leinwand.

In der Türkei hingegen ist die Wahrnehmung eine ganz
andere. Nach türkischem Verständnis bedeutet Kunst, etwas
mit großem handwerklichem Geschick und mit viel Liebe
zum Detail zu tun. Dabei wird auf technische Kompetenz
und Disziplin genauso viel Wert gelegt wie auf Inspiration
und Intuition. Kunst ist für jeden da, auch für den ganz gewöhnlichen Menschen, für den Dorfbewohner ebenso wie für
den Stadtbewohner. Die Türken sind ein praktisches Volk,
folglich ist auch ihre Kunst praxisorientiert. Sie arbeiten mit
den Materialien, von denen sie umgeben sind: mit Nussbaumholz aus den Wäldern im Norden, mit Marmor aus den
Steinbrüchen in der Nähe von Afyon, mit handgesponnener
Wolle von lebenden Schafen, mit Farbstoffen aus dem Gemü-
se- und Kräutergarten und mit harter Tonerde. Kunstgegenstände kommen in der Türkei ohne Firlefanz aus: Entscheidendes Kriterium ist, dass sie von praktischem Nutzen sein
müssen, und keine rein dekorativen Gegenstände sind. Es
sind hart arbeitende Hände, die in der Türkei vor dem Feuer
oder vor dem Webstuhl mit Werkzeug und Nadel plastische
Objekte fabrizieren. Ihre Kunst gründet auf handwerklichem
Geschick, so zum Beispiel in der Kalligraphie, in Ebru (mar-
moriertes Papier) und Oya (Bordürenstickerei), in der Verar-
beitung von Perlmutt, Holz und Leder (bei der Herstellung
von Jacken und Sätteln), beim Weben, Filzen, Stricken, Step-
pen und Korbflechten sowie bei der Herstellung von Kera-

mik und in der Schmiedekunst. Türken bauen Häuser aus
Holz und Stein, die sie mit Fliesentafeln dekorieren, weben
Kleidungsstücke und Heimtextilien, schmelzen Glas zu Perlen, die sie selbst tragen oder mit denen sie ihr Pferdegeschirr
schmücken, und schnitzen Holzlöffel, mit denen sie ihre köstlichen Eintöpfe und Suppen essen. Dekorative Elemente ent-
lehnen sie entweder aus der Natur - ihre beliebtesten Motive
sind Blumen und Vögel - oder aus der eher intellektuellen
und mathematischen Symbolik der Geometrie.

Türken fühlen sich ihrem Land, ihrer Familie, ihrem
Glauben ... und auch ihrem Handwerk sehr stark verbunden. Sie sind der festen Überzeugung, dass Können und
Geschick die maßgeblichen Komponenten der Kunst sind.
Sie schätzen die religiöse und historische Bedeutung der dekorativen Ornamente, die sie verwenden. Und sie versuchen, ihrer Kunst ein gewisses Maß an Erhabenheit einzuhauchen, indem sie sie so schön und so perfekt wie nur ir-
gend möglich gestalten; denn etwas auf meisterhafte Art
und Weise zu tun, ist für sie ein Lobpreis Gottes. Türken
sind mutig und ehrlich in dem, was sie tun. Genau wie ihre
Küche ist auch ihre Kunst geradeheraus und schnörkellos;
auch sie wurzelt in ihrem Erbe, ihrer Religion und in regionalen Kulturen. Und dieses Erbe ist ihnen so wichtig, dass
sie es gern wieder und wieder reproduzieren. Türkische
Künstler verfolgen ein eigentlich ganz simples Ziel: Sie
möchten mit größtmöglicher Kunstfertigkeit etwas Nützli-
ches und gleichsam Schönes schaffen, das ihre Liebe zu Gott
und ihrer Familie widerspiegelt und ihren Mitmenschen zu
Diensten ist. So einfach ist das.

Warum neigen die Türken dazu, ihre kulturelle Identität über Teppiche zum Ausdruck zu bringen, die Franzosen

über Essen und Mode, die Amerikaner über Musik, die Italiener über das Kino und die Briten über ihre Gärten? Diese Frage ist kaum zu beantworten; aber zumindest lässt sich festhalten, dass die Kunst eine Ausdrucksform des menschlichen Lebens ist, die sich in jeder Kultur auf andere Weise entfaltet: Sie legt Zeugnis ab von der Alltagskultur der Epoche, in der sie hervorgebracht wird, und sie spiegelt immer eine bestimmte Zeit, einen bestimmten Ort, eine bestimmte Kultur und die Vision ihres Schöpfers wider. Wer sich mit den Kunstgegenständen der Türken beschäftigt, kann viel über das Land lernen. In den frustrierenden Momenten, wo ich denke, dass ich die türkische Sprache nie beherrschen werde, sprechen diese Artefakte und vor allem diese Teppiche in einer Sprache zu mir, die mir völlig verständlich ist und die mich den Menschen dieses Landes näher bringt.

Ich bewundere ihre Kunst, die die Tradition respektiert und gleichzeitig versucht, sich zu verändern und zu wachsen. Mir liegt der türkische Weg, im täglichen Leben das Alte mit dem Neuen zu verbinden. Ich fühle mich in diesem Land stets wohl. Römische Ruinen vermischen sich mit seldschukischen Medresen, byzantinischen Mauern und osmanischen Brunnen, Gärten und Rosen blühen neben Betonmauern, Autobahnen winden sich um alte Brücken und Aquädukte. Die Hektik der Straßen täuscht über die Stille im Innern der Häuser hinweg, und Handelsplätze und religiöse Schreine liegen in trauter Zweisamkeit beisammen. Auch individuelle künstlerische Stimmen haben hier ihren Platz und werden gehört und respektiert - so wie die Gebetsrufe der Muezzins, die jeweils um den Bruchteil einer Sekunde versetzt beginnen und auf unterschiedlichen Tonhöhen ertönen, um dann zu einem vielstimmigen, wohlklingenden

Kanon zu verschmelzen, in den auch die Schreie der Mö-
wen über dem Himmel von Eminönü mit einfließen.

Dieser Respekt vor dem Alten wie auch vor dem Neuen
gilt auch für ihr Handwerk. Es schließt ‚ihre‘ Kunst mit ein.
Die Beaux-Arts-Schulen der Bildhauerkunst und der Malerei,
wie wir sie im Westen kennen, haben in der Türkei nie eine
tragende Rolle als künstlerische Ausdrucksformen gespielt.
Hier schätzt man Menschen, die Holz drechseln, Körbe flechten und Wolle knoten. Man trennt nicht zwischen Kunst und
Handwerk, Handwerk ist Kunst. Dieses Vertrauen in die eigene Rolle als Künstler im eigentlichen Wortsinn, das die Türken
auszeichnet, finde ich persönlich als Handwerkskünstlerin sehr
reizvoll.

Der Machtkampf zwischen Kunst und Handwerk hat
im Westen 30 Jahre lang die Gemüter erhitzt und beginnt
erst jetzt, langsam abzuflauen. Dort verstand man unter
‚Kunst‘ traditionell Gegenstände, bei denen es ausschließlich um die ästhetische Wahrnehmung geht, während man
als ‚Handwerk‘ Gegenstände bezeichnete, die vor allem
praktischen Nutzen besitzen. Kunsthistoriker und Wissenschaftler haben diese Unterschiede lang und breit diskutiert
und es letztlich geschafft, Kompromisse zu schließen. Die
vielen der traditionellen Kunst gewidmeten Museen, die im
Westen in den letzten 20 Jahren eröffnet wurden, sind ein
Beleg dafür. Doch noch immer sind nicht alle Spuren der
Trennung verwischt. Als eine Künstlerin, die mit Glas arbeitet, nutze ich meine Hände, um mich klar und deutlich und
kompetent auszudrücken; und wenn ich die Werke türkischer Künstler betrachte, spüre ich, dass auch sie von starken
Händen geschaffen wurden. Vielleicht fühlte ich mich ja deshalb so sehr von der Türkei angezogen: Hier gibt es so viele

kompetente Handwerker, die gleichzeitig auch Künstler sind. Türkische Kunsthandwerker wissen, dass die wahre Kunst in der Verschmelzung von Nutzen und Schönheit liegt. Wenn ein Gegenstand mit Talent, Können, Engagement und Liebe gefertigt wird, wird er zu ‚Kunst‘. Punkt.

Wenn ich eine Vase oder einen Kelch aus Glas fabriziere, so kann ich dabei zum Ausdruck bringen, dass ich kreativ und geschickt bin und hart arbeite. So denken auch die Türken. Ihre Werke sind mit Sorgfalt und Liebe hergestellt, und das unterscheidet sie von Massenprodukten. Sie werden von einem Auge geprüft, und von einer Hand berührt. Sie versprühen diesen Funken eines individuellen Willens und Geistes …und ja, in manchen Fällen auch eines sehr markanten TT. Türken sind der Auffassung, dass selbst so banale Tätigkeiten wie das Einschenken von Wasser, das Schneiden von Gemüse und das Rühren in Töpfen von der Kunst akzentuiert werden sollten. Dementsprechend gestalten sie ihre Kunst so, dass sie Alltagsgesten wie diese adelt und ihnen Würde, Schönheit und Anmut verleiht.

Schlussendlich sind ‚Objektkünstler‘ und bildende Künstler vereint in dem gleichen Streben. Wir suchen Gestaltungsräume, wir bringen uns in unsere Kunst ein, indem wir unsere Fähigkeiten weiterentwickeln, wir sind neugierig, wir verschieben bestehende Grenzen, indem wir uns etwas trauen und träumen, wir versuchen, aus unserer Arbeit zu lernen, wir glauben, dass der Prozess wichtiger ist als das Endprodukt, und wir bemühen uns, die tief in uns selbst wurzelnde Kunst zu ergründen und unserem inneren dritten Auge Beachtung zu schenken. Wenn ich mir türkische Teppiche oder Holzlöffel anschaue, nehme ich deutlich wahr, dass auch sie von diesem Streben inspiriert sind. In

jeder schönen Blume, dir mir auf einer Iznik-Fliese ins Auge springt, spüre ich die Liebe zur Natur und ihrer bunten
Farbenpracht, die von allen Türken geteilt wird. In jedem
kalligrafischen Pinselstrich entdecke ich ein Herz, das sich
aufschwingt zu Gott. Und in jedem Teppichknoten sehe ich
das Gesicht einer türkischen Frau und fühle ihre Warmherzigkeit und Lebensfreude.

Oh ja, diese Knoten! Unter all den türkischen Künsten
fühle ich mich von den bunten Teppichen am stärksten angezogen. Ähnlich wie die besagten goldenen Steine [aus Brief
3] besitzen ihre Knoten für mich eine Ausdrucksstärke, die
dem gesprochenen Wort in nichts nachsteht. Eingangs dieses
Briefes verriet ich Ihnen ja bereits, Lady Mary, dass ich eine
besondere Vorliebe für die kleinen Dorf- und Nomadenteppiche habe, die wir zu unserem Picknick am Ufer des Bosporus mitnehmen würden; nicht zu verwechseln mit den
riesigen, ganze Säle ausfüllenden Teppichen aus dem 16.
Jahrhundert, die nach einer völlig anderen Methode hergestellt wurden als die Dorfteppiche. Denn diese Stücke entstammten einer von Männern dominierten und am Hof des
Sultans geförderten Produktion, die stark von der persischen Ästhetik beeinflusst war und von den Webern verlangte, aufwändige Zeichnungen nachzubilden, die von
Hofkünstlern erstellt wurden. Nein, die Teppiche, von denen ich spreche, bezeichne ich als ‚Wunderteppiche'. Es sind
Teppiche, die in kleinen Dörfern oder von Nomadenstämmen gefertigt wurden. Die meisten jener wunderschönen Exemplare, die bis heute erhalten sind, wurden zwischen 1850
und etwa 1925 gewebt und mit natürlichen Pflanzenfarben
eingefärbt. Sie leuchten heute noch genauso kraftvoll wie damals, und ihre Farben und Muster dienen den Teppichen,

die heute gewebt werden, als Anregung. An ihrer Entste-
hung waren - und sind auch heute noch - viele Wunderhän-
de beteiligt: Hände von Männern und Frauen, die Schafe
hüteten und züchteten, das Fell der Tiere untereinander auf-
teilten, die Wolle glätteten, sie auf einer Spindel zu Fasern
versponnen, Kräuter zur Farbstoffherstellung sammelten,
die Wolle einfärbten, Webstühle zimmerten und darauf dann
die Teppiche knüpften, entweder aus ihrem visuellen Gedächtnis heraus oder mit dem Erinnerungsvermögen ihrer
Hände. Diese Teppiche wurden für den täglichen Gebrauch
hergestellt: für die Verwendung zu religiösen Zwecken, für
den Haushalt oder die Landwirtschaft. Manche wurden
auch in Aussteuertruhen verstaut oder waren für den Verkauf bestimmt. Die Menschen auf den Dörfern trugen diese
Teppiche auf dem Rücken mit sich. Sie aßen auf ihnen und
schliefen auf und unter ihnen. Die Teppiche dienten als Türen, als Transportmittel für Salz und Verpflegung, als Wiege für Babys, als Decke für Lasttiere, als Dekor für Zeltwän-
de oder sogar als eigenständige zusammenfaltbare Wände
von Zelthäusern. Bei meinen Wunderteppichen kann es sich
um geknüpfte Teppiche, flachgewebte Kelims oder Stickereien handeln, und ihrer unterschiedlichen Verwendung
entsprechend können sie die unterschiedlichsten Formen
aufweisen. Teppiche sind lebendige Bestandteile des türkischen Hauses, genau wie die Menschen, die dort wohnen.

Auf mich üben diese Teppiche großen Reiz aus. Ich bin
keine ausgewiesene Teppich-Expertin. Ich betrachte sie nicht
mit den Augen eines Kunsthistorikers, sondern als Künstlerin, und ich spreche auf einer rein visuellen und sinnlichen
Ebene auf sie an. Wenn ich ein solches Stück sehe, werfe ich
mich nicht sofort auf den Boden und zähle seine Knoten,

ebenso wenig wie ich bei einem Gemälde von Cezanne das Pigment auf der Leinwand analysieren würde. Trotz ihrer vermeintlich so schlichten Herstellungsweise und ihrer simplen Muster sind sie oft unwiderstehlich und von überraschender Intention und Symbolik. Diese Werke sind wunderschön, spirituell bewegend, und in intellektueller Hinsicht genauso gehaltvoll wie jedes sogenannte große Kunstwerk.

Die türkischen Teppiche haben mich dazu inspiriert, ihre Gestaltungsprinzipien, die mir so gut gefallen, auch in meine Glaskunst zu integrieren. Diese Teppiche sind extrem farbenfreudig, ihr Farbschema umfasst Pastelltöne, Grundtöne und eine Mixtur aus allen Farben des Regenbogens. Oft dominiert eine grelle, auffällige Farbe, die heraussticht. Sie wirken kühn, ausdrucksstark und spontan, unbeirrbar in Gestaltung und Farbgebung. Sie scheuen nicht vor Mustern zurück, die die Symmetrie aufbrechen, und ebenso wenig vor einer chaotischen Farbzusammenstellung, die schon fast an Geschmacklosigkeit grenzt. Bei manchen Exemplaren verblüfft es, über wie viel Kraft, Farbe und Klarheit sie verfügen, andere hingegen strahlen eine ruhige Gelassenheit aus, weil sich ihr Aufbau und ihre Farbelemente harmonisch ergänzen. Ihre Wolle ist dicht, aber geschmeidig, was diesen Teppichen eine skulpturale Anmutung verleiht. Auf mich jedenfalls wirken sie lebendig. Vielleicht, weil die Wolle, aus der sie bestehen, in gewisser Weise ja ebenfalls immer lebendig bleibt. Vielleicht aber auch, weil ich in ihren sanften natürlichen Farbstoffen, die aus Pflanzen, Mineralien und tierischen Stoffen extrahiert wurden, noch immer die Natur riechen kann. Diese kleinen Dorfteppiche funkeln, vibrieren und singen wie die Blumen, Sonnenstrahlen, Vögel, Tiere, Sterne, Regenbögen und grünen Felder, die auf ihnen dargestellt sind. Sie genieren sich nicht, unvollkommen zu sein, oftmals werden sogar ganz bewusst Knüpffehler mit TT eingearbeitet, die die Bescheidenheit dieser Stücke unterstreichen sollen. Diese vermeintlichen kleinen handwerklichen Makel verleihen dem Endprodukt eine menschliche Note. Alles, was diese unaufdringlichen Teppiche einfordern, ist, dass man sie so mag, wie sie sind. Aus all diesen Gründen und vielen weiteren mehr, die ich jedoch schwer definieren kann, stimmen mich diese Teppiche einfach glücklich und froh.

Nun bin aber nicht nur aus künstlerischer Sicht von Teppichen fasziniert, sondern auch, weil sie mich als Frau ansprechen. Ich fühle mich von diesen Dorf- und Nomadenteppichen angezogen, weil sie eine Frauenkunst repräsentieren. Teppiche und Textilien sind seit jeher vornehmlich weibliche Künste, die fernab der Dominanz einer männlichen Weltsicht blühen.

Teppiche sind Selbstporträts türkischer Frauen. Sie sind persönliche Bekenntnisse, hinter denen sich intime Bedeutungen verbergen, aber gleichzeitig auch sehr öffentliche, an die Außenwelt adressierte Verlautbarungen. Sie helfen der Weberin, sich ihrem Umfeld verbunden zu fühlen, ähnlich wie Ihnen die Briefe geholfen haben, die Sie Ihren Freunden schrieben, Lady Mary. Die Weberin jongliert mit Knoten, so wie Sie und ich mit Ideen und Worten jonglieren. Jeder Teppich ist so individuell wie die Frau, die ihn fertigt. Und weil jeder Teppich seine eigene besondere Note hat - so eigen wie das Haar des Kindes der Weberin oder die Haut ihres Ehemannes -, muss ich immer, wenn ich einen Teppich betrachte, darüber nachdenken, was für eine Frau sich wohl hinter ihm verbirgt. Ist sie von kleiner oder eher großer Statur? Wie viele Kinder mag sie haben? Liebt sie ihren Mann, oder streitet sie ständig mit ihm? Ist sie hübsch? Wie mag ihr Lachen klingen? Träumt sie wohl von den gleichen Dingen wie ich? Von welchen Leidenschaften und Begierden ist sie getrieben? Von ihrem handwerklichen Geschick ausgehend ziehe ich Rückschlüsse auf ihr Alter. Obwohl diese Teppiche über keine Signatur verfügen und folglich niemandem zuzuordnen sind, handelt es sich um sehr private und intime Fenster zur Seele ihrer Schöpferinnen. Ich fühle mich diesen Frauen verbunden, weil ich neben ihrem Leben auch Teile meines Lebens aus diesen Teppichen herauslesen kann. Die Berührungen und die Liebe der Weberin, die sonst ihrem Ehemann und den Kindern auf ihrem Schoß vorbehalten sind, sind auch in den Teppichen präsent. Ich stelle mir vor, dass die hellen quadratischen Teppiche aus dem westlichen Teil der Türkei von rothaarigen Frauen gefertigt werden, während ich hinter den blässlich gelben zentralanatolischen Gebetsteppichen braunhaarige und hinter den dunklen Satteltaschen des Ostens dunkelhaarige Frauen vermute.

Ich selbst arbeite mit geschmolzenem Glas, einem herausfordernden und anspruchsvollen Material. Und weil das Knüpfen von Teppichen eine ähnlich knifflige Kunstform ist, weiß ich genau, mit welchen Problemen die Weberin bei ihrer Arbeit zu kämpfen hat. Manchmal habe ich fast das Gefühl, ich säße neben ihr am Webstuhl. Die Dynamik und Kraft ihrer Hände variiert von Tag zu Tag; ihre Knoten geraten ihr mal härter und mal weicher, je nachdem, ob sie gerade angespannt oder entspannt ist. Ich kann ihr ihre Frustration nachfühlen, wenn sich ihr Muster nicht so recht herauskristallisieren will oder wenn sie ihren imaginären roten

Faden auf Zweidrittel der Höhe des Webstuhls aus den Augen verloren hat. Und auch ihr Bangen und Hoffen, dass am Ende ein schönes Stück dabei herauskommen möge, ist mir nicht fremd. Schöne Dinge herzustellen braucht Mut, Lady Mary.

Für mich sind diese Teppiche ein Medium, das Frauen darzulegen gestattet, wie sie die Welt sehen, und ich entdecke in ihnen die gleichen Elemente, die auch mein eigenes Leben als moderne, westliche Frau prägen: Arbeit, Familie, Emotionalität, Gesellschaft und Spiritualität. Diese Teppiche haben ein Innenleben und eine eigene Geschichte, die durch die Anordnung der Farben, die Handschrift des Musters und andere ‚erzählende‘ Symbole von totemischer und magischer Bedeutung zum Ausdruck gebracht wird. Ich finde es sehr mutig, wie die Schöpferinnen dieser Teppiche versuchen, eine Welt darzustellen, die sonst im Verborgenen liegt. Ich würde sie gern treffen, denn sie besitzen positive Eigenschaften, die ich mir auch für mein Leben wünsche: Sie scheinen aufgeweckte, intelligente, geschickte, großzügige, kreative, geduldige, ordentliche und fleißige Multitasker zu sein. Ich bewundere diese Frauen und würde mich freuen, wenn ich mit ihnen Freundschaft schließen dürfte.

Türken glauben, dass uns unser Schicksal auf die Stirn geschrieben steht, dass Gott schon in der Vorewigkeit über unser Los verfügt hat und dass unser Wille keine Kontrolle über die Welt besitzt - was allerdings nicht bedeutet, dass der freie Willen des Menschen nicht existieren würde. In diesen Teppichen, so glaube ich, kann sich die Weberin frei verwirklichen. Sie selbst entscheidet darüber, wie ihre Hand, ihr Auge und ihr Verstand zusammenwirken, um umzusetzen, was ihr Geist ihnen vorgibt. Und sie selbst wählt sich ihre Farben aus. Wofür mag das Rot stehen? Für Äpfel, für ihr Blut, ihre Wärme, den Sonnenuntergang? Oder das Blau? Für den Himmel, den sie sieht, wenn sie glücklich ist? Sie selbst bestimmt, bis zu welcher Grenze sie ihre Symbole sprechen lässt. Hat sie ihr Werk vielleicht deshalb so abrupt beendet, weil sie dadurch zum Ausdruck bringen möchte, dass sie leidet? Sie selbst entscheidet außerdem darüber, ob sie an alten Mustern festhält oder ganz spontan neue erfindet. Wir können nur mutmaßen, von welchen Beweggründen sie sich leiten lässt. Jedenfalls fließen ihre Geschichte, ihre Hände und ihr ganzes Herz in ihr Werk mit ein. Es ist, als wenn sie sagen würde: „Heute, an diesem Webstuhl, bin ich es, die alles unter Kontrolle hat. Ich entscheide, und nur ich allein. Weder meine Kinder noch mein Ehemann gehören mir, aber meine Knoten schon. Und dieser Teppich gibt mir die Chance, mich mit allen anderen Frauen zusammenzuschließen; durch die Tradition, durch mein Erbe und durch meine Zukunft. Er erlaubt mir, meine Innenwelt, meine Hoffnungen und Sehnsüchte, mein Talent und vor allem meine Liebe auszudrücken."

Für sie sind diese Knoten viel mehr als nur verzwirntes Garn, sie enthalten ihre Träume und ihre Antworten auf die Freuden, Leiden und Wirren des Lebens. Der fertige Teppich ist ihr ganz persönliches Statement, das sie der Allgemeinheit darbietet. Ich wünschte, alle Frauen dieser Welt hätten ein so kreatives Medium, um sich auszudrücken.

Es sind die Kunstfertigkeit der einzelnen Stücke und die Verbundenheit unter uns Frauen, die mich für diese Teppiche einnehmen, doch darüber hinaus bewundere ich sehr, wie sie die Lebendigkeit und Unverwechselbarkeit der geografischen Regionen der Türkei symbolisieren. Die Türkei

zeichnet sich durch eine überaus abwechslungsreiche Land-
schaft aus, und von dieser Vielgestaltigkeit künden auch die
Teppiche. Auf den robusten quadratischen Teppichen der
Westägäis sind Olivenhaine und Baumwollfelder abgebil-
det, in den Gebetsteppichen Zentralanatoliens entdeckt man
Felder mit gelben Sonnenblumen, und aus den kurdischen
Teppichen des Ostens spricht die unbändige Kraft der Gebirgslandschaften. Besonders gefällt mir auch, dass diese ka-
leidoskopischen Teppiche ein soziologisches Bindeglied zu
Land und Leuten in der Türkei darstellen, die ich im Laufe
der letzten 30 Jahre kennen und lieben gelernt habe. Die
Teppichwebkunst ist so alt wie die Menschheit, und die
Türkei verfügt über reiche kulturelle Dimensionen, die
10.000 Jahre in die Vergangenheit zurückreichen. Für mich
sind diese Teppiche so etwas wie ein Spiegel, der das bemerkenswerte historische und kulturelle Erbe, das dieses
Land und seine Menschen geformt hat, lückenlos dokumen-
tiert. Gerade in diesen Dorfteppichen spiegeln sich so viele
Qualitäten wider, die ich bei den Türken schätze: Einfach-
heit, Direktheit, Warmherzigkeit, Fürsorge, Fleiß, Sorgfalt,
Großzügigkeit, Aufrichtigkeit, Sorge um das gesellschaftliche
Wohl ihrer Mitmenschen und die Überzeugung, dass man
sein Leben als Familie (im engsten wie auch im weitesten
Sinne des Wortes) teilen sollte. Ja, die Türkei ist ein bunter
Teppich von einem Land, geknüpft aus 70 Millionen See-
len.

Herzlichst,
Katharine Branning

Brief 23

Ich habe Ihn in
meinem Herzen gefunden

Liebe Lady Mary,
wenn ich in die Türkei reise, mache ich in der Regel erst einmal für ein paar Tage Zwischenstopp in Istanbul, bevor ich dann in ‚meine Türkei‘, nach Mittel- und Ostanatolien aufbreche. So kann ich meinen Rhythmus von der Hektik New Yorks auf die gemächlichere Gangart in der Türkei umstellen und das Glücksgefühl auskosten, wieder hier zu sein: Ich stimme meine Ohren auf die geschmeidige türkische Sprache ein, schmecke meinen ersten Löffel Joghurt, höre zum ersten Mal wieder ‚Yok!‘ und ‚Var‘, sehe die ersten mit der Sonne um die Wette strahlenden Gesichter, erlebe zum ersten Mal wieder, wie man mir etwas Gutes tut, entdecke einen neuen TT und vernehme erstmals wieder den Gebetsruf. In dieser kurzen Phase der Eingewöhnung sauge ich die Unterschiede zwischen meiner westlichen, urbanen Gesellschaft und Anatolien in mir auf und bereite mich darauf vor, mich ihnen zu stellen.

Sie, Lady Mary, reisten damals über Land durch Europa in die Türkei, und auch für Sie war diese Reise eine gute Vorbereitung, weil sie Sie erstmals mit realen kulturellen

Unterschieden konfrontierte. In Europa herrschten damals gewiss ganz andere Sitten als im anglikanischen England, vor allem im Hinblick auf die Religion. In Ihren Briefen aus Europa schilderten Sie eingehend die überfrachtete und pompöse Ausstattung der katholischen Kirchen, die Sie dort besichtigten. Im Kontrast zur Schlichtheit des protestantischen Glaubens kam Ihnen der ganze Prunk und Pomp vor wie eine absonderliche Götzenverehrung. Mit vielen Ihrer Beobachtungen konnte ich mich gut identifizieren, denn mir selbst erging es ähnlich, als ich in das katholische Frankreich kam. Die durchkonstruierten gotischen Kathedralen dort hatten kaum mehr Ähnlichkeit mit den einfachen Holzbänken und den schmucklosen Altären meiner Methodistenkirche zu Hause.

Nachdem Sie unterwegs also reichlich Erfahrungen mit dem ‚Papsttum' sammeln konnten, fanden Sie in Belgrad, wo Sie im Haus Ihres Lehrers Ahmed Efendi wohnten, eine ganz andere Situation vor. Er brachte Sie zum ersten Mal mit dem Islam in Berührung, einer Religion, die der Schlichtheit des protestantischen Glaubens Ihrer Einschätzung nach mehr entgegenkam. Als Protestanten waren wir beide, als wir in die Türkei kamen, sehr aufgeschlossen für diese Religion, in der es keine Ämter, keine Bilder und keine prunkvolle Liturgie gibt. Um die Kultur des Landes besser kennenzulernen, tauschten Sie sich während Ihres dreiwöchigen Aufenthalts in Belgrad regelmäßig mit Ahmed aus:

> *Ein täglicher, vertrauter Umgang mit dem Efendi Ahmed Bey verschaffte mir die Gelegenheit, mich mit der Religion und den Sitten dieses Volkes besser bekannt zu machen, als es vielleicht je einem Christen gelungen ist. Ich erklärte ihm den Unterschied zwischen der Religion von England und Rom, es war ihm lieb zu hören, dass es Christen gäbe,*

die keine Bilder verehrten, noch die Jungfrau Maria. Das Lächerliche bei der Verwandlung [in der Messe] war ihm sehr auffallend. [...] Er versicherte mir, wenn ich Arabisch verstünde, würde ich viel Vergnügen am Koran finden, [...] der vielmehr die reinste Sittenlehre, in der besten Sprache vorgetragen, enthält. Ich habe seitdem unparteiische Christen ebenso darüber urteilen hören.

Auch Ihre Schilderung eines Besuchs in der Selimiye Cami in Edirne lässt darauf schließen, dass Ihnen die Schlichtheit des Islams zusagte:

Meines Bedünkens trägt viel zu ihrer Verschönerung bei, dass sie nicht in Kirchenstühle abgeteilt und mit Sesseln und Bänken wie unsere Kirchen vollgestopft ist; auch die Säulen sind nicht von den kleinen, buntscheckigen Bildsäulen und Malereien entstellt, die den römisch-katholischen Kirchen das Aussehen von Spielzeugbuden geben.

In Ihren Briefen ist oft von Religion die Rede. Sie erwähnen die jüdische Bevölkerung von Edirne und erzählen, wie sie sich für das Handelsgeschäft des Sultans unentbehrlich machte. Sie bemühen sich, viele der negativen westlichen Vorstellungen von der Türkei und ihrer Religion richtigzustellen. Sie korrigieren die im Westen vorherrschende Meinung, der Islam sei irrational. Und Sie hinterfragen sogar, ob Europa tatsächlich die Wiege der Ratio war und ob es wirklich unmöglich ist, dass es nur eine einzige maßgebliche Niederschrift des Wortes und Willens Gottes gibt. Während Sie den Katholizismus in Europa kritisieren, gehen Sie mit dem Islam behutsamer um. Sie schaffen es, „sich von Doktrinen und Streitpunkten fernzuhalten und nur deren Auswirkungen in der Gesellschaft zu sehen". Und genau darum habe auch ich mich bei meinen Begegnungen mit dem islamischen Glauben bemüht.

Welch wunderbarer Lehrer Ihnen Ahmed Efendi war,
wie vortrefflich er Ihnen Augen und Geist öffnete! In Adrianopel angekommen, schilderten Sie Ihrem Freund Abbé
Conti in einem Brief vom 1. April 1717 Ihre ersten Eindrücke vom Islam:

> *Gewiss haben wir nur sehr unvollkommene Nachrichten von*
> *den Sitten und der Religion dieses Volkes, weil diese Weltge-*
> *gend selten von anderen als Kaufleuten besucht wird, die*
> *sich meistens nur um ihre eigenen Geschäfte kümmern, oder*
> *von Reisenden, deren Aufenthalt zu kurz ist, als dass sie aus*
> *eigener Kenntnis etwas genau berichten könnten.*

Sie waren eine sehr intelligente, sensible und neugieri-
ge Frau, daher kann es kaum verwundern, dass die Bräuche
in der Türkei Sie nicht unberührt ließen. Sie schätzten sich
glücklich, nicht zu den „Reisenden, deren Aufenthalt zu
kurz ist" zu gehören. Jahr für Jahr besuchen Millionen von
Touristen die Türkei, in der Mehrzahl aus nichtmuslimi-
schen Ländern. Sie erfreuen sich an der großartigen Natur
des Landes, besichtigen die historischen Stätten unterschiedlich hoch entwickelter Zivilisationen und suchen am
Strand oder in der Diskothek Entspannung. Die meisten
schauen sich auch eine Moschee an, wenn ihre Reiseleitung
entsprechende Ausflüge organisiert. Zum absoluten Pflicht-
programm gehört ein Besuch der Sultanahmet-Moschee,
der berühmten ‚Blauen Moschee' auf dem Hippodrom in Istanbul. Aber schon bevor sie sie betreten, werden den Touristen andere Dinge aufgefallen sein: die markanten Minarette etwa, die wie Bleistifte in den Himmel ragen, die vielen Frauen mit Kopftuch oder der allgegenwärtige Ruf zum
Gebet. Dieser über Lautsprecher verstärkte Gebetsruf er-
tönt fünf Mal am Tag in der ganzen Stadt, und so mancher

Disco-müde Tourist wird schon früh morgens von ihm geweckt. Viele Touristen haben neben dem Gebetsruf keine
weiteren Anhaltspunkte dafür, dass der Glaube in der Türkei
auf sehr öffentliche Art und Weise gelebt wird. Ganz im
Gegensatz zu Ihnen, Lady Mary. Sie nahmen sich Zeit, um
zu verstehen, wie die Türken den Islam wirklich leben und
was er ihnen bedeutet.

In der Türkei begegnet man tiefer Frömmigkeit, aus der
ein Glaube resultiert, der im Alltag deutlich sichtbar gelebt
wird. Die meisten Touristen sind nicht in der Türkei, um
die Riten, Bräuche oder Traditionen dieses lebendigen Islams zu ergründen oder kennenzulernen, und oft kommen
sie mit Vorstellungen, die von Vorurteilen belastet sind. Es
braucht mehr als nur Bewunderung für die erwähnten blau-
en Fliesen, um diesen Glauben zu durchdringen. Man muss
wissen, was in den Moscheen vor sich geht, warum sich
Menschen im Gebet auf den bunten Teppichen verbeugen
und niederwerfen und wie sie das, was sie dort erfahren, außerhalb der Moschee in ihrem Alltag praktizieren. Auch ich
bewundere Sinans Kuppeln und die Iznik-Fliesen, und ganz
besonders bewundere ich die Skyline der sieben Hügel Istanbuls, die allesamt mit einer formidablen Moschee ge-
krönt sind. Aber wenn man die Türkei besucht, ohne zumindest den Versuch zu unternehmen, einmal hinter die
Oberfläche zu schauen, dann ist das so, als würde man die
Bedeutung der Glasfenster von Chartres oder der Befol-
gung der Fastenzeit in Rom ignorieren. Es ist wichtig zu
verstehen, was das Klickern mit der Gebetskette bedeutet,
warum in den Innenhöfen der Moschee Särge liegen und
weshalb es in der türkischen Sprache so viele Grüße und
Ausdrücke gibt, die mit dem Islam in Verbindung stehen.

Es ist wichtig zu verstehen, wie Spiritualität gelebt wird, sowohl in den Gebetshäusern als auch privat, und was Sinan mit seinen weiten Kuppeln, den kunstvollen Fliesen und den offenen, durch keinerlei Bestuhlung versperrten Freiflächen für das Gebet zum Ausdruck bringen wollte.

Genau wie Ihnen, Lady Mary, hat auch mir das Reisen in der Türkei gestattet, meine eigenen christlichen Glaubensvorstellungen zu hinterfragen und nach einer gemeinsamen spirituellen Basis mit dem Islam zu suchen - die es ganz sicher gibt. Wir alle suchen nach dem Sinn und Zweck unseres Lebens, und diese Suche nach der Wahrheit kann auf vielen Wegen erfolgen. Die Religion ist einer von ihnen. Jeder Mensch auf Erden, der Atheist genauso wie der Gläubige und der Agnostiker, trägt spirituelle Impulse in sich, welche Ausprägung auch immer diese annehmen mögen. Wir alle sehnen uns nach Antworten auf die immer gleichen Fragen: warum wir leben, was im Leben und für das Jenseits wichtig ist oder welche Rolle Liebe, Hingabe und das moralische Gesetz spielen. Den meisten von uns wurde beigebracht, diese Antworten in den Traditionen, bei Wortführern, in heiligen Texten, bei Heiligen, beim Klerus oder bei den Propheten der großen Religionen zu suchen. Doch die Wahrheit ist so vielschichtig, dass eine einzelne Religion ihr kaum gerecht werden kann. Je mehr man also von anderen Traditionen außerhalb der eigenen Erziehung oder Kultur lernt, desto eher wird man sich seine eigenen Antworten und Wahrheiten schnitzen können. Natürlich hält die Religion Antworten bereit, aber das tun auch die Kunst, die Philosophie und die Natur, die Arbeit, die innere Zwiesprache, die Wissenschaft oder der Dienst an den Mitmenschen. Es gibt nicht nur einen Weg, eine Stimme, einen Text. Dafür ist die Welt zu groß.

Meine Begegnungen mit der Türkei haben mir gezeigt, wie groß diese Welt wirklich ist, und mich dazu ermutigt, meine eigenen Vorstellungen auf respektvolle Weise zu überdenken. Die Ergebnisse dieser geistigen Konfrontation haben mich oft überrascht, bewegt, ja auch verärgert, aber letztendlich haben sie mir neue Einsichten eröffnet. In der Türkei von heute wird, genau wie in meinem Land, die Rolle von Religion und Moral in Frage gestellt. Dies wirkt sich nicht nur auf die sakralen Räume der Anbetung aus oder auf den Umgang mit den großen Fragen hinsichtlich des Lebens vor und nach dem Tod, sondern auch auf Alltagsthemen wie Ehe und Familie, Gemeinschaft, Ethik, Verantwortung der Wissenschaft, sexuelle Normalität, politische Moral und Herrschaft. Bei den Meinungsverschiedenheiten, die dabei zu Tage treten, sollte man sich nicht auf strikte Standpunkte versteifen, sondern die Weisheit der unterschiedlichen Religionen zu Rate ziehen. Dann wird es uns eher gelingen, Übereinstimmung zu erzielen, Probleme anzugehen und tragfähige Lösungen zu erarbeiten, in die alle Meinungen mit einfließen.

Zu den schwierigsten spirituellen Themen, die mich Tag für Tag beschäftigen, gehören die Existenz des Bösen, der unendlich große Kummer, den uns der Tod und andere tragische Ereignisse zufügen, die Fragilität der Freiheit, das Leiden an sich und die Relevanz der organisierten Religionen. Ich schäme mich nicht zuzugeben, dass ich zweifle, dass ich hadere und dass ich wütend werde. Aber genau das hilft mir auch dabei, mir die Bedeutsamkeit dieser Themen vor Augen zu führen und mich nach Kräften mit ihnen auseinanderzusetzen. Krisen stärken meine Spiritualität. Einerseits verlangen sie von mir, mich zu entscheiden, ob ich mit oder ohne einen Gott leben möchte; andererseits machen sie mir Mut, gegen Unrecht und Ungerechtigkeit anzugehen.

Ich hadere und ich zweifle, aber ich geniere mich auch nicht einzugestehen, dass es Wunder gibt, für die ich keine rationale Erklärung finde, und unergründliche, von reiner Freude und Liebe erfüllte Augenblicke, die es mir unmöglich machen, an Zufälle zu glauben. Es gibt mystische Momente, in denen ich auf einmal das Gefühl habe, als würde mich der Finger Gottes streifen, und mit wissenschaftlichen Methoden und Zahlen lassen sich solche Phänomene nicht wegdiskutieren. Wenn ich einer Seelenverwandten begegne, mich verliebe, eine Naturschönheit genieße, unerwartet gesund werde, einen Unfall oder eine Tragödie unversehrt überstehe oder ähnliche Erfahrungen machen darf, dann sind dies Momente, aus denen ich den Mut schöpfe, mich auch mit problematischeren Themen wie der Angst und dem Bösen zu konfrontieren. In diesen Momenten nehme ich die Existenz einer ordnenden Intelligenz wahr, die dem Chaos des Alltags Struktur verleiht, und spüre eine geheimnisvolle Magie, die mir die Gewissheit gibt, dass unserem Leben eine Essenz innewohnt, die als Gott oder als Spiritualität bezeichnet werden muss.

Trotz meines Glaubens fällt es mir oft schwer, das Entsetzen und die Sinnlosigkeit unserer Welt von heute zu ertragen und zu akzeptieren. Allerdings hat mir die Begegnung mit dem Islam neue Kräfte verliehen. Ich verdanke ihr wichtige Anregungen, weil sie mich inspiriert hat, darüber nachzudenken, welche religiösen Überzeugungen ich für wichtig halte und wo der wahre Reichtum meiner christlichen Tradition liegt. Heute sehe ich die unterschiedlichen Formen der Religionsausübung in einem neuen Licht und

ziehe bei komplizierten Themen auch andere Betrachtungs-
weisen zu Rate. Über diese persönlichen Dinge und über die
Fragen, wie der Islam heute in der Türkei gelebt wird und
vor welche Herausforderungen er die türkische Gesellschaft
der Gegenwart stellt, habe ich mit den unterschiedlichsten
Menschen gesprochen: mit einem weltgewandten Stadt-
mystiker, mit einem Universitätsprofessor für Vergleichen-
de Religionswissenschaften in Kayseri, mit besitzlosen
Frauen auf dem Dorf, mit gläubigen Offizieren, die sich bemühten, die Liebe zu Atatürk und die Liebe zu Gott unter
einen Hut zu bringen, mit *Sema*-Studenten in Konya, mit
unversöhnlichen linken Atheisten in Istanbul, mit alten
griechischen Frauen in Pera, mit alewitischen Musikern in
Elbistan und mit anderen Menschen aus allen Gesellschafts-
schichten. Es war nicht leicht für mich, mir ein vollständiges Bild von den vielen verschiedenen Ausdrucksformen des
Glaubens in der Türkei zu machen, denn dieses Bild besteht
aus unendlich vielen Farben, Formen und Themen. So einfach es ist, das „lackierte Porzellan" der Iznik-Fliesen zu bewundern, die Sie, Lady Mary, in der Selimiye-Moschee in
Edirne entdeckten, so schwer ist es, die wahren Bedeutungen
sämtlicher Ausdrucksformen des Glaubens in der Türkei zu
erfassen.

Das islamische Leben in der Türkei von heute mag
komplex sein, doch eines steht für mich fest: Ich habe mich
hier immer wohl gefühlt, denn in diesem Land stößt man an
jeder Straßenecke auf die Geschichte des Christentums.

Anatolien, das Land der modernen Türkei, hat in den
vergangenen 10.000 Jahren viele Zivilisationen kommen
und gehen sehen. Etliche Imperien haben hier ihre Spuren
hinterlassen: Urartäer, Hethiter, Lykier und Lyder, Arme-

nier, Griechen, Römer und Byzantiner, Seldschuken und
Osmanen und die Republik Türkei von heute. Zwar besaßen diese Zivilisationen ganz unterschiedliche Herrschafts-
formen, Sprachen, Bräuche und Religionen, aber sie teilten
bestimmte universelle Werte, deren gefilterte Essenz auch
in die Kultur der Gegenwart Eingang gefunden hat: universelle, ‚humanistische' Werte, Emotionen und Gefühle, die
den Kern des Menschseins betreffen und alle Menschen auf
Erden verbinden, egal an welchem Ort oder zu welcher Zeit
sie lebten und leben. Unter all diesen humanistischen Werten liegt die Nächstenliebe den Türken wahrscheinlich am
meisten am Herzen. Von Yunus Emre über Mewlana bis
heute wurde stets das gleiche Lied angestimmt: Dies ist ein
toleranter Ort, ein Ort, an dem die Menschen das Recht haben, ihre Spiritualität auf dem Weg zu finden, für den sie
selbst sich entscheiden.

Ich als Christin habe in diesem Land enormen Reichtum
gefunden. Für mich fügen sich die Spuren der Geschichte
und des Glaubens fast wie von selbst zu meinem persönlichen Heiligen Land zusammen. Mein *Türkiyem* ist ein Land
des Glaubens. Istanbul war einst das neue Rom, die Stadt,
in der Konstantin der Verfolgung der Christen ein Ende
setzte. Das Nizänische Glaubensbekenntnis, das ich als
Kind wieder und wieder in der Kirche rezitierte, wurde in
Iznik formuliert, in der gleichen Stadt, in der auch die besagten Fliesen für Sinans Moscheen angefertigt wurden - das
„lackierte Porzellan", das Ihnen in der Selimiye so gut gefiel,
Lady Mary. Nach Abebben der Sintflut soll die Arche Noah
auf dem Gipfel des Berges Ararat in der Osttürkei angelegt
haben, dort, wo sich zuvor das Reich der Urartäer befand.
Im Alten Testament wird berichtet, dass Abraham in der

Stadt Ur, in der Nähe des Euphrat, geboren wurde. Diese
Stadt wurde später unter dem Namen Edessa bekannt.
Während des Ersten Kreuzzugs von Balduin II. im Jahr
1096 war sie die Hauptstadt des ersten großen Kreuzfahrer-
staates. Heute heißt die Stadt Şanlıurfa - prächtiges Urfa.
Und prächtig ist sie in der Tat, denn eine eindrucksvollere
interreligiöse heilige Stätte als diesen Ort wird man mit
Ausnahme Jerusalems kaum finden. Im nahe gelegenen
Harran wurden Abraham zwei Söhne geboren, Isaak und
Ismael. Beim Wasserschöpfen aus einem Brunnen des Ortes
begegnete Isaak seiner zukünftigen Frau Rachel, und ihr
Bund der Ehe sollte den Lauf der Welt maßgeblich beeinflussen. Zu den Nachkommen Isaaks und Rachels gehörten
Moses, König David und Jesus, und zu denen seines Bru-
ders Ismael gehörte Muhammed, der Stifter des islamischen
Glaubens. Ein Spaziergang durch die Straßen dieser Stadt
ist eine wahre Pilgerreise zum Kern der drei monotheisti-
schen Weltreligionen und zu allem, was sie für die Menschheit symbolisieren. Der heiße Staub der Stadt ist durchsetzt
mit Erinnerungen an die Propheten dieser Religionen, und
die engen Gassen und Basare fordern Demut ein, weil sie
mit Steinen gepflastert sind, die von den Fußspuren der bi-
blischen Jahrhunderte blank geschliffen wurden.

Als evangelische Christin interessiere ich mich natürlich
besonders für die Spuren, die Paulus in der Türkei hinterließ.
Paulus wurde in der Türkei, genauer gesagt in der Stadt Tar-
sus, geboren, nahe der heutigen Stadt Mersin in der Çuruko-
va-Ebene. Um ihm näher zu kommen, unternahm ich eigens
eine Wallfahrt nach Antakya, in das Antiochien der Antike.
Diese Stadt diente ihm als Basis für seine ersten missionari-
schen Aktivitäten. Hier gab sich die Bewegung der Anhänger

Jesu erstmals selbst einen Namen, mit dem sie sich identifizierten: Christen. Paulus war damals dem Ruf von Barnabas, einem Jünger Jesu gefolgt. In Antiochien wollte er zusammen mit Petrus, Markus und Johannes erörtern, welche Einsichten man aus den Lehren Jesu gewonnen hatte. Diese Stadt hat sogar die Namensgebung einer angesehenen dynamischen Universität [der privaten Antioch University] in der Nähe meines Elternhauses in Ohio inspiriert. Das berühmte Antiochien - diese Worte kenne ich noch aus den Gottesdiensten meiner Kindheit, wo sie beim Verlesen der Paulus-Briefe von der Kanzel erklangen, und aus dem Schulfach Französische Geschichte, wo ein Loblied auf diese historische Stadt, die der Kreuzritter Bohemund einst eroberte, angestimmt wurde. Ja, dieser mythische Ort war Zeuge der ersten Schritte des Christentums. Und davon wollte ich mir selbst ein Bild machen.

Als ich durch die Straßen dieses heutigen Provinzstädtchens ging, wollte mir kaum einleuchten, dass diese Stadt einst zu den größten Städten des Römischen Reichs gehörte, eine Rivalin Alexandrias war und über schmucke öffentliche Gebäude, Sportstätten, Aquädukte und private Villen mit kunstvollen Mosaiken verfügte. Ich versuchte mir auszumalen, wie die Stadt damals ausgesehen haben mochte: eine Wegkreuzung des Handels und gleichsam ein Hort des Luxus, der Erdbeben und der Verderbtheit; eine Stadt, die so mächtig war, dass es Paulus reizvoll erschien, von hier aus das Wort Gottes zu verkünden, was er dann auch sieben Jahre lang tat (ab dem Jahr 47). Das nahegelegene Dorf Çevlik diente Antiochien einst als Hafen und ist heute weit entfernt von diesen ruhmreichen alten Tagen. Es hat einen Strand, der inzwischen längst in Vergessenheit geraten, verdreckt und verpestet ist. Als ich ihn entlangging, stellte ich mir vor, welch tiefer Glaube Paulus beseelt haben musste, dass er von hier mit seinem kleinen Boot in See stach und über das Mittelmeer nach Antalya segelte, wo er als Wanderprediger missionierte. Ich blickte über das Wasser gen Westen und versuchte, mich in diesen Mann hineinzuversetzen, der von seiner Leidenschaft, die frohe Botschaft von der in Jesus verkörperten Liebe Gottes zu verkünden, geradezu besessen war. Dabei wurde mir klar, dass ich gerade genau an der Stelle stand, die den Lauf der Welt für immer verändern sollte: Hier, in diesem grobkörnigen Sand wurde die christliche Kirche geboren. Ich hörte Paulus Stimme im Plätschern der Wellen widerhallen: *Es gibt nicht mehr Juden und Griechen, nicht Sklaven und Freie, nicht Mann und Frau; denn ihr alle seid einer in Christus Jesus.*

Später folgte ich seinen Spuren auch in Antalya. Dort war er an Land gegangen, um die Botschaft der Liebe zu verbreiten, und von dort aus war er, zu Fuß oder mit dem Ochsenkarren, auf heißen und staubigen Straßen durch Anatolien gereist. Ich besuchte Kastamonu, den Ort, den viele als die Heimstatt jener Gemeinschaft bezeichnen, die Paulus zu einem seiner bedeutendsten Briefe inspirierte, dem Brief an die Galater. In diesem Brief macht er keinen Hehl aus seiner Wut auf die Mitglieder der dort ansässigen Kirche, deren Begründer er selbst gewesen war, die sich dann aber von den ursprünglichen Lehren Jesu abgewandt hatten. Er wird mit der Faust auf den Tisch gehauen haben, als er schrieb: *Ihr unvernünftigen Galater, wer hat euch verblendet?* - ein Warnruf, den ich als Kind in den Sonntagspredigten immer wieder hörte, ein Symbol dafür, welche Folgen es hat, wenn man den wahren Weg der Liebe verlässt.

Ich erinnere mich auch daran, in der Apostelgeschichte des Neuen Testaments gelesen zu haben, wie Paulus in einer Synagoge in Konya predigte. Wenn ich heute durch die krummen Gassen dieser einstmals so erhabenen Hauptstadt der Seldschuken streife, versuche ich auch hier wieder, mir vorzustellen, wo diese Synagoge wohl gestanden haben könnte, und in meinen Ohren vermischt sich das Echo von Paulus Stimme mit den Stimmen von Alaeddin Keykubat und Rumi.

Ich habe die berühmten sieben Kirchen der Apokalypse besichtigt, die Johannes im Buch der Offenbarung beschrieben hat, einige davon lagen in Trümmern, andere waren überbaut. Jesus hatte von Johannes verlangt: *Schreib das, was du siehst, in ein Buch, und schick es an die sieben Gemeinden: nach Ephesus, nach Smyrna, nach Pergamon, nach Thyatira, nach Sardes, nach Philadelphia und nach Laodizea.* (Offenbarung, 1:11) Zwar ist hier eher von christlichen Gemeinden die Rede als von Kirchen, doch von dieser Wiege des christlichen Glaubens aus verbreitete sich der christliche Glaube in aller Welt. Inzwischen haben sie ihre Bedeutung als Stätten des Christentums jedoch längst verloren und sind in türkischen Städten aufgegangen: Smyrna in Izmir, Pergamon in Bergama, Thyatira in Akhisar, Sardes in Sardis, Philadelphia in Alaşehir und Laodizea in Eskihisar. Am meisten hat mich die ehemals griechische Kolonie Ephesus beeindruckt. Hier im Schatten einer der bedeutendsten zur Römerzeit errichteten Bibliotheken verbrachte Maria, die Mutter Jesu, ihre letzten Lebensjahre. Alle diese Orte besitzen die gleiche emotionale Wirkung: Sie vermitteln das Gefühl, auf den Spuren der Bibel zu wandeln.

Ich habe verlassene byzantinische Kirchen wie die von Barhal und Ishan in der Nähe von Artvin besucht, die unter dem dichten, weißen Nebel der üppig grünen Berge am Schwarzen Meer verborgen lagen, und das beeindruckende in eine Felswand hinein gebaute Kloster Sumela. Besonders berührt hat mich die Hagia Sophia-Kirche in Trabzon aus dem 13. Jahrhundert, deren prächtige Steinportale mit großer Wahrscheinlichkeit von seldschukischen Handwerkern gemeißelt wurden. In den Feldern von Ani habe ich mich auf dem Friedhof einer verlassenen armenischen Kirche umgetan, auf dem heute nur noch Vogelschwärme die Heilige Schrift rezitieren. Ich habe auf die Ebenen herabgeschaut, die von den Kreuzrittern bei ihrem fehlgeleiteten Versuch, das Heilige Land und Jerusalem von den schrecklichen Türken zu befreien, durchquert wurden. Und in unmittelbarer Nachbarschaft dieser christlichen Stätten stehen in aller Selbstverständlichkeit Denkmäler aus anderen Epochen und Religionen: hethitische Altäre, römische Tempel, Synagogen, seldschukische und osmanische Moscheen.

Wie kein anderes Land in der Welt zeichnet sich die Türkei durch religiöse Vielfalt aus. Ich habe die Ruinen der Synagoge von Sardes aus der Römerzeit besichtigt und die hebräischen Inschriften auf ihren Mosaikfußböden gelesen. Und in Istanbul dokumentieren die großen Moscheen des Osmanischen Reichs, diese bedeutenden Monumente Sinans, den Glauben an Gott. Doch ist es nicht diese Stadt der Träume, die mich meinen eigenen Glauben oder den Glauben anderer fühlen lässt, sondern das Herz *Türkiyems*, meine Türkei, die Türkei des Zentralplateaus. Dort, an den Wegkreuzungen der goldenen Ebenen erheben die steinernen Zeugen so vieler Glaubensrichtungen noch heute ihre Stimme, um Gott zu lobpreisen. In dem unübersichtlichen Wust von Monumenten dort bin ich auf die universellen Wahrheiten all der Religionen gestoßen, die in diesem gesegneten Land Türkei vertreten sind. Und so, Lady Mary, hat mich die Türkei einerseits meinem eigenen christlichen Erbe näher gebracht und mir andererseits auch Türen zum Verständnis anderer Religionen geöffnet. Ich bin mir sicher, dass die meisten Türken gar nicht wissen, welche emotionale Wirkung ihr Land auf Christen hat.

Was ich in der Türkei neben dem „lackierten Porzellan" sonst noch gesehen habe, was ich im Koran gelesen und mit vielen Türken diskutiert habe, bestätigt mir, was ich bereits erwartet hatte: Mein Glaube und der islamische Glaube basieren auf den gleichen Prinzipien, auf die man in den Heiligen Schriften des Islams und des Christentums förmlich an allen Ecken und Enden stößt. Die drei großen Religionen Christentum, Judentum und Islam ruhen in ihrem Kern auf ein und demselben Fundament: auf der Liebe zu Gott und der Liebe zu den Mitmenschen. So einfach ist das.

Jeder Muslim rezitiert in seinen Pflichtgebeten mindestens 40-mal täglich die Eingangssure des Korans *Al-Fatiha* (Die Eröffnung), einen majestätischen Lobpreis Gottes. Wieder und wieder ruft sie den Muslimen die Macht Gottes und Seine Attribute Gnade und Barmherzigkeit auf Erden und im Jenseits in Erinnerung, außerdem die Tatsache, dass es in Seiner Hand liegt, uns unsere Sünden zu vergeben.

> *Im Namen Gottes, des Erbarmers, des Barmherzigen!*
> *Aller Lobpreis sei Gott, dem Herrn der Welten.*
> *Dem Sich Erbarmenden, dem Barmherzigen,*
> *dem Herrscher am Tage des Gerichts.*
> *Dir allein dienen wir, und Dich allein bitten wir um Hilfe.*
> *Weise uns den geraden Pfad,*
> *den Pfad derer, denen Du Gnade erwiesen hast, die nicht (Deinem) Zorn verfallen sind, noch derjenigen, die irregehen! (1:1-7)*

Die rituelle Wiederholung dieser Botschaft schärft den Gläubigen ein, dass sie sich Gott mit ganzem Herzen, ganzer Seele, ganzem Verstand, mit all ihren Sinnen und ihrem Willen hingeben sollen. Wenn ich die *Fatiha* lese oder wenn ich höre, wie sie während der Gebetszeiten in der Moschee rezitiert wird, schwingt darin für mich auch ein Echo der Bibel mit, sowohl des feierlichen alttestamentlichen Buchs Deuteronomium (*Darum sollst du den Herrn, deinen Gott, lieben mit ganzem Herzen, mit ganzer Seele und mit ganzer Kraft*) als auch jener Worte, mit denen Jesus in Matthäus 22 und Markus 12 die wichtigsten Gebote benennt: (*Du sollst den Herrn, deinen Gott, lieben mit ganzem Herzen, mit ganzer Seele und mit all deinen Gedanken. Das ist das wichtigste und erste Gebot. Ebenso wichtig ist das zweite: Du sollst deinen Nächsten lieben wie dich selbst. An diesen beiden Geboten hängt das ganze Gesetz samt den Propheten.*) Das ist es, was mir als Christin beigebracht wurde: Gott mit ganzem Herzen und ganzer Seele zu lieben und mich Ihm ganz hinzugeben. Wo bitte soll da der Unterschied liegen zu dem, was ein Muslim fühlt, wenn er die *Fatiha* rezitiert?

In der oben zitierten Passage aus dem Matthäus-Evangelium sagt Jesus klar und deutlich, dass das zweitwichtigste aller Gebote lautet: „Liebe deinen Nächsten wie dich selbst!“ Auch im Islam finden sich zahllose Aufforderungen, die Mitmenschen zu lieben und ihnen barmherzig zu sein. Auch dort wird diese Liebe, genau wie im Christentum, als das zweitwichtigste Gebot betrachtet. Für einen Muslim ist die Nächstenliebe ein lebendiger Bestandteil seines Glaubens an Gott; wer seinen Nächsten nicht liebt, kann auch Gott nicht lieben. In den Hadithen, den Aussprüchen des Propheten, werden folgende Worte Gott selbst zugeschrieben: *Niemand von Euch hat wahren Glauben, bevor er nicht seinem Bruder oder seiner Schwester das gönnt, was er glaubt, was ihm selbst zusteht.* In der Türkei nimmt man diese

Nächstenliebe sehr ernst, sie existiert nicht nur im Gebet. Auf ihr basiert das ganze Leben, weil Türken wirklich davon überzeugt sind, dass nur derjenige Gott wirklich liebt, der anderen Menschen großzügig und weitherzig das zukommen lässt, was er sich auch für sich selbst wünschen würde. Diese Nächstenliebe kann beispielsweise in der Gestalt einer der großzügigen kleinen Gesten daherkommen, über die ich schon in einem früheren Brief gesprochen habe. Diese oft unsichtbaren Gesten, die der türkischen Gastfreundschaft eine so erstaunliche Wirkung verleihen, sind in der Tat so etwas wie kleine zum Leben erweckte Gebete. Aber daneben gibt es auch die größeren Gesten des Almosengebens, die einen rituelleren Charakter besitzen, zum Beispiel die Schlachtopfer an den Tagen des *Kurban Bayramı* (*Id al-Adha*) oder Geldzuwendungen an Nachbarn in Not und Stiftungen. Die Nächstenliebe ist das stärkste soziale Bindemittel in der Türkei, sie zeugt von einer unausgesprochenen Übereinstimmung in der Frage, wie der Islam gelebt werden sollte. Sie ist die stärkste Manifestation der goldenen islamischen Regel, das Gute zu bestärken und das Böse zu verhindern. Christentum und Islam verfügen also über ein gemeinsames Grundprinzip, das jedoch in der Türkei im Alltagsleben viel deutlicher hervortritt. Hier bezweifelt niemand, dass der Dienst am Menschen auch gleichzeitig ein Dienst an Gott ist und dass man mit gutem Beispiel vorangehen sollte; denn es gibt viele Wege zu Gott, doch keiner ist zuverlässiger als dieser.

Ich bewundere diesen sozialen Aspekt des Islams und die Tatsache, dass die Türken der Nächstenliebe und dem Almosengeben einen so hohen Stellenwert zum Wohle der Gemeinschaft beimessen. Der Islam betrachtet das Individuum als eine Arbeitsbiene im Bienenstock der Menschheit, deren ganzes Denken darauf ausgerichtet sein sollte, das zu tun, was für die Gesellschaft als Ganze am besten ist. Der Islam und das Christentum mögen sich in der Art, wie sie praktiziert und gelebt werden, sehr voneinander unterscheiden, doch mit ihren beiden wichtigsten Geboten besitzen sie ein gemeinsames Fundament und könnten sich daher kaum ähnlicher sein. Warum also sollte es so schwer sein, sich auf diese Gemeinsamkeiten zu besinnen und Hand in Hand auf dem Weg des Menschseins weiterzugehen, statt krampfhaft nach Streitpunkten zu suchen und auf deren Basis sogar Kriege zu führen? Es gibt einen Gott, einen Einzigen Gott, und wir - der Methodist aus Ohio ebenso wie der Sunnit aus Konya - sind dazu aufgerufen, Ihn und unseren Nächsten zu lieben. Diese Liebe ist das, was für unseren Glauben wirklich zählt, völlig unabhängig davon, wie er sonst praktiziert wird: auf der Gebetsbank oder einem Teppich, auf Geheiß der Turmglocken oder eines Muezzins.

In der Türkei existiert eine sehr spezielle Version des islamischen Glaubens, eine Version, die zum einen im Einklang mit der modernen technologischen Welt, Demokratie und den Rechten der Frau steht, zum anderen aber auch die schamanischen Vorfahren nicht leugnen kann. Man begegnet hier vielen Praktiken, die nicht unbedingt der offiziellen Praxis des Fünf-Säulen-Islams entsprechen. Amulette in der Form eines Auges gegen den bösen Blick, Wahrsagerei, Astrologie, Geisterbeschwörung, Besuche von Gräbern toter Heiliger, um vor ihnen Bittgebete zu entrichten, der Glaube an schamanistische Figuren und Zauberer, Traumdeutung, die Opferung von Hähnen und Hühnern an heiligen Orten, um Ehe- oder Kindersegen auf jemanden herabzurufen, Zeremonien unter hohen Bäumen, die Glück bringen sollen, und die besonders paradoxe Auffassung, es bringe

Unglück, wenn Kinder zu sehr bewundert werden - all dies sind Phänomene, die im Volksglauben weit verbreitet sind. Ich war schon immer fasziniert von den kleinen Stoffstreifen, die man hier in Bäume und Sträucher knotet, in der Hoffnung, sie mögen Wünsche in Erfüllung gehen lassen, und habe mich darüber gewundert, dass Türken genauso eifrig zu christlichen wie zu islamischen heiligen Stätten pilgern. Wenn ein Ort von Spiritualität durchdrungen ist, dann ist dieser Ort in ihren Augen heilig, egal ob es sich um einen christlichen oder einen muslimischen Ort handelt. Wer sich aber eigehender mit diesen vermeintlich exzentrischen und unkonventionellen populären Praktiken und Phänomenen befasst, wird erkennen, dass sie auch nicht merkwürdiger sind als einige der orthodoxen Bräuche des etablierten christlichen Zeremoniells, zum Beispiel Abendmahlswein und Ostereier.

Es gibt viele Dinge, die ich am islamischen Glauben, wie ich ihn in der Türkei kennengelernt habe, bewundere und respektiere, und Ihnen, Lady Mary, ging es offensichtlich genauso, wie ich Ihrem Brief an Abbé Conti entnehme. In erster Linie gefällt mir, genau wie Ihnen, die Einfachheit des Islams und die Tatsache, dass er ohne aufdringliche rituelle Ikonographie, Pomp und Zeremoniell auskommt. Ich stimme Ihnen zu, Lady Mary, wenn Sie darauf verweisen, wie inspirierend die beeindruckenden und durch keine Kirchenbänke verstellten architektonischen Räume unter den einzigartigen großen Kuppelgewölben sind. Als ich bei der Besichtigung der byzantinischen Felsenkirchen von Göreme im Tal von Kappadokien die rätselhaft verschnörkelte Ikonographie der Heiligen, der Schlangen und der Gruselgeschichten betrachtete, die im Comic-Stil an die Wände gemalt worden waren, empfand ich das als irgendwie sehr kindisch, verglichen mit dem majestätischen Ruf der Muezzins, den ich am Tag zuvor von den massiven Seldschukenmoscheen aus grauem Granitstein in der Nähe von Kayseri vernommen hatte. Bewegend war für mich auch, vor der 500 Jahre alten Platane in der Stadt der Toten in Bursa zu stehen, auf die Ebene herab zu schauen und die *Türbe* (das Grabdenkmal) von Sultan Murat II., dem Mystiker, mit der offenen Kuppel zu berühren, die so gebaut worden war, damit „der Regen vom Himmel mein Gesicht genauso benetzt wie das jedes armen Menschen". Schlicht und einfach ist auch die *Schahada*, das Glaubensbekenntnis, die erste der fünf Säulen des Islams. Dieses Bekenntnis ist eine persönliche Zwiesprache mit dem eigenen Glauben, und kein aufwendiges geheiligtes Zeremoniell. Das Bekenntnis ist das bedeutsamste Gebet zu Gott, und die Unkompliziertheit und Intimität dieser Zwiesprache gehört zu den reizvollsten Aspekten dieses Glaubens.

Was ich am Islam ebenfalls bewundere, ist seine Toleranz gegenüber anderen Religionen und die Tatsache, dass viele Propheten dieser Welt - Jesus, Moses, Abraham, David, Salomo, Adam, Jonas, Noah, Isaak, Jakob unter andere mehr - auch im Koran als Propheten anerkannt werden. Dort heißt es: *Der Messias Jesus, der Sohn Marias, ist nichts anderes als ein Gesandter Gottes und ein Wort von Ihm, das Er Maria zuteil werden ließ, und Geist von Ihm.* (4:171)

Weiterhin bewundere ich auch das vom Koran inspirierte starke Moralempfinden der Türken, ihre Überzeugung zu wissen, was richtig und was falsch ist. Der Koran brandmarkt und verflucht insbesondere Rassismus und Terrorismus. Er sagt: *Wenn jemand einen Menschen tötet, [...]soll es so sein, als hätte er die ganze Menschheit getötet.* Ich mag den Gemeinschaftsgedanken, den Christentum und Islam miteinander teilen. Genau wie die Kirche ist auch die Moschee ein Ort der Rituale, ein Ort der Sicherheit, des Friedens und der Zuflucht. Und auch christliche Gedanken wie der Dienst am Mitmenschen, die Verantwortung für die Gaben Gottes, das Bekenntnis zu Gottes Botschaft und die Ergebung in Seinen Willen sowie die Sündenvergebung (der eigenen Person und der Gesellschaft) besitzen im Islam einen genauso hohen Stellenwert.

Zwar würde es mir schwerfallen, in meinem arbeitsamen Alltag fünf Mal am Tag eine Moschee aufzusuchen, um zu beten, aber wenn ich auf den Straßen der großen Stadt oder des kleinen Dorfes den Ruf des Muezzins höre, regt er mich zum Innehalten an, was ich sehr schätze. Dann lege ich alles andere beiseite, um mich zu sammeln, und freue mich, in genau diesem Augenblick am Leben zu sein. Ich unterbreche mein Tun und passe mich dadurch auch dem unausgesprochenen Verhaltenskodex an, den der Ruf zum Gebet auferlegt. Zwei kurze Minuten lang ebben alle Aktivitäten auf der Straße langsam ab. Die Menschen halten inne, die Gespräche verstummen, und keine Hupe ist mehr zu hören. Die Straßenhändler stellen ihr Schreien ein, und die Radios werden leiser gestellt. Auf den Gehwegen herrscht Ruhe. Eine wohltuende Stille senkt sich auf das Stadtviertel und seine Menschen herab. Auch ich genieße diesen Segen und nehme mir die Zeit, mein persönliches Gebet zu sprechen. Der Gebetsruf ermahnt mich, meine Seele in den Dienst meiner Mitmenschen zu stellen, so wie ein Muslim es tut. Wenn ich ihn höre, rufe ich mir ins Bewusstsein, was ich anderen gegenüber an dem Tag falsch gemacht habe. Er spornt mich dazu an, mir Fragen zu stellen wie: „Hast du jemanden zu heftig kritisiert, hast du je-

mandem gegenüber üble Gedanken gehegt, hättest du net-
ter zu jemandem sein können?" In Konya habe ich drei
Freunde, die sehr erfolgreiche Fotografen sind. Einmal
zeigten sie mir einen ganzen Tag lang die Sehenswürdigkeiten der Stadt, und zum Schluss schauten wir uns noch das
nahe gelegene Dorf Sille an. Dort gingen sie in eine Moschee, um ihr Abendgebet zu verrichten. Später fragte ich
sie beim Tee, was das Ritual des Gebets für sie bedeute, warum sie sich trotz ihres sehr stressigen Berufsalltags so viel
Zeit dafür nähmen und wie sie es überhaupt schafften, Zeit
dafür freizuschaufeln. Sie erklärten mir geduldig, das sei
keine Frage des ‚Zeitfreischaufelns'. Diese wenigen Minuten würden ihnen jedes Mal von neuem das Gefühl geben,
sich körperlich und mental erfrischt zu haben, was ihnen dabei helfe, die Herausforderungen ihres harten Arbeitsalltags
zu meistern. Einer von ihnen, Feyzi Şimşek, sagte zu mir:
„Wenn nicht nur Muslime, sondern alle Menschen auf Erden diese Momente der Ruhe Tag für Tag teilen würden,
gäbe es wahrscheinlich weniger Probleme in der Welt." Diese Aussage erschien mir ebenso einfach wie einleuchtend,
und einen Moment lang, in der Klarheit der untergehenden
Sonne dieses Spätnachmittags, teilte ich seinen Optimismus.

Der Islam ist eine weitere Brücke zwischen der Türkei
und meiner Heimat, die ich überqueren muss. Ich glaube,
dass mir als Übersetzerin und Förderin des interreligiösen
Dialogs eine wichtige Rolle zukommt; denn wenn es mir
als Christin gelingt, mit meiner Familie und meinen Freunden über den Islam zu sprechen und ihnen die Schönheit und
Ursprünglichkeit dieser Religion näherzubringen, dann
werde ich letztlich allen etwas Gutes getan haben. In aller
Bescheidenheit wünsche ich mir, die Spiritualität meiner

Landsleute genauso zu schärfen, wie ich meine eigene Spiritualität durch die Entdeckung gemeinsamer Werte mit dem Islam weiten und vertiefen konnte. Vielleicht kann ich so dazu beitragen, die Welt zu einem Ort des Friedens zu machen, was ja auch das ultimative Ziel aller Religionen ist. Die Türkei, ihre Menschen, deren Lebensweise und die Art und Weise, wie man hier den Islam praktiziert, haben mich viele Dinge gelehrt. Ich habe erkannt, dass mich die Begegnung mit religiöser Vielfalt und vielfältigen religiösen Ausdrucksformen stärker macht. Ich habe entdeckt, dass die Liebe zur Natur ein wichtiger Teil unserer Seele ist und dass sie unser Herz zum Leuchten bringt. Ich habe erfahren, dass die Familie das Zentrum aller Gemeinschaft und Liebe sein kann und dass diese familiäre Zelle einen Raum schafft, der unantastbar und vertraut ist und die Hektik des Alltags außen vor lässt. Ich habe gesehen, wie viel Kraft ein Mensch seinen Mitmenschen geben kann und wie eine einzige liebevolle Berührung über Stunden Harmonie stiften kann. Mir ist bewusst geworden, dass Menschen Botschafter des Guten sein können und dass Gesten der Freundschaft die Welt verbessern können. Die von Rumi und den Sufis vermittelten Lektionen der Liebe haben mich gelehrt, dass die Sphären des Glaubens, für die es keine Erklärung gibt, Realität sind und Anerkennung verdienen. Diese Persönlichkeiten haben mir den Weg zu einem mystischen Zugang zur Gottesverehrung gewiesen und mir gezeigt, dass spirituell zu sein bedeutet, alles und jeden zu lieben und das Ziel zu verfolgen, das Leben auf Erden zu bereichern. Sie haben mir klar gemacht, dass alles, was man von Herzen gibt, am Ende auch wieder zurückfließt. Diese Einsichten sind gefiltert durch meine eigene Religion, meine Traditionen und meine Sichtweisen. Inzwischen glaube ich zu wissen, dass Liebe nichts

anderes ist als ein auf das Wohl anderer Menschen ausge-
richtetes Verhalten und dass Gott der Funke des Lebens
und dieser Liebe ist - in jedem von uns, in der Schönheit der
Natur und in den Wundern unseres täglichen Lebens. Am
meisten freue ich mich darüber, zu der Überzeugung gefunden zu haben, dass Gott für das Licht, die Schönheit und
das Gute steht. Gott ist Hoffnung.

Meine vielleicht wichtigste Erkenntnis lautet, dass wir
die Zukunft mit dieser Hoffnung angehen müssen, und nicht
mit Pessimismus. Ich ziehe es vor, davon auszugehen, dass
Muslime eine friedliebende Gemeinschaft sind und dass es
nicht Ziel des Islams ist, all diejenigen, die nicht auf seiner
Seite stehen, zu vernichten. Warum sollte ein Glaube, dessen Heilige Schrift Jesus gegenüber so tolerant ist, dem
Christentum übel gesinnt sein? Schwarzseher werden sagen,
ich sei naiv, doch ich halte an dieser Überzeugung fest. Sie
gibt mir Zuversicht, aber sie muss über interreligiöse Dia-
logveranstaltungen, die Verlautbarungen religiöser Führer
und gemeinsame ökumenische Gottesdienste hinausgehen.
Das Verhältnis zwischen den Religionsgemeinschaften Islam, Christentum und Judentum ist mittlerweile der wichtigste Faktor auf dem Weg zu einem sinnstiftenden Frieden
auf der ganzen Welt, denn eigentlich es ist doch ganz einfach: Solange sich diese Glaubensgemeinschaften nicht miteinander versöhnen, kann auf Erden kein Frieden herrschen. In unserer globalisierten Welt, in der es von Verbre-
chern und Waffenarsenalen nur so wimmelt, darf die Religion nicht als Schachfigur im Machtspiel zwischen selbstherrli-
chen Regierungen und törichten Fanatikern missbraucht
werden. In Amerika leben wir in einem Land, das wie kein
anderes auf der Erde ist: Dort feiern Juden, Christen, Bud-
dhisten, Sikhs, Hindus, Muslime und Atheisten alle gemein-

sam Thanksgiving, und sie alle genießen Religionsfreiheit.
Amerika muss der Welt zeigen, dass ein friedliches Zusammenleben möglich ist - zunächst zuhause, dann auch andern-
orts. Und die Türkei muss der Welt zeigen, wie friedlich der
Islam sein kann; dass diese Religion es verdient, dass man ihr
nacheifert und sie respektiert und dass niemand sie zu fürchten braucht. Unsere gemeinsame nachbarschaftliche Zukunft
in der Welt steht auf dem Spiel, und wir selber haben es in
der Hand. Wie sagte Jesus noch gleich: *Selig die, die Frieden
stiften.*

Ihre Briefe, Lady Mary, waren kleine Friedensstifter,
jeder einzelne von ihnen; und meine Hoffnung geht dahin,
dass diese und andere Schriftstücke die Bereitschaft zu Ver-
söhnung und Einigkeit stärken werden. Schließen möchte
ich mit einem Zitat des wortgewaltigsten aller Friedensstifter, Mewlana Rumi. Die Spiritualität, die dieser berühmte
Sufi aus der Türkei hier mit vollendeter Weisheit be-
schreibt, sollte all unsere Bestrebungen in diese Richtung
leiten:

> *„Ich versuchte, Ihn zu finden am Kreuz der Christen, aber
> Er war nicht dort. Ich ging zu den Tempeln der Hindus
> und zu den alten Pagoden, aber ich konnte nirgendwo eine
> Spur von Ihm finden. Ich suchte Ihn in den Bergen und Tä-
> lern, aber weder in der Höhe noch in der Tiefe sah ich mich
> imstande, Ihn zu finden. Ich ging zur Kaaba in Mekka,
> aber dort war Er auch nicht. Ich befragte die Gelehrten und
> Philosophen, aber Er war jenseits ihres Verstehens. Ich prüf-
> te mein Herz, und dort verweilte Er, als ich Ihn sah. Er ist
> nirgends sonst zu finden."*

Herzlichst,
Kadriye Branning

Pide-Restaurant, Silvan
(1996)

Poolbereich eines Luxushotels (2002)

Dolmabahçe Palast (2001)

Restaurierungsarbeiten, Konya (2001)

Kastamonu (1991)

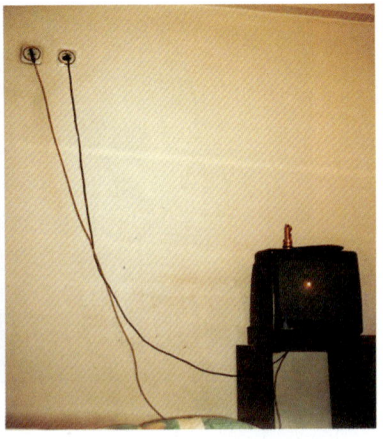

Kastamonu (1991)

Platz frei! (1988)

Auffahrtsrampe für Behinderte
(2000)

Fröhliche Weihnacht im Juli
(2002)

Kars (1987)

Wortneuschöpfungen (2007)

Treppe zu Pandeli's Restaurant, Istanbul (1981)

Das Innere der Grabstätte von Cem Sultan, Bursa (1988)

Teppiche in der Iplikçi-Moschee, Konya (1996)

Eingang des Museums für Ethnographie, Kayseri (1995)

Mit einem Kelim geschmücktes Zugpferd vor einem Pferdewagen,
Erzurum (1989)

Teppiche, die dem Gebet eines Sultans würdig sind, Alaeddin-Moschee,
Niğde (1994)

*Die Süleymaniye-Moschee, Sultanin
der Skyline von Istanbul (1989)*

Hatuniye-Moschee, Kayseri (1995)

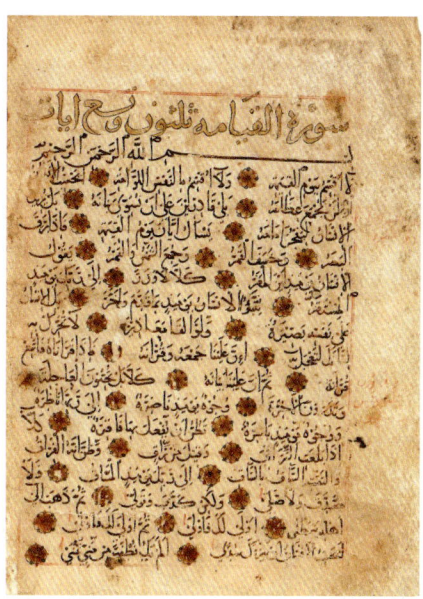

*Seite aus einem Koran aus der
Seldschukenära, 1278*

*Für das Şeker Bayram-Fest zuberei-
tete Süßigkeiten, Istanbul (1985)*

(1987)

Storchennest, Grüne Moschee, Iznik
(1990)

Ahi Evren-Derwischkloster, Kayseri (2006)

Noahs Berg: Der Ararat (2002)

Eingangsportal zum Derwischkloster von Scheich Turesan (2006)

*Votivbänder auf dem Gelände des Ashab-ı Kehf-Komplexes, der auf den
Grundmauern einer ehemaligen byzantinischen Kirche erbaut wurde
(1995)*

Votivbänder im 500 Jahre alten Maulbeerbaum des Hacı Bektaş-
Derwischklosters (1995)

Gebetszeiten laut Tageszeitung (1995)

Die Grabstätte Rumis in Konya als Briefmarkenmotiv (2006)

Fliesentafel am Minarett der Großen Moschee von Siirt
(2002)

Selimiye-Moschee, Edirne, Foto aus dem Jahr 1985

KAPITEL 5

HORIZONTE

BRIEF 24

Keine Pocken mehr im Haus

L iebe Lady Mary,
        beim Warten auf der Post, auf endlosen Autofahr-
        ten, bei Verspätungen auf dem Flughafen und
manchmal auch kurz vor dem Einschlafen spiele ich gern ein
Spiel mit mir selbst: Ich mag es, mir all die Segnungen, all die
großartigen, wunderbaren Dinge ins Gedächtnis zu rufen, die
mir das Leben verschönern. Ich gehe im Kopf die unterschiedlichen Teilbereiche meines Lebens durch und denke
über die Menschen und Tiere, die ich liebe, über die Natur,
meine Glasbläserei, meine Arbeit und auch über mein Land
nach. Für mein Land zum Beispiel erstelle ich Listen mit
den ausgefallensten, zauberhaftesten, fantastischsten und
auch verrücktesten Dingen, die es der Welt gegeben hat: Bob
Dylan, den Jazz, die moderne Medizin, Demokratie, Religionsfreiheit, William Faulkner und Hamburger. Das gleiche
Spiel spiele ich auch mit Frankreich ...und mit der Türkei.

Die Türkei mag der Welt keine Reformation, keine Aufklärung und auch keine industrielle Revolution beschert haben. Doch ohne jeden Zweifel hat sie im Laufe der Ge-

schichte auf der Bühne dieser Welt im Kleinen wie im Großen eine wichtige Rolle gespielt.

Ich hoffe, Lady Mary, Sie können den Briefen, die ich Ihnen schreibe, entnehmen, dass mir die Türkei auch persönlich viel gegeben hat. Sie hat mir ermöglicht, Wertschätzung für Kunst, Architektur und sprechende Steine sowie ein Gespür für eine fremde Kultur zu entwickeln, und sie hat mir die Chance gegeben, physische und metaphysische Brücken zu überqueren. Ich verdanke ihr sehr innige und herzliche menschliche Kontakte und wichtige Erkenntnisse in punkto Schicksal und Vorherbestimmung. Zudem hat sie mich in meinem Glauben an die Menschheit und an das Gute in meinen Mitmenschen und überhaupt allen Menschen bestärkt.

Zwischen allen dynamischen Kulturen herrscht ein ständiges Geben und Nehmen. Die Türkei hat ihre Annehmlichkeiten und ihren Komfort mit der Welt geteilt. Davon künden Möbel wie der Diwan, der Kiosk [ursprünglich ein freistehender offener Pavillon] und das Sofa, das Sauberkeitsprinzip einschließlich dicker Frottiertücher, Dampfbad und Massagekultur sowie Modeerscheinungen wie Kaftan und Turban, feiner Brokat und Samt, die Soutane, Orientalismus und Odaliske. Die Türkei hat uns in ihre Tafelfreuden eingeweiht, sodass wir uns ein Leben ohne Kaffee und Joghurt, Pastrami, Halva, Shish Kebab, Lokum oder Kaviar gar nicht mehr vorstellen können. Welcher Franzose denkt schon morgens, wenn er an seinem Café au Lait zum Croissant nippt, darüber nach, dass ihm sein Frühstück einst von den Türken gebracht wurde? Begriffe aus dem Verwaltungswesen wie Pascha, Lakai, Baschi Bazouk und Sandschak bereichern unseren Wortschatz. Türkische Karawanen haben die luxuriösen Schätze des Fernen Ostens in die Salons der vornehmen Häuser Europas gebracht. Die türkische Kultur hat dem Kanon der Weltliteratur die herzzerreißenden und ergreifenden Verse von Rumi und Yunus Emre hinzugefügt, und sie lehrt uns, was so wirkmächtige Gestalter wie Sinan und Atatürk zu sagen hatten. Die Türkei hat uns das Spiel Bridge geschenkt, den ‚türkischen Teppich' und die prächtigste aller Blumen: die Tulpe.

Doch das vielleicht wichtigste Vermächtnis der Türkei ist untrennbar mit Ihrer Person verknüpft, Lady Mary. Denn Sie hatten entscheidenden Anteil daran, dass die Osmanen einen immerwährenden Eindruck in der Welt hinterließen - kurioserweise, indem sie eben keine bleibenden ‚Male' hinterließen.

Die Türkei hat der Welt die zarten Kinderwangen zurückgegeben.

Sie, Lady Mary, wissen, wovon ich spreche. Im Alter von 26 Jahren, just zu jener Zeit, in der Sie die Salons und Höfe in London mit Ihrer Schönheit und Ihrem Witz bezauberten, mussten Sie einen herben Schicksalsschlag einstecken, der andere Frauen in Ihrem Umfeld in die Knie gezwungen hätte. Aber nicht Sie, Lady Mary! Kurz vor Weihnachten des Jahres 1715 erkrankten Sie an den Pocken. An der Krankheit selbst litten Sie nur 20 kurze Tage. Die schrecklichen Pockennarben hingegen blieben Ihnen Ihr Leben lang erhalten. Ihre Haut war fortan mit tiefen Narben übersät, außerdem fielen Ihnen Augenbrauen und Wimpern aus. In Ihren Briefen sprechen Sie nicht darüber, aber ich vermag mir kaum vorzustellen, welche Wirkung diese Entstellung auf Ihr Selbstverständnis gehabt haben muss, wie sie Ihr Eheleben belastete und Ihnen zu allem Überfluss auch noch das Mitleid der gesellschaftlichen Kreise Londons eintrug.

Zuvor hatten Sie schon Ihren eigenen Bruder an der Krankheit sterben sehen. Zwar gaben Sie sich alle Mühe, Ihr Gesicht unter dicken Schichten von Makeup zu verbergen, aber dennoch wird es an Ihren Kräften gezehrt haben, so weiterzuleben, als hätte Ihre berühmte Schönheit von einst nichts zu tun mit der Person, die Sie nun waren, oder mit dem, was die Leute nun in Ihnen sahen. Vier Monate später erfuhr Ihr Mann von seiner Berufung zum Gesandten am osmanischen Hof, und im Juli, nur sieben Monate nach jenem Ereignis, das Ihr Leben verändert hatte, machten Sie sich auf den Weg in die Türkei.

In Ihren mitreißenden Briefen, die die atemberaubende Schönheit der Frauen beschreiben, mit denen Sie in der Türkei zusammentrafen, findet sich nicht der kleinste Anflug von Selbstmitleid oder Eifersucht. Und trotzdem spüre ich ganz deutlich, dass Sie in diesem Punkt besonders empfindlich waren, weil Sie Ihre eigene Schönheit eingebüßt hatten und weil diese Frauen Ihnen angesichts Ihrer eigenen Entstellung umso schöner erschienen. Wie viel Mut müssen Sie aufgebracht haben, in Anwesenheit von 200 nur mit einem Badetuch bekleideten Frauen das Dampfbad zu betreten und Ihre Narben vor all diesen Schönheiten mit „blendend weißer Haut" zu entblößen? Wie viel Energie muss es Sie gekostet haben, vor den Würdenträgern und am Hofe des Sultans zu promenieren, obwohl Sie doch davon ausgehen konnten, dass man hinter Ihrem Rücken über Sie tuschelte und diese arme englische Lady mit ihrer schrecklichen Haut bemitleidete. Kein Wunder, dass Sie in Ihren Briefen so oft auf die „blendend weiße Haut" der türkischen Frauen verweisen. Ihre eigene rosafarbene englische Porzellanhaut war einstmals genauso milchig weiß gewesen wie ihre, aber der gefürchtete Pockenfluch hatte Ihnen alle Eitelkeit genommen.

Zu Beginn Ihres Aufenthaltes in der Türkei, als Sie in Adrianopel waren, wurden Sie Augenzeugin einer Prozedur, die Sie als Opfer dieses schrecklichen Fluchs sehr verblüfft haben muss. Und obwohl das christliche Europa und der muslimische Nahen Osten damals nur wenig Austausch pflegten, begegneten Sie dieser neuen Kultur und ihren auf den ersten Blick sonderbaren Bräuchen mit bemerkenswerter Objektivität. Die Prozedur, die Sie Ihrer Freundin Sarah Chiswell in einem langen Brief vom 1. April 1717 schildern, dürfte Ihnen sogar besonders sonderbar vorgekommen sein:

> *Was Krankheiten anbelangt, will ich Ihnen etwas erzählen, das bei Ihnen den Wunsch erregen wird, hier zu sein. Die Blattern, die bei uns so gefährlich und verbreitet sind, werden hier mittels der Pfropfung [Impfung], wie sie es nennen, ganz unschädlich. Gewisse alte Weiber machen sich ein Geschäft daraus, jeden Herbst im Monat September, wenn die große Hitze nachgelassen hat, die Operation zu verrichten. Die Familien befragen sich untereinander, ob jemand unter ihnen die Blattern haben will. Sie schließen sich zu Gesellschaften zusammen, und wenn ihrer genug sind, gewöhnlich fünfzehn oder sechzehn, dann kommt die alte Frau mit einer Nussschale voll Blatternmaterie von der besten Art. Sie fragt, welche Ader man geöffnet haben will. Gleich ritzt sie die, welche man ihr zeigt, mit einer großen Nadel (der Schmerz gleicht dem eines gewöhnlichen Ritzens mit der Nadel), steckt so viel Materie, wie auf den Kopf ihrer Nadel geht, hinein und verbindet die kleine Wunde mit einem hohlen Stück von einer Nussschale. Auf diese Art öffnet sie vier oder fünf Adern. [...] Die Kinder oder jungen Patienten spielen den ganzen Tag hindurch und bleiben vollkommen gesund bis zum achten Tag. Alsdann überfällt sie ein Fieber, und sie hüten zwei, selten drei Tage das Bett. Auch haben sie selten über zwanzig oder dreißig Blattern im Gesicht, die nie eine Narbe*

hinterlassen, und in acht Tagen sind sie ebenso gesund wie vorher.

Die „Pfropfung", von der Sie hier sprechen, war nicht weniger als eine Impfung gegen Pocken, und zwar mit toten Pockenviren. Dies mitzuerleben, war ebenso prägend für Sie wie Ihre erste Begegnung mit der Krankheit und gab Ihnen die Möglichkeit zu zeigen, was in Ihnen steckte. Denn statt vor dieser wie Aberglaube anmutenden Prozedur davonzulaufen, ließen Sie sich von Ihrer natürlichen Neugierde leiten und beschlossen schließlich sogar, Ihren eigenen Sohn in der Türkei zu impfen.

Alle Jahre wieder wird an Tausenden diese Operation vorgenommen, und der französische Gesandte sagte im Scherz, dass die Leute sich hier die Blattern einimpfen lassen, um sich zu belustigen, so wie man in anderen Ländern Brunnen trinkt. Man hat kein Beispiel, dass jemand daran gestorben wäre, und Sie werden mir glauben, dass ich von der Sicherheit dieses Versuchs hinlänglich überzeugt bin, weil ich es an meinem lieben kleinen Sohne machen zu lassen gedenke.

Mit Unterstützung eines Arztes aus der britischen Botschaft brachten Sie den Mut auf, das Verfahren an Ihrem 5-jährigen Sohn anzuwenden. In einem Brief an Ihren Mann vom März 1718 schreiben Sie: „Der Knabe wurde letzten Dienstag geimpft. Jetzt singt und spielt er und erwartet ungeduldig das Abendessen. Ich flehe zu Gott, dass mein nächster Bericht über ihn gleich gut möge lauten können."

Wir vergessen heute, welch gewaltiges Unheil diese Krankheit einst über die Welt gebracht hat. Allein in dem 18. Jahrhundert, in dem Sie lebten, fielen ihr über 60 Millionen Menschen zum Opfer. Neben Ihrer Queen Mary II., in deren

Amtszeit Sie geboren wurden, tötete sie in jenem Jahrhundert noch fünf weitere europäische Monarchen. Bereits im 16. Jahrhundert hatte sie das Inkareich in Peru und das Aztekenreich in Mexiko zerstört. Ebenfalls im 18. Jahrhundert raffte sie 90 Prozent der amerikanischen Ureinwohner dahin. Am schlimmsten aber hatten Kleinkinder unter fünf Jahren an ihr zu leiden: Acht von zehn erkrankten Kleinkindern starben an der Krankheit, und von den Überlebenden erblindete jedes Dritte. Stalin, Henry VIII., Queen Elizabeth I. und Abraham Lincoln waren von Pockennarben gezeichnet. Allein im 20. Jahrhundert raffte die Seuche über 300 Millionen Menschen hinweg. Noch heute lagern in geheimen Labors in Russland, England und den USA Erregerstämme des Pockenvirus, die im Fall der Fälle als biologische Kampfstoffe eingesetzt werden sollen und eine Waffe darstellen, die tödlicher sein wird als jede Atombombe und jeder Raketenkopf.

Die Krankheit richtete verheerende Schäden an, und das, obwohl eine vorbeugende Behandlung schon seit Jahrhunderten bekannt war. Die sogenannte Inokulation wurde in Indien wahrscheinlich bereits ab ca. 1000 v. Chr. praktiziert und später dann von den Chinesen übernommen. Die Inder rieben sich Pockeneiter in Wunden auf der Haut, und die Chinesen ließen Patienten zerriebenen Pockenschorf einatmen. Beide Methoden führten dazu, dass sich die Behandelten eine milde Form der Krankheit zuzogen, von der sie sich dann vollständig wieder erholten. Man geht davon aus, dass das Wissen um diese unterschiedlichen Impfverfahren bis zum 6. Jahrhundert n. Chr. auch zu den arabischen Ärzten vordrang. Von dort aus verbreitete es sich schließlich in der osmanischen Türkei, wie Sie selber mit eigenen Augen in Adrianopel beobachten konnten. Die Tür-

ken verwendeten Walnüsse als Kultur. Sie injizierten dem
Nusskern Pockeneiter und ließen ihn im warmen Schutz
der Schale fermentieren.

Sie schlossen Ihren Brief an Sarah Chiswell mit den
Worten:

> *Ich habe genug Vaterlandliebe, um mir alle Mühe zu ge-
> ben, diese nützliche Erfindung in England einzuführen, und
> ich würde nicht ermangeln, an einige unserer Ärzte sehr
> ausführlich darüber zu schreiben, wenn ich einige kennen
> würde, die Menschenliebe genug hätten, einen so beträchtli-
> chen Zweig ihrer Einkünfte zum Besten des Menschenge-
> schlechts zu zerstören. Allein diese Krankheit ist für sie zu
> einträglich, um nicht den kühnen Ritter, der es wagen sollte,
> ihr den Garaus zu machen, ihrer ganzen Rache auszuliefern.
> Erlebe ich meine Rückkunft, dann werde ich vielleicht den
> Mut haben, mit ihnen anzubinden.*

Und tatsächlich legten Sie sich mit ihnen an. Nach Ihrer
Rückkehr aus der Türkei starteten Sie in England eine leidenschaftliche Kampagne zur Verbreitung dieses Impfver-
fahrens, aber die Überquerung dieser Brücke erwies sich als
schwieriges Unterfangen. Sie waren nicht die Erste, die die
Kunde von dieser Impfung nach England brachte (ein italieni-
scher Arzt in Konstantinopel hatte schon vier Jahre vor Ihrer
Rückkehr darüber berichtet), aber die Erste, der man Gehör
schenkte. Sie ließen Ihre Tochter in aller Öffentlichkeit impfen; von demselben Botschaftsarzt, der schon Ihren Sohn in
Konstantinopel behandelt hatte. Ihre kleine Mary war vermutlich der erste Mensch, der in England geimpft wurde.
Sie stellten das Verfahren dem London College of Physicians
vor, wo einige Chirurgen die Courage besaßen, Experimente durchzuführen, die erfolgreich verliefen. Die königliche
Familie, Aristokraten und prominente Politiker fassten Ver-

trauen, weil Sie mit gutem Beispiel vorangegangen waren und jeder Einzelne von ihnen persönlich bedroht war. Fortan ließen die höheren Kreise Englands ihre eigenen Kinder impfen und bescherten dem Verfahren für eine Zeitlang Popularität. Doch leider war die Begeisterung nur von kurzer Dauer. Nach anfänglichen Erfolgen in den Jahren 1721 bis 1723 formierte sich religiös motivierter Widerstand gegen das Impfverfahren. Die öffentliche Debatte zu diesem Thema wurde erbittert und extrem geführt. Viele sogenannte ‚Männer Gottes' waren der Ansicht, das Verfahren verstoße gegen den Willen Gottes, der die Pocken gesandt habe, um damit Satans Werk zu bestrafen und das Wachstum der armen Bevölkerung auf natürliche Weise zu begrenzen. Von diesem Unsinn blieb auch die Ärzteschaft nicht unbeeindruckt. Sie ärgerte sich darüber, dass das erfolgreiche Verfahren nicht von ihr selbst entdeckt worden war, sondern von ‚Schamanen' aus nicht-westlichen Ländern, und dass es obendrein noch von einer Frau - nämlich von Ihnen, Lady Mary - propagiert wurde. Sie manipulierten die Ergebnisse der Versuchsreihen, veröffentlichten ablehnende Aufsätze und versuchten zu beweisen, dass das Verfahren zu mehr Sterbefällen führe als ursprünglich gedacht und außerdem auch für die Ausbreitung von anderen Krankheiten wie der Syphilis verantwortlich sei. Die Impfbereitschaft nahm ab, und Sie selbst begannen zu bedauern, diesen türkischen Brauch in Ihrer Heimat eingeführt zu haben, da er viel Schimpf und Schande über Sie und Ihre Familie brachte. Doch trotz allem blieben Sie hartnäckig, scheuten die öffentlich geführte Auseinandersetzung nicht und veröffentlichten anonym ein vernichtendes Pamphlet, in dem sie die „Gaunerei und

Unwissenheit der Ärzte" anprangerten und ihnen die Schuld zuschoben, nicht dem Virus.

Ach, hätten die Menschen doch nur auf Sie gehört! Dann wäre ihnen viel Leid erspart geblieben. Ihre eigene Schwester, Lady Gower, etwa lehnte es ab, ihren Sohn zusammen mit Ihrer kleinen Mary zu impfen. Zwei Jahre später verstarb er an den Pocken. Die bitterste Ironie des Schicksals traf jedoch Ihre Freundin Sarah Chiswell, der Sie jenen schwärmerischen und impulsiven Brief mit der Schilderung der Impfgesellschaften von Adrianopel geschickt hatten: Denn auch Sie fiel der Krankheit 1726 zum Opfer.

Nachdem Sie also in England einen Wirbelsturm aus Gehässigkeiten und Disputen entfacht hatten, spielte das nächste Kapitel der Geschichte in meinem Land. Ihre Bemühungen fanden nämlich auch in ‚New' England Beachtung. Zwar wurde auch dort heftig gestritten, aber mehrere prominente Ärzte unterstützten die Impfbewegung. 1721 erklärte ein Sklave aus Barbados, den es nach Boston verschlagen hatte, er sei in seiner Heimat Sudan nach dem gleichen Ritz-Verfahren geimpft worden wie dem, das in Adrianopel praktiziert wurde. Dies bestätigte Ihre anfänglichen Erfolge in England, und nun bedienten sich auch amerikanische Ärzte der Methode. Nach Abflauen einer Pockenepidemie in Boston 1722 stellte sich heraus, dass die Geimpften allesamt mit heiler Haut davon gekommen waren, und so wurde die Praxis allgemein akzeptiert. George Washington ordnete an, dass im amerikanischen Unabhängigkeitskrieg alle Soldaten, die die Krankheit noch nicht hatten, geimpft werden sollten. Insofern verhalfen uns Ihre Bemühungen letztlich sogar indirekt zur Unabhängigkeit von Ihrem König George III.

Dann überquerte Ihre Geschichte erneut den Atlantik, um nach England zurückzukehren, wo ein sehr gescheiter junger Mann namens Edward Jenner damit begann, die Einzelteile des Puzzles zusammenzusetzen. Schon als Kind war ihm aufgefallen, dass Melkerinnen, die sich die Tiervariante der Krankheit - die Kuhpocken - zugezogen hatten, nie mit Pocken infizierten. Später als Arzt erinnerte er sich an diese Beobachtung, stellte weitere Forschungen an und präsentierte seine Schlussfolgerungen einer medizinischen Gesellschaft an seinem Wohnort. Um 1800 herum verbreitete sich seine Theorie in der westlichen Welt. Jenner war, genau wie Sie, Lady Mary, mutig genug, seinen eigenen Sohn zu impfen, allerdings nicht mit Pocken-, sondern mit Kuhpockenviren. Seine Experimente und Forschungen ebneten den Weg für einen Kuhpocken-Impfstoff, der die Menschen immun gegen die Pocken machte. Ein Impfstoff gegen die Pocken war gefunden!

Sie selbst haben diesen Durchbruch nicht mehr erleben dürfen. Doch ist es Ihrem Einsatz für die Methode und Ihrer unerschütterlichen Beharrlichkeit zu verdanken, dass seither Millionen von Leben in aller Welt gerettet werden konnten.

Hätte Jenner tun können, was er 79 Jahre nach Ihnen tat, wenn Sie ihm nicht den Weg geebnet hätten? Wenn Sie nicht, angespornt von Ihren eigenen leidvollen Erfahrungen mit dieser Krankheit, so beherzt gewesen wären, allen Neinsagern die Stirn zu bieten und voranzugehen? Ich bin mir sicher, dass weder er noch andere ehrenwerte Wissenschaftler es geschafft hätten, diese Krankheit vollständig auszurotten. Ihr persönlicher Beitrag war genauso wichtig wie der aller anderen Wissenschaftler und genauso wirksam wie ein Impfstoff. Denn im Umgang mit der Ärzteschaft und der öffentlichen Meinung, die oft nicht weniger bösartig sind als die Pocken, die Sie zu bekämpfen versuchten, bewiesen Sie Unerschrockenheit und Weitsicht.

Nach mehreren erfolgreichen Impfkampagnen im 19. und 20. Jahrhundert erklärte die Weltgesundheitsorganisation WHO die Pocken 1977 für ausgerottet. Bis zum heutigen Tag sind sie die einzige menschliche Infektionskrankheit, die vollständig von unserem Planeten getilgt wurde. Das ist Ihr Vermächtnis an die Welt, Lady Mary, ein Vermächtnis, das auf der sorgfältigen Beobachtung eines in einem kleinen Zimmer im osmanischen Adrianopel praktizierten Verfahrens basierte sowie auch auf Ihrer Überzeugung von der Effektivität dieses Verfahrens und auf Ihrem Mut, mit ihm eine Brücke zu überqueren. Niemals mehr wird der Fluch „Die Pocken im Haus!" im Land zu hören sein, außer in Stücken von Shakespeare. Niemals mehr werden Mütter ertragen müssen, dass ihre Kinder an dieser Plage sterben oder von ihr gezeichnet werden. Heute und für alle Zeiten genießen die Mütter dieser Welt das Privileg, ihre Kinder auf zarte narbenlose Wangen küssen zu dürfen - und all das, weil eine so außergewöhnliche und mutige Frau wie Sie ihnen aus einem bemerkenswerten Land ein Geschenk mitbrachte.

Mit allergrößter Hochachtung,
Katharine Branning

Die bedauernswerte Flavia, darnieder lag sie auf ihrer Couch.

Die Pein eines wunden Geistes atmend,

Mit einem umgedrehten Spiegel in der Rechten,

So sehr verabscheute sie das Gesicht, das sie einst so verehrte.

Wie hab ich mich nur verändert! Oh weh!

Zu einem Schreckgespenst verkommen, erkenne mich kaum wieder!

Wo ist mein Teint geblieben, wo meine strahlende Blüte,

Die doch Glück mir verhieß über Jahre?

Ein Genuss war mir früher, mein Antlitz zu betrachten!

Heute jedoch schau ich nur noch selten hin.

Getrieben von der Hoffnung auf ein gesünderes Rot,

Auf neues Leben, das aus meinen Augen funkelt!

Treuloser Spiegel, gib mir meine Schönheit zurück!

- Lady Montagu, *Flavia*

*Sonnendenkmal zu Ehren von Lady
Mary, errichtet von William Wentworth
im Jahr 1747 auf dem Gelände von
Wentworth Castle (Yorkshire, England)
mit der Inschrift:*

TO THE MEMORY OF THE
RT: HON. LADY MARY
WORTLEY MONTAGU
WHO IN THE YEAR 1720
INTRODUCED INOCULATION
OF THE SMALL POX
INTO ENGLAND FROM TURKEY

*(Im Gedenken an die Ehrenwerte Lady
Mary Wortley Montagu, die im Jahr 1720
die Pocken-Inokulation von der Türkei
nach England brachte.)*

Die Vergangenheit aufarbeiten und erobern

Für Muhsin Ilyas Subaşı

L iebe Lady Mary,
genau wie Sie genieße auch ich es, mir Sehenswürdigkeiten anzuschauen und die kulturellen Reichtümer der Türkei zu entdecken. Viele der Ausflüge, die Sie unternommen haben, habe auch ich unternommen. Sie sind mit einem Kayik [kleine Segelboote, die früher als Fähren dienten] über den Bosporus gefahren und haben vom Wasser aus die Uferpromenade betrachtet, die mit Holzvillen, Gärten, Wäldern und Moscheen gespickt ist, aufgereiht wie in einem „von der Hand des größten Künstlers gezierten Schrank". Sie besuchten die Selimiye-Moschee in Edirne, erkundeten die Straßen von Pera in ortsüblicher Tracht, und schon nach kurzer Zeit verhandelten Sie mit den Händlern im Großen Basar in geschliffenem Türkisch. Ihre Beschreibungen der Sehenswürdigkeiten am Bosporus - Topkapı-Palast, Hagia Sophia, Süleymaniye-Moschee, Hippodrom und Blaue Moschee von Sultan Ahmet - lesen sich so flüssig, als seien sie einem modernen Touristenreiseführer

entnommen. Sie suchten sogar ein Derwischkloster auf und schrieben über die Zeremonie der Tanzenden Derwische.

Besonders beeindruckend fand ich einen der Briefe, den Sie zu Beginn Ihres Aufenthaltes aus Edirne verfassten. Dort schildern Sie Ihren Besuch in einem osmanischen Han, einer Art Warenlager, und zeigen sich fasziniert von den Kamelen, die Sie dort vorfinden: Diese Tiere sind „...freilich weit größer, viel höher als ein Pferd und dabei so schnell, dass sie [...] die schnellsten Pferde überholten [...], ein hässliches Geschöpf". Auch das Gebäude selbst beschreiben Sie im Detail und stellen fest: „Solche Gebäude zu bauen, ist eine weit vernünftigere Mildtätigkeit, als Klöster zu stiften." Diese Han genannten Gebäude, die heute allerdings keine Kamele mehr beherbergen, haben auch meine Aufmerksamkeit gefesselt, und zwar sogar so sehr, dass sie in den letzten 30 Jahren zu einem wichtigen Teil meines Lebens geworden sind.

Als ich auf meiner ersten Reise in die Türkei zum ersten Mal die Gök-Medrese in Sivas besichtigte, war das der Anfang einer fast zwanghaften Schatzsuche nach goldenen Steinen, die mich bis heute in Atem hält. Jahr für Jahr bin ich in die Türkei gereist, um ihnen nachzujagen, und habe viel Zeit, Mühe, Geld und Energie darein investiert. Auch ich trug auf der Straße die ortsübliche Tracht, um mich von den gewöhnlichen Touristen abzusetzen; vielleicht eine nicht ganz so aufwendige wie Ihre, aber trotzdem mit viel Liebe zusammengestellt: ein eher praktisches als modisches Outfit, bestehend aus festem Schuhwerk, knöchellangem Rock und langärmligem Shirt, Sonnenbrille und Kopftuch zum Schutz vor der brennenden Sonne und indiskreten Blicken sowie einer stabilen Umhängetasche mit einer Expeditionsgrundausrüstung (Taschenlampe, Maßband, Notizblock, Kugelschreiber, Bleistifte, Akkus und Linsen für die Kamera, die allgegenwärtige Wasserflasche, Reiseführer Bücher, Zeitungen, ein paar Ülker-Kekse, Skizzen und alte Fotos aus angestaubten Büchern etc.). Sie sehen also schon, Lady Mary, die Jagd nach goldenen Steinen ist mit mehr Mühen verbunden als eine angenehme Fahrt mit dem Kayik auf dem Bosporus; denn sie verlangt, dass man sich der sengenden Hitze der anatolischen Ebenen, Staub, gefährlichen Straßen, anrüchigen Unterkünften und verwirrenden Situationen aussetzt. Doch der Lockruf dieser Steine war stets stärker als sämtliche Unannehmlichkeiten, die ich auf mich nehmen musste, und ihr Glanz hat mein Leben auf unerwartete Weise erstrahlen lassen.

Allerdings suchte ich ja auch nicht irgendwelche x-beliebigen goldenen Steine, sondern solche, die die Bauwerke der Seldschukenära zieren; und auch nicht x-beliebige Bauwerke aus jener Ära, sondern die Vorläufer genau der Gebäude, die Sie damals in Edirne besichtigten: die Karawansereien der weiten anatolischen Ebenen, errichtet an Straßen, die strahlenförmig von Konya, der Hauptstadt der Seldschuken, abgingen.

In einem früheren Brief hatte ich Ihnen berichtet, dass mir wieder und wieder die gleiche Frage gestellt wird: „Warum ausgerechnet die Türkei, und warum um Himmels willen 30 Jahre lang jedes Jahr dorthin?" Und ich hatte Ihnen ja auch verraten, dass mein erster Besuch dort in erster Linie dem Zweck dienen sollte, eine Obsession zu stillen: Ich wollte mir unbedingt ein Bauwerk anschauen, das mich verfolgte, seitdem ich es einmal in einer Vorlesung als Projektion von einem Dia auf einer Tafel gesehen hatte. Warum

ich jedes Jahr von Neuem dorthin zurückkehre, habe ich Ihnen in vielen anderen Briefen zu erklären versucht: die Gastfreundschaft, die TTs, die Pfirsiche und die Ähnlichkeit der
Menschen dieses Landes mit den Menschen, mit denen ich
aufgewachsen bin. Doch um die Wahrheit zu sagen, war die
Besessenheit von diesem Bauwerk in Sivas und ähnlichen
weiteren mehr der ausschlaggebende Faktor. In der Türkei leben freundliche Menschen und es gibt dort schöne Landschaften, aber nichtsdestotrotz war es die Magie dieser Steine, die mich wie ein Magnet immer wieder in das Land zurückgezogen hat.

Diese magnetische Anziehungskraft zu erklären, fällt mir
oft schwer. Manchmal zucke ich lediglich mit den Schultern
und sage (zu anderen wie auch zu mir selbst), dass es eben so
ist, wie es ist - ein unerklärbares Phänomen. Es gibt Dinge
im Leben, die man nicht weiter hinterfragt: die Art, wie Sie
Ihren Kaffee trinken, die Tatsache, dass Ihr Herz schneller
schlägt, sobald Sie sich Ihrer Haustür nähern, oder der eine
Blick, der genügt, um zu wissen, dass Sie die Liebe Ihres
Lebens gefunden haben. All diese Dinge sind nicht wissen-
schaftlich begründbar, sie sind, wie sie sind. Und genau so
verhält es sich auch mit der Anziehungskraft, die die Seldschukenära auf mich ausübt. Diese Faszination hat zwei Aspekte: Zum einen interessieren mich die Gesellschaft und
die Kultur der damaligen Zeit, und zum anderen interessiert
mich die Kunst, die sie hervorgebracht haben.

Also, wer waren diese Seldschuken und das Reich, das
sie gründeten? Ähnlich wie die Etrusker oder Kelten mögen
auch sie manchem als belanglos und unmaßgeblich für den
Lauf der Geschichte erscheinen. In meinen Augen hingegen
symbolisieren sie einen glorreichen Moment der Zivilisa-

tionsgeschichte. Unter den Seldschukensultanen erlebten
Politik, Wirtschaft und Kunst eine Blüte, und Konya war
die schillernde Hauptstadt ihres Reichs. Diese goldene Ära
währte nur sehr kurz, nämlich vom 11. bis zum 13. Jahrhundert, und sie war eingekeilt zwischen zwei Ereignissen, die
die Welt veränderten: den Kreuzzügen und der Mongoleninvasion. Doch in den gut 200 Jahren ihres Wirkens, zwischen 1077 und 1307, übten die Seldschuken in Wirtschaft
und Kultur großen Einfluss aus. Darüber hinaus brachte die
Seldschukenära einige architektonische Meisterwerke und
Kunsthandwerke hervor.

Die Seldschuken waren die Gründer der Türkei, die wir
heute kennen. Sie waren die letzte der großen Wellen von
turkmenischen Stämmen, die ab ca. dem 9. Jahrhundert aus
dem Gebiet um den Baikalsee in Sibirien auf der Suche nach
fruchtbaren Weiden, neuen Siedlungsgebieten und vielversprechenden Betätigungsfeldern langsam gen Westen zogen.
Ein Teil dieser sogenannten Groß- oder Ostseldschuken wurde bereits im Iran sesshaft, andere jedoch verließen die Regionen Transoxanien (die Gegend zwischen dem Aralsee und
Kaspischem Meer) und Khorasan (den Nordwesten Irans)
schon bald wieder und gelangten schließlich im frühen 11.
Jahrhundert nach Anatolien. Einstmals schamanistischen
Glaubens, konvertierten die Seldschuken auf ihrem Marsch
gen Westen mit der Zeit zum Islam. Und obwohl sie sich
manche Elemente ihrer früheren Kultur bewahrten, bekannten sie sich mit Inbrunst zu ihrem neuen Glauben und
verteidigten ihn mit Hingabe. Nach und nach übernahmen
sie die Kontrolle über fast alle Städte Ost- und Zentralanatoliens, und als sie die Byzantiner 1071 in der entscheidenden
Schlacht von Manzikert (Malazgirt) im Osten der Türkei
besiegten, stand ihnen ganz Anatolien offen.

Diese Menschen waren hervorragende Baumeister, bei der Errichtung von Gebäuden zeigten sie das gleiche Geschick wie beim Aufbau ihres Staates. Mein eigenes Land, die Vereinigten Staaten, haben in den 200 Jahren ihres Bestehens Ähnliches geleistet, daher kommen mir der Eifer und die Dynamik der Seldschuken sehr vertraut vor. Sie waren Kämpfer und Überlebenskünstler: Zunächst kämpften sie gegen Byzanz, um ihr eigenes Reich zu gründen, dann gegen die Kreuzritter, die in ihre Ländereien einmarschierten und ihre Städte plünderten, und am Ende schließlich gegen die Mongolen nur noch ums reine Überleben, wobei sie jedoch alles verloren. All diesen Herausforderungen zum Trotz schafften sie es, im Laufe jener 200 Jahre eine Kultur hervorzubringen, die heller strahlte als die von Byzantinern, Kreuzfahrer und Mongolen zusammen.

Ihre Zivilisation leuchtete in vielerlei Hinsicht. Werfen Sie nur einen Blick auf die goldenen Steine, und Sie werden wissen, wovon ich spreche. Schauen Sie sich an, welche kulturellen Spuren sie hinterlassen hat. Die Seldschuken waren verantwortlich für das Wiedererstarken des islamischen Kalifats, weil sie seine Krone mit neuem Prestige und Respekt polierten. Sie stärkten das religiöse Leben und entwickelten eine besondere Form der Mystik, die als Sufismus bekannt wurde. Sie förderten Wissenschaft und Literatur und verliehen so dem kulturellen Leben des Islams neue Impulse. Fest entschlossen, eine dominierende Rolle in der Welt zu spielen, inspirierten die anatolischen Seldschuken die ganze islamische Welt: durch ihre Herrschaftsstrukturen, durch ihren Sinn für soziale Gerechtigkeit, ihre Führungsqualitäten, ihre religiösen Traditionen, ihren Unternehmergeist in Handel und Gewerbe und ihre Bildungsbestrebungen. Hohen

Anteil am Erfolg ihrer Gesellschaft hatte ihre Toleranz gegenüber anderen Kulturen: In den Ländern, die sie eroberten, akzeptierten sie die Glaubensgemeinschaften der Lateiner, Griechen, Armenier, Provenzalen und Juden. Und diese Toleranz erwies sich als ein effektives und vorbildliches Gesellschaftsmodell, dem später die Osmanen ebenso nacheiferten wie die Amerikaner.

Doch das in meinen Augen bedeutendste kulturelle Vermächtnis der Seldschuken war ihr innovatives Bauprogramm. Sie errichteten Bauwerke, die in punkto Größe, Vielgestaltigkeit und handwerklichen Geschicks absolut bemerkenswert waren. Die Seldschuken lernten auf dem Gebiet der Architektur schnell hinzu, absorbierten die gestalterischen Traditionen der unterschiedlichen Regionen, die sie auf ihrem Marsch gen Westen durchquerten, und verschmolzen sie zu einem eigenen Baustil, der genauso nahrhaft war wie die herzhaften Eintöpfe, die sie über dem Lagerfeuer zubereiteten. Zu Beginn schöpften sie aus dem reichen Fundus ihrer zentralasiatischen Wurzeln, dann reicherten sie diesen Sud mit gehaltvollen Erkenntnissen an, die ihnen ihr Kontakt mit der persischen Architektur vermittelte, und anschließend würzten sie das Ganze mit dem ausdrucksstarken Vokabular der Bauwerke der Abbasiden und Araber. Sie entwickelten ein ausgeklügeltes Bausystem aus tragenden Gewölben; und vor allem das Vier-Iwan-Architekturkonzept (vier offene Gewölbegänge, die einen rechteckigen zentralen Innenhof umgeben), das sie in den Moscheen des Iran verwirklicht sahen, beeinflusste die anatolischen Seldschuken in der Gestaltung ihrer Hane, Medresen (Bildungszentren), Paläste und Krankenhäuser. Zu guter Letzt schmeckten sie diesen Stileintopf ab, indem sie noch ein wenig von ihrer eigenen speziellen Gewürzmischung, bestehend aus innovativen dekorativen Elementen, Techniken und Bauweisen, hinzugaben.

Ihre Bauwerke waren aber nicht nur schön anzuschauen. Die Seldschuken verstanden, dass das Reich, das sie aufbauen wollten, vor allem von nützlichen und praktischen Gebäuden profitieren würde. Sie waren sehr scharfsinnig, diese Seldschukensultane von Konya! Sie erkannten, dass die Gesellschaft, die ihnen vorschwebte, auf wirtschaftlichem Wohlstand basieren musste und dass erst der freie Austausch von Handelswaren im ganzen Reich diesen Wohlstand ermöglichen würde. Sie begriffen, dass sie Handel und Gewerbe stützen mussten. Dadurch würden sie Wohlstand schaffen, der seinerseits für intellektuelles und künstlerisches Wachstum sorgen würde. Zur Verwirklichung dieser Vision, um dem Handel Anreize zu bieten und größere Einnahmen zu erzielen, förderten sie in den von ihnen kontrollierten Gebieten ganz gezielt die Ein- und Ausfuhr von Waren.

Wie aber schafften sie es, Kaufleute davon zu überzeugen, im Ausland hergestellte Waren nach Anatolien zu bringen und im Gegenzug auf dem Rückweg in ihre Heimatländer säckeweise Waren mitzunehmen, die in den anatolischen Ebenen produziert wurden? Die Sultane benötigten ein sicheres und attraktives Umfeld, in dem Geschäfte getätigt werden konnten. Und so krempelten sie die Ärmel hoch und entwarfen mit der gleichen Entschlossenheit, die sie schon auf dem Schlachtfeld gezeigt hatten, einen Wirtschaftsplan.

Nach und nach eroberten die Seldschukensultane Anatoliens wichtige Hafenstädte, die man brauchen würde, damit das Netz der Handelswege schon bald das ganze Reich umspannen und von Küste zu Küste reichen konnte: Antalya im Jahr 1207, Sinop 1214 und Alanya 1221. Der nächste Schritt zur Verwirklichung ihrer Vision bestand darin, bestehende Handelsstraßen, die den Händlern schon seit Generationen gedient hatten, zu erneuern. Die Sultane waren weitsichtig genug, um zu verstehen, dass sie, um Geld einnehmen zu können, erst Geld ausgeben mussten. Daher sah ihr praktischer Ansatz zur Stärkung ihres Reiches Investitionen in den Aufbau einer robusten Infrastruktur aus Brücken und Straßen vor. Die existierenden Straßen und Brücken waren lange Jahre vernachlässigt und durch die ständigen Kriege und Erdbeben mehr oder weniger stark beschädigt worden. Nun jedoch wurden sie befestigt und ausgebessert, neue kamen hinzu. Den alten assyrischen, persischen und römischen Handelsrouten von Ost nach West hauchte man neues Leben ein, und auch zwischen dem Norden und dem Süden entstanden neue Verbindungswege, die die am Schwarzen Meer und am Mittelmeer eroberten Häfen miteinander verbanden. Fortan stand das Land dem Handel offen: Konya wurde nun von der alten Seidenstraße gemästet, die China mit dem Mittelmeer verband, und von Konya aus führte die Lange Straße nach Kayseri, wo sie sich teilte. Ein Abzweig ging nach Norden, Richtung Sivas oder Erzurum, Schwarzmeer oder Kaukasus bis in den Norden Irans, der andere nach Süden, Richtung Diyarbakır, Mesopotamien und in den südlichen Iran.

Den letzten Schritt ihres konzertierten Businessplans markierte der Aufbau einer Infrastruktur für die Kaufleute selbst. Entlang der wichtigsten Handelsrouten wurden über 200 Stationen für Kaufleute errichtet und betrieben: sogenannte Hane oder Karawansereien. Von diesem Netz profitierten vor allem die großen Städte des Reiches. Es leistete einen entscheidenden Beitrag zur Expansion des Binnen- wie auch des Außenhandels. Die einzelnen Stationen lagen jeweils ca. 40 Meilen weit auseinander, was dem Tagespen- sum eines Kamels entsprach. Die Architektur der Gebäude war ganz auf die Bedürfnisse der Reisenden ausgerichtet: Sie verfügten über massive Schutzmauern, Warenlager, Wach- stuben, Stallungen, Schlafräume, Küchen, Toiletten, Moscheen und Gewölbe. Sie wurden sowohl als Handelsposten als auch als Übernachtungspensionen genutzt. Will man einen mo- dernen Vergleich bemühen, so waren die Hane so etwas wie eine Kombination aus Rasthof, Motel und Lagerhaus. In ihrer Funktion als Rasthof boten sie die Gelegenheit auf- zutanken, was in jenen Tagen bedeutete, dass die Tiere sich ausruhen konnten und zu trinken bekamen, dass sie neu be- schlagen und behandelt werden konnten, wenn sie sich die Hufe verletzt oder eine Krankheit zugezogen hatten. Die Kaufleute wiederum konnten dort eine warme Mahlzeit einnehmen, sich von den Strapazen der Straße erholen und durch das Zusammensein mit anderen Reisenden der Ein- samkeit der Reise entfliehen. Als Motel gestatteten die Ha- ne den Kaufleuten, die Nacht in einigermaßen vernünftigen und komfortablen Unterkünften zu verbringen. Und als La- ger ermöglichten sie ihnen, ihr Hab und Gut in einem si- cheren Umfeld abzuladen, einzulagern, zu sortieren oder umzupacken und für die nächste beschwerliche Etappe der Reise vorzubereiten.

Die Hane und die sozialen Dienste, die ihnen angeglie- dert waren, gehören zu den liberalsten Institutionen, die die Seldschuken hervorgebracht haben. Der Sultan, andere Mitglieder des Hofstaats und vermögende Privatleute gründeten gemeinnützige Stiftungen, über die der Bau der Hane, die laufenden Betriebskosten und die Instandhaltung finanziert wurden. Jeder Reisende genoss dort, unabhängig von Nationalität, Religion oder sozialem Status, das Recht auf drei Tage freie Unterkunft und Verpflegung, medizinische Versorgung und weitere Dienstleistungen. Die Kosten übernahm der Staat. An die Großzügigkeit und den nichtkommerziellen Charakter dieser Hane erinnerte man sich noch lange Zeit später. Auch Sie, Lady Mary, wiesen in Edirne darauf hin. Kaufleute trafen im Han auf andere Reisende, sie konnten dort Geschäftsbeziehungen pflegen und Freundschaften schließen. Außerdem erfüllten die Hane noch einen weiteren wichtigen nichtkommerziellen Zweck: Sie dienten der Verbreitung von Nachrichten und Informationen im ganzen Reich. Im Han kamen Menschen aus aller Herren Länder zusammen und berichteten einander in einem babylonischen Sprachgewirr von ihren Erlebnissen auf der Straße und von den Neuigkeiten aus der Heimat. Diese Informationen verbreiteten sich dann rasch in den umliegenden Dörfern und Städten. Insofern waren die Hane also immer auch Informationsdrehscheiben, lokale Nachrichtenzentren und öffentliche Bibliotheken, die auf mündlicher Überlieferung basierten. Wer heute auf den Straßen der Türkei unterwegs ist, begegnet dort den Nachfolgemodellen dieser Hane: den gut durchorganisierten Raststätten am Straßenrand (*Tesisler*), die LKW-Fahrern und Reisenden ihre Dienste anpreisen.

Sobald der Betrieb der Hane genug Geld in die Staatskasse gespülte hatte, trieben die Seldschukensultane den Bau anderer innovativer architektonischer Bauten voran, für die sie Berühmtheit erlangten: Medresen (Hochschulen),

Krankenhäuser und Moscheen. Die anatolischen Seldschuken verwendeten im Gegensatz zu den Persern keine Zie-
gelbauten; ihre Bauten waren aus Stein und dadurch sehr
langlebig. Ihre Gebäude sollten die Bedürfnisse eines von
Wachstum und Dynamik geprägten Reichs stillen. Die bemerkenswerte Kunstfertigkeit der anatolischen Seldschuken
spiegelte sich am deutlichsten in Form, Funktion und Charakter ihrer zivilen Gebäude wider, allen voran in der Konzepti-
on der Medrese, die sie zu einem Kristallisationspunkt der
Stadt machten. Die Gestaltung der Medresen folgte dem
Vier-Iwan-Architekturkonzept, das einen Campus für Un-
terrichtsräume, Studentenunterkünfte, Lesesäle und ange-
gliederte Dienstleistungen vorsah. Auch Krankenhäuser
und medizinische Zentren wurden nach diesem Konzept
gestaltet. Man erkannte sie schon von weit her an den charakteristischen einladenden Zwillingsminaretten, die ihre
Eingangsportale zierten. Diese Medresen und Krankenhäuser gehören noch heute zu den schönsten Bauwerken der
Türkei, man denke nur an die Karatay- und die Ince-Med-
rese in Konya, an die Hatun-Medrese in Kayseri, die medizinische Fakultät Daruşşifa in Sivas und das Gevher Hospi-
ce in Kayseri.

All diese Bauten faszinierten mich, weil sie mir einerseits
so zweckmäßig und sinnvoll, andererseits aber auch so lebendig schienen. Seit meiner Studienzeit genieße ich es, die
islamischen Künste zu studieren. Die islamische Kunst hat
Elemente aus vielen Kulturen in sich aufgenommen. Sie hat
sie durcheinander gewirbelt und neu ausgerichtet, wodurch
etwas Einzigartiges entstanden ist. Damit ähnelt sie in vielerlei Hinsicht der Kultur der Vereinigten Staaten. Daneben
interessierte mich auch die Andersartigkeit der islamischen

Kunst, und mir gefiel die Vorstellung, über den Tellerrand des westeuropäischen Kanons hinauszuschauen und zu erkunden, wie andere denken, glauben und bauen. Mich reizte der Dialog über Unterschiede in der Kunst. Und von allen Epochen der islamischen Kunst sprachen mich die Seldschuken in Anatolien am stärksten an. Abgesehen davon war das 13. Jahrhundert weltweit ein Jahrhundert der bedeutenden Entwicklungen. Wen lässt diese Epoche schon kalt - diese Ära, die die Kreuzzüge und Dschingis Khan, Dante, die provenzalische Troubadour-Dichtkunst, die Magna Carta und die hohen gotischen Kathedralen in Frankreich hervorbrachte? Es war ein spannendes Zeitalter, und mittendrin die Seldschuken, die auf ihre ureigene Weise Anteil an der Bedeutsamkeit dieses Jahrhunderts hatten. Besonders gefiel mir ihre Toleranz gegenüber den Völkern, die sie bei ihrer Ankunft in Anatolien vorfanden. Oder auch ihr zupackender Arbeitseifer und ihr Wille, eine neue soziale Identität zu schmieden, die die Menschen, mit denen sie es zu tun hatten, respektierte, gleichzeitig aber auch eigene Ziele definierte. Es beeindruckte mich, wie sie die Architektur mit sozialem Fortschritt verknüpften und schon damals begriffen, dass Kunst und Architektur nicht nur Ideale abbilden, sondern unmittelbar dem Wohlergehen der Bürger zugute kommen sollten.

Ich wollte diese Menschen und ihre Gesellschaft besser kennenlernen, noch mehr jedoch ihre Architektur. Von all den Bauwerken, die die Seldschuken einst errichteten, schienen mir die Hane die innovativsten und dauerhaftesten zu sein. Ich war begeistert von diesen pragmatischen Bauten, die sich sowohl durch ihren praktischen Nutzen als auch durch einen ausgeprägten Sinn für Schönheit und De-

tails auszeichneten. Der berühmte römische Architekt und
Ingenieur Vetruvius benannte einmal „Festigkeit, Nützlichkeit und Schönheit" als die Hauptanforderungen an die Architektur. Die seldschukischen Hane sind ein gutes Beispiel
für eine perfekt gelungene Symbiose dieser drei Eigenschaften: Festigkeit, weil sie ohne Zweifel sehr beständig sind,
Nützlichkeit, weil sie den Handel fördern sollten, und Schönheit, weil so viel Wert darauf gelegt wurde, sie liebevoll zu
gestalten. Abgesehen davon entsprachen die Hane ganz einfach meinem persönlichen Geschmack: Sie sind groß,
wuchtig, spartanisch und kraftstrotzend - Eigenschaften,
die ich nicht nur in der Architektur bewundere, sondern
auch bei Menschen, beim Essen, in Literatur und Kunst.
Ich beschloss also, sie genauer zu studieren.

Und so habe ich die vergangenen 30 Jahre auf den Spuren der Seldschuken verbracht, habe ihren Bauwerken nach-
gespürt, mich mit ihrer Geschichte befasst, Literatur über
sie gelesen und ihre religiösen und wissenschaftlichen Traditionen erforscht. Über all diese Dinge habe ich viel gelernt,
und inzwischen bewundere ich die Seldschuken zutiefst,
zum Teil auch aus Gründen, die ich so nicht vermutet hätte.
Ich schätze ihren Unternehmergeist und ihre Dynamik und
auch, dass sie den Grundstein für all die humanistischen
Werte legten, die die türkische Kultur seit damals inspiriert
haben: Toleranz, Freiheit, Liebe, Freundschaft, Gastfreundschaft, Multikulturalität, gutnachbarliches Verhalten, Patri-
otismus und Respekt voreinander. Sie bauten Straßen und
Hane, und zur gleichen Zeit förderten sie kulturelle Werte
wie Fortschritt, Bildung, ökonomische Entwicklung, lang-
fristige Planung, freie Entfaltung, geistiges Streben, Gerechtigkeit und freie Meinungsäußerung. Ihre Herrscher errich-

teten Schulen, Moscheen, Krankenhäuser und Observatori-
en und bereicherten dadurch das Leben aller Bürger. Ihre
Wissenschaftler und Gelehrten hatten entscheidenden Anteil an Fortschritten in den Disziplinen Medizin, Chemie,
Recht und Astronomie. Ihre Volksschriftsteller, Dichter
und Mystiker besangen in ihren Werken die Ideale von Liebe, Vertrautheit, Gastfreundschaft und Spiritualität. Ihre
hart arbeitenden Bauern rangen der schwarzen Erde unter
ihren Füßen Wohlstand ab. Ihre Händler erschlossen sich mit
Aufrichtigkeit und Geschick neue Märkte. Und ihre Architekten und Künstler errichteten Bauten, die mit ihrer Schönheit und Liebe zum Detail in der anatolischen Ebene für
diese Werte warben.

Die architektonischen Schätze, die uns aus dieser Zeit
erhalten geblieben sind, verdanken wir Sultanen, die genug
Weitblick besaßen, um zunächst Bauten zu errichten, die
die Handelsmaschinerie befeuerten, um sich dann auch anderen Bauwerken zuwenden zu können, in denen sich ihre
kulturellen Ambitionen widerspiegelten. Diese Strategie
wird wahrscheinlich jedem, der in der modernen Türkei
von heute lebt oder von außen auf das Land schaut, bekannt
vorkommen: In der Tat sind die dynamischen Tiger der
Türkei der Gegenwart niemand anderes als die Enkel der
Seldschuken von Konya. Ich bin mir sicher: Wenn die Seldschuken beim Aufbau ihres Reiches nicht so viel Umsicht
bewiesen hätten, dann hätte es das Osmanische Reich oder
die moderne Republik Türkei vielleicht nie gegeben. Nicht
umsonst besann sich Atatürk zurück auf das geographische
und ideelle Herzstück der Seldschuken. Er machte Ankara
zu seiner Hauptstadt, und von dort aus verbreitete er seine
Vision für die Türkei. Er propagierte den Stolz auf harte

Arbeit, Fortschritt und Industrialisierung, die er als die Grundwerte einer erfolgreichen Gesellschaft betrachtete. Und genau diese Werte werden auch in der Türkei von heute wieder mit Nachdruck verfochten.

Weil so viele Hane bis heute überdauert haben, war es mir möglich, sie zu studieren und einige allgemeine Aussagen über sie treffen, zum Beispiel, was ihre Baupläne, ihr Stiftungswesen, die Straßennetze und ihre Ausstattung betrifft. Die Bibliothekarin in mir hat es sehr genossen, diese markanten Bauten zu studieren, zu klassifizieren und miteinander zu vergleichen. Einem sorgfältig ausgetüftelten Plan folgend bereiste ich Jahr für Jahr eine andere Region, um auf diese Weise so viele Hane aufsuchen zu können wie möglich. Im Mittelpunkt meiner Exkursionen, die ich schon lange im Voraus akribisch auszuarbeiten pflegte, stand immer ein bestimmtes Gebiet, in dem es mehrere Hane zu besichtigen gab. Die Abenteuer, die ich auf dem Weg zu diesen Bauwerken erlebte, waren aber oft nicht weniger interessant und faszinierend als die Bauwerke selbst.

Die Hane zu finden, erwies sich zum Teil als ausgesprochen schwierig. Schuld daran waren falsch markierte Karten, nicht existente Straßen, fehlende Schilder usw. Am frustrierendsten aber fand ich, dass nur wenige Einheimische in der Lage waren, mir zu helfen, wenn ich sie nach dem Weg fragte. Mein schlechtes Türkisch, mein ausländischer Akzent und die Unterschiedlichkeit der lokalen Dialekte machten das Fragen nach dem Weg oft zu einer Herausforderung. Probleme bereitete mir auch, dass ein Türke nur ungern zugibt, nicht zu wissen, wovon man redet, oder nicht zu wissen, wo sich der gesuchte Ort befindet. Ich begriff, dass bei Türken das persönliche Image über den Tatsachen steht und dass sie sich manchmal schwertun, zwischen Theorie, Praxis und dem Wunsch, behilflich zu sein, zu unterscheiden. Sie versichern Ihnen, dass etwas existiert (oder in Planung ist), nur um Sie glücklich zu machen. Auch Taxifahrer wissen nicht immer, wohin sie gerade fahren; und manche von ihnen fahren lieber im Kreis herum, als dies einzugestehen. Außerdem weigern sie sich mitunter, Ihnen etwas zu zeigen, was Sie ihrer Ansicht nach besser nicht sehen sollten - ähnlich wie die Kellner in den Restaurants, die Ihnen nicht bringen, was Sie bestellt haben, wenn sie der Ansicht sind, dass es nicht gut genug für Sie sei. Und wenn die Einheimischen den Haufen alter Steine, nach dem ich sie frage, doch einmal kennen, kratzen sie sich am Kopf und können kaum glauben, dass sich diese Ausländerin tatsächlich nach dem Weg dorthin erkundigt. Manchmal, Lady Mary, beneide ich Sie darum, dass Sie Ihre Ausflüge in Konstantinopel stets in Begleitung eines ortskundigen Fremdenführers unternahmen. Dieses Glück war mir nicht beschieden.

Und doch würde ich diese Frustrationen nicht gegen alle Kebabs von Kayseri eintauschen. Als Pionierin musste ich so manchen Umweg in Kauf nehmen und so manchen Trampelpfad beschreiten. Aber das gab mir die Gelegenheit, mit Menschen ins Gespräch zu kommen und mir heimatkundliches Wissen anzueignen, das mir verwehrt geblieben wäre, wenn ich direkt zu meinem Ziel gefunden hätte. Meine goldene Regel lautet inzwischen, geduldig zu sein: nicht zu hetzen, mich nicht zu ärgern, wenn mir eine Frage nicht direkt beantwortet wird, zu akzeptieren, dass eine Antwort geschönt sein könnte, und jede Chance auf einen interessanten Plausch beim Schopfe zu packen. Frag fünf

Personen nach dem Weg, und folge der Mehrheitsmeinung, dann bete! Zu guter Letzt wirst du das Han, für das du 500 Meilen an diesen ebenso heißen wie öden Ort gereist bist, schon finden. Denn am Ende kannst du dir sich sicher sein, dass kein Türke dich einfach so stehen lässt und sagt: „Ich weiß es nicht.“ Wenn Sie einem Türken eine Frage stellen, wird er niemals abwinken, sondern notfalls auch den ganzen Tag mit Ihnen verbringen, um Ihnen auf der Suche nach Ihrem Schatz behilflich zu sein. Denn Türke zu sein, bedeutet immer auch, Optimist zu sein.

Ein gutes Beispiel für diesen Optimismus war meine Suche nach dem Altınapa-Han. Dass es einst existiert hatte, wusste ich aus mehreren Texten, außerdem hatte ich in angestaubten Büchern alte Fotos von dem Han gesehen. Doch dort, wo es eigentlich stehen sollte - an einer Straße, die aus Konya hinausführte -, fand ich es nicht. Ich parkte mein Auto am Straßenrand, fragte in einem Teegarten nach dem Weg, und es folgte eine typische, chaotische *alla turca*-Szene: Sechs Türken gaben mir sechs verschiedene Halbantworten. Als Erstes wandte ich mich an einen 50-jährigen, von dem ich mir gewisse Ortskenntnisse erhoffte. Er überlegte kurz und erwiderte dann: „Nun ja, ich habe davon gehört. Lassen Sie mich einmal nachdenken. Ja, richtig, es gibt hier irgendwo ein Han...“ Offensichtlich hatte er keine Ahnung, aber nach guter türkischer Sitte wollte er nicht unbehilflich erscheinen und drückte sich deshalb so höflich wie möglich um eine Antwort herum. Dann tauchte ein zweiter Mann auf, mischte sich ein und behauptete: „Ich glaube, ich kann Ihnen helfen! Ich bin mir sicher, meine Freunde wissen es!“ Also zog er mich mit sich und führte mich zu einigen hübsch angeordneten Picknick-Tischen mit Blick auf den See des Altınapa-Staudamms. Dort saßen drei Türken, die die Aussicht genossen, Zigaretten rauchten und Tee tranken. Der dritte Mann stellte seinen Tee ab und deutete auf das andere Seeufer. „Sehen Sie den Pappelhain dort drüben? Dahinter liegt es. Es gibt eine Straße, die dort hinüber führt." Aber sein Freund, der vierte Mann, protestierte: „Das stimmt nicht, Abi! Dort finden Sie das Han ganz bestimmt nicht. Es ist verfallen und existiert gar nicht mehr." Der Tonfall wurde schärfer. Nun meldete sich auch der fünfte Mann zu Wort: „Meine Brüder! Ihr habt alle Unrecht. Es liegt nämlich auf dem Grund des Sees begraben." Dann entbrannte eine hitzige Diskussion, bei der viel mit den Händen herumgefuchtelt, gebrüllt, geschubst und gestoßen wurde, bis man schließlich übereinkam, eine weitere Runde Tee zu bestellen, die neuen Rat bringen sollte! Schließlich setzte ein sechster Mann, dem offenbar die Rolle eines Schiedsrichters zugedacht war, einen Schlussstrich unter die Diskussion: „Nun, wo auch immer es sich befindet, dort soll es sein. Aber machen Sie sich keine Gedanken, Lady Besucherin, in dieser Gegend finden Sie noch viele andere alte Hane. Was sollte an diesem denn schon so besonders sein? Ich werde Ihnen helfen, eines zu finden, das Ihnen genauso gut gefallen wird!" Später stellte sich heraus, dass der fünfte Mann Recht gehabt hatte. Bedauerlicherweise war das Altınapa-Han dem intensiven Staudammbau der Türkei zum Opfer gefallen und bereits 1967 überflutet worden.

Ein anderes Mal hatte ich Probleme, das Kırkgöz-Han in der Nähe von Antalya zu finden. Als ich anhielt, um nach dem Weg zu fragen, folgte ein ähnliches Szenario wie die Altınapa-Show: Fünf Türken liefen herbei und begannen, sich untereinander zu streiten, wobei jeder von ihnen min-

destens zwei Meinungen vertrat. Im Nu ereiferten sie sich
dermaßen, dass ich schon das Schlimmste befürchtete, und
tatsächlich: Ehe ich mich versah, begannen die Männer,
aufeinander loszugehen. Um nicht in eine Prügelei verwi-
ckelt zu werden, zog ich mich zurück, aber einer der tapfe-
ren Ritter wollte mich so auf keinen Fall gehen lassen auf
legte mir seinen Standpunkt noch einmal in aller Deutlichkeit dar. Obwohl seine Freunde ihm nicht glaubten, ihn be-
leidigten und sogar handgreiflich wurden, hielt er an seiner
Meinung fest, beschrieb mir genau, wie ich dorthin kommen würde, und wies mich auf einige markante Orientie-
rungspunkte hin, nach denen ich Ausschau halten sollte.
Weil er sich dabei ungewöhnlich klar ausdrückte, fasste ich
Vertrauen zu ihm und machte mich auf den Weg, von Orientierungspunkt zu Orientierungspunkt (Militärpolizeistation,
Baum mit drei Ästen, Haus mit einer grünen Tür...). Und
wirklich: Er hatte Recht! Nur ein Türke würde solche Nöte auf sich nehmen und sogar ein blaues Auge riskieren, um
einem Fremden zu helfen.

Wie bereits erwähnt, hat mich meine Erfahrung gelehrt, dass viele Menschen gar nicht wissen, von welchen
historischen Reichtümern sie umgeben sind, zum Teil sogar
in ihrer unmittelbaren Nachbarschaft. Das prachtvolle Stück
Architekturgeschichte, für das man selbst 5.000 Meilen weit
gereist ist, wird von Einheimischen nicht selten nur als ein
Haufen alter Steine wahrgenommen. Zwar bemühen sie
sich stets zu verstehen, wonach ich suche, aber oft schütteln
sie nur den Kopf und versichern mir, nicht zu wissen, wovon um alles in der Welt ich da spreche. In solchen Fällen
weiß ich mir mit einem Trick zu helfen, der sich sehr be-
währt hat: Wenn möglich, habe ich inzwischen immer Fo-

tos oder Zeichnungen dabei. Einmal plante ich eine Reise nach Eğirdir, um das Gelendost-Han zu besichtigen, von dem ich gelesen hatte, es befinde sich etwa 30 Meilen nördlich der Stadt. Am Taxistand neben dem Busbahnhof saßen ca. 15 Taxifahrer auf einer kleinen Mauer und vertrieben sich die Zeit mit Teetrinken, Backgammonspielen, Zeitunglesen, Plaudern, Gebetskettenklackern und Rauchen. Ich beschloss, mich auf einen einzigen von ihnen zu konzentrieren, wohlwissend, dass in Windeseile alle 15 ihre Meinung zum Besten geben würden. Ich fragte ihn, ob er das Han kenne und mich dorthin bringen könne, aber seiner Reaktion war zu entnehmen, dass er keine Ahnung hatte, es wie üblich nur nicht zugeben wollte. Alsdann berieten sich die 15 Fahrer, und jeder von ihnen meldete sich zu Wort, obwohl nicht einer von ihnen das Han kannte. Es wurde laut, wieder wurde mit den Händen herumgefuchtelt und heftig gestritten, wieder hatte ich Angst, das Ganze könnte in eine Prügelei ausarten. Um die Gemüter zu beruhigen, zog ich ein Bild von dem Han aus der Tasche, das ich aus einem alten Buch fotokopiert hatte, und zeigte es ihnen. Bingo! Jemand erkannte die dort abgebildete Anhäufung von Steinen, auch wenn er nicht wusste, worum es sich da eigentlich handelte. Wir fuhren los, und er fand es ohne Probleme. Dort angekommen, bereitete es mir großes Vergnügen, dem Fahrer die Geschichte des Gebäudes nahezubringen und ihm zu erklären, warum es mehr darstellte als lediglich einen Haufen Steine. Anschließend wird er ohne Zweifel den anderen 15 Fahrern davon erzählt haben, die es ihrerseits dann zu Hause ihren Familien erzählten. Seitdem weiß ich, dass ein Foto - sofern verfügbar - sehr dabei helfen kann, bestimmte Dinge zu finden.

Nach dem Nervenkitzel der Han-Jagd ließ auch das Han selbst nie zu wünschen übrig. Stets stand ich mit dem gleichen Gefühl davor: Ich starrte es an wie ein Teenager, der plötzlich vor einem Filmstar steht. Was für Schneeflocken und Katzen gilt, gilt auch für Hane: Keines ist wie das andere. Die Steine haben ihren eigenen Farbton, die Eingangstore sind mehr oder weniger aufwendig gestaltet, die Umgebung ist entweder karg oder waldreich, und manche liegen mitten in einem Feld, andere direkt an der Straße. Ich liebe es, eine Zeitlang vor ihnen zu stehen, ihre ganze Erscheinung auf mich einwirken zu lassen, mich in ihre Geschichte hinein zu spüren und mir vorzustellen, welche Energie vor 800 Jahren in ihren Bau geflossen sein muss. Ich versuche, mir das Aussehen und die Persönlichkeit des Hans einzuprägen und mich, bevor ich es betrete, mit ihm ‚anzufreunden'.

Doch genau dieses Betreten des Hans erweist sich oftmals als schwierig und stellt mich auf meinen Pilgerreisen vor ein zweites Problem. Denn nicht immer besteht die Möglichkeit, das Han auch von innen zu besichtigen, und manchmal ist das Hineingelangen schon ein Abenteuer für sich. Wenn man viel Geld ausgibt, um in die Türkei zu reisen, mühsam die anatolischen Ebenen durchquert und zudem auch noch eine Menge Energie in die Suche nach dem Han gesteckt hat, nur um dann festzustellen zu müssen, dass es mit einer Eisenkette und einem Vorhängeschloss verriegelt ist, dann machen sich schnell Enttäuschung und Frustration breit.

Aber anderseits sind wir hier in der Türkei. Hier ist nichts unmöglich, mit ein wenig Unterstützung von Freunden lässt sich jedes Problem lösen. Und in der Türkei wimmelt es ja glücklicherweise nur so von Freunden, die buchstäblich alles für Sie tun würden - insbesondere für eine Frau, die sich ein Han von innen anschauen möchte. Auch das Durağan-Han war mit so einem besagten Vorhängeschloss und einer Eisenkette verriegelt, was mich sehr ärgerte. Doch plötzlich kam ein Gemüseverkäufer über die Straße auf mich zugeeilt, ganz so, als hätte er meine Seufzer mit Ultraschallohren aufgeschnappt. Ehe ich begriff, wie mir geschah, befahl er mir, dort stehenzubleiben und zu warten. Dann rannte er die Straße hinunter und redete auf einen Straßenkehrer ein, der eine Reihe von Schlüsseln an einer Kette bei sich trug. Der arme Kerl konnte sich offenbar keinen Reim darauf machen, warum ihn der Gemüseverkäufer am Arm zerrte, warum er ihm den Strohbesen aus der Hand riss und die Straße hoch zog. Der Gemüseverkäufer stritt mit ihm und redete solange auf ihn ein, bis die bedauernswerte verwirrte Seele schließlich nachgab, einen Schlüssel von der Kette löste und mir das Tor zu diesem Han aufschloss, das - so zeigte sich - komplett renoviert und zu einem Einkaufszentrum umgebaut worden war. Noch aber standen die Ladenlokale leer, und kein Mensch war weit und breit zu sehen. Später wurde mir klar, dass der Gemüsehändler nicht unfreundlich zu dem Straßenkehrer gewesen war oder ihn respektlos behandelt hatte. Vielmehr hatte er instinktiv erfasst, dass sich dieser einfache Mann wichtig fühlen würde, wenn er jemandem, der von so weit her kam, einen Gefallen tun konnte, und dass ich ihm gewiss auch ein Trinkgeld geben würde, um ihm für seine Zeit und Mühe zu danken. Und so profitierten von seiner guten Tat gleich zwei Menschen. Denn mir ermöglichte er die Besichtigung des Hans.

Ein andermal fuhr ich nach Incesu, um dort den Kara-
mustafa Paşa-Komplex zu besichtigten und vor allem dessen großes osmanisches Han. Doch auch hier stand ich vor
verschlossener Tür und war deprimiert. Da kam ein Türke,
der sah, wie ich auf Zehenspitzen versuchte, einen Blick
durch die Fenster hoch oben zu erhaschen, zu mir herüber
und bedeutete mir, ihm zu folgen. An der hintersten Ecke
der Außenmauer des Hans angelangt, befahl auch er mir zu
warten und verschwand. Es dauerte nicht lang, da begann
ein Fels in der Mauer zu wackeln, bis er nach innen fiel. Eine Hand streckte sich mir entgegen und zog mich in das
kleine Loch, durch das ich in das Innere des Hans gelangen
konnte. Als ich mich in den großen Innenhof gezwängt hatte, stand da der Mann und grinste von einem Ohr bis zum
anderen und platzte fast vor Stolz auf seine Heldentat.

Unzählige andere Male hingegen machten mir die Ketten und Vorhängeschlösser in menschenleeren Gegenden
einen Strich durch die Rechnung, und es tauchten nicht urplötzlich magische türkische Hände auf, um mich durch einen Geheimgang zu ziehen. In solchen Fällen besann ich
mich auf meine gute alte amerikanische Do-it-yourself-Ein-
stellung, die mich Dinge tun ließ, die mir zu Hause im
Traum nicht einfallen würden. Ich quetschte meinen ja
doch recht stattlichen Körper durch halboffene Türen, und
ich kletterte, mit den Füßen nach Halt suchend, auf Außenmauern, um mich dann von oben wie ein Einbrecher in den
Innenhof fallen zu lassen. Wenn die Mauer zu hoch war,
stapelte ich Steine auf und baute damit eine Leiter. Und
manchmal nahm ich auch wie ein olympischer Stabhoch-
springer Anlauf, um dann von einem Erdhügel abzuspring-
gen. Doch das Hindurchzwängen durch enge Torspalte

und das Überklettern von Mauern war all die aufge-
schrammten Knöchel, abgebrochenen Fingernägel, bluten-
den Hände, Prellungen, verstauchten Sprunggelenke und
blutigen Knie wert. Das Gefühl, das ich bei meinem ersten
Besuch des Pazar-Hans verspürte, wo ich es wagte, das Tor
ein Stück weit aufzustemmen und unter wütendem Protest
der Gänseschar, die davor Wache hielt, hinein zu robben,
werde ich nie vergessen. Dem Flattern der Tauben in den
Arkaden lauschend, bahnte ich mir einen Weg durch das
wilde Gestrüpp und das wuchernde Gras, bis hinter einem
Sammelsurium aus Schutt und heruntergefallenen Steinen
noch etwas anderes zum Vorschein kam: Ich entdeckte ein
Han, das nach einem perfekten Plan angelegt und mit den
erlesensten Zierelementen der Handwerkskunst ausge-
schmückt war. Doch was mich noch mehr überwältigte,
war die Magie dieses Ortes. Ich spürte, wie die Historie zu
mir sprach und mir eine Botschaft übermittelte, und von da an
wusste ich, dass ich dazu bestimmt war, die Geschichte dieses Hans und vieler anderer wieder lebendig zu machen.

Trotz dieses sehr kreativen und athletischen Ansatzes,
den ich bei der Besichtigung der Han-Innenhöfe verfolgte,
habe ich selbst nie ein Schloss oder ein Tor aufgebrochen,
um mir illegal Zutritt zu verschaffen. Nein in punkto Zu-
trittverschaffen und Eindringen erwiesen sich die Türken
stets als verlässliche Adjutanten.

Wieder einmal stellte sich heraus, dass Türken vor
nichts zurückschrecken, um Ihnen zu helfen oder zu Diensten
zu sein und um sicherzustellen, dass Ihre Wünsche erfüllt
werden. Dabei greifen sie oft zu recht drastischen Mitteln.
Wie Sie sich vielleicht erinnern, Lady Mary, hatte ich Ihnen
von meinem ereignisreichen Besuch der Stadt Siirt im Os-

ten der Türkei berichtet, wo ich mich der Attacke einer
Horde von Straßenkindern erwehren musste. Nachdem ich
ihnen entkommen war, wollte ich die Ulu- (Große) Moschee
besichtigen, eine der ältesten Moscheen in der Türkei, erbaut im Jahr 1129. Wie ein vom Himmel entsandter
Schutzengel kam ein Mann aus einem Hauseingang in der
Nähe und nahm mich unter seine Fittiche. Aber leider war
auch diese Moschee mit Kette und Vorhängeschloss verriegelt, und er schüttelte bedauernd den Kopf. Ein paar Sekunden später jedoch starrte mich das vor Schmutz strotzende
Gesicht eines der Straßenkinder an, die noch immer hinter
mir her trotteten. Ganz als wolle er sich für den unglückse-
ligen Zwischenfall mit seinen Freunden entschuldigen, bot
er mir an, mir zu helfen. Der kleine Schlingel zog ein langes
Stück Metall aus der Tasche, das wie eine kaputte Messer-
klinge aussah, und bearbeitete damit das Schloss wie ein er-
fahrener Einbrecher. Noch bevor ich hätte bis zehn zählen
können, war es aufgesprungen. Stolz öffnete er mir das Tor,
forderte mich auf einzutreten und servierte mir das verbote-
ne Vergnügen, ins Innere dieser beeindruckenden Moschee
zu schauen. Beide zusammen begleiteten mich hinein:
Schutzengel und Schurke, Komplizen im Dienste einer Besucherin und der Kunstgeschichte.

Auch andere Besichtigungsbemühungen verliefen dramatisch unorthodox und vollkommen unerwartet, wie etwa
mein Besuch des Zazadin-Hans außerhalb von Konya. Dieses Han liegt, von Äckern umgeben, in einer ziemlich einsamen Gegend. Als ich mich dem Han näherte und Kühe
davor grasen sah, fühlte ich mich plötzlich 10 Jahre zurück
versetzt und an den Moment erinnert, als mein Blick zum
ersten Mal auf die goldenen Steine der Gök-Medrese in Sivas

gefallen war. Es zog mich zu dem beeindruckenden Eingangstor, doch der Weg dorthin führte über ein trostloses Feld aus Trümmern und Disteln. Natürlich war das Han verschlossen, und mein Unmut darüber wog genauso schwer wie dieses verdammte Schloss: Wie ungerecht, dass man sich nach einem so mühseligen Marsch in der Hitze quer über dieses Dornenfeld so ärgern musste! Zu allem Überfluss hatte ich mir auch noch den Saum meines Kleids aufgerissen und blutige Knöchel geholt. Außer den Kühen und den Fliegen, die mir um den Kopf herum schwirrten, gab es hier weit und breit kein Anzeichen von Leben und keinerlei Hoffnung auf Hände, die mir behilflich sein könnten. Die Mauern des Hans waren extrem hoch, sodass meine üblichen Mount Everest-Besteigungen nicht fruchten würden. Frustriert, aber dennoch fest entschlossen, das Beste aus meinem Besuch zu machen, fand ich mich damit ab, das riesige Han zu Fuß zu umrunden und mir seine schönen Mauern, die mit zahlreichen behauenen Steinen aus ehemaligen byzantinischen Kirchen verziert waren, zumindest von außen anzuschauen. Als ich einen dieser recycelten Steine in meinen Skizzenblock abzeichnete, spürte ich plötzlich, dass jemand neben mir stand. Geräuschlos und scheinbar aus dem Nichts hatte sich ein seltsam aussehender dunkelhaariger Mann mit wilden Augen, einer schmutzigen khakifarbenen Arbeitsuniform und Springerstiefeln an meine Seite geschlichen, der - ich konnte es kaum fassen - eine lange schwarze Schrotflinte Kaliber 12 bei sich trug. Ich atmete tief durch und überlegte, wie ich mich wohl aus dieser Situation befreien und mit dem Leben davonkommen könnte. Er starrte mich an, schielte auf meinen Skizzenblock und redete vor sich hin, während seine tiefschwarzen Augen in der

gleißenden Sonne funkelten. Ich hatte Mühe, seine Wortfet-
zen zu deuten, konnte ihnen aber entnehmen, dass er ein
Nomade war, der vom Land lebte, und dass er hierher gekommen war, um Vögel zu schießen. Er erklärte mir, dass
es in dem Han jede Menge und viele unterschiedliche Arten
von wohl genährten Wildvögeln gab, die er leicht zur Strecke bringen konnte. „Kommen Sie mit, ich zeig es Ihnen!",
forderte er mich auf, und obwohl mir alles andere als wohl
bei der Sache war, folgte ich ihm. Wäre ich in Amerika einem dubiosen Obdachlosen mit unstetem Blick und einer
Schrotflinte über ein einsames Feld gefolgt? Nie im Leben,
aber das hier war die Türkei, und irgendwie vertraute ich
darauf, dass das Ganze nicht tragisch enden würde. Zurück
am Eingangstor des Hans hob er, ohne auch nur eine Sekunde zu zögern, seine Schrotflinte und legte an: Ein Licht-
blitz, ein Knall, und das Schloss war Geschichte! Die ver-
sengten Metallteile schwangen zwar noch im Torrahmen
hin und her, aber es stellte kein Hindernis mehr dar, weder
für meine Besichtigungstour noch für seinen Beutezug oder
sein Abendessen. Und so verschaffte mir sein unkonventio-
nelles Vorgehen Zutritt zu einem der größten und beeindruckendsten Hane in der Türkei, das in der Tat viele Wild-
vögel beherbergte. Als mein Jäger ihnen nachzusetzen begann, verabschiedete ich mich von ihm und verließ das
Han. Ich fragte mich, ob ich je wieder einen so aufregenden
Han-Besuch erleben würde.

Aber natürlich hätte ich mir damals schon denken können, dass weitere unorthodoxe Besuche folgen würden. Einige Jahre später parkte ich mein Auto vor dem Karatay-Han,
nachdem ich es zuerst lange vergeblich gesucht und dann
noch zwei Stunden in einer Schafherde festgesteckt hatte,

die gerade zum Markt getrieben wurde. Wieder einmal schob eine beeindruckende Gänseschar dort Wache, wieder einmal waren die Mauern sehr hoch und unüberwindbar, wieder einmal hing am Tor eine Kette mit einem Vorhängeschloss; und zwar eine so große und schwere, dass sie eher dem Tor des Topkapı-Palastes angemessen gewesen wäre als diesem verlassenen Han. O nein, das konnte doch nicht wahr sein! Frustriert trat ich gegen das vermaledeite Tor und hob die Kette an, um abzuschätzen, wie viel sie wohl wiegen mochte. Ich konnte mich nicht daran erinnern, irgendwo schon einmal ein so massives Teil gesehen zu haben. Da kam ein kleiner Junge vorbei, nicht älter als 5 Jahre. Er durchbohrte mich mit seinem Blick und schloss aus der gemeinverständlichen Sprache meines Gejammers, meiner finsteren Miene und meiner Tritte gegen das Tor, dass ich sehr wütend sein musste. Daraufhin machte er sich aus dem Staub, und ein paar Minuten später hörte ich jemanden schon von weitem rufen: „Hallo! Hier bin ich, ich werde Ihnen helfen!" Ich schaute auf und sah, wie ein Türke auf mich zu gelaufen kam, winkte und strahlte, während der kleine Junge hinter ihm her lief und versuchte, mit ihm Schritt zu halten. In der rechten Hand trug er eine Axt; kein kleines Beil, sondern eine, mit der man einen Rotholzbaum fällen könnte. „Sie wollen da rein, stimmt's? Keine Angst, ich werde mich darum kümmern! Verlassen Sie sich nur ganz auf mich!" Mit dem kleinen großäugigen Jungen an seiner Seite hob er die gewaltige Axt, um dem Drachen in Gestalt dieser riesigen Kette den Garaus zu machen. Hoch erfreut, seine Tapferkeit vor einem Burgfräulein in Not unter Beweis stellen zu können, schlug mein wackerer Ritter die Kette unter beeindruckendem Ächzen entzwei. Vier unerbittliche

Hiebe genügten, bis ein Glied der Kette zerbrach und das Schloss freigab. Dann schob er, erneut mit höchstem Einsatz, das große knarzende Holztor auf, bevor er sich zu mir umdrehte. Mit einem Lächeln auf dem Gesicht, das genauso breit war wie der Eingang selbst, und einer pathetischen Geste, die Alaeddin Keykubad zu Ehren gereicht hätte, bedeutete er mir hineinzugehen. Und einen klitzekleinen Moment lang fühlte ich mich wirklich, als sei ich jener fromme Sultan.

Dass dieses Eindringen und Einbrechen gewisse Risiken barg, nahm ich gern in Kauf; denn die Glücksgefühle, die ich anschließend bei der Erkundung der Hane verspürte, waren unbezahlbar. Zu meinen schönsten Erlebnissen gehörte ein Spaziergang über die 13-bögige Brücke direkt neben dem Kesikköprü-Han, eine der längsten Brücken der ganzen Türkei. Dort lauschte ich dem Gluckern der Strudel des Kızılırmak, der unter ihr hindurchfloss, und dem Geschrei der Jungen, die in dem Fluss herumplantschten. Einen wunderschönen Nachmittag verlebte ich auch im Issiz-Han in der Nähe von Apolyant, das heute als Lager für landwirtschaftliche Erzeugnisse genutzt wird. Dort ließ ich mich zwischen riesigen Bergen aus Zwiebeln nieder und half den Frauen des Dorfes dabei, sie der Größe nach zu sortieren, während mir die Ausdünstungen der Knollen zu Kopfe stiegen und mich ganz benommen machten. Jedes Mal, wenn ich zögerte, lachten sie; oder vielleicht doch eher wegen meines komischen Akzents oder wegen meiner Kleidung. Jedenfalls kamen wir aus dem Lachen kaum heraus, weil wir uns bei allen Unterschieden, die uns trennten, in weiblicher Solidarität verbunden fühlten. In Alanya besuchte ich einmal früh morgens die Reiterstatue von Alaeddin Keykubat

am Ortseingang. Als ich vor ihr stand, versank ich in Gedanken über das Leben dieses Sultans, der die Stadt 1221
für die Seldschuken erobert und den Bau so vieler Hane, denen ich nachspüre, in Auftrag gegeben hatte. Da tauchte
plötzlich wie aus dem Nichts ein städtischer Angestellter auf
und verschwand umgehend wieder im Sockel der Statue.
Von dort aus setzte er sämtliche Fontänen der angrenzen-
den Parkanlage in Betrieb, um mir meinen Moment der historischen Andacht noch zu verschönern. Auch dies ein Beispiel für jene wunderbaren aufmerksamen Gesten, von denen ich Ihnen ja schon erzählt habe, Lady Mary. Ein weiteres sehr beeindruckendes Erlebnis verbinde ich mit dem
Han in Doğubeyazıt, im Schatten des Berges Ararat in der
Nähe der iranischen Grenze. Als ich morgens um 7:30 Uhr
auf dem Balkon meines Hotelzimmers gegenüber dem Sim-
Er Truck Stop stand, vernahm ich das ohrenbetäubende
Röhren von LKWs aus aller Herren Länder, die es kaum erwarten konnten, endlich loszufahren. Dann sah ich, wie sie
den Parkplatz im Konvoi verließen, einer nach dem anderen, insgesamt 57 Fahrzeuge. Genau so stelle ich mir die
Kaufleute vor, die einst jeden Morgen mit ihren Kamelen aus
den gewaltigen Toren der Seldschuken-Hane hinaus strömten
und sich in alle Himmelsrichtungen zerstreuten, um ihre
Waren auszuliefern und Handel zu treiben. Die Handelsstraßen der Seldschuken sind eben auch heute noch intakt
und lebendig.

Ständig werde ich nach meinem Lieblings-Han gefragt, aber ich kann mich nicht für ein Bestimmtes entscheiden, ebenso wenig wie ich mein Lieblingsgedicht oder mein
Lieblingsgemälde benennen oder sagen könnte, wer mein
Lieblingsfreund ist. Allerdings denke ich an einige öfter zu-

rück als an andere, meistens weil ihre Besichtigung mit
Abenteuern wie den oben erwähnten verknüpft war, oder
aufgrund ihrer außergewöhnlichen Lage, ihrer architektonischen Eigenheiten, ihrer historischen Aspekte oder auch aus
persönlichen Gründen. Beim Betrachten des Şarafsa-Han,
das wie ein Adler pathetisch über dem Mittelmeer thront,
erstarre ich vor Ehrfurcht. Ich staune, wie gut die massiven
Türme des Karatay-Hans die Macht und die Strenge ihres
Patrons, des Wesirs Celaleddin Karatay, widerspiegeln. Ich
bewundere das Ağızkara- und das Sarı-Han für die changie-
renden Karamellfarbtöne ihrer Steine und das Sultan-Han in
Kayseri für die magischen Drachen oder Schlangen, die in
die Kiosk-Moschee seines Innenhofs eingemeißelt sind. Die
völlige Abgeschiedenheit des Kargı-Hans finde ich berüh-
rend und die harmonische Einheit, die das Kesikköprü-Han
und die unvergessliche Brücke in ganz in ihrer Nähe bilden,
überwältigend. In dem riesigen Innenhof des Kırkgöz-Hans
komme ich mir winzig klein vor, und von dem reich ge-
schmückten Eingangsportal des Evdir-Hans lasse ich mich
gern inspirieren. Außerdem faszinieren mich die auch funkelnden Steine, von denen die Mauern des Obruk- und des
Zazadin-Hans durchsetzt sind, die aber ursprünglich aus alten byzantinischen Kirchen stammen. Eines aber ist sicher:
In all diesen Hans höre ich die Stimmen ihrer Erbauer - Alaeddin Keykubat, Karatay, Mahperi Hatun und Gıyaseddin
Keyhüsrev - in den Arkaden widerhallen.

Wie den Geschichten oben zu entnehmen ist, haben
mich die Besuche dieser Hane genauso viel über die Türken
gelehrt wie über die seldschukische Architektur. Was letztere betrifft, lernte ich, dass es zwar keine zwei Hane gibt, die
nach exakt dem gleichen Bauplan errichtet wurden, dass

aber alle Hane entweder rechteckig oder quadratisch sind und manche von ihnen auf der Rückseite eines offenen Hofes noch über einen überdachten Bereich verfügen. Ich lernte zu schätzen, dass für ihre hohen und dicken Mauern sorgfältig ausgemeißelte honigfarbene Kalksteinblöcke aus der Gegend verwendet wurden. Ich durchschritt spektakuläre monumentale Eingangsportale, die mit den schönsten Mustern seldschukischer Steinmetzkunst verziert waren. Ich umkreiste die Hane von außen, um mir ein Bild von den massiven, festungsartigen Türmen ihrer Mauern zu machen. Ich stellte mich in die großen, von Kammern umgebenen Höfe und versuchte mir die Kakophonie aus Tiergeschrei und Stimmengewirr der Kaufleute beim Entladen der Waren vorzustellen. Ich schaute in die dunklen Kammern der Hane und fragte mich, wie sie wohl damals genutzt wurden: als Speicherkammern, Bäder, Werkstätten oder vielleicht als Getreidesilos? Ich spürte der Hitze ihrer Kohlenbecken nach und dem flackernden Kerzenlicht an den Wänden. Wenn ich die großen überdachten Hallen außerhalb des Hofes betrat, glaubte ich, die durchdringenden Gerüche der Tiere in den Stallungen wahrzunehmen. Und wenn ich die Treppenstufen zu einer Moschee mit einem Dachpodest oder ins Obergeschoss einer würfelförmigen Moschee in der Innenhofmitte hinaufstieg, glaubte ich, den Gebetsruf zu vernehmen. Die völlige Stille, die in den meisten dieser verlassenen Hans herrschte, machte es mir einfacher, mir auszumalen, welch unglaublichen Radau die Bediensteten, Händler und Tiere hier einst veranstaltet haben müssen.

Zurück zu Hause, in den Lesesälen der Bibliotheken, verschlang ich alles, was ich über die Seldschuken, ihre Kul-

tur und ihre Architektur auftreiben konnte. Ich erfuhr, dass
ihre Hauptexportprodukte raffinierter Zucker und Alaun
waren, ein unentbehrliches Beizmittel zum Einfärben von
Wolle. Ich erfuhr, dass die wichtigsten Handelsaktivitäten
in den Städten Konya, Sivas und Kayseri stattfanden. Ich erfuhr, welche Waren auf dem Rücken der aus Ägypten, China, Zentralasien, Georgien, Syrien, dem Irak und dem Kaukasus kommenden Kamele transportiert wurden, die man
am Tagesende in den Höfen der großen anatolischen Hane
unterstellte: Gewürze, Waffen, Baumwolle, Wolle, Seide,
Moschus und Parfums, Glas, Kobalt, Schießpulver, Porzellan, Perlen, Edelsteine, Pfeffer, Gold und Silber, Arzneimit-
tel und Pelze. Und ich erfuhr, was die Karawanen aus der
Türkei mit zurück in ihre Heimatländer nahmen: Zinn,
Alaun, Zucker, Borax, Lapislazuli, Leder, Mohair, Holz, Aprikosen, Oliven, Weizen, Textilien, Teppiche, Salz und nicht
zu vergessen Briefe und offizielle Staatsdokumente, die ebenfalls auf diesen Routen befördert wurden.

All diese Informationen faszinierten mich sehr, und es
bereitete mir große Freude, meine Zeichnungen, Fotos und
Forschungen in Heften zusammenzustellen, auf deren Seiten ich jedes dieser Hane so oft besuchen konnte, wie ich
wollte. Ich war begeistert, meinen eigenen Leitfaden zur
Entdeckung der seldschukischen Kunst und Architektur zu
haben. Doch irgendwann wurde mir klar, dass dieses Wissen nicht in einem Stapel von Heften auf meinem Schreibtisch versauern sollte. Die Bibliothekarin in mir fühlte sich
verpflichtet, die Informationen, die ich gesammelt und ge-
gliedert hatte, in Umlauf zu bringen, und als Türkei-Lieb-
haberin lag mir viel daran, die Architektur, auf die ich dort
gestoßen war, ins Gedächtnis der Welt zurückzurufen. Das

Thema Seldschuken-Hane führte bis dahin im Westen ein Schattendasein, und ich hoffte, diese Lücke schließen zu können. Im Jahr 2000, als der Siegeszug des Internets gerade begann, beschloss ich, dieses demokratischste aller Medien zu nutzen, um meine Erkenntnisse mit der Welt zu teilen. Auf einer eigenen Webseite wollte ich über die Ära der Seldschuken informieren und dazu beitragen, dass ihrer Kunst, Geschichte und Architektur größere Wertschätzung zuteilwird. Anfangs verfolgte ich eine einfache Zielsetzung: Meine Webseite sollte englischsprachig sein und Grundwissen zum Thema Hane in der Türkei präsentieren. Außerdem sollte sie eine ausführliche Liste der noch existierenden Hane beinhalten sowie weiterführende Informationen für diejenigen, die sich näher mit der Architektur der Hane befassen oder sie sogar aufsuchen wollten. Ich war mir damals nicht sicher, ob sich überhaupt jemand für diese Hane interessieren oder mich im Internet besuchen würde, aber davon ließ ich mich nicht beirren. Ich gestaltete meine Webseite ganz allein, und das Gefühl von Zufriedenheit und Stolz, das mich durchströmte, als ich sie zum ersten Mal online ins Netz stellte, werde ich nie vergessen.

Neben diesen klar formulierten Zielen, die der Allgemeinheit zugutekommen sollten, hatte ich noch einige Wünsche, die mir persönlich am Herzen lagen. Zum Beispiel wollte ich sicherstellen, dass von meinen Informationen alle potentiellen Nutzergruppen profitierten, nicht nur Spezialisten auf dem Gebiet oder Akademiker. Meine Webseite sollte sich einerseits seriös mit ihrem Thema auseinandersetzen, andererseits aber so anschaulich sein, dass sie auch den durchschnittlichen, nichtakademischen Nutzer anspricht. Deshalb entschied ich mich für das Format eines

Werkverzeichnisses (eine detaillierte Beschreibung der einzelnen Hane), anstatt langatmige Aufsätze über meinen Forschungsgegenstand zu verfassen. Vor allem aber wollte ich meine Liebe und Bewunderung für die Türkei mit der Welt teilen. Ähnlich wie in meinen Briefen an Sie, Lady Mary, wollte ich auch auf meiner Webseite zum Ausdruck bringen, wie sehr ich mich der Türkei verbunden und wie sehr ich mich zu ihr hingezogen fühle: zu ihren Menschen und deren Hoffnungen, zu ihrer Landschaft, Geschichte, Kunst und Architektur. Da ich ein Mensch bin, dessen persönlicher Werdegang immer im Zeichen der interkulturellen Verständigung stand, spürte ich, dass mir diese Website die Chance gab, meine Anliegen zu verdeutlichen und das Verständnis füreinander und den Respekt voreinander zu fördern.

Daneben bereitete mir meine Webseite (www.turkishhan. org) auch unglaublich viel Freude: Die Fotos zu ordnen und die Texte zu verfassen, zu entscheiden, in welcher Form ich die Informationen aufbereiten sollte, und das Layout zu gestalten - all das machte mir großen Spaß. Außerdem bestärkte sie mich darin, meine Forschungen fortzuführen und mit Studenten und Journalisten über meine Arbeit zu sprechen. Am wertvollsten jedoch war für mich, dass ich den Reaktionen auf meine Seite entnehmen konnte, wie Türken über meine Aussagen zu ihrer Architektur und Geschichte dachten.

Wenn ich Menschen im Westen erzähle, dass ich mich für diese kurze Episode der Geschichte interessiere, kostet es mich immer viel Zeit, ihnen begreiflich zu machen, was die Ära der Seldschuken so besonders macht und warum ich ihre Zivilisation so bewundere. Doch auch Türken muss ich vieles erklären, weil sie sich oft des Reichtums dieses Zeitalters ihrer Geschichte gar nicht bewusst sind. Die Osmanen sind das Ein und Alles, der ganze Stolz der Türken, und die Seldschukenära steht völlig in ihrem Schatten. In Lehrbüchern werden die Seldschuken meist in einem kurzen Kapitel abgehandelt, und je weiter entfernt man von dem Dreieck Konya-Sivas-Kayseri lebt, desto weniger Bedeutung misst man ihnen anscheinend bei. Im Laufe der Jahre habe ich meinen Enthusiasmus für dieses Zeitalter mit vielen Türken teilen dürfen. Und die Freude auf den Gesichtern von Türken, die sich genauso sehr für das Thema begeistern wie ich, ist mir mehr wert als das Feedback, das ich im Westen erhalten habe.

Ich bin vom türkischen Fernsehen interviewt worden und hatte auch das Glück, dass mir eine türkische Zeitung einen ganzseitigen Artikel gewidmet hat, inklusive Fotos von mir selbst, einigen Hans und einem Interview zu meiner Arbeit. Offensichtlich hat diese „seltsame in Kadriye umbenannte amerikanische Lady" tatsächlich das Interesse der Türken geweckt. Ich erhielt Briefe aus allen Ecken der Türkei zu dem Artikel, in denen mir versichert wurde, wie gern man ihn gelesen habe und wie erfreut man gewesen sei, mehr über die Seldschukenära zu erfahren. Diese Briefe machten mir außerdem klar, dass sich viele Türken dieser Ära über meine Webseite nähern. Manche erzählten mir von ihren Plänen, den Familienurlaub mit Han-Besuchen verbinden zu wollen, andere schickten mir Fotos, Bücher, Gedichte und Einladungen, sie zuhause zu besuchen. Es war eine großartige Demonstration jener türkischen Warmherzigkeit und Offenheit, von der ich Ihnen ja schon häufig berichtet habe, Lady Mary. Einige derer, die mir damals geschrieben hatten, habe ich inzwischen besucht, und auf der Grundlage unseres gemeinsamen Respekts vor der Geschichte sind neue Freundschaften entstanden. Ich habe herausgefunden, dass diese simple Webseite sehr dazu beiträgt, Türken auf ihr Erbe aufmerksam zu machen; und das erwärmt mein Herz mehr, als ich mir beim Aufbau der Seite jemals hätte träumen lassen.

Die Reaktionen auf meine Website haben mir auch gezeigt, dass die angewandte Kunst der Seldschuken zwar lange Zeit im Schatten der osmanischen Kunst stand, mittlerweile aber auch von den Türken neu entdeckt wird. In der seldschukischen Kunst, genau wie in den Künsten anderer Kulturen auch, ging es darum, mit jedem Kunstwerk den Geist und die Physis des Menschen und sein Verhältnis zu Gesellschaft und Natur abzubilden oder auszudrücken, und dies mit liebevollen Details, fortschrittlichen Techniken, Meisterschaft und Eleganz. Was also sagt die seldschukische Kunst über die Seldschuken aus? Sie sagt aus, dass sie selbstbewusste, starke, verantwortungsvolle und zuverlässige Menschen waren, die sich ganz in den Dienst sowohl der Gesellschaft als auch Gottes stellten.

Inzwischen wissen die Türken, dass sie diese Kunst erhalten und schützen müssen, wenn sie sich ihren so wichtigen Sinn für kulturelle Unabhängigkeit bewahren möchten. In Istanbul haben vor kurzem zwei neue Teppich-Museen eröffnet, wenn das Londoner Auktionshauses Sotheby's islamische Kunst versteigert, überbieten sich die türkischen Bieter gegenseitig, und der berühmte Glaswarenproduzent Paşabahce hat unlängst eine spektakuläre Glaskollektion auf den Markt gebracht, die mittelalterlichen Modellen nachempfunden ist: All dies weist auf ein wiedererwachtes Interesse an der eigenen Kultur hin und beweist, dass man sich ihrer rühmt.

Ich erinnere mich noch genau daran, wie ich 1978 in die Türkei kam und einen Teppich kaufen wollte. Bedauerlicherweise erlaubte mir mein knappes studentisches Budget nicht, den Teppich meiner Träume zu erstehen, also schraubt ich meine Ansprüche herunter: Nun sollte es eine alte *Heybe*-Satteltasche sein, eine dieser kleinen vielseitigen Täschchen, die vom Salz bis hin zu Löffeln allem Platz bietet. Ich bat einen türkischen Freund, mir bei der Suche danach zu helfen, aber er schaute mich nur ratlos an. Er wollte einfach nicht begreifen, was ich meinte, und schließlich waren wir beide frustriert. Dann aber entdeckte ich doch noch eine in einer Seitengasse und zeigte sie ihm. Da starrte er mich ungläubig an und sagte: „Ein Eseltasche! Du willst eine Eseltasche?! Bist du verrückt? Was willst du denn mit so einem gammeligen, schmutzigen alten Sack voller Flöhe und Pferdehaare?" Heute würde niemand mehr so reden. Ich denke, dass die Türken inzwischen viel mehr Respekt vor ihrem Erbe haben und es mehr würdigen als früher. Ihre Handwerkskunst erlaubt ihnen, sich mit der Vergangenheit zu verbinden, und das ist ihnen sehr wichtig. Während ihr Land mit halsbrecherischem Tempo in eine neue Zukunft stürmt, bietet ihnen das Handwerk einen möglichen Anknüpfungspunkt an die Traditionen ihrer Familien und ihrer Vorfahren insgesamt.

In diesem Sinne habe ich mit meiner Webseite über die Seldschuken-Hane auch immer das unausgesprochene Ziel verfolgt, Menschen für den Denkmalschutz zu sensibilisieren. Und in der Tat geht man mit diesen historischen Bauten mittlerweile ganz anders um als noch zu Zeiten meines

ersten Han-Besuchs. Als ich mir 1978 die Tierkreiszeichen-
motive auf der Vorderseite der Gök-Medrese in Sivas anschauen wollte, musste ich zuvor erst einige Kühe umkurven,
die vor der Medrese friedlich grasten. Heute ist das Bauwerk
in eine moderne Konstruktion integriert. Gleiches gilt auch
für viele Hane. Es ist wichtig, dass die nötigen Vorkehrungen
getroffen werden, um die bis heute erhalten gebliebenen
Hane auch für zukünftige Generationen zu erhalten; aber
nicht nur für zukünftige Generationen von Architekten, die
eigens anreisen, um sie zu begutachten, sondern auch und
gerade für die türkischen Kinder, denen der Besuch dieser
Hane ermöglichen wird, die Memoiren ihrer Zivilisation zu
‚lesen‘.

Bauwerke aus der Osmanenära wurden zu Museen umgebaut oder sorgfältig restauriert, um in den wichtigsten
touristischen Städten Istanbul und Ankara anderweitig genutzt zu werden. Osmanische Medresen wurden sehr umsichtig in Kliniken (Bursa Yıldırım, Eyüp Sokollu, Üsküdar
Mihrimah), Bibliotheken (Istanbul Şemsi Paşa, Üsküdar
Mihrimah Mektep) oder Lagerhäuser für Unternehmen
(Ulukışla Öküz Mehmet Han, Edirne Han) umfunktioniert.
In ehemals typisch osmanischen Städten wie Safranbolu
wurden sämtliche Häuser renoviert. Aber auch die Bauwerke aus der Seldschukenära sind nicht unbeachtet geblieben:
Die spektakulären Medresen und Moscheen von Konya, Sivas, Alanya, Antalya und Kayseri bieten interessierten Studenten der seldschukischen Architektur viel Anschauungsma-
terial. Und endlich werden auch die Hane als erhaltenswertes
architektonisches Erbe wahrgenommen. Als ich in den frühen 80er Jahren meine Han-Forschungen aufnahm, waren
erst wenige von ihnen restauriert und vom türkischen Staat

in Museen umgewandelt worden, allen voran die beiden eindrucksvollen Sultan-Hane von Alaeddin Keykubat: das eine
an der Straße von Aksaray nach Konya gelegen, das andere
an der Straße von Kayseri nach Sivas. In der Folgezeit wurden dann weitere Hane zu Freilichtmuseen umgebaut, beispielsweise das Ağzıkara-Han und das Sarı-Han.

Neben diesen imposanten Prachtexemplaren wurden
andere Hane aufgegeben und dem allmählichen Verfall überlassen. Man geht davon aus, dass knapp die Hälfte der einst
errichteten Hane heute nicht mehr existiert, was aber eigentlich kaum verwundern kann; denn durch dieses Land tram-
pelten sowohl die Kreuzritter als auch die Mongolen, außerdem wurde es von schlimmen Erdbeben heimgesucht.
Viele Zerstörungen sind allerdings nicht diesen Unglücken
geschuldet, sondern der Gedankenlosigkeit von Menschen aus
der Gegenwart. So manches Han wurde nämlich aus reiner
Profitgier abgetragen: Die Steine wurden als Baumaterial
oder als antike Sammlerstücke verkauft - ein Problem, das
auch in Europa verbreitet ist. Und das geheimnisvolle Altınapa-
Han an der Straße von Konya nach Beyşehir fiel, wie gesagt, leider einem Staudammbau zum Opfer.

Nichtsdestotrotz sind viele Hane glücklicherweise in
gutem Zustand. Viele sind von dem Dorf, in dem sie stehen, ‚adoptiert‘ worden und werden nun von Stadtverwal-
tungen oder Landwirtschaftskooperativen als Lagerhallen
genutzt, in denen Landmaschinen untergestellt, Ernteerzeug-
nisse eingelagert und Ziegen und Schafe untergebracht werden. Diese Nutzung weicht gar nicht einmal so sehr vom
ursprünglichen Verwendungszweck der Hane ab. In den
vergangenen fünf Jahren hat der türkische Staat die Politik
verfolgt, externe Unternehmen oder Anbieter mit der Res-

taurierung der Bauwerke zu beauftragen, die sie dann nach Abschluss der Arbeiten in Eigenregie vermarkten dürfen. Die drei Seldschuken-Medresen Sahibiye, Avgunu und Seraceddin in Kayseri sind zu Buchhandlungen umgebaut worden, während im Darüşşifa in Sivas und im Hatun-Han in Kayseri Einkaufszentren und Teegärten untergebracht wurden. Ähnliche Pläne hat man auch mit den Hans, die zurzeit umgestaltet werden, um sie an heutige Bedürfnisse anzupassen. Das Durağan-Han wird inzwischen als Einkaufszentrum genutzt, das Horozlu-Han und das Niğde-Saruhan beherbergen Restaurants, in denen Touristen bewirtet werden, im Kesikköprü-Han organisiert die Stadtverwaltung öffentliche Veranstaltungen und Hochzeiten, und das Sarı-Han ist ein Kulturzentrum für Touristen. Im Alara-Han sind zahlreiche Ladenlokale angesiedelt, die Handwerkskunst und Kunstgegenstände an Busladungen von Touristen aus Alanya verkaufen. Daneben existieren aber auch einige unkonventionellere Neunutzungsprojekte: Im Kadın-Han werden heute Möbel verkauft, das Şarafsa-Han wurde zu einer Diskothek umfunktioniert und das Tercan-Han zu einer Sporthalle. 2007 gab die Gemeinde Konya den Startschuss für die Komplettrestaurierung des Zazadin-Hans. An den Gedanken, dass dessen Eingangstor, welches mir mein Freund mit der Schrotflinte damals auf so dramatische Weise aufgeschossen hatte, demnächst allen Interessierten offenstehen wird, muss ich mich erst noch gewöhnen. In anderen Fällen wurde das Gelände der Hane von Grund auf gereinigt und anschließend verpachtet, ohne dass jedoch bereits bestimmte Projekte ins Auge gefasst wurden. Dies gilt zum Beispiel für das Hatun-, das Ezine- und das Hekim-Han.

Türken entwickeln in ihrem Alltagsleben ein immer stärkeres kulturelles Bewusstsein für die Notwendigkeit, ihre historischen Baudenkmäler zu erhalten. In den letzten Jahren erschienen zudem exzellente, aufwendig gestaltete Bildbände und Dokumentationen. Seit mehreren Jahren schon werden Bücher im ethnographischen Stil zu den verschiedenen Regionen der Türkei publiziert, mit Schwarzweißfotos von örtlichen Baudenkmälern, alten Feuerwehr- und Müllwagenflotten, einheimischen Ernteerzeugnissen und Kostümen. Diese Bücher sind, nicht anders als lokale Dialekte, Volksweisheiten und Lieder auch, Werkverzeichnisse von Momentaufnahmen einer stolzen Gemeinschaft. Sie werden immer ausgefeilter, inzwischen liegen ihnen auch nicht selten CDs, DVDs und interaktive CD-ROMs mit Fotos von professioneller Qualität bei. In Konya lernte ich mit Ahmet Kuş, Ibrahim Dıvarcı und Feyzi Şimşek drei bekannte Fotografen kennen, die es sich zur Aufgabe gemacht haben, hochwertige Fotos von sämtlichen Kulturdenkmälern Konyas und der Türkei zu veröffentlichen, um so das Erbe ihres Volkes zu dokumentieren. Türken wissen also ihren kulturellen Reichtum mehr und mehr zu schätzen und bemühen sich sehr darum, das Bewusstsein für diesen Reichtum noch zu schärfen.

So lobenswert es ist, dass sich der türkische Staat dafür einsetzt, die Hane zu erhalten, so unrealistisch wäre es zu erwarten, dass all diese Bauwerke in der Zeit eingefroren bleiben, ihr ursprüngliches Profil behalten und nicht auch anderweitig genutzt werden. Das Leben kennt keinen Stillstand, daher geht es in der Denkmalpflege auch darum, alten Gebäuden neues Leben einzuhauchen. Bauwerke sind, genau wie die Zivilisationen, die sie hüten, lebende Organismen, die sich weiterentwickeln. In diesem Sinne kann es nur förderlich sein, wenn man auf kreative Art und Weise versucht herauszufinden, wie die Gesellschaft auch im 21. Jahrhundert noch von den Hans profitieren kann. Wenn dies gelingt, wenn sie also in das Leben der modernen Welt integriert werden können, dann ist ihr Bestand garantiert. Im Mai 2008 etwa fand in dem frisch restaurierten Zazadin-Han in Konya eine Hochzeitszeremonie für 35 Paare statt, die dem Han und den glücklichen Paaren einen wunderbaren Start in ihr neues Leben ermöglichte. Der Respekt vor dem kulturellen Erbe ist ein integraler Bestandteil der Entwicklung hin zu einer modernen Nation, und es ist zu hoffen, dass sich die Türken auf dem Gebiet der Denkmalpflege als genauso einfühlsam erweisen werden wie in anderen Bereichen ihres Lebens auch.

Sie sehen also, Lady Mary, die Hane haben mein Leben bereichert: Sie haben mich viele Dinge über Architektur gelehrt, sie haben mein kulturelles Bewusstsein geschärft, mir fantastische Abenteuer beschert, dazu beigetragen, dass ich die Türken selbst besser kennenlerne, und mir gezeigt, was die Türken ihren seldschukischen Vorfahren zu verdanken haben.

Und in der Tat haben sie ihnen viel zu verdanken. Um im 21. Jahrhundert zu alter Stärke zurückzufinden, bedienen sich die Politiker und Bürger der Türkei von heute ganz offensichtlich der gleichen Taktik wie einst die Seldschukensultane. Die Strategien der Seldschuken - Globalisierung, internationale Geschäfte, freier Handel auf sicheren Straßen und in sicheren Häfen, Verbesserung der Infrastruktur, Respekt vor der Zivilgesellschaft und dem Dialog, Schaffung einer Atmosphäre der Toleranz und kulturelle Entwicklung - werden erfolgreich kopiert. Die Seldschuken vermittelten den Türken einen Sinn für Identität und das nötige Selbstvertrauen, um großzügig zu Fremden zu sein und ihr Essen, ihr Land und ihre Kultur freimütig mit ihnen zu teilen. Sie brachten ein selbstbewusstes Volk hervor, das stolz ist auf seine Besitztümer und Potenziale. Es ist kaum zu übersehen, dass die fleißigen Türken von heute noch immer vom Geist der Seldschuken geprägt sind. Denn auch sie treiben den Aufbau ihres Landes mit hochgekrempelten Ärmeln dynamisch, klug und entschlossen voran.

Wie stolz wären die seldschukischen Sultane, wenn sie sehen könnten, dass ihr ehemaliges Reich heute fest integriert ist in ein Verkehrsnetz aus Teerstraßen, das auf ihren alten Handelswegen basiert! Und ja, wie stolz wären sie auch auf diese Staudämme und den wirtschaftlichen Wohlstand, den sie verheißen! Ihre Ära neigte sich nach nur 200 Jahren schon dem Ende zu, und doch haben die Seldschuken mit den Steinen ihrer eindrucksvollen Bauwerke und ihrer kulturellen Leistungen der Türkei von heute ein stabiles Fundament hinterlassen. Diese Steine sind so beständig, dass sie wohl auch die Zukunft der Türkei im 21. Jahrhundert noch maßgeblich beeinflussen werden.

Ars longa,
Kadriye Branning

Brief 26

Rasend schnell geknüpfte Knoten

Liebe Lady Mary,

eine weitere Ähnlichkeit zwischen unseren Erfahrungen mit der Türkei und den Türken besteht darin, dass wir beide das Land in Zeiten signifikanter sozialer und kultureller Umwälzungen kennengelernt haben. Sie lebten dort während der Tulpenära, als sich das Osmanische Reich westlichen Ideen und Modellen zu öffnen begann. Und auch ich wurde Zeugin eines bemerkenswerten Wandels, vor allem in den 1980er Jahren, als sich die Türkei erneut westlichen Vorstellungen und Lebensweisen zuwandte.

Weil ich jedes Jahr in die Türkei reise, fällt mir so manches auf, was sich dort an kleinen und nicht so kleinen Dingen im Alltagsleben verändert. Und in den Intervallen zwischen meinen Besuchen habe ich dann immer lange genug Zeit, über die jeweils neuen Steine des Wandels im Mauerwerk dieses Landes in der Entwicklung nachzudenken. Jahr für Jahr stechen mir bestimmte Neuerungen ins Auge, die ich pflichtbewusst in meinem Reisetagebuch notiere, und mögen sie noch so banal sein. Einige Dinge ändern sich natürlich nie in der Türkei - der Zitronenduft des Kölnisch

Wassers, das Chaos in Eminönü, die klangvollen Hörner der Bosporus-Fähren, der Ruf des Muezzins, der Geruch von gegrilltem Lamm, das Klirren der Löffel in den tulpenförmigen Teegläsern, der Geschmack des Kanlıca-Joghurts oder die Farbe der hellbraunen Hügel Anatoliens; doch werden diese zeitlosen Fundamente jedes Jahr um viele neue Eindrücke erweitert.

Was mich immer wieder verblüfft, ist die Ironie, dass die geographischen Konturen der Türkei im Grunde das gleiche goldene Proportionenverhältnis (Länge zu Breite: 2 zu 3) aufweisen wie Teppiche. Ich denke, der Knüpfteppich kann in vielerlei Hinsicht als Symbol für die moderne Türkei dienen, an der heute gearbeitet wird: Auch sie ist ein Teppich, in dem die Muster der Vergangenheit mit den Farben der Zukunft verwoben sind.

Der Webstuhl dieses Teppichs ist die Geographie der Türkei selbst: ihre Berge, ihre Verwerfungslinien, Wälder und Meere; ein Webstuhl, so robust wie die 500 Jahre alten Platanen, die man hier allerorten sieht. In diesen Webstuhl sind vertikale Kettfäden eingespannt, die die grundlegenden, traditionellen türkischen gesellschaftlichen Werte repräsentieren: Religion, Bräuche, Sprache und Familienstruktur. Die quer verlaufenden roten Schussfäden, die die Kettfäden kreuzen, werden von den Schützen Innovation und Fortschritt beschleunigt. Sie treiben den Teppich Türkei seiner Fertigstellung entgegen, indem sie Knotenreihe um Knotenreihe beisteuern. Die Wollknoten an den Kreuzungen der Kett- und Schussfäden stehen für die besonderen Drehungen und Wendungen, die Tradition und Wandel hierzulande verliehen werden. Über die Auswahl der Wollfarben und die Gestaltung, Interpretation und Ausschmückung des

Musters dieser Knoten entscheiden die Hände und Augen der Weberin selbst, was in diesem Fall bedeutet: das Volk der Republik Türkei. Eine Weberin, die vor einem leeren Webstuhl sitzt und sich die Wolle für ihre erste Knotenreihe zurechtlegt, hat bereits eine ungefähre Vorstellung von dem Muster im Kopf, das ihr Teppich einmal haben soll. Sie weiß aber auch, dass das Muster, das dann tatsächlich entsteht, durchaus von ihrem Wunschmuster abweichen kann und dass ihre Knüpfspannung von Tag zu Tag variieren wird. Mit Teppichen ist es wie mit dem Leben: Zwar mögen anfangs genaue Zielvorstellungen existieren, doch müssen diese spontan den Gegebenheiten angepasst werden.

Ich habe beobachten können, wie sich die Knotenreihen auf dem Webstuhl meines Teppichs, der Türkei, im Laufe der Monate und Jahre immer weiter nach oben schoben. Und gerade in jüngster Zeit, wo dieser Teppich die Oberkante des Webstuhls schon fast erreicht hat, kommen in geradezu atemberaubender Geschwindigkeit neue Knoten hinzu. Unaufhaltsam strebt der Teppich seiner Vollendung entgegen.

Allerdings hat es den Anschein, dass es zwei Paar Hände sind, die diese Knoten so rasend schnell knüpfen. Diese zwei Handpaare gehören unterschiedlichen Weberinnen, die unterschiedlich viel Kraft, Zug und Spannung in den Prozess der Verknotung einbringen. Das eine Paar gehört den Architekten der modernen Türkei und das andere Paar der traditionellen Türkei. Sie materialisieren sich in den Betonwohntürmen und in den bescheidenen alten Holzhäusern, in den breiten Alleen und in den engen Gassen, in dem exorbitanten Reichtum und in der trostlosen Armut. Sie materialisieren sich im Ringen zwischen Ost und West, im

Wunsch und in der Notwendigkeit, sich in der globalisierten Welt zu wandeln und wirtschaftlich zu überleben, denen eine unbestimmte Sehnsucht nach der traditionellen türkischen Lebensart gegenübersteht, in einer starken Verbundenheit mit dem muslimischen Glauben, die mit einer Bewunderung für die europäisch-christliche Welt konkurriert, sowie im treuen Festhalten an der Kultur Atatürks, die mit der Einsicht wetteifert, dass die Demokratie dringend einer Modernisierung bedarf. Charakterisierend für dieses Tauziehen ist meiner Ansicht nach, dass unter der Oberfläche der jungen, westlich orientierten Türken nach wie vor die Würde jener osmanischen Türkei schlummert, die auch Sie einst kennenlernen durften, Lady Mary. Sobald man nur ein bisschen an der Oberfläche kratzt, stellt sich heraus, dass ein Türke immer Türke bleibt, egal wie sehr sich seine Welt verändert oder wie weltgewandt er sich gibt. Die Türkei ist ein Land der zwei Kontinente, folglich hatten ihre Bewohner schon immer das seltene Vergnügen, die Welt durch zwei Augenpaare, ein östliches und ein westliches, betrachten zu können. Doch weil sie hinter einer unscharfen Brille hervor lugen, ist ihr Sichtvermögen eingeschränkt. Wenn sie erkennen wollen, was vor ihren Augen gerade geschieht, sei es in nächster Nähe oder auch in weiter Ferne, müssen sie ihren Blick immerzu von einer Seite zur anderen schweifen lassen.

Bei einigen dieser Knoten konnte ich selber mitverfolgen, wie sie in den Teppich geknüpft wurden, daher möchte ich sie mit Ihnen teilen, Lady Mary. So wie Sie uns Einblicke in den Alltag der Tulpenära gewährt haben, möchte ich Ihnen nun von vier Wachstumsphasen berichten, die ich in den 30 Jahren meiner Reisen in die Türkei miterlebt habe. Meine Schilderungen sind nicht als politische oder historische Analyse zu verstehen, sondern als Alltagsbeschreibungen. Und die vier Wachstumsphasen, die ich hier benenne, sind meine eigenen Kategorien. Ich bitte alle Historiker, Ökonomen und Soziologen, die mit meiner Klassifizierung nicht einverstanden sind, um Nachsicht. Beginnend mit dem Jahr 1978, dem Jahr meiner ersten Reise ins Land, unterscheide ich vier Phasen: die dunklen Jahre von 1978 bis 1985, die Dekade des Erwachens von 1985 bis 1995, die Durchbruch- und Konsumära von 1995 und 2000 sowie den Einzug der Moderne von 2000 bis heute und darüber hinaus.

Wie gesagt, Lady Mary, habe ich die Türkei 1978 zum ersten Mal besucht, in einer Zeit, die ich heute im Rückblick als die dunklen Jahre bezeichne. In der Tat waren die Zeiten damals nicht nur schwierig, sondern im wahrsten Sinne des Wortes dunkel. Denn im ganzen Land gab es keine Glühbirnen zu kaufen. Meine Freunde und meine Familie (vor allem meine besorgte Mutter) empörten sich: „Warum in aller Welt willst du in ein Land mit solchen Problemen reisen, in eine Land, das so gefährlich und instabil ist, von den Erdbeben ganz zu schweigen?" Und sie hatte Recht, meine Mutter: In den 70er Jahren musste die Türkei eine harte Phase überstehen.

Die Jahre vor meinem ersten Besuch waren in der Türkei von Aufruhr, politischen Konflikten, Gewalt und Mutlosigkeit geprägt gewesen, und all diese Faktoren schienen die Zielvorstellungen der Türkei und Atatürks säkulare Identität zu untergraben. Von außen hatte man den Eindruck, als würde dort eine Gesellschaft den Weg in die Selbstzerstörung antreten. In dem Jahr meiner ersten Reise wurde in den kurdischen Gebieten das Kriegsrecht verhängt.

Es gab Kämpfe zwischen der Linken und der Rechten, politisch motivierte Gewalt in den Straßen, ständige Regierungswechsel, Boykotte, blockierte Gerichte, Streiks, Verhaftungen, Arbeitslosigkeit, galoppierende Inflation, unzureichende Aufstiegs- und Bildungschancen, trostlose Gefängnisse, explodierende Ölpreise und innere Konflikte mit Sunniten, Alewiten und Kurden. Nichts schien sich zum Positiven zu entwickeln.

In Frankreich, wo ich damals lebte, berichtete die Presse über diese politischen Konflikte, aber auch das Land selbst blieb von der Problematik nicht unberührt. Zwischen 1975 und 1981 gab es drei Vorfälle, bei denen armenische Terroristen türkische Diplomaten in Paris verfolgten und töteten und einen Anschlag auf das Büro der Turkish Airlines auf den Champs-Elysées verübten - keine zehn Minuten übrigens, nachdem ich auf einem Spaziergang dort vorbeigekommen war. Doch damit nicht genug. Wesentlich verheerender noch war der Absturz von Flug 981 der Turkish Airlines am 3. März 1974. Ich werde nie vergessen, wie ich an jenem strahlenden Frühlingssonntagmorgen kurz nach dem Aufwachen im Radio davon hörte. Die Maschine war in die Wälder von Ermenoville, nördlich von Paris, gestürzt, und keiner der 346 Passagiere an Bord hatte überlebt. Diese Tragödie war seinerzeit die mit Abstand schlimmste Flugzeugkatastrophe, die sich jemals ereignet hatte. Zudem schadete sie den Turkish Airlines und auch der Türkei ganz erheblich; beide wurden in der Folge als inkompetent und unverantwortlich an den Pranger gestellt.

Die heftigste Attacke auf die Reputation der Türkei ritten jedoch die Künste. 1979 kam der Film ‚Mitternachtsexpress‘ in die Kinos. Dieser Film von Alan Parker zeigte Folter-

und Gewaltszenen, wie sie in türkischen Gefängnissen verbreitet waren, und machte damit ein ganzes Volk zur Ziel-
scheibe von Hass. Er gab den tiefsitzenden Ängsten und
Vorurteilen des Westens gegenüber der Türkei neue Nahrung. Er versperrte Horizonte und hinterließ Narben auf
dem Image der Türkei, die bis heute nicht verschwunden
sind.

Diese ganze mitternächtliche Finsternis mündete schließlich in den Militärputsch vom 12. September 1980. An dem
Tag wurde die sogenannte ‚Operation Fahne‘ durchgeführt,
und eine drei Jahre während Militärherrschaft begann. Pan-
zer besetzten Straßenkreuzungen, Soldaten mit Maschinengewehr standen an jeder Ecke, die Kommunikationsnetze wurden lahmgelegt, ab 22 Uhr wurde eine Ausgangssperre verhängt, und Reisen ins Ausland wurden untersagt.

Kurz nach dem Putsch, im Dezember 1980, reiste ich in
die Türkei. In völliger Unkenntnis des Ernstes der Lage hatte ich beschlossen, einem Freund einen einwöchigen Kurzbesuch abzustatten. Ich wollte Istanbul im Winter kennenlernen und hatte nicht die geringste Ahnung, was auf mich zukommen würde. Die Zeitungsberichte über den Putsch hatten mich dazu verleitet anzunehmen, dass das Leben dort
seinen gewohnten Lauf ging. In mancherlei Hinsicht stimmte das sogar, aber trotzdem war der Alltag alles andere als
vertraut. Was mir als Erstes auffiel, war die Präsenz von Soldaten mit Maschinengewehren allerorten: Sie patrouillier-
ten auf den Start- und Landebahnen des Flughafens, an allen öffentlichen Plätzen, an jeder Straßenecke und vor jedem
großen Geschäft. Auf der Straße wurde man von bedeutungs-
schwer klingenden öffentlichen Bekanntmachungen heimgesucht, die aus Elektromegaphonen dröhnten. Da ich da-

mals noch kein Türkisch sprach, verstand ich nicht, was genau gesagt wurde; aber schon der Tonfall machte deutlich, dass es einen ernsten Hintergrund hatte. Der unerträgliche Geruch von Braunkohle, die zum Heizen genutzt wurde, verstärkte die allgemeine Tristesse noch.

Es war kalt, sehr kalt, und eines Abends setzte Schneefall ein, der drei Tage lang anhielt. Er hüllte die Straßen für einen kurzen Moment in Schönheit, bevor der dunkle Matsch sie zurückeroberte. Ich bin mir nicht sicher, ob es an der schrecklichen Kälte, am Schneefall oder an der Angst und Unsicherheit lag, jedenfalls herrschte auf Istanbuls Gehwegen gespenstische Stille. Die Geschwätzigkeit, das Gelächter und das lärmende Chaos des normalen türkischen Straßenlebens waren verstummt. In den türkischen Häusern war es kaum wärmer als draußen. Die Menschen litten Not, aber sie taten alles, um die Situation klaglos zu meistern. Ich hatte Ihnen ja schon erzählt, Lady Mary, wie wichtig den Türken der soziale Zusammenhalt ist, und das zeigte sich auch hier ganz deutlich: In schweren Zeiten drängt bei ihnen der Stammesgeist der Vorfahren an die Oberfläche und schweißt sie zusammen. Das größte Problem war der Wärmeentzug. Es gab kein Heizöl, und wie immer in solch schwierigen Zeiten war der Winter bitter kalt. Sie, Lady Mary, beschrieben an einer Stelle, wie Sie einmal an einem Nachmittag im Januar in Ihrem sonnenüberfluteten Garten in Pera saßen und das schöne milde Wetter genossen; wir hingegen, das sei Ihnen versichert, hatten bei der Klimalotterie jenes Januars kein Glückslos gezogen. Um zu überleben, führten wir ein sehr kreatives Ritual ein. Jeden Abend versammelte sich die ganze Großfamilie meines Freundes nach dem Rotationsprinzip in dem Haus von einem von ihnen.

Dort wurde dann die Heizung aufgedreht, damit alle Anwesenden zumindest ein paar Stunden lang von der kostbaren rationierten Wärme profitieren konnten. Wir trugen
mehrere Schichten von Pullovern, Handschuhen, Schals
und Socken übereinander, drängten uns in einem überfüllten Raum auf den flachen Sofas zusammen, tranken Tee,
plauderten und sahen fern, um Neuigkeiten zu erfahren.
Nacht für Nacht verbrachten wir so, und es wäre gar nicht
möglich gewesen, sich anderweitig zu beschäftigen; denn
die meisten normalen Aktivitäten waren zu Putschzeiten
verboten. Am seltsamsten war der Glühbirnenmangel. In
der Regel existierte in jedem Haus nur eine einzige Glühbir-
ne, und wie ein magischer Talisman wurde sie feierlich aus
der einen Lampe heraus und in die Lampe des Raumes, der
gerade benötigt wurde, wieder hinein geschraubt; wer also
etwas sehen oder lesen wollte, konnte dies nur in Gemeinschaft tun. Da es schon ungefähr um vier Uhr nachmittags
dämmerte und es dann auf den Straßen schnell dunkel wurde, blieb uns keine andere Wahl, als nach Hause zu gehen,
wo uns allerdings die gleiche Dunkelheit erwartete. Am
späten Nachmittag gab es nicht viel zu tun, außer in einen
Mantel gehüllt und mit einer der raren Kerzen als Begleite-
rin ruhig da zu sitzen und dem Spiel der Schatten zuzu-
schauen. Es fehlte an Brennmaterial, nicht nur für die Heizung, sondern auch, um Wasser zu erhitzen, sodass das Baden eine ziemliche Herausforderung darstellte. Nahrungs-
mittel gab es zwar, aber keine Butter, keinen Kaffee und
kaum Seife. Die Restaurants waren wie leergefegt, die Museen geschlossen und Geschäfte und Banken nur sporadisch
geöffnet. Am Tag meiner geplanten Abreise fuhr ich zum
Flughafen, nur um festzustellen, dass auch er geschlossen

war und alle Flüge bis auf weiteres ausgesetzt waren. Geplant hatte ich einen einwöchigen Ausflug, doch es sollte noch ein ganzer Monat vergehen, ehe ich endlich wieder nach Paris zurückfliegen konnte.

Obwohl die Stimmung von Verzweiflung und Niedergeschlagenheit geprägt war, verloren die Türken auch während des Putsches nie ihren Lebensmut. Ausgerechnet zu jener Zeit überquerte ich zum ersten Mal in einer Klapperkiste von Auto die Bosporus-Brücke, außerdem gab mir die Tante meines Freundes, die klassischen osmanischen Tanz studierte, jeden Nachmittag Tanzunterricht. Dabei stellte ich mich so ungeschickt an, dass sie aus dem Lachen kaum noch heraus kam, aber sie hatte auch unendlich viel Geduld mit mir. Wenn sie selbst tanzte, strahlte sie eine Freude und einen Sinn für Anmut aus, in denen sich der ganze Optimismus der Türkei widerspiegelte. Und so hatte ich nie den geringsten Zweifel daran, dass das türkische Volk seinem Land dabei helfen würde, sich eines Tages wieder aus dieser finsteren und frostigen Zeit heraus zu tanzen.

Starke Erinnerungen an diese dunklen Putschzeiten habe ich auch von meinen Besuchen in den darauffolgenden Jahren. An die Dunkelheit selbst zum Beispiel. Auch noch nach Ende des Putsches, als wieder Glühbirnen erhältlich waren, brannten in Banken oder öffentlichen Gebäuden häufig keine Lampen, und nicht selten kam es zu Stromausfällen. So manches Dinner wurde bei Kerzenlicht eingenommen, nicht weil es so romantisch war, sondern aus der Not heraus. Die Straßen von Istanbul waren voll von schwerfälligen großen amerikanischen Autos aus den 50er Jahren, die als Dolmuş (Sammeltaxi) betrieben wurden: antike DeSotos, majestätische Chevy's Baujahr 58, und würdevolle purpurro-

te Pontiacs. Liebevoll von einem Tüftlervolk in Bestform
gehalten, hinterließen diese Vollbluthengste der Moderne auf
der blauen Bosporus-Leinwand auffällige Farbtupfer. Durch
die Straßen von Istanbul schwärmten Scharen von fliegenden Händlern, die mit leiernder Stimme Sesamringe, frisch
geschnittene Gurken, Milch, einzelne Zigaretten, Wasser,
Zeitungen, *Boza* (ein fermentiertes Wintergetränk) und Lot-
toscheine feilboten. Und in den wimmelnden Geschäftsvier-
teln Beyoğlu und Eminönü eilten *Hamal*s (Träger) von einem Ort zum anderen - menschlichen Kamelen ähnelnd,
den Rücken mit Waren voll beladen. Sie schlängelten sich
effizienter und schneller durch die überfüllten Basare, als es
jeder LKW oder PKW vermocht hätte. Einmal sah ich einen *Hamal*, der sich eine ganze Esszimmereinrichtung, bestehend aus Tisch, Anrichte und Stühlen, auf den Rücken ge-
packt hatte! Heute sind sie aus dem Straßenbild verschwunden. In den meisten Parks und auf Märkten hatten öffentliche Schreiber ihre Tische aufgestellt und hackten auf ihre
Schreibmaschinen ein. Sie verfassten für die Dorfbewohner,
die sich um sie scharten, offizielle Schreiben an Behörden
oder auch Liebesbriefe an den Schatz in der Ferne.

Obwohl durchaus noch Spuren des imperialen osmanischen Glanzes zu erkennen waren und noch so manches an
die malerischen Straßen erinnerte, die Pierre Loti in seinen
Romanen beschrieben hatte, drohten große Teile der Stadt
Istanbul in diesen Jahren zu verfallen. Verlassene Gebäude,
bröckelnde Mauern, verdreckte Freiflächen und Gassen, in
denen sich Kletterpflanzen und Müll breit machten, prägten
das Bild. Heruntergekommene Holzhäuser mit aus dem
Gleichgewicht geratenen Türen und Fensterrahmen hingen
so stark nach vorn über, dass man Angst hatte, von ihnen er-

schlagen zu werden, wenn man zu Fuß die Straße entlang ging. Was die urbanen Probleme noch weiter vergrößerte, war die Flucht der Landbevölkerung in die Städte, und damit verbunden das Entstehen von Gecekondu-Slums. Als ich Istanbul 1978 zum ersten Mal besuchte, lebten hier 4 Millionen Menschen. 1998 waren es schon 12 Millionen.

Und dann der allgegenwärtige Zigarettenrauch! Die Rauchwolken, die vom Personendeck der Bosporus-Fähren aufstiegen, waren nicht weniger beeindruckend als die, die den Schornsteinen der Schiffe entströmten. Kunden und Ladenbesitzer pafften beim Geschäftemachen, und Bankangestellte bliesen Ihnen Rauch ins Gesicht, während sie Ihnen Ihre Lira in die Hand zählten. 1979 wurde ich sogar einmal von einem Arzt untersucht, der eine Zigarette in der einen Hand hielt, während er mit der anderen meine geschwollenen Drüsen abtastete. Meine Krankenschwester-Freundinnen in Eyüp rauchten auf ihrer Station. Das Rauchen gehörte einfach zum türkischen Leben dazu. Ob in Taxis, Läden, Flughäfen, Postämtern, Bussen oder Restaurants, vor dem Tabakdunst gab es kein Entrinnen. Der unglaublichste Raucher, dem ich je begegnete, war ein Bibliothekar, der sogar beim Katalogisieren seltener Bücher mit größter Selbstverständlichkeit Kette rauchte.

Die Straßen damals waren marode, aber voller Leben und Freude. Plastiktüten und Plastikflaschen gab es zu jener Zeit noch nicht. Was man kaufte, wurde sorgsam in Zeitungspapier oder hübsches Packpapier eingewickelt und mit einem Band festgezurrt, sodass es wie ein Geschenk aussah. Selbst eine kleine Schachtel Aspirin, die man in der Apotheke erstand, wurde, um der Diskretion willen, in Papier verpackt. Überall gab es Katzen, Hunderte von Katzen. Dürre, schmutzige, hinkende, einäugige hagere Mäusefänger mit lädierten Ohren, blutverklumpten Nasen, krummen Schwänzen und verfilztem Fell ...aber ab und zu auch eine prächtige Angorakatze, die in der Eingangstür eines Ladens thronte, majestätisch wie ein Sultan auf seinem Podest. In Restaurants oder Geschäften hatten Sie immer das Gefühl, dass sich ein Pelz an Ihre Knöchel schmiegt.

In anderen Städten als Istanbul hatte man das Gefühl, auf dem Lande zu sein. Bei meinem ersten Besuch in Sivas war die Straße vor meinem Hotel noch ungepflastert, und rund um die Gök-Medrese, mitten in der Stadt, grasten friedlich die Kühe. Zu jener Zeit waren auf den anatolischen Straßen mehr Pferdekarren als Autos unterwegs.

Dass diese Jahre dunkel waren, blieb auch den Touristen nicht verborgen. Zwar bemühten sich die Türken sehr, das Beste aus der Situation zu machen, aber die Wollmäuse im Topkapı-Palast ließen sich auf Dauer ebenso wenig verbergen wie fleckige, liebevoll gestopfte Bettwäsche, die Mückenplage in den Hotels in Laleli- oder der Duschkopf, der das ganze WC inklusive Toilette unter Wasser setzte. Kein Wunder, dass die Zimmer mit einem großen Ausguss im Boden ausgestattet waren und dass man neben dem Bett stets ein Paar Plastiksandalen vorfand. Zurück zu Hause, suchte man in Zeitungen oder Zeitschriften vergeblich nach glamourösen Artikeln über Reisen in die Türkei, und meines Wissens gab es gerade einmal zwei Reiseführer zu dem Land. An Flughäfen und Busstationen fiel man mit seinem aufeinander abgestimmten Kofferset sofort auf, weil alle Türken mit großen Bündeln, Sisalsäcken, zusammengeschnürten Pappkartons und Reisetaschen unterwegs waren. Auf den Tischen in den Restaurants standen blaue Plastikeimerchen mit geschnittenem Brot und Aluminiumkrüge mit Brunnenwasser. Obwohl das Geldtauschen so zeitaufwendig war, dass es einer Folter gleichkam, vermied man es, zu viel auf einmal zu wechseln, weil die Inflationsrate wild von Tag zu Tag variierte. Und die Busfahrten durch die anatolische Ebene waren wegen des Zigarettenrauchs und der fehlenden Klimaanlage in den Bussen kaum zu ertragen.

Trotzdem überstand die Türkei das Kriegsrecht und diese schwierigen Jahre, und in vielerlei Hinsicht war es das letzte Mal, dass Dunkelheit und Kälte das Land regierten. Danach öffnete sich die türkische Gesellschaft und schlug den Weg in eine bessere Zukunft ein. Trotz aller politischen Wirren kehrte ich immer wieder zurück, Lady Mary. Denn spätestens nach meiner besagten ersten Überquerung der Bosporus-Brücke war ich davon überzeugt, dass diesem Land eine große Zukunft beschieden sein würde. 1982 wurde eine neue Verfassung verabschiedet, das Südostanatolien-Projekt (GAP) Staudammprojekt wurde in Angriff genommen, und ab 1981 gab es auch wieder Kaffeebohnen zu kaufen, wenn auch nur für Touristen. Das gleiche Jahr wurde auch zum Atatürk-Gedenkjahr ausgerufen (er wäre dann 100 Jahre alt geworden), und sämtliche Schulen und Parks, die in dem Jahr eröffneten, trugen ein stolzes YUZYIL (100 Jahre) vor ihrem eigentlichen Namen. Ja, ab da gab es kein Zurück mehr: Die türkische Gesellschaft fasste die Zukunft ins Auge und hob ab wie ein Flugzeug auf der Rollbahn - einem neuen Horizont entgegen.

Um das Jahr 1985 herum begann das Versprechen einer besseren Zukunft Realität zu werden: Über den Handel und den Tourismus öffnete sich die Türkei der Welt. Fest entschlossen, die trüben Erinnerungen an die dunklen Jahre auszulöschen, schlugen die Pferde vom Start weg ein erstaunliches Tempo an. Rückblickend bezeichne ich die Dekade von 1985 bis 1995 als die Jahre des Erwachens. Nach Verabschiedung der Verfassung im Jahr 1982 betrat ein politischer Akteur namens Turgut Özal die Bühne, und mit ihm seine neu formierte ANAP- (Mutterlands-)Partei. Diese reformorientierten Politiker verordneten der türkischen Wirtschaft freien Handel, befreiten sie aus ihrer starken Abhängigkeit von ausländischen Hilfeleistungen und entfesselten die aufgestaute Energie einer jungen und ehrgeizigen Generation von Unternehmern. Özals Vision überschnitt sich mit der Computer-Revolution, die dafür sorgte, dass technische Produkte Einzug in alle Lebensbereiche hielten. In jeder Ecke der Türkei wurden Fabriken aus dem Boden gestampft, und die Exportrate insbesondere von Textilien und Lebensmitteln stieg steil an. Für ein Land, das zuvor Weizen und Haselnüsse zu seinen wichtigsten Exporten zählte, war Turgut Özals Programm revolutionär. Über Nacht wurde die Türkei zu groß für die Jeans, mit denen sie nun bekanntlich den Weltmarkt belieferte. Das starke Wachstum und der rasante Wandel ließen sie nach den dunklen Jahren rasch aus allen Nähten platzen. An die Spitze strebend, entwickelten sich die Türken zu Kaufleuten von Welt und bewiesen sich selbst und allen anderen, dass ihre reichsten natürlichen Ressourcen nicht Öl, Mineralien oder Diamanten sind, sondern harte Arbeit, Entschlossenheit und Improvisationstalent. Das ‚türkische Tigerjunge‘ war geboren.

Heute lernen Touristen die Türkei als ein Land der verheißungsvollen Möglichkeiten und der Weltgewandtheit kennen, aber das war nicht immer so. Ich habe die Öffnung der türkischen Börse, die Integration der Türkei in die

Weltmärkte und die Privatisierung der Industrie hautnah miterlebt, und im Alltagsleben die Gründung von zivilen Verbänden und Stiftungen, Medienunternehmen, Satelliten-TV und werbefinanzierten privaten Fernsehstationen. Der Markt wurde förmlich überflutet mit importierten Waren und Dienstleistungen, so auch mit Computern. Ich erinnere mich noch daran, wie ich in Çekirge in Bursa auf einem Spaziergang ein Plakat entdeckte, das für sogenannte ‚Knowledge Counter'-Klassen warb. Ich fragte mich verwundert, was damit wohl gemeint sein könnte. Erst später erfuhr ich, dass es sich hier um einen türkischen Neologismus für den Begriff Computer handelte. Und was am wichtigsten war: Zum ersten Mal umwarb die Türkei Europa: Mit dem Ministerpräsidenten Özal in einer zuvor für unmöglich gehaltenen romantischen Hauptrolle beantragte man 1987 die Mitgliedschaft in der EU-Kommission.

Am auffälligsten war in dieser Zeit, zumindest für mich, aber der Bauboom, der das Land wie ein Erdbeben in seinen Grundfesten erschütterte. Quasi über Nacht wurde die Türkei von Grund auf neu aufgebaut. Genau wie ihre Vorläufer, die Seldschukensultane, modernisierten türkische Politiker und Geschäftsleute die gesamte Infrastruktur des Landes. Straßen wurden ausgebessert, Flughäfen errichtet, Strommasten repariert. Unter anderem wurde der schreckliche Flughafen von Ankara, der Hauptstadt des Landes, erheblich erweitert. 1987 gab es erst zwei 5-Sterne-Hotels in Istanbul, heute sind es über 20, die zudem stets ausgelastet sind. Die Ägäis- und die Mittelmeerküste, die nach dem Zweiten Weltkrieg praktisch verwaist waren, wurden nun systematisch erschlossen. Diese Dezentralisierung war politisch gewollt. Städte wie Bursa, Kayseri und Adana schickten sich an, mit ihren großen Schwestern Ankara und Istanbul zu konkurrieren. 1990 wurde der Atatürk-Staudamm fertiggestellt, das Herzstück des Südostanatolien-Projekts (GAP) mit insgesamt 22 Staudämmen und 19 Wasserkraftwerken. Das GAP versorgte fortan den trockenen Südosten der Türkei mit Wasser für die Felder und Strom, womit eine weitere natürliche türkische Ressource nutzbar gemacht worden war: die Wasserkraft. Das GAP ist eines der größten Entwicklungsprojekte der Welt. Allerdings unterstrich es nicht nur die Innovationsbereitschaft der Türkei, sondern sorgte auch für Kontroversen; denn es überflutete einige historische Stätten und beschnitt die Wasserversorgung der Anlieger flussabwärts.

Nicht zuletzt Istanbul profitierte in dieser Phase von einer aufwendigen Umgestaltung. Die Ledergerbereien vor den Stadttoren in Yedikule wurden zwischen 1985 und 1991 umgesiedelt, und glücklicherweise prägt ihr Gestank mittlerweile nicht mehr den ersten Eindruck von Istanbul, wenn man vom Flughafen aus in die Stadt fährt. 1985 erklärte die UNESCO die byzantinischen Stadtmauern von Istanbul zum Weltkulturerbe. Dies führte dazu, dass man sich endlich ernsthaft um die Pflege der historischen Denkmäler und Parks bemühte; allerdings wurden im Zuge dessen auch viele der älteren Gebäude in der Nähe abgerissen. Ab 1983 wurden die stehenden Gewässer des Goldenen Horns gereinigt und die schmalen Küstenstraßen den Bosporus hinauf ausgebaut. Leider fielen letzterem Projekt die charmanten Tische der Fischrestaurants am Ufer neben der Straße zum Opfer.

Aber noch sah nicht alles durchweg rosig aus. Die Preise stiegen, die Inflationsrate lag im zweistelligen Bereich, die

Arbeitslosigkeit nahm zu, und nach wie vor strömte die arme Landbevölkerung in die Städte, was immer mehr Spannungen zwischen dem konservativen islamischen Lebensstil und der westlich säkularen Elite heraufbeschwor. Im Sommer 1989 sah man sich mit bulgarischen Flüchtlingen konfrontiert, und ebenfalls in jener Phase begann die Kriegsführung der Kurden. Nachdem zunächst türkische Unternehmen attackiert worden waren, folgte 1983 der Anschlag auf den Pariser Flughafen Orly mit acht Toten. Im August 1990 marschierte der Irak in Kuwait ein und provozierte damit den ersten irakisch-amerikanischen Krieg. Und 1994 stürzte das Land in heftige Turbulenzen, als eine Finanzkrise und die damit einhergehende Rezession den Wert der Türkischen Lira innerhalb weniger Monate halbierte. 1988 betrug zudem die Differenz zwischen Schwarzmarkt-Wechselkurs und Bank-Kurs rund 30 Prozent.

Aber der Weg der Türkei in die Zukunft führte nicht nur über Exporte und Bauprojekte. Der kleingewachsene Ringer Naim Süleymanoğlu mit dem liebevollen Spitznamen ‚Taschen-Herkules‘, befeuerte die Vorstellungskraft und den Stolz der Nation, als er 1988, 1992 und 1996 dreimal olympisches Gold gewann. Genau wie die Türkei zeigte auch er, dass ein kleiner Kerl in den Arenen der Welt groß auftrumpfen kann.

Auch in der Politik sandte die Türkei Signale in die Welt hinaus. Mit Tansu Çiller wählte sie eine Frau zur Ministerpräsidentin (von 1993 bis 1996) und war damit in punkto Frauenquote jedem westlichen Land um Lichtjahre voraus. Der türkische Staat begann, kulturelle Exponate ins Ausland zu schicken, was sich als cleverer Schachzug erwies, um Kulturinteressierte aus anderen Ländern für die Türkei zu begeistern. Im Januar 1987 nahm ich an der feierlichen Eröffnungsfeier der bemerkenswerten Ausstellung ‚Age of Sultan Süleyman the Magnificent' in der National Gallery of Art in Washington, DC, teil, zu der Würdenträger aus Kultur und Politik aus aller Welt geladen waren. Daran erinnere ich mich heute noch mit Stolz zurück.

Mein eigenes Land, Amerika, realisierte in den 80er Jahren, durch den Beginn des Computerzeitalters befeuert, ähnlich große politische, wirtschaftliche und materielle Veränderungen. Wenn ich mir überlege, wie diese ‚KnowledgeCounter' unser aller Leben verändert haben, kommt mir der rasante Wandel in der Türkei noch schwindelerregender vor. Erst in den 80er Jahren hatte Özal die Türkei aus ihrem Tiefschlaf geweckt, doch schon bald konnte man sich des Eindrucks nicht mehr erwehren, dass nun alles, wofür das alte Regime stand, über Bord geworfen wurde. In dieser Phase bestaunte ich zwar die Fortschritte, gleichzeitig aber erfasste mich eine gewisse Nostalgie. Plötzlich wollte alle Welt nur noch in Wohnsilos aus Beton oder in frisch aus dem Boden gestampften Vorortsiedlungen wohnen, und nicht mehr in den alten Holzhäusern, die stattdessen zu Touristenhotels umgebaut wurden. Alle wollten nur noch auf dem ‚Markt' einkaufen, niemand mehr im überdachten Basar. Niemand trug mehr mit Stolz traditionelle Kleidung und Schmuck. Und Plastiktüten ersetzten die handgewebten Satteltaschen.

Auch ausländische Reisende profitierten vom Wandel. Ich jedenfalls freute mich, als in den Taxis neue Taxameter installiert wurden, die dem ständigen Feilschen, den Wortgefechten und der Geschäftemacherei ein Ende setzten. Ich war heilfroh darüber, dass ich nicht mehr in schmuddeligen

Hotels übernachten musste und dass die Toiletten und Duschen nun funktionierten. Ich empfand es als Erleichterung, dass man sich jetzt in Ankara und Istanbul effizient und billig mit der U-Bahn fortbewegen konnte. Es machte mir Spaß, ab 1991 auch die kurdische Musik für mich zu entdecken; in dem Jahr wurde das Verkaufsverbot für Audiokassetten dieser unverwechselbaren Musik aufgehoben. Das beliebteste Mitbringsel für Türken blieben aber vorläufig auch weiterhin amerikanische Zigaretten, Feuerzeuge und Vitamintabletten, die damals kaum verfügbar waren. Der erste Check-in-Schalter der Turkish Airlines (THY) in den USA auf dem Flughafen Newark hatte große Ähnlichkeit mit einem Busbahnhof im Herzen der Türkei. Allerorten herrschte Chaos, auch hier schoben die Reisenden Kartons mit Mikrowellen und mit Klebeband verzurrte Leinensäcke vor sich her. Über dem Schalter hing nicht einmal eine fest installierte Tafel mit dem Kürzel THY; stattdessen baumelte dort, lose an einer Schnur, nur ein Stück Pappe, per Hand mit einem schwarzem Filzstift beschrieben. Die THY unterhielt keine Direktverbindungen von den USA nach Istanbul oder Ankara; an einem Stoppover in Brüssel ging kein Weg vorbei.

Auch das Straßenbild veränderte sich. Ab etwa 1989 und vor allem nach dem Sturz des Kommunismus in Russland 1991 wurde das Viertel Laleli förmlich von Osteuropäern überrannt. Zu der Zeit gab es immer noch keine Straßenschilder, dafür aber tauchten die ersten als Haustiere gehaltenen Hunde auf. (Französische Pudel!) Die Zahl der herumstreunenden Katzen nahm ab, und mein Lieblings Iskender Kebab-Salon in Kayseri bekam eine Klimaanlage und ausgefallene pinkfarbene Jalousien. Städte wie Niğde und

Afyon, die mir auf meiner ersten Reise 1978 noch in den unendlichen, staubigen Ebenen verloren schienen, entwickelten sich zu aufstrebenden Metropolen. In der ganzen Türkei wurden massive Bauvorhaben in Angriff genommen, wobei jedoch unzählige Projekte nur halb fertiggestellt und dann ihrem Schicksal überlassen wurden. Auch bedeutende Museen hatten wegen Renovierungsarbeiten geschlossen, und nicht selten wurde auf Informationstafeln am Eingang eine Wiedereröffnung zwei Jahre später in Aussicht gestellt.

Am meisten veränderte sich in meinen Augen die Stadt Antalya, die 1991 mit der Eröffnung einer Reihe von auffälligen 5-Sterne Hotels (wie zum Beispiel dem Falez und dem Sheraton Voyager) schier explodierte. 1978, bei meinem ersten Besuch in der Türkei, war Antalya ein lebendiges Städtchen mit einem beeindruckenden historischen Binnenhafen, mehreren Denkmälern aus der Seldschukenzeit, Fischerbooten und einer unterentwickelten benachbarten Küste gewesen. Ich wohnte damals in einem kleinen Motel an der Lara Road im Osten der Stadt, das zwar sehr heruntergekommen, wegen seiner eindrucksvollen Lage direkt an der Corniche aber auch sehr charmant war. Das Herzstück dieses bescheidenen Motels bildete eine große, wohl an die 300 Jahre alte Platane auf einer Terrasse, die den nach unten steil abfallenden Meeresklippen vorgelagert war. Dieser Baum hatte eine unverwechselbare Form und lange horizontal verlaufende Äste, die sich bis zum Rand der Klippe erstreckten und so wirkten, als wollten sie größtmöglichen Schutz bieten. Im Schatten dieser großen Äste mit den breiten Blättern las ich und nahm meine Mahlzeiten ein, faulenzte und genoss die kühle Brise und die perfekte Aussicht auf den Hafen von Antalya. Die Platane wachte über eine Oase, die ein Gefühl von Frieden, Liebe und Stille vermittelte, wie ich es selten erlebt habe. Jahre später, 1991, war ich der unpersönlichen neuen modernen Hotels überdrüssig und beschloss, an diesen unprätentiösen Ort zurückzukehren und noch einmal der Stille unter der Platane nachzuspüren. Vor der Zufahrtsstraße zu dem Anwesen angekommen, wurde mir jedoch ganz mulmig ums Herz. Das große Gelände war nämlich mit Brettern und Stacheldraht abgeriegelt. Auf einem Schild am Zaun stand geschrieben: „Baustelle. Kein Zutritt: Gefährliche Abrissarbeiten!" Mein geliebter Baum! Ob er von Bulldozern entwurzelt und kurzerhand ins Meer geschoben worden war? An dem Tag war ich sehr traurig und fragte mich, ob die Türkei wohl verstand, dass Fortschritt auch Verantwortung gegenüber Erbe und Tradition bedeutet. Ohne diese Verantwortung bleibt Entwicklung nicht mehr als ein leeres Versprechen.

Ab 1995 zogen Özals Rennpferde, nachdem sie die Startblöcke schon ein gutes Stück weit hinter sich gelassen hatten, noch einmal deutlich das Tempo an und kannten nun kein Halten mehr. Die türkische Gesellschaft durchlief einen weiteren Wandlungsprozess, der etwa fünf Jahre in Anspruch nahm. Eine Bremse war gelöst worden, und die Entwicklung hatte sich im Schneeballeffekt verselbstständigt. Schnell war der Punkt erreicht, an dem sie nicht mehr aufhalten ließ. Özal hatte das Tor zum Konsum weit aufgestoßen, und die Türken - bekannt für ihre Aufgeschlossenheit gegenüber Fortschritt und Wandel - waren nur allzu gern hindurch gerannt. Die Türkei hatte mit aller Entschlossenheit den Weg in die Moderne eingeschlagen und machte sich nun ans Werk, um größer und besser zu werden als al-

les, was in Europa oder Amerika geschaffen worden war;
und in manchen Bereichen gelang ihr das auch. Es dauerte
etwa fünf Jahre, bis der Riese, der erst ein Jahrzehnt zuvor
aus seinem langen Tiefschlaf erwacht war, wieder einen
Platz auf der Weltbühne für sich beanspruchte und rief:
„Platz da, hier komme ich!" Wie ein Teenager bahnte sich die
Türkei den Weg ins Erwachsenenalter und setzte dabei auf
eine schnelle, ja geradezu blitzartige Integration in die glo-
bale Konsumkultur. Das Alltagsleben veränderte sich bis zur
Unkenntlichkeit, auch in den kurzen Phasen zwischen meinen
Besuchen. Wäre ich erst nach 20 Jahren in die Türkei zurückgekehrt, und nicht Jahr für Jahr, so hätte ich meinen Augen
nicht getraut. Diese Phase der rasanten Entwicklung fiel zusammen mit dem Aufstieg des Internets zu einer explosiven
globalen Kraft. Sie war geprägt von einem demonstrativen
Konsum, dem insbesondere eine neue Elite frönte, die die
neue Leistungs- und Bildungsgesellschaft hervorgebracht
hatte. Ihr Aufstieg war durchaus vergleichbar mit dem Aufstieg der Janitscharen unter den Osmanen.

Im Jahr 1996 sollte sich der Wandel noch beschleuni-
gen. In jenem Jahr fand in Istanbul die Zweite Konferenz
der Vereinten Nationen über menschliche Siedlungen (Habi-
tat II) statt. Und um zu zeigen, dass Istanbul zurück auf der
Kulturbühne der Welt war und dort eine tragende Rolle zu
spielen gedachte, wurde die Stadt aufwendig geschminkt:
Man brachte Straßenschilder an, der öffentliche Personennah-
verkehr wurde aufpoliert, und viele herumstreunende Hunde
und Katzen verschwanden plötzlich über Nacht von der Straße. Was mit der Installation der neuen Straßenbeschilderung
ebenfalls verschwand, waren zahlreiche vertraute alte Hin-
weisschilder in den Stadtvierteln. Insgesamt büßte dieses

aufgeräumte Istanbul viel von dem Zauber ein, der einst Pierre Loti so fasziniert hatte. Gegenüber meinem ersten Besuch 1978 war die Bevölkerung Istanbuls bis 1998 von 4 Millionen auf über 12 Millionen angewachsen. Und die damit verbundene Enge war in der Stadt deutlich spürbar.

Kennzeichnend für diese Phase war in meinen Augen der unübersehbare neue Reichtum, der sich vor allem im Bauboom von Häusern, Wohnungen und städtischen Einkaufszentren niederschlug. Luxuriöse geschlossene Wohnanlagen (sogenannte *gated communities*) im Levent-Viertel von Istanbul, die man als Site bezeichnete (ausgesprochen wie die französische *Cité*), versprachen einen Lebensraum, in dem es an nichts fehlte, mit Wohnungen, Straßen, Rasenflächen und Gärten, Kinos, Einkaufszentren, Fitnessclubs, Tennisplätzen und Pools. Zur gleichen Zeit wurden auch viele Einkaufszentren gebaut, die neuen Foren des gesellschaftlichen Lebens. In den späten 90er Jahren schossen sie wie Pilze aus dem Boden: Galeria (1988), Akmerkez und Kanyon in Istanbul, Metro und Atakule in Ankara oder auch das Site Kulesi in Konya über 42 Etagen (2006). Während auf dem Basar eine von Männern geprägte Atmosphäre herrschte, wurden diese Einkaufszentren eher von Frauen dominiert; hier sah ich zum ersten Mal Frauen als Verkäuferinnen. Die auf Hochglanz polierten Marmorböden dieser Zentren hatten keine Ähnlichkeit mehr mit den schmutzigen Straßen der alten Stadtzentren, und normalerweise musste man sie mit dem Auto ansteuern, nicht zu Fuß - ein weiteres untrügerisches Zeichen für einen gestiegenen Konsum. In den Einkaufszentren siedelten sich auch diverse Gastronomiebetriebe an, neben einigen vertrauten Kebab-Ständen in erster Linie westliche Restaurant-Ketten. Ausländische Einzelhandelsunternehmen von Starbucks bis Harvey Nicols stürzten sich förmlich auf die Ladenflächen. Hinzu kam, dass sich auch der Lebensmittelladen um die Ecke, der *Bakkal Amca* (wörtlich: Onkel-Laden), völlig veränderte. Der Trend ging zunächst zum Markt, dann zum Supermarkt (wie zum Beispiel die Ismar-Kette) und schließlich zum Hypermarkt (Migros und Carrefour). Der Hotel-Bauboom hielt unvermindert an, wobei der besondere Fokus nun auf Luxus- oder Boutique-Hotels lag; je verschwenderischer die Apartments, desto besser. Das städtische Gefüge blieb von diesem Boom nicht unberührt: Das Stadtviertel, der Markt und die lokale Moschee - dies waren traditionell die drei Elemente, die die osmanische Stadt zusammenhielten. Nun jedoch zerfiel diese Einheit und musste entlang neuer Muster wieder aufgebaut werden. Das Sultanahmet-Viertel von Istanbul etwa verwandelte sich mehr und mehr in ein Bühnenbild aus osmanischen Häusern für Touristen. Kleine Kinder wuchsen dort nicht mehr auf.

All diese Veränderungen auf den Feldern Kommunikation, Mode, Essen oder Freizeit erlebte ich hautnah mit, im Kleinen wie im Großen, aber in meinen Augen war es das Konsumfieber, das dieser Epoche seinen Stempel aufdrückte. Jeder musste ein Handy haben, ein Auto haben und im Supermarkt einkaufen. Istanbul war schon in der Vergangenheit immer ein kommerzielles Handelstor gewesen, und jetzt begehrten Europäer und Westler Einlass, um einer sehr aufnahmewilligen Gesellschaft nicht nur ihre Produkte zu verkaufen, sondern auch ihre Lebensweise. Die Begeisterung für Fortschritt und Konsum kannte keine Grenzen, doch bestand damals noch ein auffälliges Missverhältnis zwischen dem großen Reichtum, den die Neureichen aus Istanbul zur Schau stellten, und der hoffnungslosen Armut der ländlichen Gebiete, besonders der Osttürkei. Allerdings konsumierten die Türken nicht nur, sie produzierten auch. In dieser Phase überraschte die Türkei die Welt mit ihrem technologischen Knowhow und ihren wachsenden Ambitionen im Inland wie auch im Ausland; dank ihrer Telekommunikationsindustrie stieg sie zu einem führenden Player auf. Als 1998 der neue hochmoderne Terminal 1 des JFK-Flughafens in New York eröffnete, war die THY neben so renommierten Unternehmen wie Air France und Lufthansa eine von fünf internationalen Fluggesellschaften, die dort Pachtverträge unterzeichneten. Von da an flog THY nonstop nach Istanbul, und die Flüge waren stets bis auf den letzten Sitz ausgebucht. Hatte man sich in der Vergangenheit beim Check-in noch an die Atmosphäre auf einem türkischen Busbahnhof erinnert gefühlt, so war der Service nun ausgesprochen professionell, zuvorkommend und schnell. Außerdem pflegten die Türken jetzt mit Designer-Gepäck zu reisen. Bei einer Vorführung der erstaunlichen technologischen Innovationen, die zu jener Zeit in der Türkei Einzug hielten, hob ich zum ersten Mal in meinem Leben Geld an einem Automaten ab - nicht an der Wall Street in Manhattan, sondern in dem staubigen Provinzstädtchen Afyon. Auch Lichtschalter, die per Schlüssel aktiviert werden, um Energie zu sparen, begegneten mir zum ersten Mal nicht in Las Vegas oder Paris, sondern in einem Hotel in Kayseri. In Aksaray wiederum hatte ich zum ersten Mal ein Hotelzimmer mit einer besonders effizienten, über dem Fenster angebrachten Klimaanlage. 1999 nahm die U-Bahn von Taksim nach Levent ihren Betrieb auf, und im selben Jahr wartete ich zum ersten Mal im Auto auf das

Umspringen einer roten Ampel, während auf einer LED-Anzeige daneben die Sekunden herunter gezählt wurden; auch dies übrigens nicht in New York, sondern in einer Kleinstadt an der Schwarzmeerküste. Auf der Strecke von Sirkeci nach Eminönü verkehrte fortan eine Schnellbahn namens ‚Silberkugel'. Ihre Jungfernfahrt führte über Istanbuls historischen Divan Yolu - dort entlang, wo einst schon Ihre Janitscharen marschierten, Lady Mary.

Auf den Straßen sah man nun Handkarren, die Speisen aus dem Westen verkauften: Maiskolben, heiße Kartoffeln, Popcorn. Hunde wurden an der Leine geführt, und vor alten Holzhäusern parkten schicke Autos. Die langsam verbrennende Braunkohle, die Istanbul sonst im Winter seinen charakteristischen Geruch verliehen hatte, wurde durch Erdgas ersetzt. 1995 war das Jahr der Internet-Cafés, und genauso schnell, wie die Geranien in den Olivenöl-Kanistern vor den Eingangstüren der Häuser erblühen, vermehrten sich auf den Dächern dieser Häuser die Satellitenschüsseln. 1996 traten Fahrräder immer öfter in Erscheinung, und mit ihnen die ersten Kinderwagen, die man zuvor in der Türkei nie gesehen hatte. Denn in der türkischen Kultur pflegten die Frauen ihre Babys immer eng am Körper zu halten, entweder auf dem Arm oder auf dem Schoß. 1997 wurde das Sultanahmet-Viertel generalüberholt. Es bekam einen neuen Park, und der Müll wurde beseitigt. Im gleichen Jahr bekam das tief liegende offene Bassin der Karatay-Medrese von Konya ein diskretes Geländer, gewissermaßen als Zugeständnis an ungeschickte Touristen. Und 1998 erhielt der Bedeckte Basar ein neues Pflaster.

Die Türkei wurde mit neuen Produkten und Konsumgütern überschwemmt, aber via Satellitenfernsehen und

Medien auch mit Bildern, Namen, Popstars, Essensge-
wohnheiten und Lebensweisen aus der globalisierten Welt.
Türkische Jugendliche übernahmen den internationalen
Dresscode, bestehend aus Jeans, T-Shirts, Turnschuhen und
Baseballkappen sowie Tattoos, und immer häufiger sah
man nun pummelige Kinder. An den Kiosken funkelten
Hochglanzjournale um die Wette: Türkische Ableger von
Cosmo und *Marie-Claire* lieferten sich mit anderen Schöner-
Wohnen-Zeitschriften und Modemagazinen einen Wett-
streit um die Gunst der Kunden. Ab Mitte der 90er Jahre er-
oberten türkische Designer wie Rıfat Özbek und Atil
Kutoğlu die Laufstege der Welt und sorgten mit ihren fan-
tasievollen, von orientalischem Flair und Charme beseelten
Kollektionen für Furore. Zur gleichen Zeit fand ich übrigens
heraus, dass mein K-Mart um die Ecke türkische Jeans und
Polo-Shirts importierte und verkaufte.

Die Türken interpretierten die konsumorientierten
Yuppie-Lebensstile aus dem Westen *alla turca*: Frauen fo-
kussierten sich auf Themen wie Körperpflege und Gesundheit, was nicht nur diesen abgehobenen Modemagazinen,
sondern der Presse insgesamt, der Werbung und dem Angebot an internationalen Beauty-Produkten geschuldet war.
Weil die Türkei das Land der Nargile [Wasserpfeife] und
des Tabaks ist, mutet es umso unglaublicher an, dass die
Türken Rauchverbote in öffentlichen Räumen viel früher
durchsetzen konnten als die Europäer, nämlich direkt nach
den Amerikanern. Cafés und Fastfood-Restaurants schossen
aus dem Boden, und manche Lebensmittelprodukte waren in
der Türkei schon lange auf dem Markt, bevor ich sie zum
ersten Mal in New York sah. Schon bald besaß jedermann
ein Handy. Schokoladenkuchen, Würfelzucker und Nescafé
stiegen zu Statussymbolen auf.

Neben der Jagd auf Konsumgüter bemühten sich die Türken auch um bessere Bildungschancen für ihre Kinder. Zum einen wurden immer mehr private Universitäten gegründet, zum anderen gingen viele junge Türken in die USA, um dort ein Hochschule zu besuchen; denn der Besitz eines amerikanischen Diploms galt als Schlüssel zum Erfolg in der Türkei. Geradeso wie die osmanischen Prinzen früher in die Provinzstädte geschickt wurden, um sich von einem Lehrer ausbilden zu lassen, machten sich ihre zeitgenössischen Erben auf in die USA, um dort die besten Schulen zu besuchen und die begehrtesten Diplome zu erwerben.

Der allgemeine Prioritätenwechsel war nicht nur in Istanbul zu spüren, sondern ergriff das ganze Land. In Anatolien wandten sich die Menschen noch rigoroser von der Vergangenheit ab, und um ihre Modernität unter Beweis zu stellen, übernahmen sie westliche Lebensstile. Das traditionelle Inventar wich zweckdienlichen Haushaltsutensilien von der Stange: An die Stelle der alten, noch von Hand geschlagenen Kupfertöpfe traten Aluminiumtopfsets, die von Zeitungen als Gratisbeigabe verschenkt wurden. Handgeschnitzte hölzerne Löffel wurden durch Zinnbesteck ersetzt, handgewebte Kelims und Teppichen durch Auslegeteppichböden und die flachen *Sedir*-Bänke, auf denen Sie so gern saßen, Lady Mary, durch prunkvolle Sofas und Stühle. 1981 besichtigte ich die Sahip Ata-Külliyesi in Konya. Sie lag mitten in einem Viertel mit Werkstätten und Ersatzteillagern. Vor ihrem Eingang standen Hunderte Pferdegespanne, und ich musste aufpassen, in dem Chaos nicht niedergetrampelt zu werden. Autos waren weit und breit nicht zu sehen. Als ich 1995 an den Ort zurückkehrte, waren die Pferdegespanne nicht mehr da, und auch die Läden nicht.

Natürlich bringt jeder Wandel auch unerwünschte Begleiterscheinungen mit sich. Was mir zu jener Zeit in Anatolien besonders negativ auffiel, war die visuelle Umweltverschmutzung am Straßenrand. Früher fuhr man stundenlang dahin, ohne ein Werbeplakat zu sehen; Meile über Meile reine Natur - so rein, dass man sich der Welt enthoben fühlte und den Blick und die Vorstellungskraft zum Horizont und darüber hinaus schweifen lassen konnte. Nun aber wurden plötzlich überall Reklametafeln aufgebaut, die diese Idylle mit ihren vulgären und überflüssigen Informationen zerstörten. Und leider waren diese Reklametafeln nicht die einzige Verschandelung der Landschaft, denn mit ihnen kam auch der Müll, kamen die unverwüstlichen Plastiktüten und Wasserflaschen. Früher gab es auf den Straßen der Türkei keinen Müll. Heute ist er allgegenwärtig. Eine weitere Veränderung zum Schlechteren stach mir 1996 in Konya ins Auge. Dort waren die handgewebten, wie Regenbogen leuchtenden Gebetsteppiche, die den Boden der Alaeddin-Moschee bedeckt hatten, entfernt und durch Auslegeteppich in monotonem Aquamarinblau ersetzt worden. Diese außergewöhnliche Moschee, die berühmteste und erhabenste aller Seldschukenmoscheen mit ihrem famosen aus Nussbaum geschnitzten *Minbar* [Kanzel] aus dem Jahr 1155, mit ihren spektakulären glasierten türkisfarbenen *Mihrab*-Kacheln [Gebetsnische] und mit ihren Originalteppichen, die Sultan Alaeddin Keykubad einst persönlich in Auftrag gegeben hatte, war durch die Verlegung dieses industriell gefertigten Teppichs - im Namen des Fortschritts - ihrer glanzvollen historischen Ästhetik beraubt worden.

Zweifellos waren die Jahre von 1995 bis 2000 also in erster Linie von Konsum und Wandel geprägt; doch das nachhaltigste Vermächtnis dieser Zeit dürfte der Umbau der politischen Landschaft gewesen sein - ein Erbe, dass wohl auch die Zukunft der Türkei noch maßgeblich beeinflussen wird. In diesen fünf Jahren kämpfte das Land darum, seinen oft allzu schwindelerregenden Umbau in den Griff zu bekommen. Die aus dem Westen importierte Konsumhaltung bewirkte, dass sich weite Teile der Gesellschaft ausgeschlossen fühlten, insbesondere diejenigen, die außerhalb der urbanen Zentren lebten. Nicht gänzlich unerwartet, wandten sich viele von ihnen daher Dingen zu, die ihnen beruhigender und vertrauter erschienen und die ihrem Wertesystem besser entsprachen. Sie sehnten sich nach einer Aussöhnung zwischen den unterschiedlichen Lebensstilen und nach wirtschaftlicher Stabilität. Daher durfte es niemanden überraschen, dass die Türkei im Juli 1996 Necmettin Erbakan zu ihrem ersten islamischen Ministerpräsidenten wählte, was dazu führte, dass auf Regierungsebene fortan ein neuer Ton angeschlagen wurde.

Die vierte und letzte Entwicklungsphase, die ich miterleben durfte, begann im Jahr 2000 und ist bis heute nicht abgeschlossen. Ihr voraus gingen zwei erschütternde Ereignisse: das Erdbeben von Izmit im Jahr 1999 und die New Yorker Anschläge vom 11. September 2001. Diese beiden Ereignisse sollten die Türkei und die Welt für immer verändern, und in der Türkei begann nun die letzte wilde Etappe auf dem Weg in die Moderne - dem Ziel entgegen, das das Land immer vor Augen gehabt hatte. Charakteristisch für diese Phase waren meinen Beobachtungen zufolge massive Touristenströme, ein intensives Werben um Europa, ein durch den zweiten Irakkrieg bedingter gewisser Antiamerikanismus, der Aufstieg religiöser Parteien an die Macht und die

triumphale Rückkehr der Türkei auf die politische und ökonomische Weltbühne.

Auch das politische Klima veränderte sich rasant. 2002
wurde die Todesstrafe abgeschafft. Und dem Ende des Auf-
stands der Kurden 1999 folgte im November 2002 schließlich die Aufhebung des Ausnahmezustands. Trotzdem war
der Anblick von Soldaten mit Maschinengewehr in Hotel-
lobbys und auf öffentlichen Plätzen noch bis 2004 gang und
gäbe. In jenem Jahr strahlte der staatliche Fernsehsender
TRT erstmals ein Programm in kurdischer Sprache aus.
Nach der Finanzkrise von 2001, in deren Verlauf die türkische Währung die Hälfte ihres Wertes einbüßte, führte das
Land auf Anraten des Internationalen Währungsfonds weitreichende Reformen durch. In der Folge stieg das Bruttoin-
landsprodukt mit beeindruckenden Wachstumsraten. Auch
die Hyperinflation, die der Türkei in den 90er Jahren stark
zugesetzt hatte, konnte nun ausgetrocknet werden.

Der Wandel, der das Land im vergangenen Jahrzehnt
erfasst hatte, kannte weiterhin keine Grenzen. Der Bauboom hält unvermindert an. Vor den Toren von Städten
wie Kayseri, Malatya und Konya werden gewaltige Woh-
nungsbauprojekte vorangetrieben, und in Ankara und Istanbul entstehen immer neue Bürotürme. Überall werden
weitere Einkaufszentren und Supermärkte aus dem Boden
gestampft. Die Straßen kreuz und quer durch das Land sind
inzwischen in einem genauso guten Zustand wie die Straßen Europas. Auch die Technologie ist weiter auf dem Vormarsch: 2001 wurden in Ankara eine neue U-Bahn und in
Istanbul ein neuer internationaler Flughafen eröffnet. Und in
den Moscheen, die die Zeichen der Zeit erkannt haben, stehen Tafeln mit Hinweisen wie diesem: „Lütfen cep telefo-

nunuzu kapatınız!" (Schalten Sie bitte Ihr Handy aus!) In der Nähe von Tokat auf dem Lande fiel mir eine kleine Moschee auf, die die Gebetszeiten auf einer LCD-Anzeige mit knallroten Buchstaben präsentierte.

Am 1. Januar 2005 wurden der türkischen Lira die hinteren sechs Nullen gestrichen, und eine neue Währung kam in Umlauf: die Neue Türkische Lira (YTL). An diesem Tag gelang es mir erstaunlicherweise schon um 10.00 Uhr morgens, meine ersten ‚YTL' am Geldautomaten abzuheben. Nicht im Traum hätte ich damit gerechnet, dass das Gerät wirklich die neue Währung ausspucken würde, und doch verlief alles reibungslos; viel reibungsloser jedenfalls als in Europa bei der Umstellung auf den Euro. Mittlerweile wird in jeder Werbung eine Internetadresse mit angegeben, und WIFI-Verbindungen sind verbreiteter und zuverlässiger als in Europa und sogar Amerika. Auch das Bewusstsein für die Umwelt hat die Türkei inzwischen erreicht. Auf ehemals verdreckten städtischen Flächen werden neue Gärten und Parks angelegt. Fußgängerzonen entstehen (zum Beispiel die Istiklal und die ‚französischen' Straßen in Istanbul), und Grünanlagen säumen die Zufahrtsstraßen in die Städte. In Istanbul leben heute viele Arbeitskräfte aus westlichen Ländern. Jahr für Jahr erhält die Stadt Zulauf von ca. 300.000 bis 400.000 Neuankömmlingen. Die Silberkugel-Schnellbahn ist selbstverständlich komfortabel klimatisiert.

Die Erschließung des internationalen Markts hält an, 90 Prozent ihrer Autos exportieren die Türken nach Europa. Im April 2007 entdeckte ich in dem winzigen Lebensmittelladen in meiner Straße in New York eine Flasche Efes-Bier. Auf der Tafel mit den Abflugzeiten am Flughafen von Istanbul findet sich jedes erdenkliche Reiseziel, und das

Pappschild am THY-Schalter in Newark hat schon lange aus-
gedient. Am meisten hat sich die Türkei in dieser Phase aber
durch den Massentourismus verändert. Wer heute durch die
Straßen von Istanbul streift, muss sich damit abfinden, im
Gedränge von Ausländern angerempelt zu werden: Istanbul
ist das neue Rom. Aber die Türken sind gute Gastgeber, sie
bemühen sich nach Kräften, all diese Touristen willkommen
zu heißen. Das Land besitzt ein ausgezeichnetes Transport-
system mit hochmodernen innerstädtischen Bussen, Zügen,
Straßenbahnen, Personen- und Autofähren, Taxis und neuer-
dings auch einer U-Bahn, deren Ausbau vorangetrieben
wird. Das Schienen- und Straßennetz wird ständig verbes-
sert, viele vierspurige Autobahnen und Mautstraßen erleichtern den Touristen das Reisen. Mehrsprachige freundliche
Polizisten verbürgen für die Sicherheit der Besucher, und
die Touristeninformation im Sultanahmet-Viertel ist geradezu ein Ausbund an Effizienz. Historische osmanische
Häuser und Hane in Safranbolu, Diyarbakır und Amasya
wurden zu Pensionen umgebaut. Und wer als Tourist einmal keine Lust auf ein traditionelles Gläschen Tee, einen
Nescafé oder einen türkischen Kaffee verspürt, kann sich
auf dem Divan Yolu oder auf der Istiklal bei Starbucks bewirten lassen. Viele Hotels sind mit Eismaschinen ausgestattet,
und in unzähligen Diskotheken tanzen vergnügungssüchti-
ge Touristen zu internationalen Hits und türkischem Rap.

Ein schöner Nebeneffekt dieser Öffnung der Türkei für
Kulturreisende aus aller Welt ist ein geschärftes Bewusstsein
für die Präsentation ihres nationalen Erbes. Zu den ausgezeichneten staatlichen Museen in Ankara, Istanbul und Antalya, die weiter modernisiert wurden, gesellen sich inzwi-

schen eine ganze Reihe von privat finanzierten Museen. Ihre Tore stehen nicht nur ausländischen Gästen weit offen,
sondern auch türkischen Besuchern, deren Interesse an der
eigenen kulturellen Identität geweckt wurde. (Zum Beispiel
das Kadir Has-Museum in Kayseri sowie das Koç-, das
Sabancı-, das Pera-und das Sadberk Hanım-Museum in Istanbul.) Mit diesen Museen ist die Türkei auf dem besten Wege,
zu einer der wichtigsten Kulturnationen der Welt zu werden,
allen voran mit dem 2004 eröffneten Museum Istanbul Mo-
dern für zeitgenössische Kunst, dem ersten seiner Art in der
Türkei. Auch die traditionellen Künste werden nicht vernachlässigt. Zum Beispiel gibt es in Istanbul Pläne für ein Museum, das Flachgewebeteppichen gewidmet ist. Tourismus-
und Museumsbroschüren, früher gespickt mit den krasses-
ten Sprachfehlern, sind heute allem Anschein nach fachge-
recht erstellt und sprachlich einwandfrei formuliert. Bei vielen Besichtigungen stehen Audioguides in zahlreichen
Fremdsprachen zur Verfügung. Reiseführer in Buchform
sind ohnehin in jeder Sprache erhältlich.

Mit den Touristenzahlen steigt das kulturelle Bewusstsein der Menschen in der Türkei. Die Bücher, die auf den
Markt kommen, werden immer anspruchsvoller. Ihre Co-
vers sind künstlerisch gestaltet, und ihr Druck erfolgt auf
hochwertigem weißem Papier, was eine enorme Verbesserung gegenüber den langweiligen Buchdeckeln und dem
körnigen zeitungsähnlichen Papier von früher darstellt. In
der Vergangenheit wurden jedes Jahr rund 10.000 Bücher in
der Türkei veröffentlicht. Im Jahr 2006 gingen 30.000 in
Druck. Schicke neue Buchhandlungen präsentieren in ihren
Schaufenstern grafisch ansprechende Titel. Beflügelt von der
Tatsache, dass die UNESCO neun historische Stätten in der

Türkei zum Weltkulturerbe erklärt hat, und dem daraus resultierenden Interesse von Wissenschaftlern aus aller Welt an archäologischen Ausgrabungen setzt sich auch in der Türkei allmählich die Erkenntnis durch, dass das traditionelle Erbe geschützt, geschätzt und gewürdigt werden muss. Die Türken verstehen nun, dass ihre Kultur ein unermesslich wertvoller Schatz ist, der sorgsam und professionell gehegt und gepflegt werden will.

Auch was meine persönlichen Orientierungsmarken betrifft, stelle ich viele Veränderungen fest. Es fällt mir immer schwerer, gutes Brot zu finden. Ayran wird mittlerweile in sterilisierten Bechern serviert, nicht mehr im Krug nach Hausrezept. In diesem Jahr nahm ich zum ersten Mal Polizei- und Krankenwagensirenen auf der Straße wahr. Alte Holzhäuser und umherziehende Losverkäufer sind zu Raritäten geworden. Obstsaft wird nur noch im Karton verkauft, nicht mehr in den winzigen bunten, kegelförmigen Glasflaschen. Wenn mir Wasser kredenzt wird, kommt es nun stets aus einer Plastikflasche; offenbar gelten die kühlen Aluminium-Kannen auf den Restauranttischen und die Gläser der fliegenden Händler inzwischen als unhygienisch. Babys sind eigener geworden, Kinder frecher und dicker. Der Gewürzbasar droht seine Identität zu verlieren. Seine berühmten bunten Gewürzpyramiden verlieren sich zwischen all dem touristischen Tand und den T-Shirts, die nun ebenfalls dort verkauft werden. Selbst Schmuckgeschäfte beginnen sich breit zu machen: Erst dieses Jahr kam ein neues mit einer aufdringlichen Glasfront hinzu, in völliger Missachtung der architektonischen Integrität dieses historischen Monuments.

Bei all diesen Veränderungen bete ich dafür, dass die so reiche und unverwechselbare Individualität der einzelnen

Regionen in der Türkei der Globalisierung und ihrer Tendenz zu einer standardisierten Vereinheitlichung widerstehen kann; denn die regionale Vielfalt ist eine der wichtigsten Ressourcen des Landes. Lokale Bräuche und Trachten, Volkslieder, Dialekte, Akzente, Speisen, Musik und künstlerische Motive müssen erhalten bleiben. Ich möchte, dass Konya anders aussieht als Şanliurfa. Ich möchte nicht, dass das graue Erzurum dem goldenen Ankara ähnlich wird, und auch nicht, dass die regionalen Akzente aus dem Sprachgebrauch verschwinden. Ich möchte in Elbistan alewitische Musik hören und in Kahramanmaraş gummiartiges Eis essen, in Antalya das blaue Mittelmeer bestaunen und in Niğde die braunen Ebenen. Ich hoffe inständig, dass es dem türkischen Volk auf seinem Weg in die Zukunft gelingen wird, sich seine unverdorbene Herzlichkeit und seine Seele zu bewahren. Diebstähle werden sich häufen, Einbrüche werden sich häufen, Überfälle werden sich häufen. Und manches, was aus dem Westen kommt, wird die traditionellen Werte bedrohen. Als ich 1991 Isparta besuchte und das Auto abschloss, lachte der Parkwächter und verspottete mich mit den Worten: „Sie Närrin! Das brauchen Sie doch nicht, wir sind hier in der Türkei, da stiehlt niemand." Wie sehr wünsche ich mir, dass er auf immer Recht behält!

Doch all das sind nur kleine Steinchen auf der Schnellstraße des Fortschritts. Wenn ich an Bord einer der großen Bosporus-Fähren springe, die der Zukunft entgegen dampfen, überkommt mich die gleiche Begeisterung wie die Türken. Derzeit sind zwei große Projekte für den Bosporus in Planung, und sie erinnern uns daran, wie weit es die Türkei seit jenen Tagen, als Süleyman der Prächtige davon träumte, eine Brücke über den Bosporus zu errichten, gebracht

hat. Das ‚Marmaray'-Projekt, dessen Fertigstellung eigentlich für 2012 geplant war, wird den europäischen Teil von
Istanbul durch einen 13 Kilometer langen Eisenbahntunnel
unter dem Bosporus her mit dem asiatischen Teil verbinden
- der am tiefsten verlaufende Röhrentunnel der Welt. Außerdem soll noch eine dritte Brücke über den Bosporus gebaut
werden. Projekte wie diese werden es Frankreich und Österreich, aber auch jedem anderen Land in der Welt künftig sehr
schwer machen, die Türkei zu ignorieren. Eine neue Generation von Brücken-Überquerern arbeitet gerade mit Hochdruck
an den Konstruktionsunterlagen für diese Projekte, und ich
kann nur hoffen, dass sie genauso bereichernde Erfahrungen mit der Türkei machen werden wie ich seit dem Tag,
als ich mich mit den Übersetzungen für die Fatih-Brücke zu
beschäftigen begann.

Wird Ihnen schwindlig, wenn Sie dies lesen, Lady Mary? Keine Sorge, denn trotz all der Veränderungen, die ich
Ihnen hier geschildert habe, bleiben viele der Eindrücke, die
Sie während Ihres Aufenthalts in der Türkei sammeln durften, auch auf dem Weg zu Fortschritt und Erneuerung un-
auslöschlich: die gekachelten Wände der Selimiye in Edirne,
die Aussicht von Ihrem Fenster hoch oben in Pera, das Vergnügen der Bootsfahrten über den blauen Bosporus, die
charmanten Frauen mit den Diamanten groß wie Haselnüssen, die Haselnüsse selbst, angebaut am Schwarzen Meer, die
Vernarrtheit in die Kinder, die Liebe zur Familie oder die
zum Picknick ausgelegten Teppiche.

Ich schwärme für die Stadt Kayseri, Lady Mary, und
ich wünschte mir, Sie hätten ebenfalls die Gelegenheit gehabt, sie zu besuchen. Wahrscheinlich bin ich deshalb so begeistert von dieser Stadt, weil sie den Zyklus von Kontinu-

ität und Wandel so harmonisch symbolisiert. Wenn ich auf
dem zentralen Platz der Stadt stehe und mich in alle Richtun-
gen umschaue, nimmt die ruhmreiche Geschichte des Auf-
stiegs der Türkei vor meinen Augen Gestalt an: der vulkani-
sche Berg Erciyes steht für den Anbeginn der Zeit, auf dem
geschäftigen Markt klingen die Schritte der assyrischen und
hethitischen Händler nach, die steinernen Stadtmauern erinnern an Rom und Byzanz, die Medresen Mahperi Hatun
und Sahibiye bezeugen die bedeutende Rolle dieser Hauptstadt der Seldschuken, Sinans Ali Pascha-Moschee unter-
streicht die Majestät des Osmanischen Reichs, das Denkmal
in der Mitte des Platzes ist nicht nur Atatürk gewidmet,
sondern auch den Idealen der Republik, und in der Glasfas-
sade des neuen Hilton Hotels, die so designt ist, dass sich das
Profil des erhabenen Berges Erciyes darin spiegelt, funkelt
jene Türkei auf, die sich die Europäer erträumen. Ich würde mir wünschen, dass sich jeder Bürger der Türkei in seiner
Heimatstadt umschauen und den gleichen Stolz auf diese
wahrlich beeindruckende historische Entwicklung verspüren könnte.

Ich bin sehr zuversichtlich, dass dieser noch unvollen-
dete gigantische, 1000 Meilen in der Länge und 300 Meilen in der Breite messende ‚türkische Teppich‘ dereinst als
magischer Teppich die Bewunderung der ganzen Welt auf
sich ziehen wird. Früher oder später werden die Türken
hoffentlich einsehen, dass der unscheinbare aquamarinblaue
Teppichboden, der heute in der Alaeddin Moschee in
Konya ausliegt, keinem Besucher im Gedächtnis haften
bleibt - ganz im Gegensatz zu den kleinen Einzelstücken,
die ursprünglich den Boden der Moschee zierten und noch
aus der Zeit von Sultan Alaeddin Keykubat stammten. Die

Teppiche dieses frommen Sultans sind als Meisterwerke der Webtechnik in die Kunstgeschichtsbücher eingegangen. Heute werden sie als die ‚Kronjuwelen' des Museums für islamische Kunst in Istanbul präsentiert und locken dort Jahr für Jahr Millionen von Besuchern an. Was ich der Türkei wünsche, ist, dass sie und ihr Volk den schillernden Teppich des Landes weiterknüpfen - ein unverwechselbares Stück mit einer sehr individuellen Note, originell im Design und vortrefflich gearbeitet.

Meinen Baum in jenem heruntergekommenen Motel in Antalya habe ich nie vergessen. Von dem Tag an, als ich vor dem Stacheldrahtzaun stand und den schlimmen Verdacht hatte, er sei abgeholzt worden, besuchte er mich in meinen Erinnerungen und Träumen immer wieder. Als ich dieses Jahr zurück nach Antalya kam, war ich deshalb fest entschlossen, der Sache noch einmal nachzugehen. Eigentlich war ich überzeugt davon, dass die Platane noch stand, denn ich konnte einfach nicht glauben, dass etwas so Kostbares und Edles profanen Umbauarbeiten zum Opfer gefallen sein sollte. Ich ging also die Lara Road hinunter bis zu der Stelle, von der ich annahm, dass es dort gewesen sein musste, und betrat das Anwesen eines neuen modernen Hotels. Als ich gerade die Hoffnung aufgeben wollte, den Baum in diesem Irrgarten noch zu finden, stand er plötzlich vor mir. Und siehe da, er war nicht nur verschont geblieben, sondern sogar zum Mittelpunkt der gesamten Landschaftsarchitektur des Hotels gemacht geworden. Um ihn herum hatte man eine schmucke terrassenförmig angelegte Veranda gebaut, die seine ganze Erhabenheit unterstrich. Genau wie früher thronte er an seinem Platz und lud die Menschen ein, sich in seinen schützenden Schatten zu setzen und die Ruhe und

die herrliche Aussicht über die Bucht von Antalya zu genießen. Und so möchte ich gern glauben, dass der Türkei das
gleiche Schicksal wie meinem Baum widerfährt: Möge sie
ewig überdauern, sich aber gleichzeitig auch verändern. Möge sie sich im Einklang mit der Zeit weiterentwickeln und
den Gegebenheiten anpassen. Möge sie stets stolz und
mächtig aufragen - um der kommenden Generationen willen tief im Erdreich verwurzelt, während sich ihre Äste dem
Mond und den Sternen entgegen strecken!

Herzlichst,
Kadriye Branning

Ein Strauß Tulpen

Liebe Lady Mary,
wenn Sie doch nur sehen könnten, wie sich dieses Land entwickelt hat, seit Sie hier waren! Sie würden die Türkei nicht wiedererkennen, so sehr unterscheidet sie sich von dem Osmanischen Reich unter jenem kriegerischen und egozentrischen Sultan, das Sie damals kennenlernten. Die Türkei von heute ist ein friedliebendes Land, das nicht länger auf externe Eroberungen erpicht ist, sondern intern um politische, finanzielle, soziale und moralische Positionen ringt.

Der Entwicklungsprozess der Türkei geht weiter und wird heute vor allem von der Jugend vorangetrieben - schon allein deshalb, weil sie den Löwenanteil der Bevölkerung stellt. (70 Prozent der Türken sind jünger als 35 Jahre.) Die türkische Jugend ist engagiert, sie schaut nach Osten und nach Westen, bevor sie die Straße überquert, und sie sehnt sich nach Glück und Bildung. Sie sympathisiert mit der europäischen Vision und wünscht sich Zugang zu sozialen Errungenschaften, Gerechtigkeit, Meinungsfreiheit, technologischem Fortschritt und finanziellen Möglichkeiten. Schon in wenigen Jahren wird ihr die Macht im Lande zufallen, ein sehr reiches Erbe, das ihr von den Seldschuken, Osmanen und deren Nachfahren, den Gründungsvätern der Republik, hinterlassen wurde. Sie wird nicht davor zurückscheuen, sich von der Vergangenheit zu lösen, Opfer zu bringen und sich bietende Chancen beim Schopfe zu fassen. Aus ihren Reihen werden neue Alaeddin Keykubads und neue Süleymans hervorgehen, die der Türkei ihren Stempel aufdrücken und sie unverhofft zu einer der erfolgreichsten Nationen des 21. Jahrhunderts machen könnten.

In einem Brief an Alexander Pope vom 21. Februar 1717 berichten Sie davon, das Schlachtfeld von Karlowitz aufgesucht zu haben, den Schauplatz des großen Sieges, den der österreichische Feldherr Eugene de Savoie am 11. September 1697 über die osmanischen Türken errang. Aufgewühlt vom Anblick dieses Ortes, der damals noch immer mit Totenköpfen und Gerippen übersät war, ließen Sie sich, ganz entgegen Ihrer sonstigen Zurückhaltung, zu einigen politischen Bemerkungen hinreißen. Doch dann fingen Sie sich schnell wieder und leisteten Abbitte: „Ich will Ihnen nicht damit beschwerlich fallen, sondern in einfachem Stil wieder zur Geschichte meiner Reise zurückkehren." Wenn Ausländer solche Dinge kommentieren, hat man in der Tat schnell den Eindruck, dass sie urteilen, ohne über die nötigen Hintergrundinformationen zu verfügen. Folglich lautet eine der schwierigsten Lektionen des Brücken-Überquerens: zu wissen, wann man sich besser zurückhalten sollte. In diesem Sinne habe ich in meinen Briefen an Sie die ‚Schattenseiten' der türkischen Kultur ganz bewusst ausgespart. Sie mögen der Ansicht sein, dass ich ein zu schwärmerisches Bild von diesem Land gezeichnet und durchaus existierende Probleme beschönigt habe. In einem Brief vom

30. August 1716 aus Regensburg erklären Sie jedoch selbst:
„Mir aber erscheint das Klügste, neutral zu bleiben." Ich habe mich für die gleichen Ansatz entschieden. Genau wie Sie
bin auch ich eine Reisende. Als solche möchte ich es den
Journalisten und Politikwissenschaftlern überlassen, gesellschaftliche Differenzen und politische, religiöse, kulturelle
und ethnische Probleme zu analysieren.

Auch zu Ihren Zeiten gab es schwerwiegende Probleme, die einen Schatten auf die Gesellschaft warfen. Ober-
flächlich betrachtet regierten in der ach so vergnüglichen
Tulpenära unter Ahmet III. Partys, Poesie und Tulpen. Doch
die Steuern, die dieser Sultan erließ, um seinen ausschweifen-
den Lebensstil zu finanzieren, führten zu einem Volksauf-
stand und schließlich zu seinem Sturz im Jahr 1730, 12 Jahre nach Ihrer Abreise aus der Türkei.

Heute, 280 Jahre später, sind die sozialen Probleme von
damals vergessen. Nicht vergessen sind hingegen die Tulpen
in ihrer bunten Farbenpracht und mit ihren tanzenden
Stengeln. Inzwischen beansprucht Holland sie für sich, und
alle Welt sieht in ihnen ein Symbol für die Wiederbelebung
im Frühling, für Freude und Hoffnung. Und genau diese
Zuversicht verkörpert in meinen Augen auch die Türkei:
Sie ist ein Land, das der Welt einen großen Strauß Tulpen
überbringt.

Wenn ich Menschen in meinem Umfeld von der Türkei berichte, fällt es mir oft schwer, die Finsternis jener
‚Schattenseiten', von denen sie in der Presse lesen und die
ihre Wahrnehmung von diesem Land sehr stark beeinflussen, zu durchdringen. Jede Kultur, jede Ethnie und jedes
Land hat solche Schattenseiten, und je nachdem, aus welcher Perspektive man sie betrachtet, treten sie teils stärker

und teils weniger stark hervor. Ich sehe die Schattenseiten der Türkei klar und deutlich vor mir, denn viele von ihnen unterscheiden sich nicht von denen, die auch auf meinem Land lasten. Auf meinen Reisen in die Türkei habe ich festgestellt, dass sie mit ganz ähnlich gearteten Problemen zu kämpfen hat. Dadurch sehe ich mein eigenes Land und seine Institutionen mittlerweile in einem anderen Licht. Sich mit Schattenseiten oder Problembereichen auseinanderzusetzen, bedeutet nicht, dass man sich ihrer schämt, sondern dass man ihnen die Stirn bietet, indem man sie ergründet, aus verschiedenen Blickwinkeln erörtert und genau analysiert, um sie dann endgültig hinter sich zu lassen.

Die Türkei besitzt heute die nötige Reife, um Verantwortung zu übernehmen, und sie ist zu weiteren bemerkenswerten Umgestaltungen bereit. Der Pubertät entwachsen und mündig geworden, kann sie nun ihre eigenen Entscheidungen treffen. Gegenwärtig diskutiert sie über die künftige Form ihrer Demokratie und über die Frage, wie ihre Demokratie noch weiter gefestigt werden kann. Ich habe vollstes Vertrauen in die Menschen in der Türkei. Mit ihrer Einsicht, Stärke und Entschlossenheit und mit ihren gesellschaftlichen Werten wird es ihnen ohne weiteres gelingen, einen Weg einzuschlagen, der ihre kühnsten Träume von der Zukunft Realität werden lässt. Die Türkei wird künftig voller Selbstbewusstsein auf der Weltbühne stehen, und alle Augen werden auf sie gerichtet sein.

Bevor ich meine Briefe an Sie beschließe, Lady Mary, möchte ich Ihnen noch einmal versichern, wie sehr Sie mich beim Schreiben inspiriert haben - und auch, wie sehr mir Ihre Briefe dabei geholfen haben, Brücken zu überqueren. Ihre Briefe strahlen Lebensfreude und Optimismus aus, und Ihre charmante Art, sich auszudrücken, gefällt mir außerordentlich gut. Am meisten jedoch hat mich Ihre Offenheit für alles Neue beeindruckt. Natürlich sind Sie eine begnadete Autorin. Sie verstehen es, die Dinge so lebendig zu beschreiben, dass man das Gefühl hat, direkt neben Ihnen zu stehen. Aber was Ihre Briefe in meinen Augen noch wertvoller macht, ist die Tatsache, dass Sie sich dort nie über das, was Sie beschreiben, erheben und folglich auch nie einen tadelnden oder herablassenden Ton anschlagen. Der Ethnozentrismus und die Vorurteile, die so viele Ihrer englischen Landleute hegten, waren ihnen anscheinend völlig fremd. Ich bewundere, dass Sie Ihre Gedanken stets mit Rücksicht auf das moralische Empfinden und die Befindlichkeiten Ihrer potentiellen Leser formulierten. Wenn Sie Ihren kultivierten Freunden zuhause bestimmte Dinge verdeutlichen oder ihr schiefes Türkenbild geraderücken wollten, wussten Sie genau, welche Schilderungen diesen Zweck am besten erfüllen würden. Auch das hat mir sehr imponiert. Ihre Briefe sind alles andere als leeres Geschwätz über Alltagsaktivitäten, sondern vermitteln aussagekräftige und lebendige Einblicke in Ihre Lebenswelt. An Lady Rich schrieben Sie einmal: „Ich bin jetzt in eine neue Welt getreten, wo alles, was ich sehe, mir wie eine Veränderung des Schauplatzes vorkommt." Aber neben diesen Unterschieden zwischen den Kulturen, die Sie keiner Bewertung unterzogen, vergaßen Sie auch die Gemeinsamkeiten und Berührungspunkte nicht. Dadurch lernten Sie sich selbst besser kennen und entwickelten ein feineres Gespür für Ihre eigene Kultur; und uns luden Sie dazu ein, Ihnen nachzueifern. „Bei ihnen ist es nicht anders als bei uns", schrieben Sie. Aus all diesen Gründen glaube ich, nicht nur für mich selbst zu sprechen, wenn ich sage, dass die Menschen Ihre Briefe heute mit der gleichen Begeisterung lesen wie damals.

Es war mir ein großes Vergnügen, Ihnen zu schreiben, Lady Mary, denn es hat mir ermöglicht, meine Hochachtung zum Ausdruck bringen - nicht nur vor der Türkei und ihrer Bevölkerung, die wir beide so lieben und respektieren, sondern auch vor Ihnen.

Zwar werde ich Ihren Rat beherzigen und auch weiterhin neutral bleiben, doch möchte ich Ihnen zum Schluss noch einige meiner Überzeugungen vorzustellen, die Sie, Lady Mary, als aufgeklärte Frau, sicherlich teilen werden. Ich glaube an die Wissenschaft und ihr Potenzial, der Welt Fortschritt und Wohlergehen zu bringen. Ich glaube an das Gesetz und seine Autorität, Gleichbehandlung durchzusetzen. Ich glaube an die Bildung und daran, dass sie den Menschen dabei helfen kann, über ihren eigenen Tellerrand hinauszuschauen und sich nicht in den Fallstricken von Unwissenheit, Dummheit und Vorurteilen zu verfangen. Ich glaube, dass sie Licht in unser menschliches Dunkel bringen und ein Katalysator für Empathie, Verständnis und Veränderung sein kann. Ich glaube, dass es viele ganz unterschiedliche Orte gibt, an denen die Botschaft der Weisheit zu vernehmen ist. Ich glaube an die Gemeinschaft und an die Fähigkeit der Menschen, in Gesellschaft und Politik Einigkeit zu erzielen und eine gerechtere Welt für alle zu schaffen. Ich glaube, dass es eine unsichtbare Hand gibt, die ein Volk unablässig in genau die Richtung schiebt, die es einschlagen muss, um die richtigen Entscheidungen treffen zu können. Und ich glaube, dass uns diese richtungsweisende Hand nicht nur dadurch Beistand leistet, dass sie uns direkte Botschaften von Gott zukommen lässt, sondern dass sie sich auch im Aktienmarkt, in Arzneimitteln oder Gerichtsurteilen manifestiert; in jedem Fall aber steht sie auf der Seite der demokratischen Völker. Ich glaube, dass jede Begegnung zweier Menschen, jedes kleine Gespräch und jedes gemeinsame Glas Tee ein Riss in der Wand der Intoleranz ist. Und wer weiß, vielleicht wird die Welt meiner Träume ja eines Tages - nach unzähligen weiteren Gläsern Tee - doch noch Realität.

Existiert diese Welt schon heute? Nein, wahrscheinlich nicht, aber am Ende wird die Tyrannei niemals siegreich sein. Die Liebe zur Freiheit ist unbezähmbar, daher werden sich die Menschenrechte immer durchsetzen. Mein Traum ist, dass die Türkei - ihre Bürger, Politiker und Gesetzgeber, das Militär und die religiösen Führer - diese Ziele ins Auge fassen und auf dem Weg dorthin weitere Brücken überqueren wird. Ich bin mir sehr zuversichtlich, dass es ihr gelingen wird, einen Garten anzulegen, der den Mustergärten der Iznik-Keramik mit ihren Tulpenmeeren in nichts nachsteht. Denn vor allem glaube ich an die Menschen in der Türkei.

Herzlichst,
Katharine Branning

BRIEF 28

Maşallah

Liebe Lady Mary,
ohne Zweifel mussten Sie auf Ihren Reisen einige schwierige Situationen meistern. In einem Brief vom 21. November 1716 schildern Sie Ihre haarsträubende Alpenüberquerung auf dem Hinweg in die Türkei:

> *Wir kamen bei Mondlicht durch die fürchterlichen Gebirge mit ihren Abgründen, die Böhmen von Sachsen trennen und an deren Füßen die Elbe fließt. Allein ich kann nicht sagen, dass ich Ursache hatte, mich vor dem Ertrinken zu fürchten, weil ich vollkommen überzeugt bin, dass es im Fall eines Sturzes ganz unmöglich ist, lebendig auf den Boden zu kommen. An vielen Orten ist der Weg so schmal, dass ich keinen Zoll Zwischenraum von den Rädern bis zu dem Sturz in den Abgrund bemerken konnte. Doch war ich ein so gutes Weib, Herrn Wortley, der fest an meiner Seite schlief, nicht aufzuwecken, um ihn Teil an meiner Furcht nehmen zu lassen. [...] Man hat mir hernach erzählt, es wäre ganz gewöhnlich, Körper der Reisenden in der Elbe zu finden, doch, Gott sei Dank, war dies nicht unser Schicksal.*

In Wien warnte man Sie eindringlich vor den Gefahren, die mit Ihrer Weiterreise verknüpft sein könnten:

[...] wenigstens, wenn ich den Leuten hier glaube, die mir alles Schreckliche verkünden. In der Tat ist das Wetter so, dass wenige auf die Reise gehen werden. Man droht mir zur gleichen Zeit mit Erfrieren und im Schnee begraben werden oder mit den Tartaren, die den Teil von Ungarn, durch den ich reisen muss, verwüsten.

Doch Sie ließen sich nicht weiter beeindrucken. Und als wäre Ihre Anreise in die Türkei nicht schon mühselig genug gewesen, erwartete Sie auf der vorletzten Etappe Ihrer Heimreise nach London eine weitere Überquerung, die es in sich hatte. Diesmal allerdings ging es nicht über schneebedeckte Berge, sondern über das Meer:

Diesen Morgen erreichte ich Dover, nachdem ich die ganze vorige Nacht in dem Paketboot so heftig herumgeschüttelt worden war, dass der Schiffer in Anbetracht der Schwäche seines Bootes es für ratsam hielt, [...] uns die Gefahr bekanntzugeben. Wir riefen ein kleines Fischerboot an, das alle Mühe hatte, zu uns zu kommen, indes alles an Bord zum Himmel schrie. Man kann sich schwerlich eine schrecklichere Szene denken.

Auch ich habe auf den Straßen der Türkei Gefährliches erlebt. Ich habe mit ansehen müssen, wie große LKWs nachts von der gefährlichen Schnellstraße abkamen und sich im Straßengraben überschlugen. Ich habe - genau wie Sie - riskiert, überfallen zu werden, als ich zu Zeiten des Kurdenkonflikts in abgelegenen Regionen im Osten der Türkei unterwegs war. Ich wurde Augenzeuge einiger schlimmer Karambolagen, anderen konnte ich gerade eben noch ausweichen. Bei einem dieser Unfälle wurden Menschen wie Puppen durch die Luft geschleudert, und bei einem besonders schrecklichen Unfall im Süden der Türkei beobachtete ich von unten entsetzt, wie ein Auto, in dem eine vierköpfige

Familie saß, eine Klippe hinabstürzte und schließlich völlig zerschmettert praktisch direkt vor meinen Füßen landete. All dies ruft mir einen Stoßseufzer von Ihnen in Erinnerung: „Wir kamen ohne Unglück an [...], aber so von Schrecken und Beschwerden ermattet, dass ich zum Schreiben nicht Kräfte genug sammeln konnte." In diesem Brief jedoch möchte ich Ihnen gern von einer anderen höchst unerfreulichen Reiseerfahrung erzählen: von einer turbulenten Rückkehr in meine Heimat nach einem Aufenthalt in der Türkei. Im Unterschied zu Ihnen hatte ich damals das Glück, nicht auf mich allein gestellt zu sein - verängstigt in einer Kutsche, begleitet nur von Ihrem wenig hilfreichen schlafenden Ehemann. Ich dagegen wusste in meiner Not ein ganzes Land an meiner Seite.

Meine Geschichte sagt sehr viel über den Charakter der türkischen Gesellschaft und der Republik Türkei aus. Sie begann an einem warmen klaren Spätsommermorgen in Istanbul, am letzten Tag einer wunderbaren Reise, die mich in den Osten der Türkei zu einigen der urwüchsigsten Schönheiten dieser Welt geführt hatte: zum funkelnden Weiß des schneebedeckten Gipfels von Noahs Berg Ararat, zum tiefen Kobaltblau des Van-Sees und zum dunklen, undurchdringlichen Smaragdgrün des Kaçkar-Gebirges. Es war ein Tag, an dem ich mich außerordentlich gesegnet fühlte, weil ich diese beeindruckenden Naturwunder - Gottes großzügigstes Geschenk für uns Menschen - hatte bestaunen dürfen. Es war ein Tag, an dem ich mich schon darauf freute, in die liebevolle Umarmung meines Mannes und in die Wärme des Kollegenkreises meiner Bibliothek zurückzukehren. Es war ein Tag, an dem die Sonne aus einem kristallklaren saphirblauen Himmel herab schien. Es war der Morgen des 11. Septembers 2001.

*Aksaray, Taş-Medrese
(1994)*

*Der zweiköpfige Adler, Symbol
der Seldschuken (1978)*

Eintrittskarte zur Karawanserei, Dorf Ağzıkarahan (1997)

Niğde, Grabmal von Hüdavent Hatun (1978)

Sivas, Kesik-Brücke (Abgetrennte Brücke) (1984)

Der Geist der Seldschuken lebt fort... (2005)

Grabmal von Melik Ghazi (1995)

Tokat, Pervane-Medrese (1987)

Konya, der restaurierte Sahipata-Komplex, 2007

Diyarbakır (1982)

Ezinepazar-Han (2006)

Otel KERVANSARAY
TURİZM TİC. KOLL. ŞTİ.

☎ : 0 (386) 213 34 31 - 213 23 46 - 213 80 39   KIRŞEHİR

(1995)

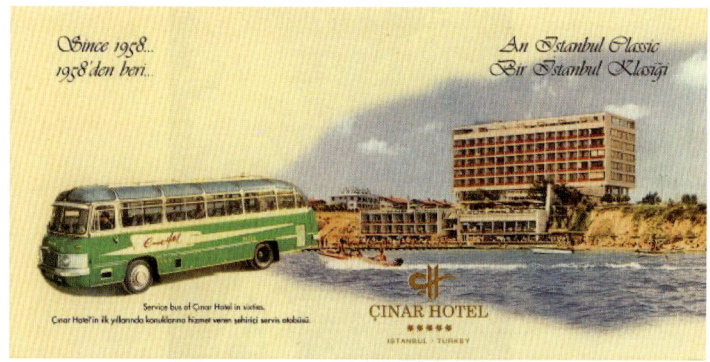

Das Çınar Hotel, erbaut 1958, eines der 5-Sterne-Hotels in Istanbul (60er Jahre)

Soğuk Çeşme Straße, Istanbul, 1978

Soğuk Çeşme Straße, Istanbul, 2008

Traditioneller Bus, Tokat (60er Jahre)

Weg mit den Nullen! (2001)

Vorsicht, Bauarbeiten! (2001)

Auslegeteppichboden in der Alaeddin-Moschee in Konya, ca. 1996

*Handgeknüpfter Teppich aus Konya, ca. 1220, aus der Alaeddin-
Moschee (Türk ve Islam Eserleri Müzesi, Istanbul, Inv. Nr. 681)*

*Pelz, der sich an die Knöchel
schmiegt (1983)*

Gevher-Medrese, Kayseri, 1985

Gevher-Medrese, Kayseri, 2004

Sahip Ata-Külliyesi, Konya (1987)

Neu vor Alt in Beyşehir (1991)

Restaurierte byzantinische Stadtmauern, Istanbul (1990)

*Von Pilgern abgetretene Türschwelle am Eingang zur Grabstätte von
Süleyman dem Prächtigen, Istanbul (1979)*

Restaurierungsarbeiten, Külliye von Ismail Bey, Kastamonu (1991)

Öffentlicher osmanischer Brunnen, Istanbul, an dem nun Coca Cola und Wasser in Flaschen verkauft wird (2007)

*Schreiber, der beim Abfassen von offiziellen
Dokumenten behilflich ist (2004)*

Im Windschatten des Berges Erciyes: das Kayseri Hilton, erbaut 2002

Eine neue Karawanserei in den Ebenen Anatoliens: das Konya Hilton, erbaut 2002

Die Platane des Motels in Antalya, Lara Road, 1981

Turkish Airlines Flug 0001, 11. September, 2001

Maşallah (2001)

*Blick aus dem Fenster der Wohnung der Autorin
in New York, vor dem 11. September, 2001*

Meine Rückreise nach Hause kündigte sich kaum anders an als so viele Reisen zuvor. Ich fuhr auf der mir bereits vertrauten Straße zum Flughafen, unendlich traurig, die Türkei wieder verlassen zu müssen. Eine intensive Zeit, die von Lernen, fröhlicher Ausgelassenheit und lebendiger Geschichte geprägt gewesen war, neigte sich dem Ende zu, andererseits verspürte ich aber auch schon eine gewisse Vorfreude auf das Wiedersehen mit meinen Lieben daheim. Im Duty-free-Shop deckte ich mich mit Konfekt, Halva, Lokum und türkischem Kaffee ein. Dann erstand ich noch einige Exemplare der Tageszeitung *Hürriyet*, die ich im Handgepäck verstaute, und für meine letzten Lira kaufte ich mir blaue *Boncuk*-Ketten. Nachdem ich die erste, die zweite und schließlich auch die dritte Sicherheitskontrolle passiert hatte, lobte ich in Gedanken, mit welcher Gründlichkeit die Türken zu Werke gingen, um in dieser oft so explosiven Erdregion für Sicherheit zu bürgen. Ich fühlte mich sicher.

Der Abflug verzögerte sich um knapp 2 Stunden. Schuld daran waren wieder einmal die berühmt-berüchtigten ‚Triebwerksprobleme‘. Wir Passagiere bekamen leckere Sandwiches mit Schafskäse und Tomaten serviert, und irgendwann erhielten wir dann doch noch grünes Licht. Aber nach nur einer Stunde Flugzeit klärte uns der Pilot (der *Kaptan*) über die Sprechanlage auf, dass wir nach Istanbul zurückfliegen müssten; das lästige Problem sei offenbar noch immer nicht beseitigt. Die Stewardessen ließen die Catering-Wägelchen wieder aus dem Gang verschwinden, die Sicherheitsgurte wurden angelegt, und wir kehrten um. Nach der Landung mussten wir das Flugzeug verlassen und weitere zwei Stunden in dem gleichen Boarding-Bereich warten wie vor dem Abflug. Allmählich wurde das Ganze ein bisschen anstrengend, daher waren wir umso erleichterter, als uns ein Mitarbeiter der Turkish Airlines (THY) mitteilte, ein neues Flugzeug sei bereitgestellt, in Kürze werde es weitergehen. Und wirklich hoben wir bald darauf zum zweiten Mal ab, in der sicheren Überzeugung, diesmal alle Probleme hinter uns gelassen zu haben.

Doch unglaublich, aber wahr: Nach etwa einer Stunde meldete sich der *Kaptan* erneut auf der Gegensprechanlage und informierte uns auf Türkisch, dass wir schon wieder nach Istanbul zurückfliegen müssten. Ein Stöhnen und Raunen ging durch das Flugzeug, und langsam zweifelte ich daran, es an diesem Tag noch nach Hause zu schaffen. Daraufhin fügte er sehr vage und mit merkwürdigem Klang in der Stimme hinzu, dass wir dazu aufgefordert worden seien umzukehren, weil „der ganze amerikanische Luftraum gesperrt wurde". Ich geriet augenblicklich in Panik. Noch nie in unserer Geschichte war der amerikanische Luftraum gesperrt worden, also musste etwas sehr, sehr Schreckliches passiert sein. Von einer unbestimmten Angst ergriffen, begann ich zu weinen. Ich hatte keine Ahnung, was da vorgefallen sein konnte, aber es war definitiv etwas Ernstes. Ein kleiner türkischer Junge kam zu mir und fragte mich, warum ich weinte, aber ich konnte ihm ja unmöglich von meiner Vorahnung erzählen. Weil ich weder ihn noch die anderen Türken im Flugzeug ängstigen wollte, redete ich mich damit heraus, dass ich so traurig sei, weil ich meine Freunde in Istanbul verlassen musste.

Ungefähr eine halbe Stunde später meldete sich der *Kaptan* abermals und sagte, wieder auf Türkisch, das Problem sei, dass anscheinend ein „großes Gebäude in New York City Opfer einer Art Angriff geworden ist". Da überfiel mich wie ein Schlag in die Magengrube die Erkenntnis, welches „große Gebäude" gemeint sein musste: die Zwillingstürme des World Trade Centers, auf die ich vom Fenster meiner Wohnung aus schaue und die für alle Welt sichtbar in den Himmel ragen, als würden sie dort Wache stehen. Gleichzeitig wusste ich, dass es sich hier bestimmt nicht um einen Unfall handelte, sondern um einen Terroranschlag.

Schließlich landete das Flugzeug wieder in Istanbul. Eine Stewardess forderte uns über die Gegensprechanlage auf, sitzen zu bleiben. Dann übergab sie das Mikrofon an den *Kaptan*, der zunächst noch einmal auf Türkisch eine Ansage machte, bevor er sich endlich auch in englischer Sprache an die wenigen Amerikaner an Bord wandte. Er sprach sehr langsam und betont, nicht weil sein Englisch so schlecht war, sondern weil er nach den richtigen Worten suchte, um uns die Nachricht so sanft und schonend wie möglich beizubringen. Mit vor Erregung zitternder Stimme sagte er: „Sehr geehrte Damen und Herren! Ich habe leider einige sehr traurige Neuigkeiten für Sie. Auf das große Gebäude in New York City, das World Trade Center, ist ein Terroranschlag verübt worden. Die Dinge stehen sehr, sehr schlecht, und es gab viele Verletzte. Allen Amerikanern an Bord der Maschine möchte ich versichern, dass ich an diesem Tag sehr großes Mitgefühl für Sie und Ihr Land empfinde." Dann hörten wir ihn schluchzen. Und als ich sein Schluchzen vernahm, konnte ich nachfühlen, wie schlimm es für ihn - unseren liebenswürdigen türkischen Gastgeber - sein musste, uns - seine ‚Gäste' in seinem Flugzeug - über diese Entwicklungen zu informieren. Die Tatsache, dass ausgerechnet ein Flugzeug dazu missbraucht worden war, solche Zer-

störung anzurichten, setzte dem Kaptan offenbar schwer
zu. Vielleicht konnte er seine Tränen ja auch deshalb kaum
unterdrücken, weil ihn Amerikaner ausgebildet hatten oder
weil er diese beiden markanten Pflöcke von Manhattan Island
schon so oft überflogen hatte. Oder es brach ihm das Herz
zu erfahren, dass die Terroristen genau wie er Muslime waren. In Gedanken malte ich mir die Explosion des Anschlag
aus, und gerade der Kontrast zu seinem leisen Schluchzen
sorgte dafür, dass sie mir umso lauter in den Ohren dröhn-
te und umso realer erschien - obwohl ich in dem Moment natürlich noch gar nicht wusste, dass die Türme in sich zusam-
menstürzen würden und dass es sich bei den Terroristen angeblich um Muslime handelte.

Dank der Triebwerksprobleme blieb uns das Schicksal
manch anderer Passagiere erspart, die an diesem Tag nach
Amerika zurück fliegen wollten. Anstatt irgendwo festge-
setzt zu werden, hatten die wenigen Amerikaner dieses Turkish Airlines-Flugs das große Glück, dem Chaos, das nun
ausbrach, zu entrinnen und in ein Land zurückkehren zu
dürfen, das sie in seine Arme schloss und sich rührend um
sie kümmerte.

Als wir aus dem Flugzeug stiegen und am Flughafen-
terminal eintrafen, erwartete uns dort, aufgereiht in völliger
Stille, eine große Menschenmenge. Offensichtlich hatte sich
uns zu Ehren das gesamte Flughafenpersonal versammelt:
Offiziere in Anzug und Krawatte, THY-Angestellte in Ser-
viceuniform und Krawatte, Gepäckabfertiger in grauer Ar-
beitskluft, Putzfrauen in pinkfarbenem Kittel nebst ihren
Putzwagen, Polizisten mit dickem schwarzem Ledergürtel,
Gastronomie-Bedienstete mit weißem Papierhut, Sicher-
heitsbeamte in schwarzem Blazer und viele andere mehr in

den unterschiedlichsten Farben und Monturen. Es schien, als wäre der ganze Flughafen zusammengekommen, um uns mit einer schützenden menschlichen Mauer zu umgeben. Was danach geschah, nahm ich nur noch sehr verschwommen und wie in Zeitlupe wahr. Ich hatte das Gefühl, kurz vor der Ohnmacht zu stehen oder durch eine Wasserwand zu schauen: Menschen kamen auf uns zu, aber aus ihrem Mund drang kein Laut an mein Ohr. Klar erinnern kann ich mich nur noch an all die Hände - die berühmten türkischen Zauberhände, die immer dann auftauchen, wenn man in Not ist -, die sich uns entgegenstreckten, uns am Ellbogen fassten und zur Gepäckausgabe führten. Ich weiß nicht mehr, wer in dieser Situation was zu mir sagte. Aber was sich mir eingeprägt hat, sind die Blicke der Anwesenden und die Sorge, die ich aus diesen Blicken herauslesen konnte. Sie führte mir den Ernst der Lage erneut in aller Deutlichkeit vor Augen. Als Nächstes erinnere ich mich an einen grauhaarigen, gut aussehenden Mann in einem dunklen Anzug mit einem Walkie-Talkie in der Hand, der sich meiner annahm und in perfektem Englisch zu mir sagte: „Bitte, machen Sie sich keine Sorgen, man wird sich um Sie kümmern. Wir bringen Sie mit einem Transporter in ein nahe gelegenes Hotel, das sehr schön und angenehm ist; machen Sie sich keine Sorgen. Sie werden dort bleiben, bis sich die Dinge normalisiert haben und Sie nach Hause zurückfliegen können. Machen Sie sich keine Sorgen. Wir kümmern uns um Sie. Aber wenn Sie auf Ihr Zimmer gehen und den Fernseher einschalten, bereiten Sie sich bitte darauf vor, dass Sie Bilder von nie dagewesener Brutalität sehen und sehr beunruhigt sein werden. In der Lobby wird jemand an einem Tisch sitzen, eine medizinische Fachkraft, mit der Sie reden können, wenn Ihnen alles zu viel wird. Alles Gute, Gott segne Sie!" Bis heute sehe ich ihn vor mir, diesen schlanken Mann mit dem markanten und unrasierten dunklen Gesicht und der abgetragenen schwarzen Anzugsjacke, der mir meinen Koffer aus der Hand nimmt und ihn in den Transporter einlädt.

Wer genau hatte uns da eigentlich unter seine Fittiche genommen? In erster Linie die Turkish Airlines, natürlich, im Prinzip aber die ganze türkische Bevölkerung - so zumindest mein Eindruck. Offensichtlich hatte es dieses angeblich doch so chaotische Land geschafft, in noch nicht einmal zwei Stunden eine extrem aufwändige Hilfsaktion inklusive Unterkunft, Transport und einem Psychologen in die Wege zu leiten. Und offensichtlich war all dies so professionell und umsichtig für uns organisiert worden, dass wir uns ganz darauf konzentrieren konnten, unser emotionales Entsetzen zu verarbeiten. Aber ich war zu benommen, um es zu registrieren. In dem Hotel - einem wirklich sehr schönen Hotel - angekommen, wurden wir wenigen Amerikaner dieses Flugs mit einer stillen Anteilnahme, die sonst Beerdigungsgästen vorbehalten ist, auf unsere Zimmer geleitet. Dort setzte ich mich auf die Bettkante und sah mir die Fernsehbilder an. Der grauhaarige Mann hatte nicht übertrieben. Ich erfuhr, welche Geschichte sich hinter dem "Angriff auf das große Gebäude in New York" verbarg. Ich erfuhr, welches Verbrechen im Namen Gottes, des Erbarmers, des Barmherzigen, begangen worden war.

Ich blieb eine Woche dort - eine Woche, in der es mir nicht gelang, irgendwelche Informationen zu der Tragödie zu erhalten, die mich persönlich betrafen. Ich war ganz auf die reißerischen CNN-Berichte angewiesen und den in Dauerschleife laufenden Bildern von dem Aufprall ausgesetzt, die wieder und wieder eingespielt wurden, als hätte nicht schon das eine Mal genügt, um sie mir für immer ins Gedächtnis einzubrennen. War mein Mann in Sicherheit? Lag meine Assistentin, die jeden Morgen von New Jersey in die Stadt pendelte und dabei unter den Zwillingstürmen hindurch fuhr, möglicherweise unter all dem Schutt begraben? Wie mochte es den Menschen in meiner Nachbarschaft ergangen sein, die jetzt von der Welt abgeschottet waren und die Tragödie bewältigen mussten?

Als ich die Bilder von dem Loch sah, das die Explosion in den Himmel gerissen hatte, zerriss es mir förmlich das Herz. Und beim Anblick der zerdrückten Stahlträger fühlte ich mich, als seien da meine eigenen Knochen zerdrückt worden. Nach einigen Stunden verschwamm mir alles vor den Augen zu einem einzigen Brei, als sei die Zeit stehen geblieben und meine Atmung gleich dazu. Aber als ich am nächsten Morgen das Hotel verließ, um etwas Luft zu schnappen - ich erinnere mich noch genau daran - fiel mir auf, dass die türkische Flagge an dem riesigen Fahnenmast vor dem Gebäude auf Halbmast wehte. (Ihre rote Farbe symbolisiert das Blut der eigenen Gefallenen.) In dem Moment begriff ich, dass diese Tragödie nicht nur meine Stadt getroffen hatte, sondern die ganze Welt bewegte.

In den folgenden Tagen kam es immer wieder vor, dass uns Türken auf der Straße grüßten; mit Anteilnahme in den Augen, einem aufmunternden Wort, einem schüchternen Lächeln oder einer Berührung am Arm. Viele von ihnen erzählten uns auch von der Tragödie, die sie selbst zwei Jahre zuvor, an einem heißen Sommertag im August, heimgesucht hatte: dem Erdbeben von Izmit. In jener finsteren Nacht des 17. Augusts 1999 hatten 40 Sekunden genügt, um schätzungsweise 40.000 unschuldigen Menschen im Schlaf das Leben zu nehmen. Nun, 2001, hatten fünf Sekunden genügt, um 3.000 unschuldige Menschen an ihren Schreibtischen zu töten. Die Türken wussten, wie schmerzhaft es war, sich vorzustellen, dass geliebte Menschen unter zerdrückten Stahlträgern gefangen sein könnten, mit Staub statt frischer Luft in den Lungen. Die Parallelen zwischen diesen beiden entsetzlichen Ereignissen blieben ihnen nicht verborgen.

Als ich eines Nachts in dieser Woche wieder einmal nicht schlafen konnte, stand ich auf, um einen Dankesbrief zu verfassen. Ich wusste noch nicht genau, an wen ich ihn adressieren oder wie ich ihn dem möglichen Adressaten zukommen lassen würde. Aber ich spürte, dass es mir in dieser belastenden Situation helfen würde, einen Brief zu schreiben und meine Emotionen zu Papier zu bringen. Dieser Akt erschien mir als das einzig verbliebene Ventil für meine Trauer, nachdem der Schock der Ereignisse meine Tränen tief in mein Inneres zurückgedrängt hatte. Zumindest einen kurzen Moment lang würde ich nicht mehr so hilflos sein: In meinem eigenen kleinen Universum vermochte ich selbst den Fluss meiner Worte auf das Papier zu kontrollieren.

Etwa acht Tage später eröffnete uns das Hotelpersonal früh morgens, dass wir uns bereit halten sollten; in einer Stunde ginge es los. Der US-Luftraum sei wieder geöffnet worden und wir würden nach Hause fliegen. Ein THY-Transporter werde uns am Hotel abholen und zum Flughafen bringen.

Vor dem Auschecken ging ich zur Rezeption des Hotels, um die Rechnung für meinen Aufenthalt zu begleichen: für das luxuriöse Zimmer, das Frühstück, die vergeblichen

Telefonate und Faxe nach Hause. Ich hatte keine Ahnung, was das Protokoll in so einer Situation vorsah, wollte mich aber auf jeden Fall korrekt verhalten. Die junge Frau an der Rezeption schaute kurz zu mir auf, senkte aber den Kopf schnell wieder und flüsterte: „Sie schulden uns nichts." Sie konnte es nicht ertragen, mich anzusehen, wohl weil sie ahnte, wie viel Schmerz ich während meines Aufenthalts in ihrem ‚Heim' durchlitten hatte. Ich meinerseits konnte es nicht ertragen, sie anzusehen, weil ich restlos überwältigt war: von der Großzügigkeit des Hotels, vom Ausmaß der Tragödie, das ich ihr zweifellos an den Augen würde ablesen können, und von meiner Unfähigkeit, ihr dafür zu danken, dass sie sich so sehr um mein Wohlergehen bemüht hatte. Anstatt ihr zu antworten, schob ich ihr den Umschlag mit dem Brief zu, den ich in jener schlaflosen Nacht zu Papier gebracht hatte. Sie warf einen flüchtigen Blick auf den Empfänger, dann sagte sie sichtlich bewegt leise zu mir: „Danke." Und da plötzlich begannen meine Tränen wieder zu fließen. In der vergangenen Woche hatte ich so viel Trost und so aufrichtige Anteilnahme erfahren, dass ich das grauenhafte Ereignis nun nicht länger unter Verschluss halten konnte.

Wir drängten uns in die Busse, fuhren zum Flughafen, wo noch immer Stille herrschte, und checkten für den Flug nach New York City ein, wobei wir die gleiche Prozedur über uns ergehen ließen wie bereits eine Woche zuvor: die gleiche dreifache Sicherheitskontrolle, die gleichen Formalitäten, die gleiche Gründlichkeit. Auf dem 11-stündigen Flug nach Hause wurde nicht viel gesprochen: weil es uns einerseits nervös machte, in einer dieser verfluchten Maschinen zu sitzen, die man nun mit einer Massenvernichtungswaffe assoziierte, und weil wir andererseits unsicher waren, was uns zuhause erwarten würde. Als wir nachts landeten, war es in der Stadt genauso still wie im Flugzeug. Von meiner Wohnung in Greenwich Village aus hatte ich früher immer einen herrlichen Blick auf das World Trade Center gehabt. Doch dieses war nun einem gelb-grau glühenden Wolkenpilz gewichen; glühend deshalb, weil der Staub tagsüber die Sonnenstrahlen und abends die Hochleistungsspots reflektierte, die man auf dem Gelände installiert hatte. Auch meine ganze Wohnungseinrichtung war an jenem Tag ebenso wie in den kommenden Monaten vom Pulverstaub der eingestürzten Zwillingstürme und der Asche ihrer 3.000 Opfer überzogen. Über Wochen und Monate hinweg wischte ich jeden Tag Staub. Dabei rezitierte ich feierlich aus der Heiligen Schrift und betete für all die unschuldigen Seelen, von denen nichts übriggeblieben war als die Staubschicht auf meinem Mobiliar.

New York City erholte sich, die Vereinigten Staaten erholten sich, ich selbst erholte mich. Aber noch immer, bis zum heutigen Tage leben wir mit den Konsequenzen dieses schändlichen Verbrechens: im Kleinen wie im Großen, auf kommunaler wie auch auf internationaler Ebene. Ich frage mich oft, ob ich vielleicht länger brauchte als die meisten anderen Amerikaner, um vollständig zu genesen. Zwar hatte ich bei dem Anschlag keine Freunde oder Verwandten verloren, aber zum einen ging mir der ungeheure Verlust meiner Stadt extrem nahe, und zum anderen war mein Vertrauen in meine Mitmenschen tief erschüttert. Obwohl ich den Islam doch eigentlich von Herzen respektierte, fühlte ich mich von ihm verraten; und genauso verraten fühlte ich mich, weil einige fanatische Anhänger diese in meinen Augen untadelige und ehrbare Religion auf unverzeihlichste Weise missbraucht hatten. Ich konnte es einfach nicht fassen, dass der Islam, den ich in meinen Studien, in der Gemeinschaft mit

Muslimen und in den Begegnungen mit so vielen Muslimen in der Türkei kennengelernt hatte, und all diese Menschen, die an einen Gott glauben, der unermesslich barmherzig und mitfühlend ist, zu solchen Verbrechen in der Lage sein sollten. Als ich erkannte, dass meine Trauer eine gefährliche Wendung zu nehmen drohte und in Zweifel, Bitterkeit und Trugschluss umschlug, begriff ich, dass es so nicht weitergehen konnte. Daher legte ich ein Gelübde ab: Wenn ich schon nicht alles in der Welt zu kontrollieren vermag, so doch zumindest mein unmittelbares Umfeld, in dem ich Einfluss geltend machen kann. Es heißt, wir würden von allem, was uns im Leben widerfährt, auf irgendeine Weise profitieren. Und so versuchte ich aus dem Grauen jenes Tages Kraft zu schöpfen. Es war an der Zeit, meine Bemühungen um die Verständigung zwischen Menschen und Religionen wieder zu verstärken. Ich würde mich weiterhin und noch stärker als zuvor für die Förderung der interkulturellen Beziehungen einsetzen. Denn eines wurde mir nun klar: Wenn schon jemand wie ich, der den Islam immer respektiert hatte, plötzlich so negative Gefühle den Muslimen gegenüber entwickelte, was sollte dann erst der durchschnittliche Amerikaner denken? Ich würde mich von nun an mehr denn je als Brückenbauer betätigen.

Der türkische Teil meiner Geschichte vom 11. September hat aber noch ein letztes Kapitel. Eines Tages, etwa fünf Monate nach dem Unglück, ich hatte gerade meine Mittagspause beendet, übergab mir die Empfangsdame meines Büros eine große Holzkiste, auf der ein Umschlag der THY mit meinem Namen klebte. Mein Herz setzte einige Schläge lang aus, und all die - guten wie schlechten - Erinnerungen an jene Woche in Istanbul schlugen wie eine Welle über mir zusammen. Ich ahnte bereits, dass in der Kiste etwas ganz Besonderes sein musste: ein neuerlicher Beweis für die Herzlichkeit der Türken. Also beschloss ich, das Paket erst zuhause zu öffnen, und nicht im Beisein anderer. Im Begleitschreiben übermittelte mir der New Yorker Direktor der Turkish Airlines im Namen der THY-Mitarbeiter die besten Wünsche. Er habe kürzlich auf Umwegen einen Brief von mir erhalten - adressiert an die „Turkish Airlines und die Menschen der Republik Türkei", abgegeben schon vor Monaten an der Rezeption eines Hotels in Istanbul. Das Präsent in dem Paket sei ein Zeichen der Wertschätzung. Ich konnte es kaum glauben! Nach alledem, was die Türken ohnehin schon sowohl in emotionaler als auch in materieller Hinsicht für mich getan hatten, umfingen mich ihre warmen Arme auch jetzt wieder mit Mitgefühl und Güte.

Das stattliche Paket enthielt - eingefasst in einen eleganten Rahmen aus Nussbaumholz und Glas - eine große, ovale Silberplakette, in die eine schöne Kalligraphie von dem viel verwendeten Sinnspruch *Maşallah* eingraviert war. Wörtlich übersetzt bedeutet dieser so viel wie: „Wie schön Gott es erschaffen hat!" Türken verwenden den Begriff aber im Sinne von: „Möge Gott dich vor allem Bösen schützen!"

Ja, die Türkei - diese so wunderbare, außerordentlich großzügige Nation - hat mir bewiesen, dass es keinen Grund gibt, an der unendlichen Güte meiner Mitmenschen zu zweifeln.

Herzlichst,
Kadriye Branning

einglastee.de

BESUCHEN SIE UNS
AUCH AUF UNSERER
WEBSEITE
UND BEI

MEINE NOTIZEN

MEINE NOTIZEN